法律硕士教材建设丛书

民事诉讼法理论与实务专题研究

潘牧天　孙彩虹　著

苏州大学出版社

图书在版编目(CIP)数据

民事诉讼法理论与实务专题研究/潘牧天,孙彩虹著. —苏州:苏州大学出版社,2016.1
(法律硕士教材建设丛书)
ISBN 978-7-5672-1633-4

Ⅰ.①民… Ⅱ.①潘…②孙… Ⅲ.①民事诉讼法－法的理论－中国 Ⅳ.①D925.101

中国版本图书馆 CIP 数据核字(2016)第 002870 号

民事诉讼法理论与实务专题研究

潘牧天 孙彩虹 著

责任编辑 巫 洁

苏州大学出版社出版发行
(地址:苏州市十梓街1号 邮编:215006)
苏州恒久印务有限公司印装
(地址:苏州市友新路28号东侧 邮编:215128)

开本 700 mm×1 000 mm 1/16 印张 26 字数 486 千
2016 年 1 月第 1 版 2016 年 1 月第 1 次印刷
ISBN 978-7-5672-1633-4 定价:52.00 元

苏州大学版图书若有印装错误,本社负责调换
苏州大学出版社营销部 电话:0512-65225020
苏州大学出版社网址 http://www.sudapress.com

目 录
Contents

专题一 民事纠纷的多元化解决机制研究 /1

- 第一节 纠纷和纠纷解决基本理论 /3
  - 一、引言 /3
  - 二、何谓"纠纷" /5
  - 三、纠纷解决概说 /8
  - 四、纠纷解决机制的功能 /10
  - 五、纠纷解决机制的模式 /13
- 第二节 国外多元化纠纷解决机制的理论研究与实践 /18
  - 一、多元化纠纷解决机制的概念辨析 /18
  - 二、多元化纠纷解决机制的兴起与原因 /19
  - 三、国外多元化纠纷解决机制的实践 /22
- 第三节 我国当前社会纠纷解决特征与纠纷解决机制现状分析 /33
  - 一、我国当前社会纠纷背景与概况 /33
  - 二、我国现阶段社会纠纷的特征 /36
  - 三、我国纠纷解决机制现状分析 /40
- 第四节 我国民事纠纷多元化解决机制的构建 /45
  - 一、改革诉讼程序,完善诉讼内纠纷解决机制 /45
  - 二、完善仲裁制度,减少司法干预 /56
  - 三、充分发挥我国人民调解制度的作用 /60
  - 四、我国涉法涉诉信访制度改革与机制整合 /64

专题二 我国法院调解制度理论与实务研究 /73

- 第一节 我国法院调解制度概述 /75
  - 一、法院调解的基本属性 /75
  - 二、法院调解与诉讼外调解、诉讼和解的区别 /77

　　　　三、法院调解应遵循的原则 /79
　● 第二节　对法院调解的再认识 /82
　　　　一、对法院调解的认识误区 /83
　　　　二、走出误区的有效途径 /86
　● 第三节　对虚假调解行为的识别与规制 /90
　　　　一、由一起典型的司法案件看虚假调解的行为识别 /90
　　　　二、虚假调解行为的产生根源考量 /92
　　　　三、规制虚假调解行为的有效策略 /93
　● 第四节　我国法院调解制度的功能与制度改造 /97
　　　　一、我国法院调解制度的功能 /97
　　　　二、对我国法院调解的制度改造——强化诉讼外民事解纷机制 /102

专题三　民事诉权研究 /117

　● 第一节　民事诉权概述 /119
　　　　一、民事诉权的含义与特征 /119
　　　　二、民事诉权学说的发展与演变 /122
　　　　三、与诉权相关的几个概念辨析 /124
　● 第二节　民事诉权的保护与正当行使 /125
　　　　一、对民事诉权的保护 /125
　　　　二、民事诉权的正当行使 /127
　● 第三节　滥用民事诉权 /131
　　　　一、诉权滥用的界定 /131
　　　　二、滥用诉权行为的成因分析 /146
　　　　三、滥用民事诉权的行为性质 /148
　　　　四、滥用民事诉权的行为类型 /150
　● 第四节　滥用民事诉权的防控机制 /156
　　　　一、构建诉权滥用防控机制应遵循的原则 /156
　　　　二、构建防控诉权滥用的程序性规制机制 /161
　　　　三、建构防控滥用民事诉权的诉讼救济机制 /173

专题四　公益诉讼制度理论与实务研究 /181

　● 第一节　公益诉讼概述 /183
　　　　一、公益诉讼与公共利益 /183

二、公益诉讼的特征 /186

三、公益诉讼的价值 /188

四、公益诉讼建立的理论基础 /190

五、公益诉讼的类型 /195

● 第二节 国外公益诉讼制度简介 /197

一、英美法系国家的公益诉讼制度 /197

二、大陆法系国家的公益诉讼制度 /202

● 第三节 我国新《民事诉讼法》有关公益诉讼的立法规定 /207

一、我国公益诉讼制度的立法背景 /207

二、我国公益诉讼制度的立法规定及其评析 /209

● 第四节 公益诉讼制度若干问题探究 /220

一、检察机关提起公益诉讼问题 /220

二、公民个人提起公益诉讼问题 /223

三、公益诉讼的激励机制 /226

四、公益诉讼的反诉 /228

五、公益诉讼的证明责任与证明标准 /229

六、公益诉讼的诉讼费用承担 /231

七、公益诉讼的事先预防式诉讼模式 /232

专题五 民事诉讼举证责任制度研究 /233

● 第一节 举证责任概念界定 /235

一、大陆法系国家对举证责任的界定 /235

二、英美法系国家对举证责任的界定 /239

三、我国对举证责任的界定 /241

● 第二节 举证责任的分配规则 /243

一、举证责任分配的含义 /243

二、举证责任分配的主要学说 /243

三、影响举证责任分配的因素 /247

四、我国民事诉讼举证责任的分配规则 /249

● 第三节 民事法律事实与举证责任规则的配置 /253

一、民事法律事实的固有属性 /253

二、民事法律事实对民事诉讼举证责任一般规则配置的影响 /255

三、民事法律事实对民事诉讼举证责任特殊规则配置的影响　/256
   ● 第四节　举证责任的倒置　/259
            一、举证责任倒置概念阐释　/259
            二、我国民事诉讼中建立举证责任倒置的法律和实践基础　/260
            三、举证责任倒置的适用　/262

   专题六　民事保全制度理论与实务研究　/265
   ● 第一节　民事保全制度概述　/267
            一、民事保全概念界定与相关概念比较　/267
            二、民事保全制度与先予执行制度的关系　/269
            三、民事保全的理论基础、属性及制度功能　/271
            四、民事保全的种类　/276
   ● 第二节　民事保全制度的域外法考察　/278
            一、大陆法系国家的民事保全制度　/278
            二、英美法系国家的民事保全制度　/284
   ● 第三节　我国民事保全制度的立法与实践　/290
            一、我国民事保全制度的立法规定及评析　/290
            二、我国民事保全制度的司法实践　/295
   ● 第四节　我国民事保全制度的完善　/303
            一、完善民事保全的启动程序　/303
            二、优化民事保全的担保制度　/307
            三、理顺民事保全的执行程序　/309
            四、强化民事保全的救济程序　/312

   专题七　民事审级制度研究　/315
   ● 第一节　民事审级制度概述　/317
            一、审级制度的概念及其原理　/317
            二、审级制度的功能　/319
            三、审级制度的类型　/322
   ● 第二节　比较法视野下的民事审级制度　/325
            一、法院体系　/325
            二、审级制度　/328

- 第三节 我国审级制度的历史沿革及其基本内容 /331
  - 一、我国审级制度的历史沿革 /331
  - 二、我国审级制度的基本内容 /336
- 第四节 我国审级制度存在的弊端 /341
  - 一、四级法院之间未实行职能分层 /341
  - 二、不同审级法院缺乏职能分工 /342
  - 三、再审程序的无限扩张破坏司法终局性 /343
  - 四、上下级法院之间的行政化色彩弱化审级职能 /346
  - 五、二审程序中的发回重审影响诉讼效率 /347
- 第五节 我国民事审级制度的完善 /348
  - 一、小额诉讼程序的一审终审制 /348
  - 二、解决各审级之间在功能划分上的模糊、混同和重叠问题 /352
  - 三、重新界定各级法院的审级职能 /356
  - 四、改革上下级法院之间的"半行政化"关系 /359
  - 五、三审终审制——对我国未来审级制度发展的展望 /362

专题八 检察权与民事检察监督制度 /365

- 第一节 检察权的属性与定位 /367
  - 一、理论界对检察权性质的讨论 /367
  - 二、检察权性质的合理定位 /372
- 第二节 检察权制度功能及民事检察监督权 /374
  - 一、检察权制度功能 /374
  - 二、民事检察监督权 /381
- 第三节 新形势下我国民事检察监督权的制度创新 /383
  - 一、从社会公益保护的视角看检察权配置的一般规律 /383
  - 二、民事检察监督权制度创新在司法实践中的有益探索 /385
  - 三、新形势下我国民事检察监督权的制度创新——以检察机关介入公益诉讼为考量 /387

主要参考文献 /392

后记 /407

专题一

民事纠纷的多元化解决机制研究

第一节
纠纷和纠纷解决基本理论

一、引 言

人类社会的文明史,可以看作一部纠纷在社会发展中不断兴起又不断消弭的历史。在这种视角下,社会制度的发展史也是一部人类不断从各个层面致力于化解纠纷并努力构建常态化的纠纷化解机制的历史。

纠纷的存在首先来自于个人私欲的不可消弭性和社会资源的有限性。"人们奋斗所争取的一切,都同他们的利益相关。"[1]人作为存在于社会中的个体,总是不断地寻求占有更多的社会资源。然而,在任何一个时期,社会的资源总量都是有限的。在面对这种局面时,由于人类的理性与德性总是包含有内在的缺陷,不同的社会个体对资源的争夺不可能是一个安静且平稳的过程,其中所滋生的种种分歧、争端与冲突,都可以概括地视为纠纷的不同表现形式。同时,社会分配制度的不完善是纠纷产生的社会原因。面对社会资源的有限性,尤其是公共资源的稀缺性,特定的社会结构实际上就是特定的社会分配制度的映像投射。而社会分配制度往往掌握在一个社会的统治阶级手中。正如研究社会冲突的著名学者科塞所指出的,纠纷产生的社会根源在于统治者与被统治者之间,被统治者对现实资源分配格局的不满和由此产生的反抗激情是纠纷产生的原因。[2]德国社会学家达伦多夫也认可这一观点。他认为在社会权威结构中,人民的结合并非基于组织成员的"共同意志",而是基于权威——服从的压制性力量。因此,统治者与被统治者,或管理者与被管理者对权力和稀缺资源的争夺,构成了社会冲突

---

[1] 马克思,恩格斯.马克思恩格斯全集(第1卷)[M].北京:人民出版社,1972:82.
[2] L.科塞.社会冲突的功能[M].孙立平,等,译.北京:华夏出版社,1989:31.

的一般动力机制。[1]由此,纠纷在特定社会中具有普遍性与必然性。由人类所构建起来的社会,尽管随着人类理性的提升与德性的进步,而逐渐趋向合理与安定,但并没有超出特定时代人类总体认识的局限性。对自然资源与社会资源的渴求与占有欲,经由特定社会结构的放大,致使纠纷在社会中无所不在。总而言之,人类的私欲构成了纠纷产生的根本原因,而特定的社会结构对纠纷的产生往往有促进或催化作用。

在特定社会的内部,纠纷主要有两种:一种是在个体层面上,个人与个人之间由于存在对抗所导致的纠纷;一种是在国家层面上,个人与社会共同体之间由于分配意见的不一致所导致的纠纷。相比较之下,第一种纠纷具有较大的随机性和对社会结构较小的破坏力;而后一种纠纷中,国家作为其中一方往往是固定的,这种纠纷对于社会结构或社会秩序的破坏性也往往较大,有时甚至会引发整个社会与国家的冲突。不管哪一种纠纷,如果任其发展与积聚,最终都会影响到社会整体秩序的稳定,甚至引爆革命,从而导致整个社会的动荡。所以,如何解决纠纷就成了纠纷研究中的核心课题。

如上而言,纠纷的产生是一种正常的社会现象,但纠纷的存在总是会对社会带来不可避免的负面影响。尽可能地降低纠纷给社会带来的风险,将纠纷的危害控制在一定限度内,同时减少纠纷解决的成本和周期,使纠纷解决的效果达至最佳状态,是任何社会对于纠纷解决不变的追求。然而,在不同的社会,纠纷的解决方式具有较大的差异。比如,在原始社会,基于社会权威的有限性与公共资源的稀缺性,血亲复仇与同态复仇也是受到广泛认可的纠纷解决方式,中世纪欧洲的教会法院同样借由神明裁判的名义解决着世俗社会中所产生的种种纠纷。在现代社会,法治作为一种普世价值得到全人类的公认,成为大部分国家与社会所致力达到的目标。在法治社会的建构中,纠纷解决方式的法治化必然是其题中应有之义。首先,从社会过程的角度来看,纠纷解决方式的法治化首先意味着纠纷的解决机制必须是常态化的。这不仅指纠纷处理机构的常态化,还包括纠纷解决程序具有可预期性、纠纷解决结果以公平正义为目标等内涵。常设的纠纷解决机构并非法治社会的独创,法治化的纠纷解决方式其价值在于它体现的法治价值是常态的,是能够被法律规范所调整的,而并非可以随意地体现主导者的个人意志。其次,法治化的纠纷解决方式必须是理性的。它不能像原始社会的血亲复仇那样受激情与随意性的操纵。它意味着最低限度的程序保障与最高限度的权利保障追求必须内涵于其间。举例而言,法院能够在近代成

---

[1] 黎民,张小山.西方社会学理论[M].武汉:华中科技大学出版社,2005:166-168.

为纠纷解决的最核心方式，正是因为"司法是解决法律争端与讼案的最文明、最公正因而是最可信赖的法律机制"[1]。再次，法治化的纠纷解决方式往往是多元化的。[2]权利的实现并非只有一种方式、一种结果，这要求纠纷解决的化解也不能仅仅局限于法院的判决。"法治社会固然必须崇尚司法权威，但这并不意味着必须由司法垄断所有的纠纷解决。"[3]这一点往往成为现代纠纷解决方式的显著特征。在符合以上两个条件的前提下，为纠纷的参与者提供多样化的纠纷解决方式已经成为一种世界性趋势。这是因为法治的社会背景往往在于社会结构与社会主体的多元化，这一背景要求法治所提供的解决方式能够满足不同主体乃至不同群体的需求。

二、何谓"纠纷"

从概念法学的角度而言，概念定义的具体性与准确性在相当大的程度上决定了研究的范畴与边界。但综观以往的研究，对于"纠纷"的概念、内涵、特征与边界，尽管有学者不断地试图定义它，却并没有形成一个为法学界通说的定义；甚至一些学者的定义本身就存在着种种漏洞。如范愉教授将纠纷定义为"特定的主体基于利益冲突而产生的一种双边（或多边）的对抗行为"[4]。然而，在现实生活中，并非所有的冲突都基于利益而产生，"无利益纠纷"同样存在着，比如为了面子的争斗，一般并不需要存在利益冲突。博登海默就曾经指出过，人倾向与对受瞬时兴致、任性和专横力量控制的情形做出逆反反应。[5]这种情形所产生的纠纷就很难被上述定义所概括。

在我们看来，这种情况的出现，一方面是因为法律学者在从社会学领域引入这一概念时并没有仔细鉴别纠纷与其相似概念的区别，如与"冲突"等概念的差异；另一方面，也是由于纠纷作为一个日常语词，它的含义易于理解并被社会广为接受，在法学领域将其打造为一个专业术语反而可能限定它的丰富性与易得性。耶林在其名著《法学的概念天国》中就狠狠地批评过

---

[1] 王人博，程燎原.法治论[M].济南：山东人民出版社，1991：214.

[2] 当然，这并非意味着其他社会类型下的纠纷解决方式是单一的，而是指法治背景下的纠纷解决提供了不同类别、不同层次、不同效果、相对来说更丰富多样的解决方式。

[3] 范愉.多元化纠纷解决机制[M].厦门：厦门大学出版社，2005：6(绪论).

[4] 范愉.纠纷解决的理论与实践[M].北京：清华大学出版社，2007：70.

[5] 埃德加·博登海默.法理学、法律哲学与法律方法[M].邓正来，译.北京：中国政法大学出版社，2009：226.

那种过度关注抽象的法律概念,不考虑它们在现实生活中适用条件的概念法学。[1]在这一点,哈特是耶林的同道中人,他认为"定义之所以成功,所依赖的条件通常是无法被满足的……正是这个要件使这种定义形式在法律的情形中没有用处,因为在这个情形中,并未存在一个为人熟悉而已被充分理解之法律所归属的一般范畴"[2]。从这些论述出发,相比于法律定义必然产生的"空缺结构",笔者更倾向于以描述的方式来概括纠纷这一概念。

从社会学的角度看,纠纷实际属于社会冲突的构成形式,反映的是社会成员间具有抵触性、非合作的,甚至滋生敌意的社会互动形式或社会关系。[3]有学者将纠纷定义为在相对的社会主体之间发生的可以被纳入法律框架之内的那些表面化的不协调状态。[4]这一定义在社会学中具有一定的代表性。客观上讲,将纠纷视为一种社会现象,并定义为一种法律框架内的不协调状态,是有一定道理的。但也有学者指出,像齐美尔、达伦多夫、科塞等学者对社会冲突的探讨,并没有给出一个准确的定义,而是用抽象的、模糊的,甚至是艺术化的词汇来对冲突进行描述。[5]实际上,社会学中的纠纷形象很大程度上是在与冲突的比较中得出的。但法学研究中未必能直接套用这一公式,因为法学本身是一种"权利话语",它所描述的社会现象必须与法律规范产生一定的关联,才会被纳入法学的研究范畴中,仅仅只是社会冲突或个体对抗是很难被视为一种法律现象的。在笔者看来,法学中的纠纷在进行描述时必须包含以下几个要素才能将其视为一种法律现象。

第一,个体化。这是纠纷对参与主体要素的要求。这一要素表明法学视野中的纠纷必须产生于个体之间。换言之,法学所关心的纠纷既不产生于群体之间,也并非存在于社会层面上。尽管客观上存在着不同群体在社会层面上的冲突,但那并非法学所要关心的对象。法学作为一种权利话语,尽管并不缺乏社会关怀,但这种关怀是通过对个体行为的关注及规范所展现的,它经由对个人行为的塑造来建构一个规范的世界,进而完成它的社会关怀。即便是在司法中,法官本身所具有的社会关怀也只能透过具体的个

---

[1] 鲁道夫·冯·耶林.法学的概念天国[M].柯伟才,于庆生,译.北京:中国法制出版社,2009:1-4.
[2] 哈特.法律的概念[M].许家馨,李冠宜,译.北京:法律出版社,2011:15.
[3] 陆益龙.纠纷解决的法社会学研究:问题及范式[J].湖南社会科学,2009(1).
[4] 赵旭东.纠纷与纠纷解决原论:从成因到理念的深度分析[M].北京:北京大学出版社,2009:8.
[5] 刘志松.权威·规则·模式——纠纷与纠纷解决散论[M].厦门:厦门大学出版社,2013:9.

案裁判来表明。由此,法学中的纠纷只能是个体化的,产生于特定的社会主体之间,而不能是泛化的阶层或群体。

第二,以对抗的形式呈现。这是法学视野中纠纷的形式要素。纠纷在实质上是参与主体在某一问题上的对立与对抗状态。它内在地包含两点要求:第一,个体之间就某一问题是对立的,也就是说双方之间存在着立场的不一致;第二,这种不一致的立场所产生的差异引发了实际的冲突。对立并不必然导致冲突,只有因为对立产生了实际的个体冲突,才有可能成为纠纷。因此,纠纷必须以对抗的形式呈现,必须存在着行为的外化。比如相互仇恨的个体最多只是观念上的对立,而无法称为纠纷。

第三,存在着权利受损的实际或可预期状态。这是纠纷的实质要素。法律是由权利写就的,法律保护的也是个体的权利。纠纷中必须存在着已经受损的权利或可能受到损害的权利,才能进入法学研究的视野。这是因为法律无法处理那些存在于观念中的冲突,行为的外化必须导致或有可能导致一定的损害事实,法律才有介入的契机,如果不涉及权利的损害,法律无法自行启动介入其中。比如,对抗的双方各自采取的自我保护措施,法律就难以提供有效的保护,也很难成为法学研究领域中的纠纷。

第四,通过法律规范解决的可欲性。这是纠纷的法律性要素。这一要素与其说是纠纷的要素,毋宁说是法律规范的要求。它要求法学视野中的纠纷即便不是现行法可以调整的,也至少在法律规范可能的涵射范围内。并非现实生活中所有的个体纠纷均可由法律来解决,比如夫妻在家庭生活中的争吵可能同时符合以上三个条件,却未必能为法律规范所解决。另外,道德层面上的纠纷可能同样存在超出法律能力的情况。这一点是界定法学中的纠纷与社会学中的纠纷的关键之处。当代美国的纠纷理论就认为纠纷是一种包含着明确的、可通过法庭裁判的争议的冲突。[1]换言之,如果这一纠纷不能通过法律规范进行审查,那也很难说它是法学视野中的纠纷。

以上四点均是法学中纠纷形象不可缺少的描述性要素。个体性的主体要素要求使它区别于社会层面上存在的阶层或群体冲突,对抗的形式要素要求必须存在行为的外化才能被视为纠纷,而权利受损的现实或预期是法学研究的内在要求,通过法律规范解决的可欲性要求这种纠纷必须存在法律介入的价值,也进而确保了它能够成为法学的关怀对象。

---

[1] 范愉.多元化纠纷解决机制[M].厦门:厦门大学出版社,2005:73.

三、纠纷解决概说

如果说纠纷是社会主体之间的不协调状态,那么纠纷解决就是通过一定的程序和方式化解纠纷,重新恢复或塑造新的社会主体之间协调状态的过程。而法学视野中的纠纷解决的特点就在于这一过程是在法律框架内进行的,并受到法律规范的拘束。在笔者看来,法学中的纠纷解决最大的特征就是它是通过个案进行的,一般一次性只解决一个纠纷。它所运用的是法律手段,而不是政治手段甚至是社会革命。

"纠纷的解决必在一定的框架下,存在权威、规则和模式的交互作用。"[1] 这一框架就是法律制度。日本学者棚濑孝雄从制度的观念出发,认为纠纷解决的制度就是关于什么样的纠纷应该如何解决的实体和程序上的规范体系。法律学就是专门针对这种规范体系(而且很多情况下仅限于明确表示出来的部分)进行描述和解释的。[2] 从这一点出发,法学中纠纷解决的研究实际上可以等同于对纠纷解决制度的研究。基于对纠纷解决制度的总体观察,西方学者认为现有的各种具体制度之间存在着一种类似于光谱的序列,这一序列按照当事人对程序控制能力由强到弱的顺序进行排列。在序列的一端是谈判,在谈判中的当事人对于程序有着最大的掌握度,除了受限于当事人之间的合意外,基本不受其他限制;在序列的另一端是则是诉讼,当事人对程序的决定力降至最低程度,在司法的系统中基本程序是固定的,当事人的合意基本不再发挥作用(图1-1)。[3] 按照这种看法,现有的纠纷解决制度都处于这一序列两端之间的某一位置。

谈判 ←――――――――――→ 诉讼
(当事人程序控制能力强)　　(当事人程序控制能力弱)

图 1-1

从法律的规范程度出发,结合当事人的合意程度,棚濑孝雄提出了类型轴理论。他认为纠纷解决的类型化可以考虑两条相互独立的基轴。一条轴按纠纷是由当事人之间自由的"合意"或者由第三者有拘束力的"决定"来解决而描出;另一条基轴则表示纠纷解决的内容(合意或者决定的内容)是否事先为

---

[1] 刘志松.权威·规则·模式——纠纷与纠纷解决散论[M].厦门:厦门大学出版社,2013:22.

[2] 棚濑孝雄.纠纷的解决与审判制度[M].王亚新,译.北京:中国政法大学出版社,1994:4.

[3] 范愉.多元化纠纷解决机制[M].厦门:厦门大学出版社,2005:104.

规范所规制。两条基轴组合,构成了一个完整的坐标轴(图1-2)。[1]

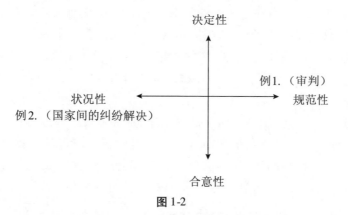

图 1-2

棚濑孝雄的这一认识在国内学者中有相当的影响力,是目前纠纷解决的研究当中难以逾越的论述。在这一框架下,各种纠纷解决体制都能找到自己的位置,同时,这一框架结合不同的社会状况,可以用来预测各种不同的纠纷解决方式所适用的情景。但也应当指出的是,这一框架仍然是在法治社会的整体范畴之内的,即便在合意性与状况性的极端,仍然没有超出笔者前文所指出的法律规范的涵射范围。

有关纠纷解决的基本理论中,另一点值得讨论的内容是纠纷解决的效果问题。在这一点上,我国学者顾培东有非常深入的见解,在《社会冲突与诉讼机制》一书中,他对纠纷解决不同意义的层次做了分析:纠纷的解决首先着眼于冲突的化解和消除,这意味着纠纷主观效果的全部内容从外在形态上被消灭,社会既定的秩序得到恢复,而不问纠纷解决的实体结果如何;其次,纠纷的解决要求实现合法权益和保证法定义务的履行,这是对纠纷解决实体方面的要求,它力图弥补纠纷给社会既有秩序带来的破坏;再次,纠纷的解决要求法律或统治秩序的尊严与权威得以恢复;最后,在最高层次上,纠纷的解决还要求冲突主体放弃和改变藐视以至对抗社会统治秩序和法律制度的心理与态度,增强与社会的共容性,避免或减少纠纷的重复出现。[2] 顾氏的四层次分析框架有其道理,它实际上是以"个人—国家"秩序为出发点所建构的理论。其中主要的出发点仍是社会或国家,第一、第三、第四层次重点取向仍在于维护国家的统治秩序,只有第二层次论及了个体

---

[1] 棚濑孝雄.纠纷的解决与审判制度[M].王亚新,译.北京:中国政法大学出版社,1994:7–10.

[2] 顾培东.社会冲突与诉讼机制[M].北京:法律出版社,2004:27–29.

合法权益的实现。笔者基本同意顾氏的看法,但认为也有所遗漏。在笔者看来,顾氏的理论没有注意到纠纷解决其他三个层次意义正是基于个体权益的保护而实现的。在公民与国家两端,公民固然需要服从国家与社会的基本秩序,但在法治社会,这种秩序的实现有赖于个体的认同,如果纠纷解决的目光始终流连于秩序这一端,要求通过纠纷的解决使冲突主体放弃对社会秩序的藐视态度,就可能遗漏了纠纷的出现还具有的对制度实施的信息反馈与修补完善作用。在纠纷的解决中,法律制度本身也是一个反思的过程。这种反思尽管是在个案中进行的,但仍然包含有制度关怀。在纠纷的解决过程中,纠纷的起因、动机与形态等都会逐一展现,透过对纠纷的解决,制度本身也会暴露出自身的弊端与缺陷,这种缺陷本身也可能成为纠纷产生的原因之一。因此,纠纷解决的过程也有可能成为制度反思与完善的契机,这是顾氏所没有注意到的层次。换言之,国家解决纠纷、恢复社会秩序协调状态的过程,本身是有可能成为国家自身的反思过程的。纠纷解决的意义不仅是面向个人的,也是面向国家的,这种意义绝不仅仅只是恢复一定的统治秩序、消除冲突主体的抵抗心理,更大的意义在于它对于国家是一种预警机制,在纠纷解决的过程中国家发现现有秩序与制度的不足,并以此为契机进行改进,达到更加完善统治的状态。

四、纠纷解决机制的功能

纠纷解决所具有的多层次意义,构成了研究纠纷解决机制的功能的基础。如果说纠纷解决的相关论述还只是停留在理论的思辨之中,那么纠纷解决机制的研究则逐渐迈入了经验层面。

所谓纠纷解决的机制,通常是指一个国家内部各种纠纷解决方式或渠道的统称。各种不同层级、不同取向、不同种类的纠纷解决渠道共同构成了一个国家的纠纷解决机制。纠纷解决的研究主要有结构主义与功能主义两种不同的进路。结构主义理论的最主要特征在于对整体性的强调,认为整体对于部分来说具有逻辑上优先的重要性。这种理论认为任何事物的组成部分都不是孤立的,对一个制度的理解,必须将部分放进整体之中,才能够清晰地看出部分在整体中的作用。[1]功能主义则认为社会是一个复杂的系统,它的各个组成部分协同工作,产生了稳定和团结。要研究某一社会实践

---

[1] 刘志松.权威·规则·模式——纠纷与纠纷解决散论[M].厦门:厦门大学出版社,2013:25-27.

或制度的功能,就要分析其对于社会延续所做的贡献。功能主义思想曾经是社会学中的主要传统。[1]从这两种取向出发,纠纷的解决机制研究也有着不同的进路。值得注意的是,这些分析方法基本上都是社会学的方法,法学中并不存在像结构主义与功能主义这样如此清晰区别的不同进路。法学方法论中存在的三大流派——法教义学、法社会学与分析法学虽然各有侧重,但涉及纠纷解决的问题,多数学者还是持一种法社会学的视角。所以法学学者在这一问题上,受社会学的影响很大。在笔者看来,社会学学者罗伯特·K.默顿基于功能主义所提出的显功能与潜功能对于研究纠纷解决机制的功能有很大的参考意义。显功能就是特定社会活动类型中的参与者所知晓并意欲掌握的那些功能,而潜功能就是参与者未曾意识到的那些活动后果。[2]从默顿的理论出发,笔者尝试分析纠纷解决机制所具备的显功能与潜功能。[3]

(一)纠纷解决机制的显功能——化解冲突

化解冲突可以说是纠纷解决机制最基本的功能。如果说纠纷是指社会成员之间在文化、价值、利益、信仰以及行为等方面存在不协调并寻求加以改变的状态,那么纠纷解决机制的基本功能就在于矫正或彻底改变这种状态。[4]人类社会在任何阶段都需要纠纷化解机制的存在,从血亲复仇到司法审判,这是人类社会的基本结构之一。原因就在于社会主体之间的冲突如果不能得到良好的解决,其所积聚的负面影响最终会对整个社会秩序造成危害。冲突的化解,不仅在于使当事人之间的对抗状态在外在形式上被消灭,以恢复整个秩序的和谐状态,在更高层次上还要求能消除当事人对于社会秩序的抵触甚至仇视心理。纠纷化解机制的目的就在于通过一定的有效运作使得冲突的各方能够重新认可社会秩序。这种认可不仅要求当事人表明对抗行为消除,还期望于当事人情感上的接受。如果当事人仅仅出于对威权的畏惧而选择容忍与避让,并不能实现真正意义上的冲突消除。可以说,通过化解冲突来消灭社会秩序中的不协调状态仅仅是纠纷化解的消极意义,而使冲突主体从内在心理和情绪上消除对于社会制度的对抗,甚至产生认同,才是纠纷解决的积极意义所在。同时实现这两方面的意义,才是纠纷化解机制的理想目标,才能够实现纠纷化解机制的基本功能。

---

[1] 安东尼·吉登斯.社会学[M].李康,译.北京:北京大学出版社,2009:17-18.

[2] 罗伯特·K.默顿.社会理论与社会结构[M].唐少杰,齐心,译.北京:译林出版社,2008:90-97.

[3] 值得指出的是,运用默顿的理论,朱芒教授对上海行政处罚听证的分析就是一个成功的研究。见朱芒.行政处罚听证制度的功能——以上海听证制度的事实现状为例[J].法学研究,2003(5).

[4] 范愉.多元化纠纷解决机制[M].厦门:厦门大学出版社,2005:77.

（二）纠纷化解机制的潜功能之一——安定秩序

纠纷的产生通常来源于社会主体之间的利益冲突或权利实现遇到障碍，会明显或潜在地危害到正常的社会秩序。而且，从实践中来看，大部分纠纷的发生都在于当事人的权利未能得到实现，或者是义务分配的不合理。作为对这些状态的回应，纠纷的解决在化解社会主体之间的冲突之时，实际上也是一个重组权利与义务的过程。而权利与义务的重组往往涉及秩序的更改。秩序的更改最终是为了实现秩序的安定。在这方面，秩序安定的实现在纠纷解决中往往体现为两种形式：一是秩序的维护；二是秩序的完善。第一种情况是原有的既定秩序在受到纠纷的破坏后，通过纠纷的化解得到恢复，它的关注点在于纠纷化解之后原有秩序是否能够回复到初始状态。从这一点来看，纠纷化解后的秩序在价值与构造上并没有区别于原有秩序，它是在不触及秩序结构的情况下将纠纷消弭于无形，在形式上化解了不和谐、不协调的冲突状态。换言之，它的关键在于新的秩序安定状态与原有状态之间并不存在质的不同，它是对旧有秩序的维护，一般不涉及秩序的转变。这种情况下的纠纷化解过程往往表现得较为平稳、对秩序的伤害较少。在实践中，绝大部分的纠纷化解都属于这一类情况。第二种情况是不仅纠纷本身得到化解，而且秩序本身也有所改变。这一情况是秩序在纠纷化解过程中，发现自身的漏洞与缺陷，并以纠纷的化解为契机，激活其修补机制，进而实现纠纷的化解与秩序的完善这一双重目标。在这一情况中，纠纷的化解不仅恢复了秩序的安定状态，而且使秩序结构有所改变，通常是更进一步地完善。它的关注点在于旧秩序被打破之后，秩序和谐状态的再实现是通过秩序的调整来完成的，它确定了新的规则或方式来确保社会主体间的冲突得到消除。同时，这种情况往往也更能得到冲突主体的认同，从而在心理和情绪上消除对抗的状态。

纠纷化解的秩序安定功能也可以说是纠纷化解机制的社会功能，因为其着眼点在于国家与社会的秩序的维持与平稳，是相比于冲突化解更高层次的功能。在实践中，并非每一个纠纷的化解都会明显地体现出这一功能，但在纠纷的化解的积累过程中，这一功能的意义是十分重要的。无论是秩序的维护，还是秩序的完善，最终都指向社会的安定，也进而促进了法的安定性的实现。

（三）纠纷解决机制的潜功能之二——政策反馈

纠纷解决机制的基本功能在于对纠纷冲突的化解，但同样也包含着潜在的安定秩序的功能。除此之外，纠纷解决的过程，尤其是那些国家参与解决过程的纠纷化解机制，在相当程度上也是国家收集治理信息的过程。这方面最典型的代表就是信访。信访本身就是中国传统的"登闻鼓"等制度的现代发展,在国家实际的治理过程中充当了地方治理的预警机制之一。站在政府治理的角度而言,纠纷的类别、数量与严重程度往往都与其所实施的社会政策密切相关,纠纷的化解过程本身也是国家的治理过程之一。因此,通过对纠纷的观察以及对纠纷化解机制的运行,政府能够在相当程度上了解到自身的问题所在。而纠纷解决机制在相当程度上起到了作为政策实效"传声筒"的作用。这一功能与上文所述纠纷解决机制的秩序完善功能有相似之处,但又有质的不同。这一功能的着眼点在于信息的传达,同时其接收主体是政府一方,而秩序的完善指向的是社会秩序,完成修补过程的可能是政府,也可能是社会自身。从经验上来看,在实践中,政策反馈往往需要时间和案例的积累,它的功能实现需要一定的过程。而且在这一过程中,个人的权益与社会的秩序常常处于一种未实现状态,因为信息的反馈未必能够带来及时的政策响应。总体来看,这一功能是纠纷解决机制的附属功能,却是国家治理中不可忽视的一部分。

化解冲突、安定秩序、反馈信息,这三者都是纠纷解决机制在实践中所具备的实际功能。化解冲突是纠纷解决机制的基本功能,安定秩序与反馈信息可以说是纠纷化解机制所潜在的社会功能。前者的实现是纠纷化解机制的主观目的,而后两者更多地属于客观上的附属功能。但这并不意味着后两者的重要性低于前者,在某种程度上来说,良好的信息反馈所带来的完善的社会秩序也有利于冲突的最终化解。

五、纠纷解决机制的模式

纠纷解决机制的模式划分有多种方式,如有的学者以纠纷解决程序的启动是否需要当事人的同意为标准,将其分为强制性和选择性两大类;又以纠纷解决的方式为标准,分为合意性与决定性两大类。[1]目前学界大部分学者接受的是按照纠纷解决主体来进行分类,分为私力救济、社会救济与公力救济三大类。[2]这一分类的特点在于它直观地揭示了社会公权力在纠纷解决中的参与程度,因而受到了多数学者的认可。笔者也接受这一说法。当然,这绝不是说其他分类没有意义,而是这一分类在一定程度上抓住了中国纠纷解决机制构建的关键。客观上,中国的纠纷解决机制是以公力救济

---

[1] 范愉.多元化纠纷解决机制[M].厦门:厦门大学出版社,2005:102-103.
[2] 徐昕.迈向社会和谐的纠纷解决[M].北京:中国检察出版社,2008:25.

为主导的,社会救济与私力救济要么是发挥空间有限,要么是不受政府认可。如何进一步构建和完善多元化的纠纷解决机制,是我国纠纷解决机制正面临的课题,这一分类在一定程度上凸显了这一时代主题。按照徐昕教授的进一步分类,我国现有的纠纷解决渠道的分类可以由图1-3看到。

$$
纠纷解决机制\begin{cases}公力救济\begin{cases}司法救济\\行政救济\end{cases}\\社会救济\begin{cases}调解\\仲裁\\部分 ADR\end{cases}\\私力救济\begin{cases}自决\\和解\end{cases}\end{cases}
$$

图 1-3

(一) 公力救济

公力救济是指由特定的国家机关运用国家公权力解决纠纷的活动。公力救济的实质是由特定的国家机关在纠纷主体的参与下解决纠纷的一种最具权威和最有效的机制。公力救济有两个特点:一是有国家强制性,即国家凭借强制力确定纠纷主体双方之间的民事权利义务,并以国家强制执行权迫使义务主体履行生效的裁判;二是有严格的规范性,即诉讼必须严格按照法定程序规则进行。现代社会采取公力救济的方式,能够使纠纷得到最公平、最合理的解决。

在我国,公力救济在纠纷解决机制中占有绝对的主导地位。公力救济主要分为司法救济与行政救济两种。司法救济主要是指通过法院的诉讼,在我国有民事诉讼、刑事诉讼与行政诉讼三种类型。行政救济是指行政机关通过对纠纷的解决为公民提供的救济。必须指出的是,这两种救济虽然都属于公力救济,但在特征、效力与手段上都有明显的区别。一般来说,在一国之内,司法救济是最终的救济手段,在救济效果上往往也最具权威,并且最具规范性。而行政救济本身是一个统称,通常认为它包含行政复议、行政裁决、行政调解和信访[1]等不同种类的救济。行政救济往往强调追求纠纷解决的便捷、高效、低成本、专业性强等特点。这一点不同于强调纠纷解决的公平、公正,并注重对当事人权利保护的司法救济。在某种程度上,同属于公力救济的司法救济与行政救济,在价值取向上却是背道而驰的,这是由主导机关的不同性质所决定的。从另一个角度来看,也可以说二者是互

---

[1] 应当说明的是,有关信访的性质与存废存在着一定的争论。有学者认为它并不是一种救济手段,而是一种国家的治理方式。本书认同应星教授的意见,将信访看作一种特殊的行政救济。

为补充的。行政机关追求的便捷和高效,可能使权利主体得不到最圆满的救济,但法院的救济作为最终救济,为正义的实现提供了保障。公力救济目前是我国的主要救济方式,但是两种不同救济之间的实际效果明显不同。目前,在司法救济中,我国除了行政诉讼以外的其他救济方式受案量一直持续上涨,但行政救济中除了较具有特殊性的信访之外,其他救济方式都难以得到广大权利主体的认可,这是目前行政救济值得注意的地方。

(二) 社会救济

关于社会救济,并没有一个普遍性的通说定义。这是因为这种救济类型夹杂在公力救济与私力救济之间,不仅在纠纷的解决过程中需要用到多种力量(国家的、民间的、私人的都可能运用到),而且常常兼有多种性质,往往既有私力的因素,也有公力的因素。[1]比如,法院在民事诉讼案件的审理程序中设置了法庭调解,但法庭调解的运用有时不仅依赖于法院的权威,还依赖于多种民间力量的运用。这导致了一些救济方式很难被归类。

结合诸多论述来看,社会救济具有以下几个特征。(1)从纠纷解决的权威性上来看,它低于公力救济,而高于私力救济。(2)从纠纷解决运用的规则来看,它所使用的规则是多元化的,既包括法律规范,也包括社会规范,如习惯、章程、公约、行业标准等,而且法律规范在其中发挥的作用往往较低。(3)从参与纠纷解决的主体来看,它的参与主体也是多元化的,在一个纠纷的解决过程中,可能动用专家、社会权威以及自治团体等多种力量,往往在解决过程中没有一个能够做出终局裁决的主体。(4)从纠纷解决的结果效力来看,它的结果对当事人的认同要求较高。由于纠纷解决的主体权威性不如司法救济,所以纠纷解决结果的达成及其效力的实现,还有赖于当事人自身对这一结果有较高的认同感。(5)从纠纷解决启动的方式来看,它对当事人的自愿性要求较强。

按照以上五条标准,结合不同学者论述,大致上可以确定调解、仲裁以及狭义上的 ADR[2]可以归类于社会救济这一范畴。调解,是指第三者依据一定的道德、社会规范和法律规范居间调处,促使纠纷主体相互谅解、妥协,最终达成纠纷解决的活动。由于是双方在自愿基础上调和的结果,没有强制性,既解决了纠纷,又不伤和气,因此争议双方都能够接受并自觉履行。调解的温和性与调解解决纠纷的和谐性,符合社会和谐发展的要求,因此作

---

[1] 徐昕.论私力救济[M].北京:中国政法大学出版社,2005:317.

[2] 狭义上的 ADR,即把仲裁和行政机关的准司法纠纷解决程序与一般的 ADR 区别开,把 ADR 限定在"非诉讼非仲裁的纠纷解决方式"范围内。

为解决社会矛盾的方式,作用很大,应用极广。我国现有的调解有多种形式,如人民调解委员会的调解、行政调解、劳动争议调解委员会的调解、法院附设的诉讼前调解等。调解具有以下四个特性:(1)第三者的中立性。主持调解的第三者可以是国家机关、社会组织或个人,但是在调解中它们都是中立的第三方。这点与和解不同,和解没有第三方。(2)纠纷主体的合意性。调解人对于纠纷的解决和纠纷的主体没有强制力,只是以沟通、说服、协调等方式促成纠纷主体达成纠纷解决的合意。(3)非严格的规范性。与仲裁和诉讼相比,调解并非严格依据程序规范和实体规范来进行,而具有很大程度上的灵活性和随意性。(4)调解协议一般不具有强制执行力。调解所达成的调解协议并不具有法律上的强制执行力,只有经过法定程序依法赋予调解协议强制执行效力的,方可申请强制执行。

仲裁,也叫公断,是指纠纷双方根据有关规定或双方协议,将争议交由一定的社会机构,由该机构居中裁决的制度。仲裁具有以下三方面的特性:(1)仲裁的民间性。仲裁机构不是国家机关,而是民间组织或社团法人。仲裁员亦非国家工作人员,而是由争议双方在具有法定资质的人中选定。因此,以仲裁的方式解决民事纠纷依然是社会型救济的一种。(2)仲裁的自治性。当事人意思自治原则充分地体现在仲裁程序之中。选定仲裁员,选择仲裁所依照的实体、程序性规范,均由争议双方决定,无不体现着仲裁的自治性。(3)仲裁的法律性。其一,仲裁活动应当遵守当事人选定或者法律规定必须适用的仲裁程序法和实体法;其二,仲裁裁决具有一定的稳定性,一旦做出,非经法定程序不得更改;其三,仲裁过程中的证据保全、财产保全以及仲裁裁决的执行,具有"准司法性"。虽然仲裁机构无权实施强制性措施,但法律赋予仲裁机构可借助法院予以强制执行的权力。调解和仲裁的共同点是第三者对争议处理起着重要作用;不同的是,调解结果更多地体现了主体的意愿,而仲裁的结果则更多地体现了仲裁者的意愿。

社会救济基本可以看作纠纷解决的民间模式,区别于公力救济的国家模式,其自愿性、温和性、民间性和便利性,使得争议双方更易于接受,因此在社会上应用极广。有学者指出,社会救济与公力救济两种模式的最大区别是:在技术上,前者是向前看的,重视形成新的权利义务关系,忽略曾经的权利义务关系,而后者是向后看的,在于厘清曾经的义务关系。[1]总之,社会救济的灵活性与低权威性是它显著的特点。

---

[1] 刘志松.权威·规则·模式——纠纷与纠纷解决散论[M].厦门:厦门大学出版社,2013:86.

(三) 私力救济

私力救济又称为自力救济,在私力救济的研究方面,徐昕教授的著作《论私力救济》具有权威性的影响。徐昕教授将私力救济界定为:当事人认定权利遭受侵害,在没有第三方以中立名义介入纠纷解决的情形下,不通过国家机关和法定程序,而依靠自身和私人力量,解决纠纷,实现权利;并且指出私力救济的首要特征是没有第三方以中立名义介入纠纷解决。[1]

私力救济依据解决纠纷的方式可分为自决与和解。自决是指纠纷主体一方凭借自己的力量强行使对方服从。和解是指双方相互妥协和让步,协商解决纠纷。私力救济根据法律性质又可分为法定的私力救济和法外的私力救济,法定的私力救济指法律明文规定,允许民事主体采取的救济方式(如紧急避险等)。法外的私力救济指法律规定之外的私力救济方式(如债权人拘押债务人、债权人雇佣人员进行收债等)。和解作为私力救济的一种形式,具有很高的自治性和非规范性。和解在形式和程序上具有通俗性和民间性,它通常是以民间习惯的方式或者纠纷主体自行约定的方式进行的,以和解来解决纠纷,往往不伤害纠纷主体之间的感情,能够维持纠纷主体之间原有的关系。但是,在现代法治社会,和解的程序和内容必须以不违背禁止性法律规定和公共利益为前提,并且必须建立在平等和真实意志的基础上,不得存在强迫、欺诈、显示公平和重大误解等。

有学者指出,在人类历史中,纠纷解决存在着一个演变过程,即从私力到公力的演进。[2]徐昕教授通过对成本—收益、效率和机制等比较指出,传统的"禁止私力救济"的原则有其被误读的一面,并非所有的私力救济都被禁止,像正当防卫与紧急避险都带有私力救济的性质。同时,在现代社会中,私力救济基于社会契约论仍具有一定的正当性,可以有限度地作为正义的一种实现方式。基于这些论述,他认为应当认真对待私力救济,发挥其积极功能,限制并疏导其消极倾向,使私力救济成为多元化纠纷解决机制中的一个组成部分。[3]

在纠纷的解决中,虽然存在着从私力救济迈向公力救济这一总体趋势,但任何社会总是为私力救济留下了一定的空间。这既是基于公权力行使的限度,也是基于现代社会对于个人权利的尊重。在不触碰国家禁止性原则的前提下,私力救济的非程序性和非规范性,在适当的情景中可以发挥一定的作用。

---

[1] 徐昕.论私力救济[M].北京:中国政法大学出版社,2005:102-103.
[2] 刘志松.权威·规则·模式——纠纷与纠纷解决散论[M].厦门:厦门大学出版社,2013:50-56.
[3] 徐昕.论私力救济[M].北京:中国政法大学出版社,2005:3.

第二节

国外多元化纠纷解决机制的理论研究与实践

一、多元化纠纷解决机制的概念辨析

构建中国的多元纠纷解决机制,不可避免地要涉及对域外其他国家先进制度和成功经验的借鉴。但无论是对域外制度的借鉴,还是对于我国多元纠纷解决机制的构建,都必须要首先厘清一个问题,即当我们在谈论多元纠纷解决机制的时候,我们指的究竟是什么?众所周知,在任何一个现代国家,以受理诉讼为本职的法院早已成为现代社会的核心制度。所谓多元,是指传统的单一司法体制以外的多元,还是指包含司法机制在内的多元机制,对于这一点,在学界就存在两种不同的看法。一类是在把"多元化纠纷解决机制"理解为以多种多样的方式来解决社会纠纷的一种机制的基础上,具体地把这些多种多样的解决社会纠纷的方式理解为既包括正式的、以诉讼渠道解决问题的方式,也包括非正式的、以非诉讼渠道解决纠纷的方式,既包括官方的纠纷解决方式,也包括民间的纠纷解决方式。学界与司法界多持这种观点还有一类理解认为,"多元化纠纷解决机制"是指诉讼制度以外的非诉讼纠纷解决程序和机制。范愉教授就持这种观点。她明确地把"多元化纠纷解决机制"理解为"非诉讼纠纷解决机制",并且把这种建立在法治基础上的多元化纠纷解决机制明确地等同于 ADR(alternative dispute resolution),认为我国的人民调解及其他非诉讼纠纷解决方式,均符合当代国际比较法学界所概括的 ADR 的共同性特征,可以被涵盖在 ADR 的范畴之内,尽管它们都保持着各自的特殊性。[1]

---

[1] 范愉.当代中国非诉纠纷解决机制的完善与方法[J].学海,2003(1).

以上两种观点,第一种观点为广大学者所持有,也更全面,更符合多元化纠纷解决机制的字面含义。因为总体来说,一个国家内部所有的纠纷解决机制,应当都属于多元化中的一部分。因此,将司法所代表的诉讼机制排除在多元化之外是不科学的。但是从实际的研究内容角度上来看,第二种看法似乎更有道理。实际上,当我们在对多元化纠纷解决机制进行探讨时,一般只将现有的诉讼制度作为一个论述的前提,一带而过,更多的精力仍然集中在讨论诉讼之外的非诉讼纠纷解决机制上。在某种程度上,尽管第一种含义更为周延,却对我们的论述来说意义不大。因为对诉讼制度的研究本身就是法学的核心内容,甚至说法学是围绕着诉讼机制展开的学科也不为过。况且,近年来的司法改革研究已经是法学中最为热门的研究领域。"多元化"本身就是针对单一的诉讼机制所提出的概念,它的研究重心显然并不在司法机制上。将多元化纠纷解决机制研究理解为替代性纠纷解决机制,即学界通常所说的 ADR,似乎更方便于我们研究的展开。因此,在下文中除特别注明外笔者所使用的多元化纠纷解决机制与 ADR 基本同义,不再明确区分。

二、多元化纠纷解决机制的兴起与原因

ADR 这一概念起源于美国,目前被普遍理解为世界各国普遍存在着的、民事诉讼制度以外的非诉讼纠纷解决程序或机制的总称。[1]最早的 ADR 是针对民事纠纷发展起来的,在民事纠纷的解决中取得了良好的效果。但目前来看,ADR 早已不限于民事领域的纠纷解决,已经扩展到行政、刑事等更广阔的领域,并形成了较为完善的体系与机制。美国 1998 年《ADR 法》(Alternative Dispute Resolution Act of 1998)的定义是:替代性纠纷解决方式包括任何主审法官宣判以外的程序和方法,在这种程序中,通过诸如早期中立评估、调解、小型审判和仲裁等方式,中立第三方在论争中参与协助解决纠纷。美国法学家弗来彻认为:"虽然从表面上看,替代性纠纷解决方式是一个有序体系,但事实上它只是一组供当事人任意选择用来避免对抗性诉讼的办法。"[2]而欧陆的一些学者认为:不经法院审理的督促程序都包括在 ADR 范围之内,并认为行政机关的纠纷解决程序也应属于 ADR 之列。无论如何,诉讼程序之外的纠纷解决方式与程序,不论处理的纠纷到

---

[1] 范愉. 多元化纠纷解决机制[M]. 厦门:厦门大学出版社,2005:1.
[2] 宋冰. 程序、正义与现代化[M]. 北京:中国政法大学出版社,1998:420.

底是何种性质,按照广义的 ADR 概念,都是可以囊括进去的。

ADR 起源于 20 世纪 70 年代的美国,虽然在美国 ADR 也受到一些非议与质疑,但并没有阻挡 ADR 在实践中的广泛运用。ADR 一词最早是由弗兰克·桑德尔在美国 1976 年讨论"大众为什么会对司法行政不满"的国家会议上提出的,这被视为"非正式替代性措施合法化的决定性时刻"[1]。以美国为策源地,20 世纪 80 年代以后,当代世界进入了一个 ADR 的高速发展期。各国在不同程度上对 ADR 运动采取了积极认同的政策并进行了各种尝试。其中,美国、日本、澳大利亚以及西欧和北欧等国家和地区都形成了具有个性特点的发展模式并初见成效,可以毫不夸张地说,ADR 运动已经成为世界性的时代潮流。对于 ADR 兴起的原因,一般来说,学者归结为以下几种原因。

(一)后现代的法学背景是 ADR 兴起的理论基础

20 世纪 60 年代后期以来美国社会发生了剧变,大量的社会问题导致了国家正统性的削弱,于是产生了用"软性法治"取代"硬性法治"的要求。美国学者 P. 诺内(P. Nonet)和 P. 塞尔兹尼克(P. Selznick)于 1978 年发表了他们的重要著作《转变中的法律与社会——迈向回应型法》,他们以所提倡的回应型法的模型,作为对时代呼声的回应。他们把社会中存在的法分为三种基本类型,即压制型法——作为压制性权力的工具的法律,其主要特征是政法合体和放纵裁量,表现为法对特权的保护、不安定和正当化程度低;自治型法——作为能够控制压制并维护自己的完整性的一种特别制度的法律,力争使法律秩序成为反对压制的一种方法,强调权力的分立和制衡以及程序正义;回应型法或适应性法——作为回应各种社会需要和愿望的一种便利工具的法律,强调目的对制度和法的引导,根据社会的需要和要求缓和或解决法治的形式主义以及规则与价值的矛盾。回应型法是作者提出的对法治的改革纲领,"如果说存在着回应型法的一种典型功能的话,那么它就是调整而非裁判"。"解决争端不可能还是典型的关注对象,法律也不可能依靠这一过程去履行其责任……法律的能量应该贡献于诊断那些制度上的问题,贡献于重新设计那些制度上的安排。"[2] 这一观念作用于纠纷解决领域,即意味着法院不再被学者们认为是解决纠纷的唯一路径,甚至在美国学

---

[1] 西蒙·罗伯茨,彭文浩. 纠纷解决过程——ADR 与形成决定的主要形式[M]. 刘哲玮,等,译. 北京:北京大学出版社,2011:60.

[2] P. 诺内,P. 塞尔尼兹克. 转变中的法律与社会[M]. 张志铭,译. 北京:中国政法大学出版社,1994:129-132.

者看来,法院本身也亟须改造以回应社会的呼声。应当指出的是,回应型法虽然是后现代法学中比较有代表性的观点,但并非唯一一种,在这一时期,美国法理学发生了重大的转向,积极对社会问题做出回应。这构成了ADR运动兴起的理论背景。

(二)"诉讼爆炸"与司法成本高企是ADR兴起的法律背景

由于《民权法案》的通过和经济的迅速发展,20世纪60年代以后美国民商事纠纷剧增。但是与之相反的是,美国法院的规模基本保持不变这种比例的严重失调直接导致了法院积案如山。从诉讼案件总量来看,联邦法院1971年为126145起,1980年为189778起,1985年则增加到273670起,就案件增长率而言,从1960年到1975年的15年间,案件增长率高达106%,而且这种增长率还处于持续上升中;对州而言,从1984年到1990年美国人口增长率为5%,但在这一期间内各州法院提起的案件增长率为18%。[1] 解决积案问题只有两条途径:一是扩大法院规模;二是促使案件分流到法院之外解决。出于维护法院权威、保证法官素质以及节约司法资源等多方面的考虑,美国从未采用过第一条途径。所以,能及时有效解决纠纷,分担法院压力的ADR必然成为美国社会的唯一选择,ADR因势就利,获得了蓬勃发展。

除此之外,诉讼的成本高昂与诉讼本身的局限性也是促成ADR兴起的主要原因之一。美国学者博克曾尖锐地批评美国法院,指出"在公正和效率上(美国)引以为豪的法律制度,尽管运作成本是世界上最昂贵的,却依然不能维护所有公民的权利"[2]。美国民事诉讼的对抗程序及其证据开示制度相对需要较高的运作成本和时间,而作为民事诉讼程序基石的陪审团制度,导致法院判决具有高度的不确定性。同时,律师的收费制度也对诉讼的进程有着至关重要的影响。这些因素一方面导致了诉讼周期延长和成本变得高昂,但一方面又促进了当事人之间在诉讼的高成本和延迟等压力下进行交易的动机,成本和收益的衡量,成为ADR的主要思维逻辑之一,这也为纠纷解决的市场化提供了契机。[3]

(三)接近正义(access to justice)运动是ADR兴起的社会背景

接近正义运动是西方国家在20世纪针对保障公民利用司法和法院的

---

[1] 汤维建.美国民事诉讼制度与民事诉讼程序[M].北京:中国法制出版社,2001:12-13.

[2] 西蒙·罗伯茨,彭文浩.纠纷解决过程——ADR与形成决定的主要形式[M].刘哲玮,等,译.北京:北京大学出版社,2011:59.

[3] 范愉.多元化纠纷解决机制[M].厦门:厦门大学出版社,2005:13.

权利而提出的口号和司法改革目标。接近正义运动目前为止总共有过三次浪潮。前两次主要解决了弱势群体能够享有司法的公正审判的问题。与ADR运动有直接关系的是第三次浪潮。第三次浪潮的基本理念是:一方面,通过程序的简化和便利,增加民众利用司法的机会;另一方面,将正义与司法区分开来,重新理解和解释正义的内涵,通过司法的社会化,使公民有机会获得具体而符合实际的正义,即解决纠纷法权利。[1]它的思路是改变对法院在纠纷解决中的功能的狭隘认识,使法院不再作为纠纷解决的主要渠道,而是作为一种法律背景。在这个意义上,第三次浪潮就是通过对司法或正义的扩大解释,把纠纷解决的功能从法院向社会化的ADR转移;通过ADR强化社会纠纷解决的能力,使更多的社会主体和当事人能及时、便捷、经济、平和地解决纠纷,从而扩大了法律的作用范围和方式。在第三波有关纠纷解决机构的研究中,学者们获得了一些结论。(1)各国法院对诉讼程序的一般性变革,如奥地利的诉讼制度改革、法国的废除法院费用改革、德国的法院改革等。(2)用仲裁代替正规法院处理一般纠纷的改革,如法国的法官友谊仲裁制度、美国加利福尼亚州的任意仲裁制度、宾西法尼亚州的仲裁前置制度。在日本,有关调解的法律制度最为完善。由于现代社会纠纷增多,诉讼成本巨大,而通过第三人介入纠纷的解决,以调解的方式化解矛盾是当事人的有益选择。与诉讼不同,调解的方式有利于查明发生纠纷的深层次原因,并能够修复复杂长期的关系。(3)设立专门的法院。[2]

三、国外多元化纠纷解决机制的实践

(一)美国的 ADR

20世纪60年代以后,随着经济的发展,美国的民事案件迅速增长,远远超出法院的承受能力,这种现实被形象地称为"诉讼爆炸"。美国学者戴维·派克在其《当代美国的诉讼浪潮》一文指出:"现在各个阶层的美国人都被深埋在堆积如山的诉讼案件中。"[3]因此,ADR制度得以大显身手。

根据美国法学家爱德华·谢尔曼的研究,美国ADR的发展经历了以下

---

[1] 莫诺·卡佩莱蒂. 福利国家和接近正义[M]. 刘俊祥,等,译. 北京:法律出版社,2000:125-160.

[2] 莫诺·卡佩莱蒂. 福利国家和接近正义[M]. 刘俊祥,等,译. 北京:法律出版社,2000:140.

[3] 骆永兴. 美国ADR的发展与影响[J]. 湖北社会科学,2013(2).

几个阶段,同时伴随着观念的更新。[1](1)20世纪30年代,美国劳资矛盾突出,纠纷不断,为缓和双方尖锐的对立,维护社会利益,中立第三方介入纠纷的解决过程,运用调解方式使双方妥协,进行"社会干预"。(2)在劳资纠纷之后,美国在家事法领域运用调解,通过拥有心理学知识的人对婚姻双方进行心理上的疏导,解决感情危机,维系婚姻家庭关系。(3)60年代美国联邦政府资助设立了全国性的"邻司法中心",州政府、教会、慈善团体和其他地域组织资助设立了社区调解中心。这些机构依靠社区的民众通过调解解决纠纷,实现自治体内的个人自治。(4)70、80年代,由于法院积案如山,法院鼓励法官和职员积极管理案件,运用ADR尽可能在诉讼程序早期阶段促成当事人和解以节约司法资源。(5)80年代,开始出现让纠纷双方甚至所有"利害关系人"进行沟通、合作,寻找利益交叉点,从而达成一致的方式。(6)进入90年代,退休法官和专业律师积极参与对纠纷的评价工作,试图从权威人士的角度,对当事人诉讼的前景进行评估,为当事人解决纠纷提供参考。从立法方面看,美国法院附设的ADR和强制性的ADR发展很快。1990年,美国颁布实施了《民事司法改革法》(*The Civil Justice Reform Act of 1990*,简称CJRA),要求所有地区法院开展一个在地区内减少成本和迟延的特别计划,要求扩展并增加ADR的使用成为CJRA的一项基本原则。1996年10月,克林顿总统签署了《行政纠纷解决法》(*Administrative Dispute Resolution Act of 1996*),允许政府部门利用ADR解决其合同纠纷,承诺政府机构遵守仲裁协议约束。1998年10月,克林顿总统签署了《ADR法》(*Alternative Dispute Resolution Act of 1998*),进一步推动ADR的利用,并授权联邦地区法院制定具体规则。目前,许多州都已经制定了ADR法。ADR已经成为美国多元化纠纷解决机制的重要标志。

美国的ADR形式多样,既有非营利型的ADR,如美国仲裁协会(AAA),也有为解决商事纠纷而出现的营利型的ADR,如司法仲裁调解机构(judicial arbitration and mediation service,简称JAMS),还有按行业和地域划分的ADR,不一而足。

1. 法院附设调解

2002年,美国律师协会和统一各州法律全国委员会通过了《统一调解法》。当前,该法已在内布拉斯加州、伊利诺伊州、新泽西州和俄亥俄州施行。据统计,美国涉及调解的州法规和联邦法规已超过2000部。[2]几乎所

---

[1] 范愉. 非诉讼纠纷解决机制研究[M]. 北京:中国人民大学出版社,2000:96.
[2] 齐树洁. 美国司法制度[M]. 厦门:厦门大学出版社,2010:199.

有的州都有这样的共识：通过调解解决争议所体现的利益要高于把全部证据提交法庭而获得的公共利益。法院附设调解是由当事人或法院选出的调解员来协助诉讼者达成和解协议，是澄清案件争议，消除误解，寻找妥协的又一途径。根据其强制性不同，可分为强制附设调解和非强制附设调解。通常涉及婚姻家庭、邻里纠纷、小额或简单纠纷等案件，如若借助于法院便利的 ADR 设置，能更有效地解决。法院可以把调解规定为诉讼的前置程序，诉讼前必须强制调解。除此以外，其他类型的案件允许当事人双方自愿提出调解，或由法庭提议调解，但允许当事人在特定的时间内拒绝该提议。

美国的法院附设调解分为任意型和强制型两种，由当事人申请或者法院指定进行。比较典型的是"密歇根式调解"[1]，针对要求过高的一方当事人采取措施，迫使其降低要求。法院提供调解员名单，双方各选择一名调解人，再由调解人另选一名中立调解人。双方在规定的期限提交材料后，于规定日期出席调解。调解员做出书面决定，双方如果接受决定，则由法院备案或做出正式裁决，产生法律效力；如果任何一方不接受，则进入诉讼程序，并将调解决定密封保存。如果法院判决与调解决定之差额对被告不超过 10%，对原告不超过 50%，则拒绝接受调解一方须向对方支付诉讼费用，以表示惩罚。

2. 法院附设仲裁

仲裁在美国 ADR 体系中占有重要地位，其"更接近传统意义上的诉讼，即一个中立第三方听取双方的辩论，然后作出一个最终对双方均有约束力的裁决，并且此裁决可由法院予以强制执行"[2]。美国仲裁法包括联邦法和州法，联邦法以 1925 年制定的《联邦仲裁法》（FAA）为主，州法以 1955 年制定的《统一仲裁法》（UAA）为代表。FAA 自从 1925 年颁布后，只做过几次修改，保持了应有的稳定性，其中 1970 年和 1990 年的两次修改较为重要。当前的 FAA 共三章 31 条。FAA 的适用范围非常广泛，所有的海事和商事契约都可使用。虽然 FAA 并未规定详尽的仲裁规则，但该法已经对仲裁协议、仲裁员、当事人，以及仲裁裁决等事项和程序做出了规定。近年来，修改 FAA 的呼声甚高，但何时修改仍无日程表。UAA 于 1955 年由统一各州法律全国委员会通过，1956 年修订过一次，最新修订是在 2000 年（修订后简称 RUAA）。其在美国各州发挥了重要的示范作用，有 49 个州在不同程度上采用了《统一仲裁法》。由于《联邦仲裁法》相对简陋和滞后，《统一

---

[1] J. 弗尔伯格. 美国 ADR 及其对中国调解制度的启示[J]. 李志，译. 山东法学，1994(4).
[2] 克里斯蒂娜·沃波鲁格. 替代诉讼的纠纷解决方式（ADR）[J]. 河北法学，1998(1).

仲裁法》对推动美国仲裁的发展发挥着极为重要的作用。

除此之外，美国还有法院附设仲裁的制度。这是最先在宾夕法尼亚州实行，后又在其他州实验推行的案件处理方式。这种法院附设仲裁不同于传统的仲裁，区别在于：（1）法院附设仲裁主要是强制性的，而传统的仲裁依达成合意的协议而启动；（2）法院附设仲裁的裁决不是终局性的，而传统的仲裁裁决是终局性的，当事人选择仲裁则不能行使诉讼权利；（3）由法院监督附设仲裁，可以取消仲裁裁决。

3. 评价型 ADR

评价型 ADR 分为早期中立评价、中立专家事实发现以及简易陪审团审判三种类型。早期中立评价这种方式是加利福尼亚州北部地区法院创建的，为当事人在诉讼早期阶段提供有关案件的评价以促进和解的程序。由资深律师担任中立评价人的判定没有拘束力，更多的是具有指导的色彩，实际上为当事人提供了一次审理实验的机会。中立专家事实发现是主要适用于知识产权纠纷的一种非正式程序，由法院选任一名专家作为中立第三方进行事实调查、收集证据，提供一份书面的专家意见、报告或证明，或作为中立的专家证人出庭作证。这种中立的专家意见报告可以向当事人提供一个有关事实的客观评价，有利于发现事实、分清是非，促使当事人和解。简易陪审团审判是创立于俄亥俄州北部地区法院并在许多州法院采用的程序。这种程序类似于正式审判，由法官、陪审团、当事人参加，通常在证据开示后、正式审判程序开始前不公开地进行。陪审团的评决意见和法官的裁量都没有强制性的约束力。简易陪审团的审判实际上为当事人提供了一次无拘束力的审判实验，向当事人预测法院判决的结果。如果能够和解则纠纷得以解决；如果达不成和解则进入审判程序。

4. 企业家中心型 ADR

这种程序专门针对企业之间的纠纷，综合了谈判交涉、中立评价、调解以及仲裁等程序。该程序由双方选任的退休法官或资深律师担任中立建议者，以当事人为中心，双方律师面向自己的被代理人和对方的代表而不是面向法官、陪审团、裁员提出证据，由双方当事人自己分析判断证据和主张，以便于做出和解决定。由于突出当事人的地位，所以称为企业家中心型 ADR。

5. 终局型 ADR

终局型 ADR 的显著特点是，由于事先有双方的约定，因而结果具有法律上的强制力。其类型一为租借法官，在双方的合意下，由法院指定一名退休法官主持与正式审判程序相似的审理过程，当事人举证辩论，法官做出一个包含事实判断与法律根据的判决，该判决是终局性的。二为调解—仲裁，这种程序将调解与仲裁相结合,中立第三方既是调解人,又是仲裁人。一般先进行调解程序,如果达成和解,则纠纷得到解决;如果调解失败,则进入仲裁程序。仲裁人做出的裁决具有终局的强制力。

6. 和解会议型 ADR

这一程序在法官主持下进行,主持和解的法官通常不是该案的主审法官,有时法院专门设立调解法官主持和解会议,或由聘请的退休法官或律师主持。

总之,美国的法院附设 ADR 形式多样,与其他的诉讼外纠纷解决方式一起在纠纷解决中发挥着重要的作用。据统计,由于各种 ADR 的运行,现在在美国只有不到5%的起诉案件真正经过审判程序,大部分案件已经通过各种 ADR 得以解决。

(二) 日本的 ADR

日本是历史上唯一没有成为殖民地的亚洲国家,也是欧美发达国家以外的世界历史上唯一成功地实现了现代化的国家,其在近代的法制发展历程中,既广泛吸收了欧美国家先进的法律制度,又尽可能地保留了自己的文化特色。在 ADR 的发展中,日本结合自己的具体社会状况,发展出了独具特色的 ADR 制度。其中许多方面对于我国多元化纠纷解决机制的构建有重要的借鉴意义。

日本的非诉讼纠纷解决机制主要是由调停制度、仲裁、各种专门性 ADR、行政性 ADR 和民间性 ADR 等组成的。其中,最具特色的就是调停制度,它属于法院附设 ADR,在日本的非诉讼纠纷解决机制中历史最悠久,发挥的作用也最大,并且有效地缓解了移植法与传统社会之间的鸿沟。日本的调停程序的启动通常以当事人的申请开始,受诉法院认为有必要可依职权停止民事诉讼程序,则交由调停机关调停。这是一种非诉讼方式,不是一种行使国家司法权的审判方式,其适用的程序法通过《民事调停法》加以规定,实质上是将国家部分的司法权有条件地委托给专门的调解机构行使。这种制度既吸收了民间调解简便、灵活、成本低廉等优点,同时又弥补了民间调解缺乏制度保障和规范性的弱点。当然,除特色性的调停制度以外,日本社会的方方面面都在采用 ADR 的方式解决问题,其 ADR 方式的多元化不亚于美国,而且实践证明的确适合日本社会和当事人的实际需要。[1]日本的 ADR 机制,从运营主体来划分,可以分为司法 ADR、行政 ADR 以及民间 ADR,其中司法 ADR 和行政 ADR 最具日本特色。

---

[1] 殷佳涵.中日 ADR 制度发展比较研究[D].华东政法大学硕士论文,2009.

1. 司法 ADR

作为日本非诉讼纠纷解决机制中历史最长、发挥作用最大的调停制度，其历史可以追溯到德川时期。现代民事调停制度的建立始于第二次世界大战之前制定的一系列调停法，这种 ADR 方式有效地缓解了移植法和传统社会间的不适与冲突，并在战后逐步完成了向现代 ADR 的转型。

目前，在日本法院进行的民事调停和家事调停，是各式 ADR 中利用率最高的。根据 2002 年度的统计，法院处理的民事调停案件为 362925 件（1993 年度为 93828 件），调停成功率达 33.2%，只有 8.4% 的案件调停失败（其余的或撤销案件或做其他决定）。由于调停制度适应了本土民众和社会的需要，因此我们有理由认为在今后的很长一段时间内该方式的使用率将居高不下。2004 年 12 月 1 日，日本颁布了《关于促进诉讼外纠纷解决利用的法律》，并决定于 2007 年 5 月开始施行。该部法律相当之长，因此又被誉为"日本版的 ADR 基本法"，其中最重要的内容是规定了对调停执行员的认证制度，即只有满足了一定要件的人才能担任调停执行员，因为只有这样才能给社会、给利用者增加信赖感和信服感。尽管日本国内法学界对该法褒贬不一，但是，我们能清楚地看到日本的司法系统对 ADR 机制的重视及提供的一切战略支持。

2. 行政 ADR

除传统的民事和家事调停制度以外，日本的行政 ADR 也颇具特色。由于日本的民族性格中有一种对权威和秩序的特殊信赖，并且日本民众历来对于诉讼持回避或消极态度，因此行政方式特有的优势得到了高度的重视。也可以说，行政机关对纠纷解决的积极参与成了日本当代纠纷解决机制的一个重要特点，被称为纠纷管理型 ADR。

日本的行政型 ADR 机构包括国民生活中心、都道府县消费生活中心、公害等调整委员会、建筑工程纷争审查会、都道府县劳动纷争调整委员会等。随着纠纷解决方式的多样化，这类纠纷解决机构在不断增加，行政机关也往往被赋予了解决纠纷的职责。其中，值得一提的是公害等调整委员会（公调委）。该机构自 1972 年设立至今已有 40 余年的历史，截至 2012 年累计处理案件达 743 起，其中造成社会重大影响的有防滑轮胎、粉尘公害以及丰岛废弃物不法投弃事件等。公调委是依据《公害等调整委员会设置》建立的专门性纠纷处理机构，其职能是对环境纠纷进行独立调查、处理，并拥有准立法权。这一机构的目标并非取代司法救济，但是由于其功能涵盖了事后损害救济、迅速处理环境事件、协调环境政策和通过事先论证防止危害发生等，已经逐渐显示出其优越性了。公调委建立以后，其程序的灵活性、和其他行政机构的密切合作性以及案件终结后的积极参与性等优点,使得其在日本的公害及其他环境纠纷的处理中发挥了较大的作用。日本法学界的学者也认为,今后应致力于扩大其调整和管辖的范围,应致力于开发出类似于公调委这样的ADR机构。

3. 民间ADR

除了传统的调停制度和行政性纠纷解决机制之外,日本社会还存在着各种类型的民间ADR机构,但是由于日本人"权力崇拜"意识根深蒂固,这些民间机构的利用率并不是太高。

民间ADR机构以仲裁为中心而开展。其中,具有代表性的民间仲裁机构当属国际商事仲裁协会,2001年度该机构处理案件9起,日本海运集会所受理案件15起,1999年设立的曾风靡一时的日本知识产权仲裁中心的受案量只有5起。即便是律师协会仲裁中心,参与调停或诉讼的数量也要远远大于仲裁的数量。除仲裁性质的ADR以外,还有一类ADR机制的主持者或创办者基本上属于社团或行业协会的性质,例如生活消费领域、汽车、化工、家用电器等。这类ADR机构的数量尽管很多,但是就目前的形势来看,并没有得到充分的利用。1995年《产品责任法》(*The Product Viability Law*,简称PL法)开始实施时,各种PL中心相继成立,消费生活用品PL中心接受咨询854起,生活用品PL中心接受咨询784起,但是最终经过调停、斡旋等纠纷解决手段处理的案件分别只有4起和1起。由此可见,民间ADR的利用率远不及司法ADR和行政ADR。为了平衡司法ADR、行政ADR、民间ADR三者的社会功能,致力于创建一个自律、自治的市民社会,日本国内的当务之急是增加市民自治的民间纠纷解决处理机构,增加中立、市民化的ADR,目标是扩大国民对纠纷处理的选择权。

4. ADR基本法[1]

由于日本的ADR基本法对于日本ADR的发展具有非常重大的影响,因此有必要重点介绍。日本于2004年制定了《促进裁判外纠纷解决程序利用法》,于2007年正式实施。该法由于对ADR制度规定颇为全面,因此被称为"ADR基本法"。该法的施行令和施行规则以及实施指导也于2006年上半年出台。该法的立法目的在于:对ADR基本制度进行全面整备,使日本的ADR成为与裁判并列的、有魅力的选择之一。日本司法制度改革审议会在2001年6月12日的"意见书"中建议:"下大力气充实司法的核

---

〔1〕 王天华.日本ADR的新动向[M]//何兵.和谐社会与纠纷解决机制.北京:北京大学出版社,2007:142-148.

心——裁判功能,同时对 ADR 予以扩充和激活,使之成为对国民而言能与裁判相并列的有魅力的选择。""ADR 基本法"第 3 条规定:裁判外纠纷解决程序作为依法对纠纷加以解决的程序,必须尊重纠纷当事人自主性地对纠纷进行解决的努力,必须公正而正确地进行实施,并努力反映专业性知见、切合纠纷的实际情况、实现对纠纷的迅速解决。从这一规定文本可以看出该法所确立的日本 ADR 基本理念由两个方面的命题构成:(1) ADR 应当尊重纠纷当事人对纠纷加以自主性解决的努力;(2) ADR 应致力于反映专业性、切合纠纷实际、迅速解决纠纷。

日本"ADR 基本法"的一个独特之处在于创设了认证制度。这是由法务大臣依民间 ADR 机关的申请,对其符合 ADR 法所规定的条件进行认证的制度。"ADR 基本法"以大篇幅对认证制度的主要方面(如认证的定义、基准、资格、程序、监管措施、法律效力等)进行了详细规定。这些规定对日本 ADR 的跃进起到关键作用。"ADR 基本法"第 6 条规定了认证的基准。该基准对民间 ADR 机关的专业知识和能力以及在经营管理方面的实力提出了具体的要求,同时规定了民间 ADR 机关的若干义务。第 7 条规定了认定的欠格事由,除了对不具备相应行为能力的人(包括法人)进行了排除之外,还专门对暴力团成员进行了排除。第 11 条还规定了认证的公示制度。第 20 条和第 24 条规定了负责认证的行政机关对被认证民间 ADR 机关的监管权限和措施。

(三) 其他国家的 ADR

1. 英国的 ADR

英国很久以来就采取了限制扩大法院的方针保证司法的质量,它在纠纷解决方面一个重要的特点是赋予行政机关准司法职能,建立了形形色色的行政裁判所(administrative tribunals),发挥着独特的作用。凡属基于行政法规而发生的案件,都由属于行政机关的行政法庭审理。据统计,目前英国各类行政法庭有 2000 个,大致分为以下几类:(1) 不动产方面,如土地法庭、农业土地法庭、租金裁定法庭等;(2) 公民福利方面,如国民保险法庭、工伤事故法庭、国民卫生服务法庭、医疗上诉法庭等;(3) 运输方面,如交通管制委员会、运输法庭、铁路运河委员会等;(4) 工业与就业方面,如工业法庭、劳资法庭等;(5) 外国人入境事务方面,如入境申诉法庭;(6) 其他,如专利上诉法庭、商标上诉法庭、增值税裁判所、纪律处罚法庭等。目前,各种行政法庭每年审理的案件多达数以百万计。行政法庭的成员往往不是法律专家,未受过专门的法律训练,但要求他们是所处理案件方面的专家,并由纠纷双方有关的代表参与纠纷的处理。例如,农业土地法庭要求有地主和农民参加;医疗上诉法庭必须有医生参加;等等。行政法庭程序简便、非形式化,审判较少拖延,费用低廉,因此受到当事人青睐。行政裁判所在纠纷解决中主要适用行政法规,并拥有较大的自由裁量权,它们与普通法院在管辖权上没有严格明确的划分。然而,为了对这种行政性纠纷处理的裁量进行制约,允许当事人在不服行政法庭裁决时向高等法院上诉。此外,英国法院的和解率非常高,法院在促进和解方面的态度十分积极。

英国的 ADR 在劳动争议领域历史悠久,目前,由专门的咨询调解仲裁机构(advisory conciliation and arbitration service,ACAS)负责解决个人和团体的劳动争议,并且向当事人提供咨询建议,此方式已成为解决劳动纠纷的主要手段。在其他领域,近几十年,英国一直没有中止对民事诉讼制度的革新,尤其是 20 世纪 90 年代以来,英国推行了民事诉讼大变革。1994 年 3 月,英国司法大臣兼上议院议长迈凯勋爵(Mackay)委任沃夫勋爵对英格兰和威尔士民事法院的现行规则和程序进行全面审视,其目的简而言之就是简化诉讼程序、改革诉讼规则、简化专业术语、消除诉讼拖延、降低诉讼成本、增加诉讼的确定性、强化公正审判、促进社会公众对司法的接近。1995 年 6 月,沃夫勋爵提交了《接近司法》中期报告,1996 年 7 月,《接近司法》正式报告出版,同时出版的还有《民事诉讼规则草案》,其中建议制定一个最高法院和郡法院统一适用的规则,以取代《最高法院规则》(the Rules of Supreme Court)和《郡法院规则》(County Court Rules),这一草案便是英国现行《民事诉讼规则》的前身。《接近司法》报告批判英国民事诉讼实行过分的对抗制,诉讼程序复杂,诉讼成本高企,诉讼迟延盛行。沃夫勋爵指出,数个世纪以来,英国民事司法制度改革不断向前推进。他倡导,应尽可能避免民事诉讼;民事诉讼应少一些对抗,多几分合作;不过于烦琐;诉讼周期更短;诉讼成本更低;诉讼结果更可预测以及更加实事求是。他建议,当事人(在经济上)应该处于更加平等的地位;司法和行政应有更清晰的划分;民事司法制度应进一步适应诉讼当事人的需要。民事司法制度变革的核心是诉讼文化的变革,即由传统的律师控制案件进程,转轨为法院对诉讼程序进行管理和控制。在这个背景下,英国的民事诉讼法有了一个重大变化("沃夫勋爵的改革"),即法官在审理一个案件之前,给当事人 28 天的时间,要求当事人先行调解,当事人可以选择机构调解,亦可由专家调解,如果调解成功,双方达成和解协议,提交法院,由法官予以确认,发生法律效力。在英国,已有了专门从事 ADR 业务的机构,如争议解决中心(centre for dispute roslution,简称 CEDR)、设在伦敦国际仲裁院内的国际争议解决中心(the international dispute resolutioncentre)以及城市解决争议中心(city disputes panel)等。这当中,尤以争议解决中心(即CEDR)最为重要。伦敦国际仲裁院内的国际争议解决中心至今已成立十多年了,自沃夫勋爵改革以来出现较大起色,可见沃夫勋爵的司法改革,对CEDR来说无疑是一个莫大的福音,更使其发展迅猛,声名远播。目前,CEDR已是欧洲乃至世界最具影响的ADR中心。有关资料统计,自1999年4月至2000年3月,CEDR共受理了550个案子,其中30%为纯外国当事人,调解成功率在85%以上。案件受理的范围涉及所有商业领域,还包括其他领域,如货物买卖、建筑工程、IT、电子通讯、金融、保险、雇佣合同、海事争议以及个人之间的伤害赔偿、机构之间发生的争议等。CEDR建立了调解员数据库制度,即将英国和其他国家的有一定专业背景和工作经验的人士的有关资料储存在数据库里,供当事人在个案中参考选用,但在具体的调解案件中,则不限于数据库里的人士。世界上知名的企业,也将其输入数据库,并与它们保持经常性的联系,一旦它们之间发生争议,CEDR就会成为它们的首选。CEDR还在每年的夏季对调解员进行培训(夏季培训计划),截至2015年,已有10000多名来自世界各地的律师接受了CEDR的培训。现在,CEDR的业务范围已不仅限于调解当事人之间的纠纷,其工作甚至会影响到英国政府乃至欧盟的决策。在白宫、世界银行和欧洲委员会上,也常常会发现CEDR的代表们正在演讲的身影。

2. 德国ADR

如果说美国是ADR的发源地,是当今ADR最发达的国家,英国是后起之秀,在ADR问题上取得了举世公认的成就,那么德国要算ADR的落后国,其发展水平仍处于起步阶段。德国之所以被认为不重视ADR的发展,有以下几个原因。第一,德国非常重视保障公民诉讼权利的行使,国家提供比较充足的司法资源,关于法官与律师的数量、诉讼费用、律师费用等,法律有明确规定。为控制诉讼成本,德国建立了法律援助与诉讼保险制度。第二,德国的民事诉讼采取职权主义模式,法官在诉讼进程中发挥积极主动的作用,法官有促成和解的义务,调解程序与审判程序相互协调,有利于尽快地解决纠纷,实现当事人的权益。第三,作为成文法国家,职业法官根据法律规则断案,与判例法国家相比,当事人对于诉讼的结果有比较好的预测。同时,由于实行强制律师代理制度,诉讼过程的理性化程度高。另外,德国的律师制度并不像美国那样为纠纷当事人提供服务,其工作范围包括调停、调解和仲裁,但主要是国际商事仲裁。由于以上原因,在德国并不存在所谓"诉讼爆炸"的现象,民事诉讼制度完全可以解决当事人的纠纷,法院没有来自于诉讼案件数量增加的巨大压力,所以,社会主体也就没有强烈非诉讼纠纷解决方式的需求。

但自20世纪70年代起,美国ADR的发展同样引起了德国的重视。德国"同样注重其在效益方面的利益(相对于诉讼),而且更多地考虑到ADR的保密性、非对抗性等程序价值,更重要的是,对他们最有说服力的莫过于ADR在纠纷解决过程中着眼于未来和长远的关系和利益,能避免名誉和道德的损失。并可能获得双赢和更圆满的结果"[1]。自20世纪70年代以后,德国政府开始倡导发展ADR。1977年,1981年,1982年,德国连续举行了三次有关ADR的大型研讨会,提出在现有的和解所、调解机关和仲裁所之外,再建立其他新的制度提案,并进行了一系列尝试。1990年10月,德国组建了仲裁程序法革新委员会,经过7年的讨论和准备,于1997年12月颁布了《仲裁程序修正法》。2000年1月1日,《德国民事诉讼法试行法》第15条生效,这是德国第一条具有较广泛效力,规范起诉前强制调解的法律,它的问世揭开了德国民事调解的新篇章,也标志着德国的ADR进入了一个新的发展阶段。

3. 澳大利亚ADR

在历史上,澳大利亚曾经是主要利用法院解决纠纷的国家。比如,1975年,澳大利亚平均1000人中即有62.06个民事案件,法院是纠纷解决的最主要场所。但是,近年来,由于民商事纠纷具有特殊性,考虑到诉讼费用的高昂、诉讼的迟延以及长期商业伙伴关系的维持,社会也产生了对诉讼外纠纷解决方式的需求,各种ADR机构逐渐建立起来,如澳大利亚仲裁员协会、澳大利亚国际商事纠纷仲裁中心和澳大利亚商事纠纷解决中心。澳大利亚仲裁员协会于1977年成立于墨尔本,主要为建造和建筑行业提供仲裁服务,仲裁员包括建筑师、建筑咨询顾问和工程师、律师等。澳大利亚国际商事纠纷仲裁中心1985年成立于墨尔本,主要为国际商事纠纷当事人提供服务,其工作范围包括调停、调解和仲裁,但主要是国际商事仲裁。其仲裁程序采纳伦敦国际仲裁庭的程序规则,当事人也可以选择其他仲裁程序规则,如联合国程序规则或澳大利亚统一商事仲裁法规则。澳大利亚商事纠纷解决中心1986年成立于悉尼,主要为国内商事纠纷当事人提供服务。该中心为解决商事纠纷提供各种形式的ADR,主要运用调解方式解决纠纷,服务范围逐渐扩展至经济生活的各个领域。另外,在国际商事纠纷解决方面,该中心也发挥一定的作用。

---

[1] 范愉.非诉讼纠纷解决机制研究[M].北京:中国人民大学出版社,2000:126.

第三节 我国当前社会纠纷解决特征与纠纷解决机制现状分析

一、我国当前社会纠纷背景与概况

社会纠纷是指发生在不同社会主体之间,以特定形态表现出来的各种权益或权力冲突。[1]20世纪80年代以来,受社会变迁与国家转型的影响,我国各种纠纷一直呈激增态势。尤其是近年来,国家所面临的社会纠纷解决压力已经接近临界点,司法系统与各种纠纷解决机制已经超负荷运转。按照最高人民法院的统计,2014年全国法院共受理各种案件1565万件,同比增长超过10%。[2]除此之外,由于我国的现实因素,未能进入司法系统的各种案件未必低于此数。以行政纠纷聚集量最多的信访为例,学界一般认为每年不低于1000万人(件)次,但这只是党政口(即作为党委、政府一个机构两块牌子的信访部门)的统计,人大、法院、检察院等亦有各自的信访机构,但数据不完整、不连贯。[3]即便考虑到法院与信访中处理的纠纷当中有一部分是重合的,粗略来算,每年各种不同的纠纷总量相加也应当不少于2000万件。客观来讲,我国目前确实已进入了一个"纠纷爆炸"时期。

社会纠纷的体量不仅庞大,而且处于不断的增长之中,其必然有深刻的社会背景。从深层次来看,我国目前处于重大历史转型时期,导致社会矛盾多发,且矛盾呈复杂化态势,这是当前社会纠纷激增的根本原因。一方面,

---

[1] 顾培东.试论我国社会中非常规性纠纷的解决机制[J].中国法学,2007(3).
[2] 李娜.2014年全国法院受理案件1565万件[EB/OL]. http://ex.cssn.cn/fx/fx_fxxf/201501/t20150127_1493604.shtml.
[3] 刘正强.信访的"容量"分析——理解中国信访治理及其限度的一种思路[J].开放时代,2014(1).

社会结构的调整使得的原本旧的社会体制所遮蔽的种种矛盾逐渐地显现出来,导致社会纠纷爆发式增长。另一方面,经济的发展与社会的变迁也导致社会阶层不断分化,各种利益群体逐步形成,群体之间不同的利益诉求必然有所冲突,造成了新的矛盾,引发了更多的社会纠纷。除此之外,政府本身也处于转型时期,权力规范的缺失与权力行为的失控,也致使政府在参与社会资源分配时难免产生不公正的现象,甚至政府有时会动用国家权力直接参与市场竞争,这些都导致了国家与个人纠纷的多发。客观上来看,基于我国目前社会发展的历史阶段性,短期内社会纠纷仍将处于高位态势,甚至继续增长,这是我们必须正视的现实。对于这一现实的关怀,要求我们不能仅仅笼统地指出社会纠纷的历史背景,也需要更进一步地分析社会纠纷与社会结构和国家转型背后的逻辑关系。这些分析将有助于了解社会纠纷生成的土壤与生长过程,然后才能进一步地梳理出其相应的特征,并为其提供可行的解决之策。综合不同领域学者的论述,笔者认为以下几点是研究我国当前社会纠纷时应当关注的背景因素。

(一)经济发展加剧了社会阶层分化

"二战"结束以后,中国是唯一一个连续30多年GDP增速接近10%的国家。快速的经济发展使中国从一个低收入国家迈入中等收入国家行列,也使得中国社会全面进入小康社会,这是一个举世瞩目的成就。但经济的快速增长,并没有带来社会各阶层收入的均衡增长,不同的收入增长速度带来了社会阶层的分化。相比于传统社会主义国家,最为重要的分化过程之一就是阶层化的过程:阶层地位越来越明确,阶层边界越来越清晰,阶层利益越来越凸显。[1]阶层的分化必然带来阶层之间的利益冲突。这种冲突一方面释放了原有的社会体制中被压制的矛盾,另一方面也刺激了新矛盾的产生。一方面,对于社会主体来说,分属于不同的社会阶层所裹挟的阶层冲突,激化了原本个体之间的利益矛盾,为个体冲突注入了阶层色彩。另一方面,对于整个社会来说,阶层的细分导致了社会结构的多层次化,客观上扩展了冲突空间,并提高了冲突概率。当一个阶层为了维护自身的阶层利益表达诉求时,常常招致其他社会阶层的反对,并表现为阶层之间的利益冲突,由此就带来了大量的社会纠纷。

(二)市场经济改变了原有的利益关系

传统的中央计划经济体制占绝对主导地位的社会,不存在真正意义上

---

[1] 李路路.社会结构阶层化与利益关系市场化——中国社会管理面临的新挑战[J].社会学研究,2012(2).

的市场经济,几乎所有重要经济活动的产出都是"产品",生产的产品主要不是为了买卖交换,而是为了供国家(如中央政府)根据国家发展目标、发展战略以及意识形态,在全社会范围内进行分配。[1]原本的国家分配体制由于政府这一缓冲层的存在,个人与个人之间、个人与国家之间,有关产品分配的矛盾在相当程度上被掩盖了。但市场经济的建立和发展导致了原有利益关系的改变,市场在相当程度上代替国家进行社会产品的分配。这在一定程度上导致个体之间的利益冲突以一种看得见的方式被呈现出来。同时,市场经济天生是法治经济,法律制度由于市场经济的催化得到极大的发展,越来越多社会主体之间的纠纷开始通过诉讼来得到解决。这使得社会纠纷获得了较为规范化的解决渠道,这一渠道反过来也为我们呈现出更多的社会纠纷。尽管中国社会有着"无讼"的传统,[2]但被市场经济改变了的利益关系终归需要诉讼这样一个正规的化解渠道,这也在一定程度上推高了整个社会的纠纷总量。

(三) 政府转型导致了公权力失控

在改革开放的浪潮中,发生变迁的不只是社会,政府本身也是国家转型的载体之一,甚至政府本身就是社会转型的推动者。但是在新的政治变革尚未完成、旧的政治规范已逐渐褪去之际,政府受到的约束是极不充分的。这一方面导致政府作为国家权力的一极屡屡放弃自己守夜人的定位而参与市场竞争;另一方面,政府本身作为社会资源的分配者,在规范疲软的法治现状下,也可能蜕变为社会资源的攫取者。遍及全国的强拆正是这种现象的一个真实写照。由政府所代表的公权力在某种程度上在今日的中国是失控的,因此而带来的个人与政府间的纠纷必然汹涌如潮,前文所提到的信访案件的居高不下即是一个显例。而更重要的是,政府与个人所产生的行政纠纷往往难以在法治渠道内通过正规渠道进行化解。这些纠纷往往成为群体性事件的导火索,对社会制度造成了相对于单纯的个体纠纷更大的破坏。

(四) 社会信任缺失激化了阶层矛盾

社会信任的缺失有多方面原因,一方面,社会的整体转型往往也伴随着社会主流道德价值的转型,但旧的道德规范的转变往往具有滞后性,而新的

---

[1] 李路路.社会结构阶层化与利益关系市场化——中国社会管理面临的新挑战[J].社会学研究,2012(2).

[2] 目前,越来越多的法律史学者指出中国社会的"无讼"传统可能是传统学说的误解,部分地区的实证资料证实中国传统社会其实有着"健讼"的传统。但总体上来看,在儒家学说的教化下,在传统社会中,"诉讼"并不受到主流价值观的推崇。范愉.诉讼社会与无讼社会的辨析和启示[J].法学家,2013(1).

道德规范又需要新的社会关系来慢慢培育。由此社会常常被批评为道德滑坡。另一方面，新兴的社会各阶层都在发育期，各种阶层之间的矛盾冲突也容易导致信任的疏离，进一步促使社会纠纷难以得到化解。除此之外，今天的中国社会意识形态色彩逐步淡薄，政府在思想领域的管控逐渐失去权威地位，社会整体价值观日益呈现多元化走向，不同阶层甚至是不同职业的社会主体抱持的价值观鸿沟日深，也会使得社会信任难以建立。这些因素都会进一步激化社会矛盾，造成社会纠纷难以顺利地得到有效解决。

（五）思想观念进步强化了个人权利意识

总体上来看，中国社会的进步仍是十分显著的。其中一个明显的标志就是梅因所说的从"身份"到"契约"的转变正在中国社会实际发生着。在计划经济体制下原本与"单位"绑定的个人逐步从身份的枷锁中解脱而出，转变成现代社会中单个的权利主体。换句话说，原本受缚于身份的社会群体转化为"原子化大众"，大部分人都不再为体制所绑定。这无疑加大了"原子化的人"之间碰撞、摩擦的概率。同时，在这一过程中，法治理念与权利话语逐渐深入人心。"权利"成了社会主体口中语焉不详却又最为流行的维权话语。这种对权利的主张无疑代表了社会大众个人意识的觉醒，可也使得许多以往能够通过熟人社会固有关系化解的矛盾纠纷转向公开的司法渠道。因此，这种权利意识的觉醒也在一定程度上导致了纠纷总量的增长。

综上而言，现代社会纠纷的激增，可以说是由社会进步与社会失范共同导致的，而这实际上都是社会转型的结果。社会内部结构的变化以社会阶层的分化为突出特征，而社会阶层的分化是由利益关系市场化导致的，同时，在这一变迁过程中，道德价值的混乱与法治的不成熟，以及个人权利意识的逐渐觉醒，既是社会转型的后果，也是它的推动因素。在这一过程中，社会纠纷的激增几乎是不可避免的。

二、我国现阶段社会纠纷的特征

概括中国社会纠纷的特征是一件非常困难的事情，在笔者目力所及的资料范围内，尚未见到有学者对中国社会纠纷的特征能够做出一个令人信服的概括来。可能的原因是，中国社会纠纷涉及的领域十分庞杂，纠纷类型也种类繁多，各种类型的纠纷往往又有独特的性质与特征，比如民事纠纷与行政纠纷就存在着差异，群体性纠纷与个体纠纷又有所不同，而不同学科的学者往往术业有专攻，难以全面地考察所有类型的纠纷并给出一个整体性的结论。而且，即便有勇气进行这样的工作，往往也会因为方法和视角的原因,在研究中挂一漏万,最终结论难以获得普遍性的认同。因此,笔者对中国社会纠纷特征的概括只能是一种粗浅的尝试。但这种尝试未必是无益的,它至少能够在某一两个点抓住中国社会纠纷特征的一鳞半爪。

(一)社会纠纷总量不断上涨

社会纠纷总量的不断上涨已经是确定无疑的事实。以法院受案量为例,1994年全国收案总数不到400万件,但2014年已经超过1500万件,20年间上涨接近3倍。再以其中的民事案件为例,1980—1990年间共收案约1200万件,但1991—2001年间共收案约3300万件,约相当于前一时间段的三倍。除此之外,信访案件的数量虽时有起伏,但每年也接近千万件。总体看来,无论是民间纠纷还是行政纠纷,案件总量一直居高不下。从案件受理的总量来看,我国已经成为一个"诉讼大国"。另一个值得注意的事实是,在这些纠纷中绝大多数都是民事案件,占每年收案总量的85%左右。行政案件由于特殊的政治因素,虽然增幅较大,但总体占比仍然很小,刑事案件占比则一直较为平稳。从深层次来看,社会纠纷的增多在一定程度上反映了经济活动的发达,但也说明纠纷解决机制的不顺畅与纠纷解决规则的不完善。可以说,社会纠纷总量的迅猛增长是我国社会纠纷的首要特征。

(二)群体性纠纷多发

关于群体性事件并没有一个明确的定义,2000年4月5日公安部下发的《公安机关处置群体性治安案件的规定》中对"群体性治安案件"的定义是:指聚众共同实施的违反国家法律、法规、规章,扰乱社会秩序,危害公共安全,侵犯公民人身安全和财产安全的行为。这大致可以看作官方对群体性事件的界定。群体性事件的频发就是当下中国社会艰难转型的真实写照。近几年来,"数量急剧增加、规模不断扩大、处理难度不断增大"已经成为当前群体性事件发展的基本态势。据中国社科院法学所发布的《2014年中国法治发展报告》对近14年间的群体性事件进行的梳理,发现半数以上群体性事件是因平等主体之间的纠纷而引发的,近13年间,百人以上群体性事件有871起,其中,2010年、2011年和2012年是群体性事件的高发期。2010年、2011年群体性事件在170件左右,2012年则飙升至209件。[1]仅从绝对占比来看,群体性事件在社会纠纷中的占比并不显著。但群体性事件的特点是参与人数众多,动辄数十人或上百人聚集,对社会正常秩序造成的危害远较一般的个体纠纷为大,对社会管理造成的影响也极为不利。从

---

〔1〕 社科院统计14年间群体性事件[EB/OL]. http://www.guancha.cn/society/2014-02-25_208680.shtm.

这一点来看,群体性事件的增速加快是值得我们警惕的。

（三）部分纠纷的社会危害性大

以上文所述群体性事件为例,这种参与人数众多、规模较大的社会纠纷,其产生的危害一方面是对正常社会秩序的干扰,另一方面也常常波及无辜群众。以最近发生的河南西峡县维权群众拦火车事件为例[1],这种事件不仅对正常的交通秩序产生了极坏的影响,而且也危害到了乘车人的生命与财产安全。这种纠纷的波及范围往往超出纠纷本身,造成局部性、暂时性的社会瘫痪,对社会的正常运转危害极大。除此之外,一些个体间的纠纷由于长期得不到妥善解决,造成矛盾积压,当事人情绪激化,也会对社会秩序造成意想不到的破坏。以信访案件为例,部分群众由于矛盾得不到解决,不断越级上访、闹访,不仅加深了民众对政府的负面观感,也往往会危害到法治秩序本身。以著名的湖南永州唐慧案为例,由于对案件处理结果不满,唐慧不断上访,最终带来了法院对犯罪嫌疑人不适当的从重判决。这一案例带给中国法治的教训是极为深刻的,一方面它破坏了正常的法治秩序,另一方面,它也彰显了社会管理对这一类纠纷的束手无策。中国信访案件每年约千万件,这些案件尽管起因不同,解决方式也各异,但在解决过程中所耗费的社会资源往往超过案件本身的价值。这一类对纷的社会危害性是远远超过正常的个体纠纷的,更重要的是,这一类案件政府权威往往具有深远的危害性。正如在唐慧案中一位当地政法系统内部人士所说的,唐慧案给永州人带来的最大启示成了"相信信访"。[2]

（四）不同类型的纠纷常常相互转化

各种社会纠纷往往具有多种性质,这本身是一个正常的现象。法律的一个作用就是确定纠纷的性质,并予以类型化处理。但在我国,不同种类的社会纠纷有时也会存在着互相转化的关系。比如,个体性纠纷转化为群体性事件,民事纠纷转化成行政纠纷。形成这种情况的原因是极其复杂的,概括起来有以下几点。第一,规范缺失导致纠纷在处理过程中定性不清。以在学界具有争议的行政合同为例,由于我国长期不承认行政合同的存在,许多明显带有行政性质的合同纠纷,常常被纳入民事案件受理范围,但法庭常常在审理了一段时间之后,出于种种原因,又转给行政法庭,由此导致这一

---

[1] 拦火车维权不如诉诸法律[EB/OL]. http：//news.163.com/15/0204/01/AHIRHH-NO00014AED.html.

[2] 永州幼女被迫卖淫案再调查——唐慧赢了,法治赢了没？[EB/OL]. http：//www.infzm.com/content/93029.

类纠纷的性质常常随之发生变化。当然,这一类案件的占比在总量中是很小的。第二,纠纷解决不彻底导致了纠纷转化。以行政裁决为例,行政裁决是指行政机关对当事人之间的有关民事纠纷做出裁判的制度。但是由于纠纷解决的结果不符合当事人预期,原本的民事纠纷就可能转化为当事人与行政裁决机关之间的行政纠纷。第三,纠纷解决不公正激化了矛盾,导致纠纷转化。在现实中,大量的信访案件一开始往往并不涉及政府,但由于纠纷解决不公正,导致了当事人的不断上访,使当事人之间的单纯纠纷演化为公共事件。这一类案件在实践中多有发生。在本质上,它反映了我国各种纠纷化解渠道之间的关系并未得到良好的协调。

（五）纠纷产生原因多带有制度性因素

前文所提到的社会制度不公正也往往会造成纠纷产生,许多纠纷往往并非单纯的社会主体利益的冲突,还带有一些制度性因素。如一些下岗职工或退休职工的退休金诉讼,就不仅仅是单纯的利益冲突,还有退休金制度本身的问题。由于我国实行退休金双轨制,公务员身份的界定往往对退休金影响颇大,所以原本单纯的金钱纠纷,就往往会演变成对身份界定的纠纷。这种纠纷的起因很明显就不仅仅是社会主体间的利益冲突,而是制度设计所造成的问题。在现实中,这种纠纷并不少见,制度分配的不公正也是纠纷多发的原因之一。再比如,近年来影响颇广的北京外来人口子女高考问题,说到底,也是由高考制度所带来的受教育权不平等所引起的纠纷。这一类纠纷往往又很难通过诉讼的渠道来化解,它迫使当事人通过非常规手段去解决问题,不仅容易引起更大的社会矛盾,也会降低公众对制度的信任。

（六）纠纷解决往往不彻底,容易引发新的纠纷

我国的纠纷解决逻辑在很大程度上是"维稳逻辑",它追求的不是社会公正的实现,而是纠纷的尽快平息。但这往往不仅无助于纠纷化解,还常常带来更多的纠纷。以前几年法院的"大调解"政策为例,由于过于强调调解的硬性指标,许多经过调解的案件并不能真正化解当事人之间的冲突。许多案件往往在经过调解之后,又引发了新的纠纷,最终又回到了法院。同时,我国现有的纠纷解决渠道解决纠纷的水平往往不够,也容易导致新的纠纷的产生。以曾在司法界引起巨大争议的"李兆兴诉张坤石夫妇借贷案"为例,张坤石夫妇受李兆兴胁迫写下借条,却被主审法官判决败诉。张坤石夫妇随后在法院门口喝农药自杀。其后,李兆兴迅速被公安机关逮捕,主审法官莫兆军也以玩忽职守罪被提起诉讼。这一案件起始只是一个法律技术问题,却由于种种原因造成了原有纠纷的失控,最终导致了多方俱败的结果。

在现实中,本案虽然只是一个极端的个案,但相似的纠纷解决不彻底,是实践中的常见现象。一方面,我国传统的息讼文化,导致形成视纠纷为不光彩的社会心理,从而导致纠纷解决过程中难以彻底厘清是非;另一方面,我国纠纷解决总体水平不高,没有能力化解一些疑难案件,其中的错判错案,更容易导致新的纠纷产生。

(七)纠纷解决过程相比传统社会更公开化

我国的传统社会是一个熟人社会,在熟人社会中纠纷的解决多依赖于关系、人情等因素,规范性不高,过程也不透明。随着我国经济的发展,生人社会逐渐形成,对纠纷的解决往往多依赖于诉讼与人民调解这样的方式。诉讼的过程本身是一个公开的过程,因此,纠纷的解决也往往成了一个公开的过程。生人社会中的纠纷解决要求纠纷主体要受到特定的法律规范的制约,纠纷解决要按照一定的预设过程来进行。在这一过程中,公开是原则,保密是例外。由此带来了纠纷解决的过程相比于传统社会更加透明公开。

三、我国纠纷解决机制现状分析

尽管法院的受案量不能够代表中国实际的社会纠纷总量,但是仍然具有相当的代表性。根据最高人民法院工作报告提供的统计数据,20世纪70年代末、80年代初各级人民法院一年审理的案件数量不过100万件左右,到2014年各级人民法院受理的案件数量已高达1565万件。基于法院案件受理量的大规模增长,有学者宣称中国已进入"诉讼社会"。[1]纠纷数量增长是社会现代化过程中的普遍现象。改革开放新时期中国的现代化过程不仅再一次验证了这一基本规律,而且提供了一个很有代表性的样本。除此之外,参与人数较多、社会影响更大的群体性事件的增多也是引发全社会高度关注的现象。[2]

从历史背景来看,我国正处于社会矛盾多发期这一历史阶段。社会矛盾纠纷的迅猛上涨,对社会稳定与社会秩序都构成了严重的威胁。为了维护社会稳定与经济发展,政府不能听任各种矛盾持续积压,否则,到了一定程度,整个社会就有陷入动荡、混乱的可能性。世界上一些处于现代化进程中的国家,由于不能顺畅地化解社会的内生矛盾,逐渐陷入了发展停滞的状态,一个显例即是"拉美陷阱"。为了应对这一局面,我国从20世纪90年代

---

[1] 张文显.诉讼社会下的联动司法[N].法制日报,2010-11-19.
[2] 黄文艺.中国多元化纠纷解决机制:成就与不足[J].学习与探索,2012(11).

就开始着手构建更加完善的纠纷解决机制,并不断进行完善与整合。同时,也借鉴成熟的欧美经验不断发展我国自身的多元化纠纷解决机制。从总体上来看,社会纠纷的妥善化解不仅能够促进社会稳定,而且也使得执政党能够获得更多的民众认同。由此,我们有必要对我国多元化纠纷解决机制的现状进行梳理与评价。综合诸多学者的评价来看,应当说我国目前多元化纠纷解决机制已经基本构建完成,并且取得了一定的成效,对维护社会稳定与经济发展做出了不可小觑的贡献。但是面对日益涌现的社会纠纷,这一机制仍然暴露出诸多的不足与漏洞,机制内部各部分之间也缺乏协调,相较于国外先进制度而言,仍有亟待改进与修复之处,这些都需要我们在全面评价的前提下一一厘清,最终构建起适合中国国情的多元化纠纷解决机制。

(一)多元化纠纷解决机制已经初步形成

前文在定义多元化纠纷解决机制时,已经有所说明,这里所指的多元化纠纷解决机制基本可以等同于非诉纠纷解决机制。所以在下文,除非有必要,否则对司法诉讼机制不再特别说明。我国多元化纠纷解决机制,就具体形式来看,既有传统中国及改革开放之初就已普遍存在的解纷方式,如当事人之间的和解、人民调解委员会的调解,也有伴随着社会不断发展而出现的一些新型的解纷方式,如行政裁决、民商事仲裁、劳动争议仲裁、人事争议仲裁、非政府组织的调解等。[1]

和大部分国家类似,我国多元化纠纷解决机制的构建,也是通过立法确定的。以多元化纠纷解决机制中最受重视的人民调解与仲裁为例。在人民调解的设置上,涉及人民调解方面的法律主要有1989年国务院颁布的《人民调解委员会组织条例》、1990年司法部发布的《民间纠纷处理办法》、1991年通过的《民事诉讼法》、2002年的《最高人民法院、司法部关于进一步加强新时期人民调解工作的意见》、2002年司法部公布的《人民调解工作若干规定》、2002年最高人民法院通过的《最高人民法院关于审理涉及人民调解协议的民事案件的若干规定》、最高人民法院和司法部联合下发的《关于进一步加强人民调解工作切实维护社会稳定的意见》、2007年最高人民法院与司法部联合下发的《关于进一步加强新形势下人民调解工作的意见》、2007年财政部与司法部联合下发的《关于进一步加强人民调解工作经费保障的意见》、2010年全国人大常委会通过《人民调解法》等。有关仲裁方面的法律主要有1995年的《仲裁法》《关于实施仲裁法几个问题的通知》、1995年

---

〔1〕 吴卫军,樊斌.现状与走向:和谐社会视野中的纠纷解决机制[M].北京:中国检察出版社,2006:19.

的《最高人民法院关于认真贯彻仲裁法依法执行仲裁裁决的通知》、2000年的《中国国际经济贸易仲裁委员会仲裁规则》等。除此之外,还有一些关于其他非诉讼纠纷解决方式的法律法规:《劳动法》、2008年的《劳动合同法》、2008年的《劳动争议调解仲裁法》《企业劳动争议处理条例》等。在非诉机制与诉讼机制的融合上,2009年最高人民法院还通过了《关于建立健全诉讼与非诉讼相衔接的矛盾纠纷解决机制的若干意见》,对诉讼与非诉讼纠纷解决机制的相互衔接提供了制度保障,促进了各种纠纷解决机制的发展与完善。目前,很多地方的人民代表大会、政府、法院等也依据本地的实际情况,制定了一些地方性法规、政府规章和其他的规范性文件。如2005年10月福建省厦门市人大常委会制定的《关于完善多元化纠纷解决机制的决定》、北京市司法行政机关出台的《关于进一步加强律师参与矛盾纠纷调处工作的指导意见》等一系列规范性文件,以及《律师参与信访工作规程》《政府法律顾问工作指导意见》等工作制度,等等。目前来看,调整非诉讼纠纷解决方式的法律仍然以规章、司法解释为主,效力不高,这在一定程度上限制了非诉讼纠纷解决机制的发展。

从以上这些立法来看,多元化纠纷解决机制已然成形,虽然部分制度之间可能还缺乏相应的协调与衔接,但至少机制架构是比较完整的。初具规模的多元化纠纷解决机制,不仅形成了比较完整的体系架构,而且这一架构是建立在多层次、多位阶的法律规范中的,具备相当的实用性。

(二) 多元化纠纷解决机制取得了一定的成效

"如果一个纠纷根本得不到解决,那么社会有机体上就有可能产生溃烂的伤口;如果此纠纷是以不适当的和不公正的方式解决的,那么社会有机体上就会留下一个创伤,而且这种创伤的增多,又有可能严重危及人民对令人满意的社会秩序的维护。"[1]美国著名法理学者博登海默的这段话形象地描绘出了纠纷未能得到妥善解决所可能导致的后果。就中国社会而言,尽管存在着种种不和谐的因素,但从总体上来看,它的社会秩序在相当程度上是稳定的,国民经济的发展也一直稳步前进。这至少在某种程度上说明,暴增的社会纠纷并没有从根本上危害到社会秩序的正常运转。这其中既有的多元纠纷化解机制起到了重要的作用。

以人民调解为例,自20世纪90年代以后,人民调解的收案数虽然经历过下滑期,但最近几年都稳定在600万件左右。再比如,仲裁在2014年收

---

[1] 埃德加·博登海默.法理学、法律哲学与法律方法[M].邓正来,译.北京:中国政法大学出版社,2009:530.

案数首次超过10万件。这些数字都能够证明,各种诉讼外机制在相当程度上为压力高企的法院减轻了一部分压力。同时,在实践中,为了对付具体的实践情况,调解也产生了很多具有中国经验的模式,比如将人民调解、行政调解与司法调解三大调解机制进行有效衔接的"莆田模式";在乡镇普遍设立司法调解中心的"陵县模式";积极构建镇内人民调解、行政调解、劳动调解、信访司法联合调解紧密衔接的"东莞模式";还有令人耳目一新的河南"社会法庭"。[1]根据一些学者的调研,这些充满中国基层智慧的诉讼外纠纷解决机制,在实践中对纠纷化解起到了不可小觑的作用。这是因为与诉讼制度相比较,尽管调解规范性较低,但是各种调解仍在某些方面具有一定的比较优势。比如,乡镇司法所助理员的法律知识就可能比法官更能契合基层民间纠纷解决的需要。[2]由此可见,尽管在具体制度方面改进的空间还很大,但我国的多元化纠纷解决机制确实在实践中发挥了一定的作用,对社会的稳定运转起到了不可忽视的效果。

(三)多元化纠纷解决机制有待进一步完善

虽然我们肯定了多元化纠纷解决机制目前已经取得成效,认识到了它的积极影响,但若进一步审视,还是能够发现现有体系存在着诸多的不足与缺陷,这些缺陷在实践中也多有反映。比如人民调解机制,1996年我国共有人民调解委员会100.2万个和人民调解员1035.4万人,到2006年时,分别下降了16%和51%,人民调解的受案数量也在这十年间下降了大约20%。这些都值得我们去认真反思。这其中既有纠纷解决机制内部各个相对独立制度各自的缺陷,也有不同制度间缺乏协调的问题。总体来看,多元化的纠纷解决机制在整体上仍是不成熟的。分开来看,以下几个方面是值得我们注意的。

第一,各种纠纷解决的制度在发育程度上不一致。目前来看,非诉纠纷解决制度中,发育程度最高的是仲裁与人民调解。就仲裁来说,不仅有独立的《仲裁法》,而且从机构设置、程序运作到解决纠纷的社会效果看,都基本达到了制度设计的最初目的。[3]就人民调解来说,2010年全国人大常委会通过了《人民调解法》,提高了人民调解的地位,人民调解的立法规范逐步健

---

[1] 陈奎,梁平.论理与实证:纠纷、纠纷解决机制及其他[M].保定:河北大学出版社,2011:229-274.

[2] 左卫民,等.变革时代的纠纷解决:法学与社会学的初步考察[M].北京:北京大学出版社,2007:245.

[3] 吴卫军,樊斌.现状与走向:和谐社会视野中的纠纷解决机制[M].北京:中国检察出版社,2006:26.

全。但相对来说,其他非诉纠纷解决方式,如社会中介组织的调解、行政机关的调解与裁决、人事争议仲裁与信访等,规范化程度仍然相对较低,发育上也较不成熟,实施效果也不尽如人意。这些纠纷解决制度发育程度的不同,必然会引起一定的机制冲突,从而影响多元化纠纷解决机制的整体成效。

第二,纠纷解决机制内各组成部分之间协调不够。除了公认的诉讼机制与非诉机制之间存在不协调之外,各种非诉解决机制之间也存在着不能协调一致的情况。比如,实践中消协调解与工商行政管理机关的调解,人民委员会的调解和乡镇司法所、法律服务所的调解,经常在运作时发生混同。再比如《劳动法》中所规定的劳动仲裁与现行的人事仲裁之间也存在制度上的交叉与重复。这些都是实践中经常令人感到困惑的地方。产生这些互相交叉重复的规定,主要是因为立法者在进行制度设计时缺乏宏观思维。

第三,各种纠纷解决制度本身不健全、不完善。以行政复议为例,1999年出台的《行政复议法》打开了行政复议实践的新篇章。可在实际运行中,行政复议的实效距离预期目标相差甚远,更难以与行政诉讼构成良性互动的机制。它的主要问题就是法律本身规定内容有太多不够合理的地方,如采用书面审查制、缺乏举证制度等。从结构主义的视角来看,各个不同的组成部分之间存在着有机的相互联系,一部法律的实效的缺损,有时会导致整个机制的失灵。因此,各种制度本身的缺陷也是构建多元化纠纷解决机制的基本障碍。

第四节
我国民事纠纷多元化解决机制的构建

构建多元化纠纷解决机制,就是要对化解民事纠纷的各种具体方式(包括诉讼内的和诉讼外的)进行有效整合,使之形成一个整体,在各种解决方式之间建立起有机的联系,相互补充,相互协调,而不是简单地拼凑在一起。同时,还应当根据不同历史时期社会纠纷的不同类型及其特点,对多元化纠纷解决机制不断地加以创新和完善,使之更加适应社会的实际需要。

一、改革诉讼程序,完善诉讼内纠纷解决机制

(一)建立法院附设替代性纠纷解决机制

诉讼是解决民事纠纷的传统方式,也是目前我国纠纷解决的主导方式,其审判结果的权威性和强制执行力使得当事人更倾向于选择这种方式。但是完善的多元化纠纷解决机制中,司法程序只是纠纷解决的最后一道防线,只有当其他纠纷解决机制解决不了矛盾纠纷时,才采用诉讼机制。故才有"司法是解决矛盾纠纷最后的手段,但并非唯一的手段"之说。"这意味着在价值层面上,社会中发生的几乎任何一种矛盾、争议,经过各式各样的决定仍不能得到解决并蕴含着给政治、社会体系的正统性带来重大冲击的危险时,最终都可以被诉讼、审判所吸收或'中和'。"[1]尤其近现代以来,具有强制性的司法权日趋变得统一集中,纠纷解决手段也在不断完善,通过诉讼方式来保障权利救济有较为显著的效果,这也提高了诉讼在多元化纠纷解决机制中的地位。然而,诉讼主要通过启动国家司法资源、依赖国家强制力发挥作用,合法性是其正当和权威的主要基础。可是当事人在诉讼中除了对是否选择诉讼途径拥有决定权外,基本无法掌控诉讼过程和结果。此外,人类社会在设计任何一种制度时

---

[1] 王亚新.社会变革中的民事诉讼[M].北京:中国政法大学出版社,2001:225-226.

都会考虑到成本投入,国家在推动诉讼制度发展的过程中更会投入大量人力和财力。经济分析法的结论告诉我们,法律根植在经济生活中,不仅要有维护社会公平的功能,更应担负起增加社会财富的使命,促进实现资源的有效配置。诉讼作为一种高成本的纠纷解决机制,频繁启动会使本就有限的社会资源变得更加紧缺,同时也会造成"滥讼"的局面。司法机关工作人员面对积案如山的巨大压力,即便每日超负荷地办公,依然可能会导致诉讼延迟。纠纷解决途径不畅、公众对办案人员的工作能力难以信服,严重的甚至会对国家权威产生怀疑。而对于当事人方,除去忍受诉讼上相对烦琐的程序,更要支付较为昂贵的费用,这都是对当事人承受能力的极大考验。如何在公正的前提下研究以最小成本实现司法资源的最优配置仍是现实中的重要课题。

正因如此,目前很多国家开始关注并重视法院附设替代性纠纷解决机制,以此来避免诉讼的缺陷,减轻法院的案件负担,实现纠纷解决效率的提高与司法资源及当事人费用的节省。当然,不同的国家有不同的国情,我们在构建法院附设替代性纠纷解决机制时,应从我国国情出发。由于历史的原因,我国法院系统除了有大量具备法律专业知识及法律素养的专业法官之外,尚有大量的法官辅助人员,在这样的人员配置下,如能通过案件的分流来实现纠纷解决方式的各得其所,一方面能化解法院的案件负担,另一方面能让不同类型的法官分别负责不同类型的案件处理,充分发挥助理法官等的潜能,实现法院资源的优化。在美国,许多法官开始尝试运用他们作为法官的角色来推动案件和解,将案件导向调解或其他替代性的纠纷解决方案,雇用法院委任的助手以建立案件处理机制。可见,法院不仅要根据法律和事实来决定案件,而且还要保障有限的民事司法资源在所有寻求司法/正义的人们之间公正地分配。[1]当前我国的民事司法制度在很多方面已不能适应社会不断转型的要求,作为民事司法制度核心的民事诉讼制度也已滞后于民事纠纷解决的程序正义和实体正义的需要。[2]为适应社会发展的需求与国际化、现代化的需要,我们需对司法制度进行全面变革。这些变革包括了司法制度的方方面面[3],其

---

〔1〕 阿德里安 A·S.朱克曼.危机中的民事司法:民事诉讼程序的比较视角[M].傅郁林,等,译.中国政法大学出版社,2005:45.

〔2〕 张卫平.司法改革:分析与展开[M].北京:法律出版社,2003:172.

〔3〕 主要有实现民事诉讼体制的转型、审判理念的转换、民事诉讼原则的调整、审级制度的改革、立案制度的改革、审前程序的建立和完善、庭审方式的改革、证据制度的改革、法院调解制度的改革、和解制度的完善、民事裁决制度的改革、上诉制度的改革、再审制度的重构、低成本诉讼体制的建构、民事执行制度的改革、替代性纠纷解决方式的设立等。张卫平.司法改革:分析与展开[M].北京:法律出版社,2003:174-309.

中构建法院附设替代性纠纷解决机制来完善纠纷解决机制亦是司法改革中的必然要求。

法院附设替代性纠纷解决程序的运作是以不同意见和利害关系的人们在公正的程序下通过自主交涉和理性讨论进行行为调整的柔软功能为基轴的。[1]因此,虽然法院附设替代性纠纷解决机制较诉讼程序来说具有灵活性、随意性、自如性、自主性等诸多特征,却不能将这种自主性任意放大至不受任何约制,否则即失去了程序的本质。由于受传统文化的影响,调解一直是我国纠纷解决的传统方式,即便进入诉讼程序,许多当事人也比较倾向于选择诉讼调解来解决纠纷。我国民事诉讼法规定了"能调则调,当判则判,调判结合,案结了事"的审判原则,将司法调解作为鼓励创新和化解人民内部矛盾的重要审判制度。但在司法实践中,法官无法将案件类型化,一方面影响了调解效率,另一方面也使调解背离了其中立性。因此,要建立适合我国国情的法院附设替代性纠纷解决机制,我们认为需要从以下方面进行制度建构。

(1)我国法院附设替代性纠纷解决程序的种类。在构建我国法院附设替代性纠纷解决机制时,首先应对现有制度进行改革和创新。目前,我国现有法院调解和诉讼和解制度。就法院调解而言,根据主持者的身份不同,可以划分为特邀调解员调解、法官助理调解和律师调解等;根据法官是否参与主持调解可以分为委托调解和协助调解。如果将调解程序以法院正式立案为分界点,还可以区别为立案前调解(或称诉前调解)和诉讼中调解两大类。当然,在具体的调解程序中,不同的调解方式也存在着交叉。

在此,我们仅就诉前调解所涉问题进行一个概述。根据我国现行《民事诉讼法》第122条的规定,当事人起诉到人民法院的民事纠纷,适宜调解的,先行调解,但当事人拒绝调解的除外。首次将先行调解制度法典化。根据我国民事诉讼法及相关司法解释的规定,结合调解贯穿民事诉讼始终的指导原则,实际上,在民事诉讼法修改之前,最高人民法院先后于2004年和2007年发布了两个司法解释,强调调解在解决纠纷中的地位和作用[2],各级法院也积极响应,结合自身实际,制定了相关的制度规范。此前,虽然一直都没有明确的立法规定,但鉴于调解的天然优势,各地法院都在踊跃地尝

---

[1] 甲中成明.诉讼制度与纠纷解决[M]//小岛武司,伊藤真.诉讼外纠纷解决法.丁婕,译.北京:中国政法大学出版社,2005:227.

[2] 最高人民法院于2004年发布《最高人民法院关于人民法院民事调解工作若干问题的规定》,首先提出诉讼调解这一理念。2007年发布《关于进一步发挥诉讼调解在构建和谐社会中积极作用的若干意见》。

试。2003年6月长宁区人民法院与区司法局合作,在上海率先于法院办公区域内设立了"人民调解窗口",后在原有基础上,挂牌成立"诉调对接中心",加大人民调解工作方面人力和物力的投入,让更多到法院打官司的市民,诉讼前在"对接中心"通过"老娘舅"进行调解的方法化解纠纷。据法院内部统计,截至2013年4月,在法官"零距离"直接指导下,人民调解员诉前化解纠纷共计44413件,占同期受理的民事案件总数的45.50%;每个纠纷平均化解时间为14天,比民事案件平均结案周期缩短18天;与诉讼收费标准相比,优惠收费办法共计为当事人节省开支近2500万元。[1] 浦东新区人民法院地处上海市金融中心,业务量居全市基层法院之首,日均收案数量上百,自2006年启动诉前调解机制至今,浦东新区人民法院每年通过诉前调解可以化解掉5000余件纠纷,平均每年分流全院20%民商事案件,并且逐年呈上升趋势。诉前调解虽属诉讼外调解,但是由法院主持调解,是案件进入法院后立案前的调解,与法院密不可分,因此与人民调解等民间性调解相比,具有更高的权威性。因此,在调解的程序上、规则的适用上以及人员配备上不能随意,这样才能提升诉前调解在当事人心中的权威,加深其内心的信服感。

(2)我国法院附设替代性纠纷解决程序的适用范围。由于替代性纠纷解决程序是根据当事人合意来解决纠纷的,所以理论上和实务中一般把法院附设替代性纠纷解决程序的适用范围限定在当事人可就权利义务关系进行自由处分的民事纠纷中,如婚姻家庭纠纷、相邻关系纠纷、一定数额之下的财产权利纠纷、交通事故或医疗纠纷等。而一些涉及适用非诉程序及有关身份关系确认的案件就不适合适用法院附设替代性纠纷解决程序。因此,就需制定相关的调解规则,规定哪些案件适合调解,哪些案件需立即判决,赋予法官一定的自由裁量权。此外,法院在诉讼调解过程中,还需要将审判程序与调解程序进行分离,在审判程序之外设置独立的调解部门与程序,如果双方当事人同意调解,则案件就会转入调解部门,由其他法官或调解员进行调解。

(3)主持者的任职资格与责任。从各国的司法实践来看,主持者有着不同的运作模式,并且对其要求也不尽相同。日本的民事调停由调停委员会主持,调停委员会由一名法官与两名选任的民事调停委员构成,民事调停委员是法院中的非专职法院工作人员,享受法定的补助。美国模式大概有五种:职员中立人模式、法院与提供中立人的非营利组织签约的模式、法院

---

[1] 卫建萍.办得好,办得快,还少花钱[N].人民法院报,2013-08-01(5).

直接给提供中立人服务的个人或者公司付酬的模式、法院组织个人提供无偿中立人服务模式、法院将当事人转介至按照市场价格收费的私人中立人模式。[1]从我国司法实践来看,目前大部分地区采取的是调解员聘任制,由法院面向社会公开聘任调解员并给付相应付酬,也有法院并不构建调解员制度,而是将案件临时委托给人民调解委员会或者相关专业技术机构进行和解。为规范和约束主持者的行为,在程序运行中,法官应实时进行监督和管理,如发生主持者违背职责要求及违法情形,从而导致程序没有必要继续进行,法官有权做出终止和解的决定,经核实法院有权取消其主持者的任职资格。如果当事人有发现主持者的行为有损国家、社会及当事人合法权益,有权拒绝其继续主持程序。

(4)我国法院附设替代性纠纷解决程序的效力与程序救济。为保障实现法院附设替代性纠纷解决机制的功能,赋予其相应的法律效力以及相应的救济途径是应有之义。双方当事人经法院附设替代性纠纷解决程序达成协议的,法院应对协议进行审查,审查内容主要包括:是否侵害国家利益、社会公共利益及案外人的合法权益;是否违反法律、法规的禁止性规定;是否违背当事人的真实意思;等等。经审查,法院认为协议不违反上述规定的,可以制作法院民事调解书,向当事人送达,以赋予其与判决相同的法律效力。经法院附设替代性纠纷解决程序做出调解之后,如果当事人发现有无效或可撤销的事由,可先向原法院提起宣告调解(和解)无效或撤销调解(和解)之诉,法院经审理后宣告调解无效或撤销调解时,一并就原已调解(和解)的案件进行裁判,实现最终的司法救济。

(二)构建民事附属行政诉讼制度[2]

在我国司法实践中,经常会出现民事争议与行政争议相互交叉重叠的案件,特别是民事诉讼中出现行政附属问题的案件,由于现行法律与司法解释对此类案件如何审理尚无一个十分明确具体的规定,因此司法实务中各地法院的做法极不统一,理论界对此也见仁见智。而从民事诉讼与行政诉讼之间的协调角度考虑,民事附属行政诉讼制度对于解决民事诉讼中的行政附属问题是比较理想的制度选择,既可防止判决效力之间的冲突、提高诉讼效率,又可防止问题处理的复杂化。

---

[1] 斯蒂芬·B.戈尔德堡,等.纠纷解决—谈判、调解和其他机制[M].蔡彦敏,等,译.北京:中国政法大学出版社,2005:422.

[2] 孙彩虹.民事附属行政诉讼制度分析[J].法学杂志,2011(8).

1. 民事诉讼中的行政附属问题

附属问题概念源于王名扬先生的专著《法国行政法》,意指一个案件本身的判决依赖于另一个问题,后面这个问题不构成诉讼的主要标的,但决定判决的内容。民事诉讼中的行政附属问题,是指民事争议案件的审理和解决是以与之相关的行政行为的正确认定为前提的,该行政行为并非民事争议案件的诉讼标的或者争议的民事法律关系,但它决定着民事案件的性质或裁判结果。[1] 可见,民事诉讼中的行政附属问题实际上是以审理民事纠纷的民事诉讼为主的,但在审理民事纠纷的过程中附带涉及相关的行政争议,而该行政争议的处理结果又是该案件民事争议裁判的前提和基础,所以也可把这种诉讼形式称为关联诉讼。这类案件当事人诉讼的目的往往是解决民事争议,行政主体与行政行为相对方的纠纷并非案件主要焦点。在司法实践中,此类案件具有以下特点:首先,诉讼是由民事纠纷而非行政行为引起;其次,法院最终对该民事纠纷的处理一定程度上依赖于行政行为是否合法这一前提,即如果不解决行政行为合法性问题,民事审判则很难进行;再次,当事人对民事诉讼中的行政决定有异议,并且在民事诉讼中提出;最后,行政争议对于民事争议来说,具有一定的独立性,意指即使不存在民事争议,当事人若对行政决定不服,也可以单独寻求行政救济,可以申请行政复议或者提起行政诉讼。可见,民事诉讼中行政附属问题的最显著特征是行政争议与民事争议的交织存在。这种交织在司法实践中往往表现在民事争议与行政争议双轨并行,但无论民事争议是由行政决定而引起还是因行政决定的介入使民事争议变得更加复杂,都使法院在审理民事纠纷的同时还要审理行政行为。另外,在民事诉讼中出现的行政决定,有很多都是可以作为核心证据出现的,法院对其认定与否,直接左右着案件的判决结果。

2. 构成民事诉讼行政附属问题的条件

事实上,司法实践中出现行政争议与民事争议的交织是常有的现象,但是不是一旦出现交织就一定构成民事诉讼中的行政附属问题呢?这还要取决于二者的关联度。对于民事诉讼中的行政附属问题,民事争议与行政争议必须有紧密的关联性。判断行政争议与民事争议的关联性要从以下几方面着手。第一,在民事争议中出现的行政行为是否构成民事诉讼审判的前提,这是构成民事诉讼行政附属问题的首要条件。而要构成民事审判的前提,行政行为必须属于作为的行政决定。因为行政不作为没有明确的意思表示,所以也就不可能涉及对民事权利义务的处理。因此,不作为的行政决

---

[1] 杨荣馨.民事诉讼原理[M].北京:法律出版社,2003:731.

定通常不会构成与民事纠纷的交织。第二,作为附属问题出现的行政决定在民事诉讼中的证据能力的关联性。作为证据能力的关联性是指作为证据,必须在逻辑上与案件中的待证事实存在必然的、客观的联系。[1] 要具有关联性,该行政行为必须对存在争议的民事法律关系做出一个先决的处理决定,而该处理决定在民事诉讼中不仅可以公文书证的形式出现,且能对民事争议的案件事实起到实质性的证明作用。第三,民事诉讼中的诉讼请求与行政处理决定之间的关联性。作为民事诉讼附属问题的行政行为与民事诉讼中诉讼请求的内容必须具有内在的关联性,这种关联性体现在虽基于不同性质的请求,但均发自于同一法律事实,即行政机关对行政相对人要求确认的法律关系或法律事实同样属于民事诉讼中当事人双方提出的诉讼请求内容。当然,这种关联性并不代表完全的一致或重合。[2]

3. 现有民事诉讼中行政附属问题解决模式评析

随着我国城市化进程的加快,原本的民事纠纷会因行政权的介入而使问题变得复杂,当争讼的一方以行政行为作为抗辩理由时,民事纠纷与行政争议交织纠结在一起成为不可避免的事实,且这类案件呈逐年递增之势;加之我国相关制度的缺失,理论上没有统一的标准,司法实践中做法各异,使得处理民事诉讼中行政附属问题成为一个棘手的问题。那么,当前我国司法机关在处理相关案件时,有哪些可供选择的解决模式以及理论支撑呢?其合理性又如何?在司法实践中,对于民事诉讼中出现的行政附属问题,处理方式有以下几种。一是在民事诉讼中把具体行政行为作为证据来对待,只审查其来源的真实性和形式的规范性,不审查其实质合法性。即只要能证明作为证据的具体行政行为具有真实的来源以及具有符合法律要件的形式,那么从证据法的角度讲,该具体行政行为在民事诉讼中就具有了证据的客观性、合法性以及关联性,从而具有证明力,故而法院将其作为定案依据就顺理成章。具体行政行为虽具有效力先定性的特点,并说明具体行政行为都是合法有效的,但是一旦据以定案的具体行政行为被依法撤销,法院的裁判就成了无源之水、无本之木,进而影响到司法的公正与权威。二是当事人分别提起民事诉讼和行政诉讼,民事庭与行政庭互不干涉"内政",各自独自审理。但是由于民事诉讼和行政诉讼在适用原则、证据制度以及审判程序上存在诸多区别,裁判结果会大相径庭甚至相互矛盾。三是中止民事诉讼,建议当事人另行提起行政诉讼,待有结果后再恢复民事诉讼。这虽然便

---

[1] 孙彩虹.证据法学[M].北京:中国政法大学出版社,2008:73-74.
[2] 孙彩虹.民事附属行政诉讼制度分析[J].法学杂志,2011(8).

于区分案件性质,较好地保证民事裁判的准确性,但缺陷也是非常明显的。实践中一些当事人对行政诉讼并不十分了解,导致不敢与行政机关对簿公堂,造成当事人不敢诉讼而非不愿诉讼的结果。若就此而终止民事案件的审理,那么当事人的民事权利该如何保护?四是回避民事诉讼中具体行政行为的合法性审查问题,径行运用民事法律规范裁判案件。其理由是,行政纠纷不属于民事主管范围,如果对行政行为的合法性进行审理即构成司法权对行政权的过度干预。其实这样做最大的好处在于可防止矛盾裁判的发生,但该种方案并没有使纠纷得到实际的解决,故也不足取。[1]

针对以上种种弊端,为了寻求理论上的突破,有学者提出了"直接移送制度"[2],即先中止民事诉讼,由民事审判庭将本案涉及的行政纠纷直接移送本院行政审判庭进行处理,待行政审判庭处理完毕后再由其依据行政裁判审理民事纠纷。当然"直接移送制度"的确有其合理的一面,因为行政审判庭本来就是审查具体行政行为合法性的法定机构,当民事诉讼中涉及行政附属问题时,由行政审判庭对该行政行为是否合法做出裁判,既符合民事主管的规定,同时也可避免行政诉讼和民事诉讼并轨进行而出现矛盾判决,另外,对当事人来讲还可省去起诉程序之累赘。但是从诉权理论上分析,该设计违反了"不告不理"的原则,在当事人没有行使行政诉权的前提下,行政审判庭接受移送并进行审理,依据何在?因此,直接移送制度存在不尊重当事人自由行使行政诉权的嫌疑。[3]

由于上述理论存在难以克服的窘境,又有学者提出了"行政主体作证制度"[4]。行政主体作证制度意指在民事诉讼中对附属的行政问题进行程序性审查和判断,审查的对象是民事争议中所涉及的行政机关做出的具体行政行为,审查的性质属于民事诉讼中的事实认定,审查的形式属于民事诉讼中的证据审查。此时行政机关不是以诉讼当事人或第三人的身份而是以证人的身份出现的,其任务是对具体的行政行为从法律层面和事实角度进行"证明",以达到"释明"的目的。作证采用出庭作证方式,法庭首先要求行政机关就其所做出的具体行政行为的事实依据进行连贯性陈述,然后再接受审判人员和诉讼当事人的发问。通过行政机关的出庭作证,实现审判机关对附属行政行为的合法性进行审查和正确判断的目的。诚然,"行政主体

---

[1] 孙彩虹.民事附属行政诉讼制度分析[J].法学杂志,2011(8).
[2] 薛刚凌.处理行政、民事争议重合案件的程序探讨[J].法律科学,1998(6).
[3] 孙彩虹.民事附属行政诉讼制度分析[J].法学杂志,2011(8).
[4] 张瑞强.民事诉讼行政附属问题研究与解决——兼论行政主体作证制度的建立及完善[J].审判研究,2001(2).

作证制度"的设计似乎更符合诉讼效益的要求,既能避免因分开审理而导致矛盾判决的出现,也可免于陷入直接移送案件而于法无据的困境。但"行政主体作证制度"就是最理想的制度安排吗?非也!首先,在诉讼中行政行为本身在一定意义上就是民事争议发生的相关事实之一,其合法性仍是需要运用证据加以证明的待证事实,因此,它是证明对象而不是证据本身,而用一个待证事实去证明另一个待证事实本身就是荒谬的。其次,从证据的法定分类来看,由于行政主体在民事诉讼中不是当事人,因此,其证据种类就不属于"当事人陈述"。那么行政机关是不是证人呢?根据我国诉讼法的有关规定,只有知道案件情况的人才有作证的义务。证人陈述的内容一般是自己感知的事实,但是不包括对事实的判断,证人不得对这些事实进行主观上的评价。那么,行政主体出庭作证必然是要证明其做出的行政行为是符合事实的、有法律依据的,而对某种行为是否合法的判断恰恰是法庭而非证人的职责。因此,行政主体当庭作证也不是证人证言。

4. 构建民事附属行政诉讼制度的理论设想

从上文分析可见,目前审判实务中及理论设计中的几种具体解决模式都存在制度上与理论上难以突破的局限,而仅仅依靠民事诉讼或行政诉讼中任何一种诉讼程序都难以化解民事诉讼中对行政附属问题审理时的矛盾与冲突。实际上,不管是国内立法还是司法实践,都为我们创设一种新制度提供了法理支持和制度空间。我国《刑事诉讼法》中早已确立了刑事附带民事诉讼制度,这为建立我国民事附属行政诉讼制度提供了可供借鉴的立法及审判经验——毕竟同为附带诉讼,在产生原因、审判特点上还是具有相似之处的。解决被告人刑事责任的同时附带解决由犯罪行为而导致被害人财产损失的案件,只能建立刑事附带民事诉讼而不能是民事附带刑事诉讼,原因在于刑事案件涉及公民的生命权利和人身自由,对刑事案件的审理较之于民事案件来讲,适用的程序、证据制度和证明规则都有更为严格的要求,所以只能由专业的刑事法庭进行审理。而对于以民事争议为主,附带关联行政争议的案件来说,由于其所涉及的民事权益更重要,故可建立民事附属行政诉讼制度。民事附属行政诉讼是指在民事案件的审理过程中对于关涉民事裁判的行政行为的合法性可以通过民事诉讼一并进行审理并做出裁决的诉讼制度。需要明确的是,审判机关对行政行为的合法性审查并非该案件所要解决的主要矛盾,却构成民事裁判的前提。其实,民事附属行政诉讼并非标新立异的命题,之前就有学者指出,鉴于民事争议与行政争议在处理上难以割裂的关系,"民事诉讼可以附带行政诉讼",这更"符合诉讼经济的要求"。[1]虽然同为关联诉讼,但民事附属行政诉讼制度与刑事附带民事诉讼和行政附带民事诉讼都是有区别的。首先,不管是刑事诉讼附带的民事诉讼,还是行政诉讼附带的民事诉讼,作为附带部分的责任性质,其实都是因同一主体的同一行为而造成的侵害,从而形成了两种法律责任的竞合,并且这两种法律责任的处理没有先后顺序的限制,任何一个诉讼的处理都不构成对另外一个诉讼的先决问题。这就是所谓的附带诉讼本身的"可分离性"。但是,民事附属行政诉讼中的行政问题则成为民事审判的前提,即不解决行政行为合法性的问题,民事审判就无法进行。可见,这里的民事诉讼与附带的行政诉讼二者具有"不可分离性"。为了区别于刑事附带民事诉讼和行政附带民事诉讼,在此我们应该称之为"民事附属行政诉讼"[2]。

现代社会是依法控权和依法管理相结合的法治社会。各种国家权力只能在各自固有的轨道上运行而不能逾越法律规定的边界,行政权和审判权依法分别由行政机关和司法机关各自行使。但权力的各自行使并不否定权力之间的相互制衡。随着现代法治的演进,法律规定的权力边界也有相互延伸与交叉之状,行政机关被赋予越来越多的纠纷裁判权,如行政复议、行政仲裁、行政裁决行为等,行政权力的触角已逐步深入司法领域,出现了越来越多的"准司法行为"。反过来,司法权对行政权的监督制约功能也有了前所未有的发展,通过行政诉讼实现司法权对行政机关行政行为合法性的审查,纠正专横、任性、滥用自由裁量权的行政行为,以保护公民、法人或其他组织的合法权益,这就是世界各国为敦促行政权的良性运行而赋予司法机关的干预权。也许有人会质疑,这仅能说明法院可以通过行政审判行使对行政权的合法干预,而根据我国主管制度的规定,民事审判权与行政审判权是有明显的权限划分的。其实,根据审判权限划分与协调的基本原理,民事审判权与行政审判权并非水火不容的冤家,民事审判庭与行政审判庭的"互不干涉"是人为制造的隔阂。首先,从我国行政审判庭产生的历史看,1982年《民事诉讼法(试行)》规定法院审理行政案件适用该法。一些地方法院就开始由民庭或经济庭受理行政诉讼案件。到了1987年,各地法院根据最高人民法院的通知才陆续成立了行政审判庭。[3]可见民事审判庭受理行政诉讼的案件在我国是有先例的。其次,我国法院的法庭设置与管理制度近年也饱受诟病。案件按庭室来分配,导致全国许多基层法院都存在着

---

[1] 马怀德,解志勇.行政诉讼第三人研究[J].法律科学,2000(3).
[2] 孙彩虹.民事附属行政诉讼制度分析[J].法学杂志,2011(8).
[3] 最高人民法院《关于建立行政审判庭的通知》(1987年1月14日)。

民事、行政、刑事各庭受理案件严重不均衡的现象,民庭法官忙得不亦乐乎,而行政庭一年只有两三起案件,刑庭则为几十起案件,因此许多基层法院都允许行政庭、刑庭、审监庭办理一审民事、经济案件,照此说来,不也混淆了审判权限的分工了吗?而2007年,贵阳中院成立了一个跨诉讼法的环境保护审判庭,凡涉及排污侵权、损害赔偿和其他环境诉讼的民事、行政、刑事案件均由该庭受理,学界立即给予了肯定。[1]这种获得最高法院大力支持的理论[2],为何不能为民事法庭受理行政案件提供来自学术上和实践中的支撑呢?纵观全球,有法官的专业分工而无法院内部机构的专业分工,这也是各国法院的普遍现象。比如在美国,没有按案件的性质分设审判庭的,而是习惯上哪一位法官擅长审理哪一类案件就有所专攻。最后,《民事诉讼法》中所规定的诉讼并不都是民商法上的纠纷,如"选民资格案件"就不是民商法上的诉讼,其对应的实体法是《选举法》,显然不属于民事争议的事项,实际上属于宪法、行政法的诉讼。因此,民事附属行政诉讼制度既不与现行法院主管权限的划分标准相悖,也有利于避免使问题更加复杂化。既然刑事审判庭可以附带行使民事审判权,行政审判庭也可以附带行使民事审判权,那么我们当然有理由认为,民事审判庭也可以附带行使行政审判权。

5. 民事附属行政诉讼制度的设计

英美法系国家采用一元裁判体制,所有的案件均由一个法院审理,也没有民事审判庭和行政审判庭之分,行政诉讼基本上是按照民事诉讼程序进行的。在审理民事案件的过程中,即使碰到行政行为的效力问题,普通法院也可以直接解决,因此就不存在先决问题。可见,英美法系国家,由同一审判组织将行政争议与民事争议一并解决,类似于我国的附带诉讼。大陆法系有公法与私法之分,即使在有普通法院与行政法院严格区分的法国,遇到普通法院管辖的诉讼存在行政附属问题时,如果某具体行政行为的违法性质十分明显,由受诉法院审查不具困难时,也可由受诉法院自己直接决定。在德国,当行政行为成为民事诉讼的先决问题时,如果已经由行政法院判决确定,民事法院应受其判决拘束;若未经行政法院判决,民事法院应当自行做出判断,如果当事人已起诉至普通法院,不得再就此先决问题请求行政法院确认行政处分是否违法。总之,对于行政案件,许多国家和地区不排除由

---

[1] 舒泰峰. 环保法庭能够守住一片河山[J]. 政府法制,2008(20);曹家新. 环保法庭越多越好[N]. 中国环境报,2008-11-17.

[2] 李华斌. 建立环境公益诉讼制度推进生态文明建设——访最高人民法院副院长万鄂湘[J]. 中国审判,2009(4).

民事审判庭附带审理。

在具体制度设计上,如果当事人先行提起民事诉讼,在审理中发现又涉及行政诉讼,则作为民事附属行政诉讼进行审理。如果当事人先行提起行政诉讼,在审理中发现涉及民事诉讼,则作为行政附带民事诉讼进行审理。也可以实行更为机动的制度,即如果案件主要是因为民事纠纷而起,则实行民事附带行政诉讼;如果案件主要是因行政纠纷而起的,则实行行政附带民事诉讼。这种制度设计避免了"小马拉大车"的局面。在民事附属行政诉讼中,原告是受害人,民事诉讼的被告是加害人,行政诉讼的被告是行政机关。两种诉讼尽管性质不同,但当事人所争议的事实有法律上的联系,法律责任有时也需要加害人和行政机关共同承担,所以为了在一个案件中解决相关的所有争议,两种诉讼合并审理是完全可行的。[1]

当然,民事附属行政诉讼制度和刑事附带民事诉讼、行政附带民事诉讼制度一样,首先要以民事诉讼的成立为前提。这有以下原因。第一,附属的行政诉讼不能脱离民事诉讼单独提出,只能在提出民事诉讼的同时或者民事诉讼的进程中提出。如果脱开民事诉讼而单独提出,则不是民事附属行政诉讼,而是独立的行政诉讼。第二,民事附属行政诉讼要以民事诉讼为"主",以行政诉讼为"附"。第三,民事附属行政诉讼以民事诉讼为先,当事人要先提起民事诉讼,再提起行政诉讼,民事诉讼成立,附属的行政诉讼才随之成立。在民事附属行政诉讼中,法院可对具体行政行为的合法性进行审查,如果行政行为合法,那么接下来就是单纯的民事案件的审理;如果违法,可由同一个审判组织适用行政诉讼程序来解决行政争议,遵循行政诉讼的审理规则,不能进行调解,也不可提出反诉。

二、完善仲裁制度,减少司法干预

"仲裁"(arbitration)一词来自拉丁文,在中国的语境下,"仲"是指"人居于中间","裁"则是"评判是非、做出裁断"的意思。《牛津法律大辞典》将仲裁定义为:仲裁是排除法院的管辖,将纠纷交由他人裁决的纠纷解决方式;《布莱克法律词典》将仲裁定义为:仲裁是由当事人共同约定由中立的第三方居中判定争议的纠纷解决机制,该判定对当事人产生法律效力。西方学者有人将仲裁定义为:仲裁是指当事人自愿选定中立第三人担任仲裁员,并将争议提交该仲裁员,由该仲裁员根据当事人提交的相关证据与理由做

---

[1] 孙彩虹.民事附属行政诉讼制度分析[J].法学杂志,2011(8).

出裁决的一种解决争端的程序。[1]我国法学界一般将仲裁定义为：仲裁也被称为公断，是由双方当事人将其争议交付第三者居中评判是非，并做出裁决，而该裁决对双方当事人均具有拘束力。[2]

  仲裁是一种与诉讼方式不同的纠纷解决方式，其性质属非官方主导，外在表现为由中立的第三方居中裁判。它可以在一定程度上化解法院所面临的诉讼负担，因此又被称为诉讼替代性解决机制，经常用于解决民商事或劳动纠纷。在这种模式下，当事人放弃控制其争端结果的权利，以此来换取一个确定性的方案；当事人通常保留选择仲裁员、要求仲裁员适用某种程序和实体规则的权利；仲裁的决议具有终局性和约束力，可以申请法院强制执行。由于仲裁是以体现和尊重当事人自由意志为基础的一种纠纷解决方式，因此仲裁结果具备了更好的亲和力，即便是对其不利的当事人方也往往能心平气和地接受并执行，这种从心理层面上的认同才是对纠纷真正的解决。另外，仲裁员所必须具备的专业水平，也使仲裁在灵活性的基础上，兼具专业性。所以，在一些特殊领域，如知识产权纠纷、涉及公司股东权益的纠纷以及海商事纠纷，人们更加倾向于采纳仲裁制度。但随着商业调解的迅速发展，商业纠纷非诉讼解决模式由仲裁一枝独秀的局面被打破，寻求调解的案件越来越多，调解已经成功地消除了对仲裁的过分需求。除此之外，仲裁裁决的执行必须依赖于法院，而在实践中，仲裁裁决执行难的问题比起法院判决有过之而无不及，如果仲裁裁决的执行力度不够，对仲裁的信任度更是致命的损害。而另一方面，出于对仲裁这片独立王国的不信任，多数国家都赋予了司法对仲裁进行监督的权利。"对于仲裁审理中产生的任何法律问题及仲裁裁决或其中的任何部分，法院有权下令仲裁庭以所谓的特殊案件的形式加以说明，由高等法院对其做出判决。这样，当一项仲裁在英国进行的话，仲裁程序可随时被当事人依据这一法律条款而中止，等待法院对此做出判决后方可继续。"[3]虽然后来陆续确立了"有限的司法干预原则"以纠正仲裁裁决中出现的错误，但在实践中此种错误很难界定。在这种情况下，仲裁要巩固并强化其地位，就必须进行相应的改革与制度完善。

---

  [1] Gray B. Bom. International commercial arbitration in the United States-commentary & material[M]. New York：Kluwer Law and Taxation Publishers，1994：1.
  [2] 韩德培.国际私法[M].北京：高等教育出版社，2000：484.
  [3] 叶青.中国仲裁制度研究[M].上海：上海社会科学院出版社，2009：3.

(一) 扩大仲裁庭的权力,减少司法干预

1. 赋予仲裁庭享有排他的管辖异议决定权

当事人双方通过协商将他们之间发生或可能发生的争议授予一个私人性质的仲裁庭来解决,这是意思自治原则的体现和要求,因此,仲裁庭必须保证严格按照当事人赋予的权力做出裁决,而仲裁协议是仲裁庭取得案件管辖权的重要依据。但当事人如果对仲裁协议的效力存有异议,该如何处理呢?按照我国《仲裁法》第20条第1款的规定,当事人对仲裁协议的效力有异议的,可以请求仲裁委员会做出决定或者请求人民法院做出裁定。一方请求仲裁委员会做出决定,另一方请求人民法院做出裁定的,由人民法院裁定。由此可见,在我国法院享有对异议的优先裁决权,这无疑违背了当事人选择仲裁的意思自治。根据《联合国国际贸易法委员会仲裁规则》第21条第1款的规定,仲裁庭有对它拥有管辖权的异议做出裁决的权力,这些异议包括与仲裁协议的真实存在、有效性以及仲裁协议的独立性有关的问题。遵从国际通行的管辖权原则,我国有必要修改《仲裁法》第20条的规定,与国际通行原则相适应,赋予仲裁庭对管辖权异议的决定权。同时可借鉴英国《仲裁法》的规定,除非经程序所有其他当事人一致书面同意或经仲裁庭许可而提出申请,且法院认为符合下列情形的,法院可以对该管辖权异议予以受理:(1)对该问题的决定很可能实质性地节省费用;(2)该申请是不延迟地提出的;(3)该问题法院决定有充分的理由。如果不符合上述条件,法律应禁止法院对仲裁管理辖权异议进行裁决。

2. 赋予仲裁庭对保全措施的审查决定权

关于仲裁中的保全措施,学界对此意见不一。我国《民事诉讼法》第101条规定:利害关系人因情况紧急,不立即申请保全将会使其合法权益受到难以弥补的损害的,可以在提起诉讼或者申请仲裁前向被保全财产所在地、被申请人住所地或者对案件有管辖权的人民法院申请采取保全措施。《仲裁法》第28条规定:一方当事人因另一方当事人的行为或者其他原因,可能使裁决不能执行或者难以执行的,可以申请财产保全。当事人申请财产保全的,仲裁委员会应当将当事人的申请依照《民事诉讼法》的有关规定提交人民法院。可见,在我国,决定保全的权力属于人民法院,这体现了司法对仲裁的支持。但实际操作中,当事人向仲裁委员会申请,而后由其提交法院,需要一个过程,如遇紧急情况极有可能发生因没能及时采取保全措施而导致无法执行或其他无法弥补的损失。对此,英国经过仲裁法制的改革,在1996年《仲裁法》第38条中规定了仲裁庭有权命令申请人提供仲裁费用担保,有权命令一方当事人或证人做出誓言,并有权在一定条件下命令采取财产和证据保全措施。我国立法可以考虑赋予仲裁庭享有保全措施的审查决定权,由法院负责执行,我们认为这样既不影响仲裁的自由和独立,又为其提供了支持。

(二)促进仲裁与调解的结合

总体来说,我国目前的仲裁机构在仲裁与调解相结合的模式探索上取得了很大的进展。根据我国《仲裁法》第51条的规定,仲裁庭在做出裁决前,可以先行调解。当事人自愿调解的,仲裁庭应当调解。调解不成的,应当及时做出裁决。调解达成协议的,仲裁庭应当制作调解书或者根据协议的结果制作裁决书。调解书与裁决书具有同等法律效力。第52条规定:调解书应当写明仲裁请求和当事人协议的结果。调解书由仲裁员签名,加盖仲裁委员会印章,送达双方当事人。调解书经双方当事人签收后,即发生法律效力。在调解书签收前当事人反悔的,仲裁庭应当及时做出裁决。2014年11月4日,中国国际经济贸易仲裁委员会颁布了最新的《中国国际经济贸易仲裁委员会仲裁规则》,进一步发展了仲裁与调解相结合的制度,而且增加了适用过程中具体的程序性规则。该规则第47条规定:(1)双方当事人有调解愿望的,或一方当事人有调解愿望并经仲裁庭征得另一方当事人同意的,仲裁庭可以在仲裁程序中对案件进行调解,双方当事人也可以自行和解;(2)仲裁庭在征得双方当事人同意后可以按照其认为适当的方式进行调解;(3)调解过程中,任何一方当事人提出终止调解或仲裁庭认为已无调解成功的可能时,仲裁庭应终止调解;(4)双方当事人经仲裁庭调解达成和解或自行和解的,应签订和解协议;(5)当事人经调解达成或自行达成和解协议的,可以撤回仲裁请求或反请求,也可以请求仲裁庭根据当事人和解协议的内容做出裁决书或制作调解书;(6)当事人请求制作调解书的,调解书应当写明仲裁请求和当事人书面和解协议的内容,由仲裁员署名,并加盖"中国国际经济贸易仲裁委员会"印章,送达双方当事人;(7)调解不成功的,仲裁庭应当继续进行仲裁程序并做出裁决;(8)当事人有调解愿望但不愿在仲裁庭主持下进行调解的,经双方当事人同意,仲裁委员会可以协助当事人以适当的方式和程序进行调解;(9)如果调解不成功,任何一方当事人均不得在其后的仲裁程序、司法程序和其他任何程序中援引对方当事人或仲裁庭在调解过程中曾发表的意见、提出的观点、做出的陈述、表示认同或否定的建议或主张作为其请求、答辩或反请求的依据;(10)当事人在仲裁程序开始之前自行达成或经调解达成和解协议的,可以依据由仲裁委员会仲裁的仲裁协议及其和解协议,请求仲裁委员会组成仲裁庭,按照和解协议的内容做出仲裁裁决。除非当事人另有约定,仲裁委员会主任指定一名独任仲裁员成立仲裁庭,由仲裁庭按照其认为适当的程序进行审理并做出裁决。具体程序和期限,不受本规则其他条款关于程序和期限的限制。

三、充分发挥我国人民调解制度的作用

人民调解在我国有着深厚的人文基础和历史渊源,长期以来,以人民调解制度为代表的我国民间 ADR 在化解矛盾纠纷、维护基层社会稳定、构建和谐社会等方面发挥着不可替代的作用。人民调解制度有很多优点。首先,与诉讼的制度设计定位于"对抗的"和"向后看"不同,人民调解是一种"非对抗的"及"向前看"的法律制度设计,它不仅考虑到纠纷解决结果的公正,而且还考虑到矛盾解决以后的双方合作与发展问题,更强调纠纷解决的合情合理,而非完全合法。[1]其次,人民调解不但有解决纠纷的功能,而且还能产生预防纠纷的效应。但是,随着经济社会的发展,调解自身在制度设计、运行规则等方面存在的弊端不断凸显,严重影响了其功能的充分发挥,与当今人们对多元化解纷方式的需求越来越不相适应。若要使人民调解在纠纷解决机制中继续发挥其重要作用,就需要对其进行制度改革。

(一)调解制度的功能定位

早先人民调解发挥效用的基础是司法和行政的强政治意识形态化,它构成了调解的权威来源,这也是我国司法习俗化的表现形式。而如今在司法改革和法制现代化背景下,随着人们对法律权威性的逐渐认同,事实上挤压了人民调解的制度空间。在 2008 年最高人民法院再次明确"调解优先、调判结合"的工作原则后,关于调解是否会损害司法权威的问题在学界曾一度引发争论。学者们争议的焦点问题在于:调解是否会损害司法权威?调解与司法的界限在哪里?西方国家主要强调社会调解的市场化运作以及社会力量自愿参与、自主管理,调解组织表现为非营利性、自主性和中立性,这是与西方法律强调公民权利保护原则相适应的。而我国传统的法律观念认为"民事纠纷"首要任务在于解决纠纷而不是保护权利,所以发生民间纠纷后,首要是"社会"或"民间"自己解决而不是由法院出面处理。戴尔蒙特(Neil J. Diamant)指出,亚洲国家对调解的偏好,以往的研究往往认为是由于受儒家文化的影响,而"现在,有些学者争议说纠纷当事人'避开'法庭其

---

[1] 王公义.人民调解制度是解决社会纠纷的重要法律制度[J].中国司法,2005(10).

实并非因为'社会规范',而是因为'制度'在结构性地不鼓励诉讼"[1]。我们在对中国一些农村地区的诉讼案件进行研究时发现,在农村出现土地、债务、婚姻及其他财产纠纷时,人们往往比较依赖政府来解决问题,因为政府能使问题得到较为满意的解决。但这并不是值得称赞的,因为法律解决纠纷与调解解决纠纷各有其适用领域,对于调解处理纠纷不宜持有过高的、不合理的期待。

  日益分化的社会利益结构、不断增强的公民权利意识、日趋频繁和便利的信息沟通使得大众对于个体知情权、表达权、参与权和监督权的要求比以往任何时期都强烈,我国需要探索和建立一个长期的、规范化运作的大调解工作体系,这就意味着各种纠纷化解主体在这个大调解体系中的角色、责任承担、具体运作和转接流程、问责等方面的规定都需要进一步细化和制度化。根据《中华人民共和国人民调解法》及相关法规、文件等的规定,基层人民法院与基层人民调解组织之间是业务上的指导关系,而不存在行政上的隶属关系,因此,在开展人民调解实践时,要加强基层法院与基层人民调解组织之间的联系、沟通与配合,使得这种"指导"关系能真正发挥作用,需要在制度的安排和设计上进一步思考和创新。从调解主体的角度讲,需要重视培训,提高调解者的调解能力。在实践中,基层法院可以聘请人民调解员担任法院陪审员,或邀请调解员旁听法院公开审理的案件,直观有效地提高人民调解员理解和运用法律的水平,改进调解技巧。此外,我国多数基层调解组织的调解经费来源一直是调解组织发展中面对的难题。截至2012年,全国共有人民调解组织81.1万个,其中村(居)调委会67.8万个,乡镇(街道)调委会4.2万个,企事业单位调解组织6.5万个,行业性、专业性人民调解组织2.6万个,共有各类人民调解员433万余人,其中专职人民调解员82.9万人。[2]保证如此巨大数量的调解组织和人员享有足够的经费来源,如果仅靠公共财政的投入,那将对公共财政构成巨大的挑战。因此,有必要借鉴国外社会调解组织的运作方式,将人民调解推向市场,以人民调解取得的收入来部分解决、补充和平衡组织运营所需的资金缺口。鼓励一些有条件的行业性、区域性人民调解委员会发展为类似于国外"调解公司"性质的专业民间调解机构,由相关行业出资筹建财团法人性质的调解委员会(比如

---

[1] Ronda Roberts Callister, James A. Wall. Japanese community and organizational mediation[J]. Journal of Conflict Resolution, 1997(41).

[2] 赵阳,普敏. 全国有人民调解组织81.1万个[EB/OL]. http://www.chinacourt.org/article/detail/2012/10/id/671794.shtml.

由医院提供资金筹建医疗纠纷调解委员会)等。这种专业民间调解机构可以聘请行业协会的委员或律师担任调解员。

最后,还要注意调解的适用"限度"。调解在西方被称作替代性纠纷解决机制,这种替代性,是相对于诉讼而言的。正因如此,调解和诉讼成为彼此的"后备",当事人调解失败,仍可以选择诉讼。但由于"力量对比关系和外部权威在非正式调解中作用强大"[1],司法助理员、调解委员会等调解者所具有的权力要素,调解中的裁断,或是过于强调当事各方的个别合意,却也容易助长反法制化的恣意之风。[2]因此,在重视调解功能性的同时,调整和平衡裁断等其他纠纷解决机制与调解的关系也应当予以关注。

(二) 诉调对接机制的完善

诉调对接机制是最近才出现的将人民调解和诉讼相衔接的一种纠纷解决机制,我国《人民调解法》和《民事诉讼法》均未对诉调对接的案件范围规定一个统一的标准。域外国家或地区一般都有关于调解前置的相关规定,如美国对涉及简单纠纷的案件规定调解前置;日本法规定,凡是涉及家事纠纷的案件,调解前置。虽然调解不是诉讼的必经程序,不能一味地将所有纠纷都置于诉前调解范围,但是也应当有一个类型化的划分,设置特定案件的人民调解前置程序。我们可以借鉴德国的做法,将一些争议标的较小的经济案件、家事纠纷和邻里纠纷等纳入"强制调解"的范围,即这类案件必须经过人民调解处理后,才能够进入诉讼程序。根据国家统计局公布的2014年调解民间纠纷的分类,婚姻家庭、房屋宅基地、邻里、损害赔偿等纠纷位居前四位。因此,我们可将调解前置的案件范围规定为婚姻家庭纠纷、宅基地和相邻关系纠纷、诉讼标的额较小的侵权纠纷等。这些纠纷的特点是人际关系强,权利义务明确,标的不大,适宜由人民调解来化解。当然,当事人也可以自愿选择调解前置程序的解决方案。

完善诉调对接机制,还需要考虑效率的问题。比如,对于调解前置的案件,如果调解失败,在诉讼中法院还是否需要主持诉讼调解呢?我们认为,要使人民调解和诉讼衔接机制更加完善,就必须将调解与审判分离,把法院调解程序删除,使这两者恢复到互不联系互不干涉的状态,纯化审判程序和调解程序。[3]如果当事人在前置程序中调解失败,在诉讼中就不能运用调

---

[1] 季卫东.调解制度的法律发城机制——从中国法制化的矛盾困境谈起[M]//强世功.调解、法制与现代性:中国调解制度研究.北京:中国法制出版社,2001:77.

[2] 季卫东.调解制度的法律发城机制——从中国法制化的矛盾困境谈起[M]//强世功.调解、法制与现代性:中国调解制度研究.北京:中国法制出版社,2001:77-81.

[3] 李浩.民事诉讼中的调审分离[J].法学研究,1996(4).

解来解决案件,应依据事实和法律及时做出判决,以免造成久调不决或者降低法官权威的现象。

2012年《民事诉讼法》新增了调解协议的司法确认程序,可以说是诉调对接机制的立法支持。《民事诉讼法》第194条规定:申请司法确认调解协议,由双方当事人依照人民调解法等法律,自调解协议生效之日起三十日内,共同向调解组织所在地基层人民法院提出。第195条规定:人民法院受理申请后,经审查,符合法律规定的,裁定调解协议有效,一方当事人拒绝履行或者未全部履行的,对方当事人可以向人民法院申请执行;不符合法律规定的,裁定驳回申请,当事人可以通过调解方式变更原调解协议或者达成新的调解协议,也可以向人民法院提起诉讼。

此外,为了限制当事人任意反悔,还应当明确调解前置程序的期限。最高人民法院《关于建立健全诉讼与非诉讼相衔接的矛盾纠纷解决机制的若干意见》中第14条规定:对属于人民法院受理民事诉讼的范围和受诉人民法院管辖的案件,人民法院在收到起诉状或者口头起诉之后、正式立案之前,可以依职权或者经当事人申请后,委派行政机关、人民调解组织、商事调解组织、行业调解组织或者其他具有调解职能的组织进行调解。当事人不同意调解或者在商定、指定时间内不能达成调解协议的,人民法院应当依法及时立案。据此,我们认为,在诉调对接机制中也应当参照此规定,除非协议违反当事人利益、违反法律法规的规定、损害国家或第三人利益,否则当事人对于诉前经调解的案件不得任意反悔。

诚然,诉调对接机制中还需要考虑设立相应的救济程序。如果当事人或案外人对确认有效的调解协议提出异议,应该怎样救济呢?《民事诉讼法》第198条规定:各级人民法院院长对本院已经发生法律效力的判决、裁定、调解书,发现确有错误,认为需要再审的,应当提交审判委员会讨论决定。最高人民法院对地方各级人民法院已经发生法律效力的判决、裁定、调解书,上级人民法院对下级人民法院已经发生法律效力的判决、裁定、调解书,发现确有错误的,有权提审或者指令下级人民法院再审。此处的调解书应该包括经法院调解和司法确认后的调解协议书。除此之外,立法是否可以考虑设立当事人有权申请撤销经司法确认的裁定。即当事人或者案外人认为人民法院确认有误、侵害其合法权益的,可以提出撤销确认裁定的申请,人民法院仍适用特别程序对当事人撤销确认裁定的申请进行审查,以决定是否撤销原确认裁定。

(三)完善人民调解司法监督机制

人民调解是我国多元化纠纷解决机制的重要组成部分,在纠纷解决中具有独特的、其他纠纷解决方式不可替代的作用。但人民调解制度的健康发展,也离不开科学有效的监管机制作为保障。作为人民调解的司法保障,人民法院对于人民调解工作的健康发展同样发挥着必不可缺的监督作用。针对当前在实践中人民法院监督能力不足的问题,我们认为需要从以下方面进行完善。第一,完善人民调解司法监督的互动反馈制度。基层人民法院及其派出法庭负责审理申请司法确认调解协议的案件,司法确认过程中,对于其发现的人民调解工作中存在的问题,应当及时通过司法建议等方式,通知人民调解委员会和司法行政部门,以帮助人民调解委员会及时总结经验教训,查找问题,不断提高调解的质量,将司法监督人民调解落到实处。比如浙江省司法厅和浙江省高院联合出台的《关于进一步加强对人民调解工作指导的若干意见》里就建立了"涉及人民调解协议的民事案件审理的反馈制度"。在该制度中,调解协议被人民法院判决变更、撤销或确认无效的,法院会将相应生效的裁判文书以副本方式通知当地司法行政机关,并告知调解协议书被变更、撤销或确认无效的原因。[1]第二,加强培训力度,帮助提升人民调解员的专业素质。这方面的做法,可以参考北京地区和苏州市枫桥镇的经验,开发一些针对特殊纠纷的、具有专业性和行业性的新型调解组织,并完善调解组织的梯队建设,使纠纷解决具有一定的组织性、层级性,不再杂乱无章。同时,还要加强对法官的法律业务培训,因为法官业务素养的高低直接影响着人民调解司法监督的质量。第三,建立适当的奖惩机制。法院可以定期或不定期地展开对人民调解工作的考核,对优秀调解人员可以给予精神奖励和物质奖励。但对于调解中违反法律的行为,应当及时纠正;后果严重者,还要给予通报批评甚至追究相应的法律责任。

四、我国涉法涉诉信访制度改革与机制整合[2]

(一)信访制度的意义:构建和谐社会、实现社会主义善治

改革开放以来,我国的经济建设和城市化进程都取得了巨大的成就,但是近年来高速发展的粗放式发展模式带来的社会问题也随之越来越突出:城市化过程中,因农地征用和城镇拆迁补偿问题引发的群体性突发事件频

---

〔1〕 浙江省司法厅联合省高院建立七项制度加强对人民调解工作的指导[J].人民调解,2006(2).

〔2〕 孙彩虹.信访制度:意义、困境与前景——以涉法、涉诉信访为考察维度[J].中国浦东干部学院学报,2012(2).

频发生;因工业生产造成严重的环境污染,导致大量的公民与企业、政府发生纠纷;农民工工资拖欠和企业重组改制过程中损害工人权益等问题滋生了各种社会矛盾;交通事故、医疗事故、安全事故纠纷逐渐成为突出的社会问题。社会矛盾日益突出,不同的利益主体之间利益冲突日益激烈。因此,妥善处理和化解社会矛盾成为构建和谐社会最基本、最基础的工作,也是当前一项十分紧迫的工作。而信访作为一项具有中国特色的政治参与和权利救济制度,是我国宪法和法律赋予公民的政治权利的制度化延伸,也是最贴近老百姓的民意表达机制。它在迅速化解社会矛盾、密切党群关系、消除民怨以及维护社会稳定、创造和谐社会秩序等方面都发挥着不可替代的作用。目前,我国的信访工作涉及社会矛盾的方方面面,几乎所有问题都可以诉诸信访。

社会主义善治作为一种新的社会治理模式,要求尊重多元化的权威,发挥其在各自领域解决社会问题的能力,以达成增进全体成员利益的共同目标。当代中国经过30多年的改革开放,社会结构剧烈变动,群体间的利益关系日趋复杂,社会利益格局多元化已经形成,却存在利益表达不畅、表达主体失衡、诉求保障不力等问题,这些问题的存在将会进一步增加非理性对抗的政治风险。这就需要妥善化解社会矛盾,及时稳妥处理群访、上访事件,减少社会不和谐因素的滋生。因此,重视信访工作、疏解民意、创新信访制度是实现社会主义善治的根本途径之一。

(二)信访制度的困境:信访热潮下的功能异化

信访,顾名思义就是来信、来访的简称。根据我国《信访条例》的规定,信访是指公民、法人或者其他组织采用书信、电子邮件、传真、电话、走访等形式,向各级人民政府、县级以上人民政府工作部门反映情况,提出建议、意见或者投诉请求,依法由有关行政机关处理的活动。信访制度在创设之初,体现和满足的是信访人的利益表达与政治参与的需求,以联系群众、反映社情民意为主,是人民当家做主、参政议政的重要渠道。但是自20世纪90年代中期开始,信访活动所涉及的内容及其所波及的影响突破了信访设计者的制度预期,其中越级访、群体访和形式各异的个访更是将信访推向了高潮。而在这股热潮中,带有法律或准法律属性,以化解纠纷、实现权利救济为目的的信访活动呈爆炸性增长,这些信访被称为涉法涉诉信访。笔者这里有一份2010年河南省巩义市对该市信访量的统计:反映涉法涉诉类378起,占总访量的34%;反映煤矿包赔类225起,占总访量的20%;反映工资待遇类193起,占总访量的17%;反映生活和优抚救济类146起,占总访量的13%;反映医疗交通伤亡事故类88起,占总访量的8%;反映城建土地类

53起,占总访量的5%;反映其他问题38起,占总访量的3%。而该市在2007年的统计中,涉法涉诉信访仅118起,占信访总量的5.2%。如何处理这类信访案件目前已成为各级信访部门一项繁重的政治任务。

关于"涉法涉诉信访"一词的含义,中央政法委2005年出台的《涉法涉诉信访案件终结办法》将其定义为:"涉法涉诉信访案件是指依法属于人民法院、人民检察院、公安部门和司法行政部门处理的信访案件。"但从理论上理解,涉法涉诉信访是指信访与某一个具体的诉讼案件有关,针对公安机关、人民检察院以及人民法院在办理案件、监督和执行案件过程中的司法行为或裁决结果不服,要求各级信访部门予以处理的来信和来访。目前涉法涉诉信访已成为信访部门面对的主要任务,信访的政治功能基本趋于弱化,取而代之的是权利救济、定纷止争。基于此,学者们开始为信访功能的转变寻找法律根据,有"基本权利说"[1]、"默示性宪法权利说"[2],还有"获得权利救济的权利说"。[3]在当下的社会转型期,虽然这种转变不能说是不可以的或者不被认可的,但是对于信访制度本身而言似乎有点背离初衷。如果从法治建设的角度看,这种功能的转变不是法治的需要,而是"人治"的结果,因为,通过信访实现权利救济,靠的不是严格的司法程序而是某位领导的批示。

由于历史的原因,我国信访制度设置的初衷是建立一条"上达"民意的渠道,作为密切联系党和政府与群众关系的一条纽带,它是一种特定化的政治参与行为。同时,作为消除民怨、维护社会稳定的"安全阀""减压阀",其权利救济途径也只是包括行政复议、举报、申诉等行政救济。而要彻底地化解纠纷,实现诉求,依赖于司法途径的解决才是公民权利救济的最主要形式。如果将信访作为权利救济的主要手段,或者作为最后的希望所在,势必会使该项制度承载其难以负荷的重任,其功能失衡与制度异化在所难免,同时也会对司法权威造成严重的冲击。因为人们把信访作为解决冲突、实现权利救济的途径而被社会所接受的现实基础就在于对其他纠纷解决机制存在合理的怀疑。容许用信访的方式来代替正常的法律救济途径,不仅凸显了我们整个社会对司法制度的不信任,也彰显出我国公安、司法机关公信力方面的危机。正如有学者所言,信访这种"玄机重重"的制度安排,虽然可以使法律正义的目标部分得到实现,但这一过程恰恰是以牺牲法律的自主性

---

[1] 刘武俊.信访也需要制度创新[J].中国监察,2004(11).
[2] 朱应平.行政信访若干问题研究[M].上海:上海人民出版社,2007:8.
[3] 卓泽渊.法政治学[M].北京:法律出版社,2005:98.

和现代法律赖以取得合法性基础的程序性价值为代价的。[1]

我们认为,信访制度本身带有极强的政治色彩,在中国这样一个行政主导的国家,司法权威不断受到消解和冲击,从国家宪政建设和法制化进程的角度看,信访功能应该回归本意,即强化信访制度作为公民政治参与的重要渠道,逐渐弱化信访的权利救济功能,与此同时理顺公民权利救济途径,完善社会纠纷解决机制,最终树立司法的绝对权威,这才是社会稳定与和谐的根本之道。

(三)信访制度的前景:制度缺陷与机制整合

1. 涉法涉诉信访与程序正义价值的冲突

对于程序正义价值的理解虽然有不同的版本,但是公正和效率几乎是人们的共识。党的十七大报告也提出要建立公正、高效、权威的社会主义司法制度。在这三个关键词中,公正被放在了第一位。法律本身公正性的一个基本要求是在法律中确立平等适用的原则,在这个过程中,不会因性别、民族、种族、地位、身份等造成法律适用中的任何偏袒和歧视现象,那么无论最终的结果如何,任何人都必须接受。这就是理论上所说的能够吸收当事人不满的最有效途径——公正程序。但涉法涉诉信访案件可以说是以信访制度代替了司法程序自身吸收不满的功能。因为在实践中虽然借助于信访的渠道"还原事实真相""讨回了公道",但是从制度上和理论上分析,这种结果有太多的不确定性和非程序性,更何况"支配这种救济的又是一套因救济对象、救济目标、受理主体、时事政策甚至因运气而变动的所谓'潜规则'"[2]。所以,社会上就流行"大闹大得益,小闹小得益,不闹不得益"的说法。通过涉法涉诉信访实现的是一种无序的、权大于法的救济途径,这种非正义理念与推进我国法制建设平稳较快发展所需要的公平、稳定、秩序等理念大相径庭。

程序正义的另一个价值是效率,虽然公正和效率在程序价值清单里不属于一个层面,但是只有体现了效率价值,诉讼制度才具有了与其他制度竞争的基础。通过诉讼渠道去解决纠纷意味着需要司法资源的投入,如何以较少的投入换取较大的收益,是立法部门、司法机关、当事人乃至一般公民都关心的问题。那么通过涉法涉诉信访,能够达到迅速有效地解决争端、尽快恢复社会秩序的效果吗?天津市某学校老师邵慧敏因不服法院对于儿子死亡原因的判决结果,一直踽踽在信访之路上,竟成了"老上访"。像这样的

---

[1] 于建嵘.抗争性政治:中国政治社会学基本问题[M].北京:人民出版社,2010:226.
[2] 应星.作为特殊行政救济的信访救济[J].法学研究,2004(3).

例子屡见报端。可见,在现实中涉法涉诉信访的最终解决遥遥无期的现象大量存在。另外,实践中重复缠访、闹访也占用了大量的申诉资源,圈内人常以"用80%的精力解决不到20%人的诉求"来形容信访工作的困境。这说明"力求以最少的资源消耗取得同样多的效果或以同样的资源消耗取得最大的效果"[1],是涉法涉诉信访难以达到的效率目标。值得注意的是,在这个问题的考量上,我们还没有计算个人及其家庭和社会因为涉诉信访而承担的风险和成本。当然,对于个人而言,通过涉法涉诉信访所获收益的评价和意义存在个体差异,完全要求公民按照理性人的假设,按照成本收益来决定是否投入涉诉信访,有一定的片面性,但它至少提示了考察和评价现行涉法涉诉信访制度时需要关注的一个角度。[2]

2. 涉法涉诉信访机制整合与重构

(1)重新定位信访的功能,强化政治性,逐步剥离信访的权利救济功能。当前为数不少的信访人把信访作为解决社会纠纷的"救命稻草",寄希望于某位"清官"的批示或者直接处理,存在严重的"信访不信法"的意识。但由于信访案件的处理程序不像诉讼、仲裁那样有独立规定,因此信访案件处理结果缺乏透明度,程序具有随意性和不可复制性。特别是对人民法院已经做出终审判决的案件,如果信访人提出的要求被信访部门采纳,信访部门就径直予以复查或责成人民法院复查,这不仅造成案件审理终而不结,无形之中也赋予了信访部门干预个案的权力。涉法涉诉信访大量存在的原因,在于当事人没有把司法机关作为解决纠纷的最终场所,没有把诉讼程序看作最能实现公平、正义的途径,这反映出我国公民普遍没有法律信仰,没有司法权威的意识。鉴于此,要解决涉法涉诉信访的怪现象,首先要树立法院判决的绝对权威,承认诉讼是解决纠纷的最终途径,任何诉讼外纠纷解决机制都必须在法律规制的范围内。其次,各级信访部门应该将公民的信访按照反映问题的性质、信访人的诉求以及它的归口单位予以处理,涉及社会纠纷解决的信访案件交由相应的司法机关予以处理,信访部门不予干涉。司法机关最后的处理结果一律在信息网上予以通报,以杜绝缠访、重复上访事件的发生。最终实现将信访制度引导至信息搜集、信息反馈和发泄民怨的政治功能。当然,就目前而言,完全剥离信访的权利救济功能也是不现实的,因为存于民间的"清官"情结由来已久,完全杜绝信访这种路径,也许会

---

[1] 张文显.法学基本范畴研究[M].北京:中国政法大学出版社,1993:273.

[2] 张丽霞.民事涉诉信访制度研究——政治学与法学交叉的视角[M].北京:法律出版社,2010:174.

爆发另外一种情绪,这样会给整个社会管理带来更大的风险。所以,笔者认为,应该循序渐进、逐步地、分阶段地去实现这一目标。

(2)重构民事再审程序,强化信访终结机制,尤其是涉诉信访终结制度。涉法涉诉信访之所以在权利救济方面产生功效,原因还在于我国司法制度本身在实现权利救济上的欠缺。因此,欲将权利救济功能从信访中分离出来,就必须对我国民事再审制度进行重构,以弥补通过司法程序实现权利救济的不足。首先,严格限定民事再审程序中法院依职权决定再审的案件范围。因为法院直接决定再审,不仅从形式上否定了审判权的消极和被动性,而且也违反了"一事不再理"的原则,从本质上对维持判决的既判力也构成了冲击。最高人民法院《关于适用〈民事诉讼法〉审判监督程序若干问题的解释》第 30 条对法院依职权决定再审案件的范围已经做出了限定,但笔者认为,《关于适用〈民事诉讼法〉审判监督程序若干问题的解释》中涉及的"损害国家利益、社会利益等"用语仍欠明确,处于不同的语境,对"国家利益、社会利益"的解读会五花八门,不利于法律的统一实施。因此笔者认为,法律对此应采取列举的形式明确法院依职权决定再审的情形,只有这样才能真正限定法院依职权决定再审的案件范围。其次,实现涉法涉诉信访的终结机制与诉讼程序的对接。目前,在司法实践中,有许多的再审案件已经过了再审的期限,但是它们仍可以通过信访的渠道再次进入再审程序。因此,如何实现"法院依职权提起再审将主要承担接受当事人通过外部信访渠道过滤的救济诉求并予以妥善处理的功能"[1]是问题的关键。涉法涉诉信访所反映的问题多涉及法律问题,因此还必须要纳入法律程序中来处理,规范涉法涉诉信访的审查程序。信访部门收到涉法涉诉信访案件,应分别进行处理:对属于诉前、诉中信访的,坚决不予支持,引导信访人转向诉讼程序;对已经走完了所有的救济程序仍然不服,经审查确因裁判错误而导致信访人信访的,则应依法按照管辖的规定交由司法机关处理,明确纠纷的专属管辖权,信访部门将无权处理该信访案件,以杜绝"法外处理"。信访终结制度,就是指信访案件在经过办理、复查与处理程序后,对合理诉求确实解决到位、实际困难确已妥善解决,信访人仍然存在缠访、闹访现象的,各级信访部门将不再予以受理、交办、通报的制度。如果涉法涉诉信访无终结机制,那么诉讼程序将永远没有终局性和权威性。因此,建立信访终结机制,明确涉诉信访终结制度,也就扫除了无限再审的障碍,也是重构民事再审程

---

[1] 王亚新.民事审判监督制度整体的程序设计——以《民事诉讼法修正案》为出发点[J].中国法学,2007(5).

序的意义所在。《中央政法委关于进一步加强和改进涉法涉诉信访工作的意见》中明确提出了信访终结机制的适用范围、条件、程序和责任追究,首次从中央层面上提出了涉法涉诉信访的终结机制,为我们解决这一问题提供了明确的依据。

（3）完善法律援助,推行再审案件律师强制代理制度。律师强制代理制度是指法律明确规定在某些法院进行诉讼或对某些特殊案件提起诉讼时,当事人必须委托律师为诉讼代理人代理其进行民事诉讼的制度。律师强制代理制度是西方一些国家为了适应现代诉讼程序的发展而采取的一项重要制度,体现了法治现代化和专业化的制度设计。它要求在进行诉讼时,当事人自己不能实施诉讼行为,必须委托律师。目前我国民事诉讼中没有采纳律师强制代理制度,普遍适用的是任意代理制度。随着社会经济发展水平的不断提高,经济活动也日益呈现复杂化、专业化和知识化的趋势,这也直接影响着民事诉讼程序的进行。面对日益复杂化、专业化的民事诉讼程序,当事人往往一筹莫展,鉴于此,目前人们越来越依赖于专业的法律人士去解决彼此间的纠纷。在这种新形势下,我国法律规定的任意代理制度显现出严重的局限性,诉讼代理人范围过宽、代理人水平不均衡、律师代理不充分等现象,严重影响了诉讼效率和当事人的合法权益,造成了实质上的不公正。在这种境况下,我国民事诉讼中建立强制律师代理制度已具备了充分的现实基础。但是,全面推行强制律师代理制度也存在一定的缺陷,比如一定程度上会增加当事人的诉讼成本,会制约当事人诉讼手段的选择,因此,在实行律师强制代理制度的国家一般都限定了适用的范围。在我国民事再审程序中首先引入律师强制代理制度具有更现实的意义和特殊的价值。首先,民事再审程序中引入律师强制代理制度能够更大限度地吸收不满,发挥诉讼本身的功能。引起民事再审的案件其理由有多种,但是对于当事人而言,申请再审不外乎是由于认定事实、适用证据以及操作程序上引起当事人的不满。如果在再审案件中双方均有律师参与,那么就不会出现诉讼竞争上的不均衡,当事人之间在平等的诉讼机会和诉讼能力面前组织攻击和防御,一方面保障了裁判的公正做出,一方面也利于当事人的接受。其次,民事再审程序中引入律师强制代理制度能够增加谈判与和解的成功率,抑制缠诉缠访现象。律师常见的诉讼技巧有谈判、辩论、沟通、说服等,在这个过程中,不仅维护了当事人的权益,同时也提高了公民的法律意识,有助于民事纠纷的顺利解决。制度的推行离不开配套措施的保障,欲实施再审案件律师强制代理制度,笔者认为需辅以下列必要的配套措施。第一,律师强制代理制度只适用于基于当事人的申请而引起的再审程序。第二,推行再审案件中的免费律师代理制度。为了在不增加当事人额外诉讼负担的前提下,激励当事人聘请律师的积极性,可以通过两种途径解决律师代理费用的问题:一是设立专门基金,基金的来源可以是从败诉一方的案件中提取一定的比例;另一个途径是直接由国库支付。第三,完善法律援助制度,引导法律援助机构参与其中,将接待信访、提请再审和法律援助有机结合起来。

(4)取消各级政府部门的信访机构,借鉴西方监察专员制度,设置各级人大信访专员。目前,我国信访机构的设置较为复杂,从中央到地方,从党委、人大、司法机关到各级政府相关职能部门,均设有信访机构。虽然这体现了便利性和及时性的设计理念,但机构的过于分散导致信访无序,从而降低了信访工作的效率。近几年来,重新构建信访机构的体系框架,整合信访信息资源,探索"大信访"的议题,已经成为学界以及政界关注的焦点。其中不少学者对于建立高效的信访监督监察机制抱以很高的关注度,其核心观点是扩大信访机构的权力,使之具有调查、督办甚至弹劾、提议罢免等权力。[1] 但是这一改革思路要与现代国家宪政建设的目标一致,因此,现行信访制度改革要充分保证司法救济的权威性,同时还要避免信访机构权力的过度膨胀从而出现行政权僭越立法权和司法权的现象。鉴于此,学界建议撤销各级政府与司法机关设置的信访部门,把信访全部集中到各级人大,通过人大来监督一府两院的工作,借鉴西方监察专员制度,设置各级人大信访专员,授以信访专员视察、调查、受理控诉的权力,以实现抒发民情、消除民怨、防微杜渐的作用。

---

[1] 于建嵘.抗争性政治:中国政治社会学基本问题[M].北京:人民出版社,2010:224.

专题二

我国法院调解制度理论与实务研究

第一节 我国法院调解制度概述

一、法院调解的基本属性

(一)法院调解的含义

我国法院调解,是指在人民法院审判人员的主持下,对双方当事人进行教育规劝,促使其就民事争议通过自愿协商达成协议,以解决纠纷的活动。法院调解是以当事人行使诉权为基础、以当事人意思自治为条件、以当事人依法行使处分权为内容的一项诉讼制度。因为它发生在民事诉讼的过程中,人民法院是该活动的主持者,因此又称为诉讼调解。对当事人而言,法院调解是当事人通过友好协商而处分实体权利和诉讼权利的一种表现,并以此换取纠纷的解决;对人民法院而言,法院调解不仅是当事人之间的合意,而且是审判人员在充分尊重当事人行使处分权的基础上解决民事纠纷的一种职权行为,是法院行使审判权的一种方式。一般认为,民事案件在调解过程中,当事人的处分权和法院的审判权发生冲突时,处分权应当优于审判权。

法院调解,作为我国民事诉讼法规定的一项特有原则,素有"东方经验"的美称,它是我国人民司法工作的优良传统和审理解决民事纠纷的成功经验,是我国民事诉讼中独具特色的一项制度,同时调解也是法院常用的一种结案方式,在司法实践中具有极其重要的作用。一方面,法院调解有利于促使当事人互谅互让,彻底解决民事纠纷,维护社会安定。法院调解是在双方当事人自愿的基础上,以平等协商的方式解决他们之间的纠纷。在调解过程中,人民法院审判人员对双方当事人进行耐心的思想教育,使其互谅互让,自愿达成调解协议,一旦调解成功,双方当事人一般能自觉地履行调解协议。所以用调解方式处理民事案件,有利于消除隔阂和对立情绪,增强团结,促进人际关系的和谐,彻底地解决民事争议,维护社会的安定。另一方面,法院调解有利于简化诉讼程序,节约诉讼成本,提高办案效率。法院调解具有简便快捷的特点,只要当事人达成调解协议,就能迅速解决纠纷,省略了后面的诉讼程序。同时,调解协议送达双方当事人签收后,立即发生与生效判决同等的法律效力,不允许当事人再行起诉或者上诉,这样也可以减少诉讼程序,节约诉讼成本,提高办案效率。

此外,《民事诉讼法》第122条还规定了先行调解制度,即"当事人起诉到人民法院的民事纠纷,适宜调解的,先行调解,但当事人拒绝调解的除外"。此处的"先行调解",应当是指法院在民事诉讼程序开始之前对双方当事人之间的民事纠纷进行的调解,是2012年修改《民事诉讼法》时新设的一种替代民事诉讼的纠纷解决机制。先行调解的时间处于法院立案之前,并且应当由审判法官之外的法院内专门调解人员进行调解。它不属于法院调解的范畴,而是一种诉讼外调解。先行调解是对法院调解机制中调审合一理念的改革,体现了对调审分离理念的探索。

(二)法院调解的特征

1. 广泛的适用性

从适用的法院来看,各级各类人民法院审理民事案件都可以进行调解。从适用的审理阶段来看,开庭审理前可以进行调解,开庭审理后、判决做出之前也可以进行调解,调解贯穿于民事审判的全过程。从适用的程序来看,除了适用特别程序、督促程序、公示催告程序等一些非诉讼程序之外,在第一审普通程序、简易程序、第二审程序和再审程序中,均可以适用法院调解。从适用的案件来看,凡具有民事权益争议性质而具备调解可能的案件,在当事人自愿的基础上都可以进行调解。根据最高人民法院的《关于适用简易程序审理民事案件的若干规定》,适用简易程序审理的婚姻家庭纠纷、继承纠纷、劳务合同纠纷、交通事故和工伤事故引起的权利义务关系较为明确的损害赔偿纠纷、宅基地和相邻关系纠纷、合伙协议纠纷、诉讼标的额较小的纠纷等民事案件,除了根据案件的性质和当事人的实际情况不能调解或者显然没有调解必要的以外,人民法院在开庭审理时应当先行调解。

2. 自愿性

我国《民事诉讼法》第9条规定:"人民法院审理民事案件,应当根据自愿和合法的原则进行调解;调解不成的,应当及时判决。"由于诉讼调解更多体现为当事人对私权的处分,因此自愿原则是法院调解过程中当事人的一项基本权利,包括当事人对调解的程序和调解结果都必须完全自愿,不能含有欺骗、威胁、引诱、误导的因素,这是法院调解与法院判决的重要区别之一。一般来说,在法院调解中特别是在调解成功的案件中,都需要双方当事人互谅互让,放弃自己的一部分权利主张,才能达成协议,结束诉讼程序。因此,无论是调解程序的启动和进行,还是调解协议的达成,均应当本着双方当事人自愿的原则,法院不能以判代调,人为压制当事人,强迫当事人接受调解,违反当事人的意愿。

3. 法院职权的指引性和强制性

法院调解是法院行使审判权的重要方式,调解的过程也是法院行使审判权的过程。人民法院的审判人员在调解中扮演积极、主动的角色,起着指挥、组织和监督的作用,要对当事人进行教育和引导,以保证所达成的调解协议内容的合法性。同时,调解内容应当遵循当事人的意思表达,是当事人合意的结果。因此,经法院调解达成的协议,必须经法院确认才发生法律效力。由人民法院制作的生效调解书,与法院判决书具有同等的法律效力,对于具有给付性内容的法院调解书,一方若拒不履行义务,对方当事人有权申请法院强制执行。

二、法院调解与诉讼外调解、诉讼和解的区别

(一)法院调解与诉讼外调解的区别

法院调解又称为诉讼调解,而诉讼外调解则主要包括仲裁机构的调解、行政机关的调解和人民调解委员会的调解等。法院调解和诉讼外调解都是建立在当事人自愿基础上的解决民事纠纷的方式,但两者存在以下方面的区别。

第一,性质不同。法院调解是在人民法院审判人员的主持下进行的,是人民法院行使审判权的一种体现,是审判组织对案件进行审理的有机组成部分,具有司法性质。诉讼外调解的主持者是仲裁机构的仲裁员、行政机关的工作人员或者人民调解委员会的调解员,诉讼外进行的调解活动不具有司法性质。

第二,法律依据和程序要求不同。法院调解以《民事诉讼法》为依据,诉讼外调解以《仲裁法》《人民调解法》、行政法规等为依据。同时,两者在程序要求上也不完全相同,法院组织调解需要一定的程序,而诉讼外调解则比较灵活,不像法院调解那样规范和严格。

第三,调解结果的效力不同。经过法院调解达成协议并由当事人签收或者签名后,无论是制作调解书还是只记入调解笔录的,都与生效的判决具有同等的法律效力,其中有给付内容的调解书具有执行力。同时,当事人签收调解书,或者在记入笔录的调解协议上签名或者盖章后,诉讼即告结束。

而在诉讼外的调解中,只有仲裁机构制作的调解书对当事人具有约束力,与法院生效的判决法律效力相同,有给付内容的仲裁调解书则具有强制执行力。其他的诉讼外调解,例如人民调解委员会的调解,只具有民事合同的效力,没有强制执行力,当事人违反合同的,对方当事人可以请求法院对合同效力予以审判确认。一方当事人反悔或者不履行调解协议的,另一方当事人可以就诉讼外调解协议向人民法院提起诉讼。2012年修改的《民事诉讼法》还专门规定了确认调解协议案件的特别程序,此处的调解协议指的便是具有合同效力的诉讼外调解协议。《民事诉讼法》第194条规定:"申请司法确认调解协议,由双方当事人依照人民调解法等法律,自调解协议生效之日起三十日内,共同向调解组织所在地基层人民法院提出。"第195条规定:"人民法院受理申请后,经审查,符合法律规定的,裁定调解协议有效,一方当事人拒绝履行或者未全部履行的,对方当事人可以向人民法院申请执行;不符合法律规定的,裁定驳回申请,当事人可以通过调解方式变更原调解协议或者达成新的调解协议,也可以向人民法院提起诉讼。"

(二)法院调解与诉讼和解的区别

诉讼和解是指民事诉讼当事人在诉讼过程中,通过自行协商,就双方争议的问题达成协议,从而终结诉讼程序的制度。我国《民事诉讼法》第50条规定:"双方当事人可以自行和解。"第230条又规定:"在执行中,双方当事人自行和解达成协议的,执行员应当将协议内容记入笔录,由双方当事人签名或者盖章。申请执行人因受欺诈、胁迫与被执行人达成和解协议,或者当事人不履行和解协议的,人民法院可以根据当事人的申请,恢复对原生效法律文书的执行。"根据上述规定,我国民事诉讼中的和解包括两种方式,即审判程序中的和解和执行程序中的和解。前者是对发生争议的民事法律关系的和解,后者是对需要执行的权利义务内容的和解。但是,我国立法并没有赋予当事人和解协议任何的法律效力。当事人达成和解协议后,应当按照何种程序结束民事诉讼,以及法院如何对和解协议进行确认,法律都没有规定。相关规定的不完善,导致诉讼和解制度在司法实践中缺乏有力实施的基础。对于诉讼和解,实践中通常的做法有两种。

一是转化为撤诉。双方之间达成和解协议,由原告专门向法院提出撤诉的申请,经法院审查后认为撤诉符合法律规定的,裁定准许撤诉,并结束诉讼程序。但这种做法存在不小的问题。诉讼结束后,由于和解协议并没有法律强制力,如果一方当事人反悔不履行和解协议,则无法强制其履行义务。于是,另一方当事人又需要再行起诉。这无疑会给当事人带来讼累,也会给法院造成司法资源的浪费。

二是转化为法院调解。当事人达成和解协议后,为保证和解协议得到顺利履行,共同请求法院以调解书的形式确认他们的和解协议,经法院审查后,认为协议内容不违反法律的,可以将和解协议的内容制作成调解书,从而结束诉讼程序。这种做法可以保证当事人协议的强制性,但实际上又是通过法院调解的规定来实现的,是法院调解在发挥实质的作用。因此,诉讼和解制度在我国的司法实践中并没有得到充分的实施。如何借鉴国外诉讼和解的科学操作,完善我国民事诉讼上的诉讼和解制度,是法学界面临的一个重要课题。

可见,法院调解与诉讼和解都发生在民事诉讼过程中,都以达成协议的方式解决纠纷,并且,在一定的情况下,诉讼和解可以转化为法院调解。但两者也存在以下的不同点。

第一,性质不同。法院调解是人民法院行使审判权审理民事案件的一种方式,调解活动本身就是法院对案件的一种审理活动;而诉讼和解是当事人对自己的实体权利和诉讼权利的自行处分。

第二,参加的主体不同。参加法院调解的主体包括双方当事人和人民法院的审判人员,由审判人员主持进行,是一种三方诉讼结构;而参加和解的主体只有双方当事人,是一种两方结构。

第三,效力不同。根据法院调解达成协议制作的调解书生效后,诉讼归于终结,有给付内容的调解书具有执行力;诉讼和解却不能作为法院的结案方式,不能直接终结诉讼程序,通常都是另外通过原告申请撤诉或者转化为法院调解来终结诉讼程序。同时,诉讼和解达成的协议只能依靠当事人自觉履行,不具有强制执行力。

三、法院调解应遵循的原则

我国《民事诉讼法》第93条规定:"人民法院审理民事案件,根据当事人自愿的原则,在事实清楚的基础上,分清是非,进行调解。"第96条规定:"调解达成协议,必须双方自愿,不得强迫。调解协议的内容不得违反法律规定。"可见,法院调解应当遵循的原则主要包括三项:(1)自愿原则;(2)合法原则;(3)查明事实、分清是非原则。

(一)自愿原则

自愿原则,是指人民法院以调解方式解决纠纷时,必须在当事人自愿的基础上进行,包括调解活动的进行和调解协议的达成,都必须以当事人自愿为前提。自愿原则既有程序意义上的自愿,也有实体意义上的自愿,具体包括三方面的内容:第一,是否采用调解方式解决纠纷,应由当事人自愿决定,人民法院不得强迫一方或双方当事人接受调解;第二,是否达成调解协议,应由双方当事人自愿决定,不得将调解协议强加于任何一方当事人;第三,调解协议的内容应是双方当事人共同意愿的表达,人民法院只能引导当事人在自愿的基础上达成协议,绝不能强迫或变相强迫当事人一方或双方接受法院的意见。

在法院调解的原则中,自愿原则居于核心地位,具有特殊的重要性。无论是从尊重当事人的处分权考虑,还是为了使达成的调解协议能够得到自觉的履行,都必须高度重视并认真贯彻这一原则。调解制度在实践中出现的问题,大都根源于对自愿原则的违反。这一原则要求审判人员在案件审判过程中,不能片面追求调解结案率,不顾当事人的意愿就强行调解或者欺骗当事人进行调解;还要避免在调解不成的情况下,不及时做出判决,拖延诉讼的进程;更不能对当事人施加压力,强迫或者变相强迫当事人达成调解协议,侵犯当事人的合法权益。

(二) 合法原则

合法原则,是指人民法院进行调解必须依法进行,调解的过程和达成调解协议的内容,都应当符合法律的规定。一方面,法院调解在程序上应当合法。这是指人民法院的调解活动应当严格按照法律规定的程序进行,包括调解的开始,调解的方式、步骤,调解的组织形式,调解协议的形成,以及调解书的送达,等等,都要符合《民事诉讼法》的规定。不过,调解在程序上并没有审判那么严格,例如不必像开庭审理程序那样烦琐、复杂。另一方面,法院调解在实体上应当合法。这是指经调解达成的协议其内容必须合法。调解协议内容的合法性,应当理解为一种宽松的合法性,它不是指调解协议的内容必须严格遵照法律的规定,而是指协议内容不得与民事法律中的禁止性规定相冲突,不得违反公序良俗以及损害国家、集体和他人的合法权益。《最高人民法院关于人民法院民事调解工作若干问题的规定》第12条规定:调解协议具有下列情形之一的,人民法院不予确认:(1)侵害国家利益、社会公共利益的;(2)侵害案外人利益的;(3)违背当事人真实意思的;(4)违反法律、行政法规禁止性规定的。可见,调解协议内容的合法性,并不以严格适用实体法的规定为要件,这一点与判决内容的合法性要求也有所不同。这就意味着,调解协议的内容与法律上严格认定的权利义务关系可能并不完全一致,适当的妥协与让步在大多数情况下对达成调解协议是必不可少的。

在理解合法原则时,应当正确处理自愿与合法的关系。调解必须当事人自愿,但当事人自愿的,不等于都合法。例如,在离婚案件的调解过程中,有的原告为了尽快解除不适的婚姻关系,在夫妻共有财产上一再让步,而被告却以此要挟原告,迫使原告几乎放弃自己应得的全部财产,这种显失公平的调解协议是违背《婚姻法》关于家庭共有财产夫妻双方平等分割原则的。人民法院对这种调解协议应当实行适度干预,从政策、法律上教育当事人放弃不合理的要求,尊重对方当事人的合法权益。再如,当事人双方自愿达成的协议,却以瓜分国家财产为内容,人民法院对于此种调解协议也不应予以认定。

(三)查明事实、分清是非原则

查明事实、分清是非的原则,是指法院对民事案件进行调解必须在查明案件事实、分清责任的基础上进行。调解不等于和稀泥,因为法院调解不是简单地对当事人处分权的运用,除此之外,还有法院审判权的行使。行使审判权要求审判人员在主持调解过程中必须查明案件基本事实,分清双方争议的是非曲直,明确当事人各自的责任,然后确定双方当事人的权利义务。当然,在权利义务的划分上也须尊重当事人的意愿。换言之,调解协议中的权利义务的划分与判决中的权利义务的划分是会有些微差别的,但这种差别的存在并不意味着是非不分或基本的事实不明。相反,只有基本事实清楚、是非分明,双方达成的协议才能让当事人心悦诚服地自觉履行。值得注意的是,司法实践中这种事实不明、是非不清的法院调解在一定程度上大量存在。实践中出现达成协议后当事人反悔或不自觉履行调解协议的情况,其中一个重要原因就是在调解过程中没有查明争议事实和分清是非责任。这与审判人员对调解的错误理解以及片面追求调解结案率有着很大的关系。

第二节 对法院调解的再认识

法院调解是我国民事审判始终坚持的一项重要原则。2012年最高人民法院工作报告指出,2011年,各级法院着眼于妥善化解矛盾,坚持"调解优先、调判结合"原则,规范调解行为,提高调解质量,一审民事案件调解与撤诉结案率为67.3%。2013年最高人民法院工作报告指出,过去5年来,各级法院坚持调解优先、调判结合,提高调解质量,规范人民调解协议司法确认程序,健全诉讼与非诉讼相衔接的矛盾纠纷解决机制,一审民商事案件调解与撤诉结案率达到64.6%,并指出,2013年将"扎实开展诉前调解工作","进一步深化司法体制机制改革。确保审判机关依法独立公正行使审判权,健全完善有关制度,有效排除对审判工作的干扰,确保司法公正;完善内部和外部监督制约机制,进一步加强对审判工作的监督;推进涉诉信访工作改革,完善诉调对接机制,妥善化解社会矛盾"。2015年最高人民法院的工作报告中指出,2014年的主要工作之一是完善多元化纠纷解决机制,依法确认人民调解协议效力,加强诉讼调解,各级法院以调解和当事人撤诉方式处理案件461.9万件。并指出2015年将进一步完善案件繁简分流制度,充分发挥仲裁、人民调解、行政调解、司法调解在化解矛盾中的重要作用。

随着审判机关日益重视并强化以调解方式解决民事纠纷,民事审判实践中必将出现大量的调解案件,在法治环境日趋完善,社会主体法律意识、权利意识进一步增强的社会大背景下,法院调解制度正面临着新的社会条件和思想观念的挑战,近年来再次成为民事诉讼争议的一大热点。众多学者对法院调解从立法到审判实践多方位展开激烈争论。然而,无论是"否定调解作为民诉法的基本原则,主张将其作为一项诉讼制度"[1],还是主张应

---

[1] 何文燕.调解和支持起诉两项民诉法基本原则应否定[J].法学,1997(4).

由"调审合一"发展为"调审分立"〔1〕,抑或是彻底废除〔2〕,均是以评判法院调解在民事审判实践中与法院判决相比产生的消极后果为出发点的。我们认为应以新的视角考察我国的法院调解制度,这样才能真正将法院调解准确定位于我国民事诉讼立法与司法实践中。

一、对法院调解的认识误区

当前法学理论界对法院调解展开各种利弊、存废的激烈争论,无论是存是废抑或利弊轻重,我们认为,关键性的问题是人们对法院调解的某些问题至今尚存认识上的误区,这严重制约了对法院调解的评价与定位。为此,有必要对这一问题做一探讨。长期以来,人们对我国法院调解在认识上的误区主要体现在以下几个方面:

(一)一定程度上存在着对法院调解与国外诉讼和解的模糊认识

法院调解作为我国人民司法工作的优良传统和成功经验,向来为外国学者所赞誉,从而冠以"东方经验"的美称。可以说,将法院调解作为我国民事诉讼立法的一项基本原则以法律的形式明确加以固定,这是我国民事诉讼立法及民事审判实践的伟大创举,至今为止仍在世界民事诉讼领域独树一帜。然而,许多学者认为某些国家也存在这种诉讼调解。实际上,这种认识混淆了法院调解与诉讼和解的本质差别。不可否认,作为终结诉讼、解决纠纷的手段,二者也存在许多共同之处,但二者在协商的主持主体是否由法院审判人员介入、采取和解的意愿的主动权归属以及协商可适用的诉讼程序等许多实质性内容上均有截然不同的区别,将二者等同的认识对正确理解我国法院调解的立法及审判实践中的操作会造成认识上的狭隘,这无疑是有害无益的。首先,两种制度的立法理念是不同的。诉讼和解以当事人主义为出发点,虽然法官对当事人和解协议的达成也发挥着积极作用,但在信息搜集、解决方案的形成上并不积极介入。我国法院调解以职权主义为视角点,法官在澄清争议事实、解决方案形成上起积极主动的作用。其次,两种制度对法官的规制不同。合意解决纠纷首先要保障当事人双方之间的信息对等,尤其是在诉讼中审判权的介入。为了平衡诉权与审判权,就有必要对法官的活动进行限制。在国外,审前程序法官与事实审理法官相分离,以对席的方式进行调解,和解方案受到实体法的拘束,对无效和解的事后救

---

〔1〕 李浩.民事审判中的调审分离[J].法学研究,1996(4).
〔2〕 张晋红.法院调解的立法价值探究[J].法学研究,1998(5).

济以及对法官劝试和解等程序都进行规制,从而确保诉讼和解的形成。我国法院调解制度下,法官在遵循调解原则的前提下被赋予了比较大的灵活性。

(二) 在结案方式上普遍存在调解结案优于判决结案的认识

法院调解作为我国民事诉讼历史的重要组成部分,长期以来,在民事诉讼立法与审判实践中发挥了极为巨大的积极作用,从而为广大审判人员倍加推崇进而形成心理上的依赖。在审判实践中则体现为一种调解结案优于判决结案的思维定式,使法院调解在民事诉讼中始终处于优于判决的地位。而《民事诉讼法》第9条规定的"人民法院审理民事案件,应当根据自愿和合法的原则进行调解;调解不成的,应当及时判决"同样隐含着调解优于判决的立法思维。可以说,一定程度上,这种认识上的误区成为某些审判人员"重调轻审"的思想根源。从法律自身特有的"是非明确、刚直不阿"的本性来讲,"判决结案"是其主流形式,而"调解结案"只是一种辅助手段。在某种特殊的历史条件和司法环境下,适度采用"调解结案"的方式值得提倡,但应理性地限定其适用范围,明确界定"调解结案"与"判决结案"的边界,以避免使具有普适价值的"国法"异化成张弛无度的"家法",丧失法律的尊严。

(三) 将法院调解置于非程序化的地位

相当数量的学者认为"法院调解的实质,是进行法制宣传教育和思想政治工作,其目的是促成当事人达成协议,解决纠纷。因此,方式是多样的,形式是灵活的,一般没有严格要求"[1]。强调"调解需要一种高于'运用法律'能力的特殊技巧。尽管我们期望坚持公正标准,但调解过程比起我们所习惯的民事诉讼是有一种更大的流动性和非正式性的特征"[2]。可见,这种认识一定程度上将法院调解置于非程序化的地位。这种看法我们不敢苟同。尽管我国民事诉讼立法没有明确规定法院调解的具体程序,但《民事诉讼法》第9条明确规定,法院调解应当根据自愿和合法的原则进行。这种"合法"原则不仅包括实体合法,还必须包括程序合法,必须严格按照民事诉讼法规定的法院调解的组织、方式、步骤等进行。如果过分强调"方式上的多样、形式上的灵活""更大的流动性和非正式性",必然损害法院调解所应遵循的程序上的合法,这会造成法院调解具体操作上的负效应。

(四) 认为调解的达成必须以一方或双方让步为途径

民事诉讼理论界长期认为调解若达成一致,必须当事人双方互谅互让。近年来,有学者提出新观点,认为互谅互让只不过是一种理想状态,是一种

---

[1] 杨新荣.民事诉讼法学[M].北京:中国政法大学出版社,1990:293.
[2] 戈尔丁.法律哲学[M].齐海滨,译.北京:生活·读书·新知三联书店,1987:223.

"神话",主张调解中的让步大多数是单向让步。对于这一问题,我们认为,无论是以当事人双方让步还是以当事人单方让步为代价从而换取调解协议的达成,都不应提倡。因为我国《民事诉讼法》第93条规定:"人民法院审理民事案件,根据当事人自愿的原则,在事实清楚的基础上,分清是非,进行调解。"可见,即使法院决定促使双方当事人达成调解协议,也必须要以查清案件事实、分清双方是非责任为前提,禁止不做调查、不掌握必要的定案依据而先调后查。在查清案件事实,分清是非曲直,掌握确凿证据的情况下,依法调解是可以的,当然,一方或双方自愿让步从而达成调解也是无可厚非的。然而,审判实践的情况往往是,此时合法享有权利的一方当事人不同意让步,而审判人员这种"认为调解的达成必须以一方或双方让步为条件或途径"的错误认识早已根深蒂固,从而使其极力以各种方式、方法促使合法权利人做出让步,以便达成调解。这种以牺牲权利为代价的调解是不可取的。我们主张在已查明案情、分清是非的情况下,若权利方明确表示不以让步去争取调解,此时,审判人员无须再做其思想工作,应直接对案件做出判决,以保护当事人的合法权益不受损害。

(五)注重调解技巧的运用而忽视业务水平的提高

就民事审判实践来看,调解与判决作为法院结案的方式,许多审判人员更偏好运用调解的手段解决双方当事人的争议。事实上,调解的确可以为审判人员带来比运用判决更为便利实用、有利可图的好处。据《中国法律年鉴》1989年至1993年全国法院民事一审案件统计数据来看,5年全国共结案件9608879件,以调解方式结案5937740件。占结案的61.7%。另据2012年《中国法律年鉴》,2011年全国法院审理一审民事案件中,调解结案共计2665178件,占总结案件数6558621的40.6%。[1]可见,法院调解的运用更为审判人员所青睐,从而一定程度上导致大量审判人员为极力促使双方达成一致而注重调解技巧的钻研与运用。长此以往,致使审判人员努力提高法律专业水平的主动性、紧迫性大打折扣,严重影响了法院调解本应具有的积极作用。

(六)对法院调解应遵循的"合法性原则"认识片面

依我国《民事诉讼法》规定,法院调解必须遵循三个原则:自愿原则;合法原则;查明事实、分清是非原则。对合法原则所包含的实体合法方面产生

---

[1] 数据来自于http://wenku.baidu.com/link?url=_QCnxlGXs5nh_IlJnSjblvdErDGfm0PNpTHl3EVjPm6wC-Fm0EQmeXbIG2qDForw7EkQi7FbYWq-WxLciZfzFFlNVamwMudpkwO9D_XlPJC,2015年10月1日访问。

的各种争论暂且不加以评论,而就其所包含的程序合法方面而言,结合审判实践不难发现,许多审判人员对运用法院调解同样必须严格遵守程序性规定行事的认识不够,甚至忽视。相当一部分审判人员认为严格遵照程序法设定的程序条款行事在"判决型"程序结构中成为诉讼的中心问题之一。"对这种规范的违反有时即使看起来微不足道,也可能引起判决无效等实体处理方面的后果……而在'调解型'的模式中,程序除了作为帮助在实体法方面达到正确结果的手段,没有更多的意义。"[1]可见,忽视法院调解应接受程序合法原则制约的认识是程序法对法院调解约束作用软化的一个重要原因,某种意义上,也是产生法院调解负效应的重要根源。

(七)错误地认为调解仅以生效的调解协议书为唯一体现

《民事诉讼法》第 97 条规定:"调解达成协议,人民法院应当制作调解书……调解书经双方当事人签收后,即具有法律效力。"这一法律规定在审判人员具体运用时不存在任何问题,而且成为调解方式结案过程中最为广大审判人员普遍牢记遵守的一个法定认识。然而《民事诉讼法》第 98 条还规定:"下列案件调解达成协议,人民法院可以不制作调解书……对不需要制作调解书的协议,应当记入笔录,由双方当事人、审判人员、书记员签名或盖章后,即具有法律效力。"针对这种不以调解协议书的形式来结案的法律规定,在具体操作时无论是审判人员还是当事人普遍认识不够,从而导致对法院调解运用和认识上的不完整。

此外,还存在对调解协议书书写格式的规范性重视不够的现象。审判实践中,审判人员普遍存在一种心理,认为双方当事人已经就争议问题达成一致,只要调解协议书能体现出所达成的事项就足以表明已经圆满解决了双方的纠纷,诉讼任务已完成。然而,《民事诉讼法》第 97 条严格规定:"调解书应写明诉讼请求、案件的事实和调解结果。"在这一点上,许多审判人员在调解协议书中对案件事实方面的表述不够严谨、态度不够认真、敷衍了事、一笔带过甚至不予体现的现象普遍存在,进而造成法院调解在操作上的不规范。

二、走出误区的有效途径

在《民事诉讼法》的适用层面上,就某种意义来说,法院调解的实际运用或多或少地偏离了《民事诉讼法》的立法本意,从而产生了一定的负面效应,进而引发了对法院调解存废、利弊之争。客观地讲,法院调解的"积极意义

---

[1] 王亚新.论民事、经济审判方式的改革[J].中国社会科学,1994(1).

不容否定,虽然在实际操作领域存在这样或那样的不足……这不是法院调解本身的问题,而是因对法院调解某些方面认识上的误区导致法院调解在具体运用过程中出现偏差"[1]。因而,发挥调解作为基本原则的法律作用,当务之急是在现有的立法及实践经验的基础上,走出误区,探求一条有效的改良途径,以最大限度地发挥法院调解对我国民事审判活动所独具的重要作用。为此,以下几方面的思考成为走出误区的必由之路。

(一)强化诉讼和解制度,改变长期以来重法院调解轻当事人自行和解的缺陷

现代社会,就纠纷的解决手段来看,以和解的方式解决纷争成为世界许多国家民事司法追求的目标。我国的法院调解作为区别于美、英、德、日等国的诉讼和解,成为我国解决民事纷争机制的重要组成部分。我们反对全面抹杀法院调解积极作用的主张,对以"和解置换调解"[2]等废除论的主张不敢苟同。应该说,"在现代市场经济条件下,我们仍然需要人际关系的和谐、社会的和睦以及社会秩序的稳定有序,调解制度在这一方面仍然有其重要作用……我们完全没有理由彻底抛弃调解制度"[3]。就我国民事诉讼立法角度看,《民事诉讼法》第八章共用了7个条文对法院调解作以规定,而对诉讼和解,仅有第51条"双方当事人可以自行和解"这一项原则性规定。在民事审判实践领域,半个多世纪的民事审判实践培育了法院调解在民事审判中的优越地位,与当事人自行和解相比其优越性体现得尤为显著。这种立法与司法实践对法院调解的高度重视成为我国民事诉讼领域长期以来重法院调解轻当事人自行和解的症结所在。立法对法院调解权威的维护一定程度上在民事审判实践中则体现为法院调解的专横与强制,从而背离立法本意,产生许多负面效应。因此,法院调解制度必须在现有的民事诉讼立法框架内予以改良,以完善的诉讼和解作为法院调解的重要补充,以弥补我国民事诉讼法在当事人自行和解的条件、和解的启动方式、和解的运行程序、和解的期间、法院对和解协议的审查以及和解的效力等方面的立法缺陷,这不失为完善法院调解、遏制其负面效应的一有效途径。

(二)完善法院调解的法定程序,杜绝法院调解操作层面的随意性

我国《民事诉讼法》对法院调解规定得过于原则化、笼统,尚缺乏较强的

---

[1] 潘牧天.对法院调解的再认识[J].求是学刊,2001(2).

[2] 刘阅春.和解与调解:制度置换的法学思考[M]//张卫平.司法改革论评.北京:中国法制出版社,2002:219.

[3] 刘敏.当代中国的民事司法改革[M].北京:中国法制出版社,2001:188.

程序制约,致使操作上产生较大的伸缩空间,为违规操作埋下隐患。在实际进行法院调解的过程中,审理案件的法官指挥、支配调解的全过程,审判过程中法官依职权随时主动启动调解的现象普遍存在,从而形成我国法院调解与审判的交融,即所谓的"调审合一"。这使得调解与判决这两种截然不同的结案方式的运作在所遵循的程序上混杂不分,更多地则体现为审判人员的主观随意。因此,改良法院调解必须首先在民诉立法上进一步完善法院调解所应接受的程序制约,这样方能杜绝操作上的随意性,进而抑制法院调解负效应的产生。因此,我国《民事诉讼法》应在以下几个方面完善法院调解的程序性规定:调解的管辖、调解的启动方式、主持调解的机构、调解案件的范围、调解的措施、调解应遵守的期限、调解的结束以及调解程序与诉讼程序的衔接与转换等。只有以法定的方式为法院调解设定明确的运行程序,才能走出将法院调解置于非程序化的地位以及对法院调解的合法性认识片面的误区。

(三)加强对法院调解工作的监督,构建切实可行、更具实效的监控机制

法院调解的实际效果与立法所期望的理想状态产生或大或小的断裂,一定意义上与法院调解的实际操作领域尚缺乏完备的监控机制有很大关系。立法与民事审判实践普遍缺乏对这一问题的高度重视。根据我国《民事诉讼法》的规定,当事人不服地方人民法院第一审判决和裁定的,有权向上一级人民法院提起上诉。法律之所以赋予当事人依法享有上诉权,一方面是因为可以通过当事人监督审判人员的审判行为,另一方面是因为可以使上诉的途径进入上级法院对下级法院的业务监督系统,上诉制度成为约束审判人员依法断案的重要监控手段。然而现行《民事诉讼法》仅以两个条款构建了对法院调解的实际监督手段,即《民事诉讼法》第 14 条规定的"人民检察院有权对民事诉讼实行法律监督"以及第 201 条规定的"当事人对已经发生法律效力的调解书,提出证据证明调解违反自愿原则或者调解协议的内容违反法律的,可以申请再审。经人民法院审查属实的,应当再审"。在立法已预先取消了当事人对调解书行使上诉权的前提下,仅以此无法完成对法院调解的实际运作合法与否的监控。之所以强调监控机制对法院调解实际操作的重要作用,是因为"再没有人比法官更需要进行仔细的监督的了,因为权势的自豪感是最容易触发人的弱点的东西"[1]。从审判实践来看,在法院调解的运用过程中,法官的弱点往往更容易体现出来。诸种弊端在调解过程中常表现为强制调解、事实不清的违法调解等。可见,构建完备

---

[1] 罗伯斯比尔.革命法制和审判[M].北京:商务印书馆,1965:30-31.

的监控体系便显得尤为重要。为此,我们认为,宏观上应侧重于对法院调解操作过程的分析,在此基础上完善民事诉讼立法,使法院调解的程序法定化、具体化、明晰化且具有可操作性,发挥程序制约功能。微观上,一方面要加强法院内部监督机制,建立一系列监督检查措施,发挥庭长、院长、合议庭、审判委员会以及上级法院的业务监督职能;另一方面要进一步重视、完善外部监控机制的力量,将当事人监督、检察院监督及同级人民代表大会监督落到实处,使法院调解在完备的监控体系中得以良性运转。

第三节
对虚假调解行为的识别与规制

法院调解在民事审判实践中的大量应用,在一定程度上也催生了某些不法利益追求者恶意串通,不正当行使民事诉权,企图通过虚假调解获取不正当利益的行为。因此,准确识别并合理规制虚假调解行为,具有重要的理论与现实意义。

一、由一起典型的司法案件看虚假调解的行为识别

(一)司法实例:利用虚假调解骗取法院调解书

山东省临沂沂水县××水泥厂(以下简称"××水泥厂")于2006年5月22日至2006年12月19日间共向沂水县YY信用合作联社(以下简称"信用社")贷款1147万元。2006年12月,因经营困难,××水泥厂被莒县ZZ水泥厂(以下简称"ZZ水泥厂")租赁。为避免××水泥厂的资产被信用社申请法院冻结、查封,2007年3月1日,经ZZ水泥厂厂长武AA安排,原ZZ水泥厂副厂长武BB、武CC,原ZZ水泥厂会计武DD三人作为原告,以"被告××水泥厂在2002年至2005年间借三原告共计667万元现金"为由,诉至沂水县人民法院,请求判令××水泥厂归还该借款,并于当日申请财产保全。2007年3月19日,沂水县人民法院作出民事调解书,分别调解被告偿还三原告相应借款。2007年5月15日,临沂市中级人民法院另案判决××水泥厂偿还信用社贷款1147万元,但××水泥厂以无力偿还为由不予清偿。信用社就××水泥厂调解案向检察机关申诉。沂水县人民检察院审查发现,这是一起典型的虚假调解案件。本案中,三原告并未借钱给被告,而是为了避免××水泥厂的财产被债权人信用社申请采取执行措施而进行的虚假诉讼,这一行为严重影响了另一债权人信用社的合法利益,极有可能导致信用社对××水泥厂放出的1147万元贷款无法收回,造成国有资产的巨额经济损失。沂水县人民检察院遂向沂水县人民法院提出再审检察

建议,沂水县人民法院在收到检察建议一周内全部裁定再审,并于2009年8月12日裁定撤销原调解书。[1]

（二）虚假调解的行为识别

上述典型的虚假调解案件充分体现了虚假调解行为人相互之间合谋串通,不正当利用司法程序,损害案外人权益,追求非法利益的行为本质。这种行为不仅对正常的民事诉讼秩序造成了冲击,严重背离了民事诉讼的应有价值,同时也对合法的民事权益主体造成侵害。因此,虚假调解行为具有滥用民事诉权行为与民事侵权行为的双重属性。司法实践中,虚假调解的行为识别必须准确把握如下几个方面。

第一,科学界定虚假调解行为的概念。虚假调解是双方当事人以损害案外第三人利益或公共利益为目的,采取隐瞒或欺诈的方法,相互串通,虚构民事法律关系或法律事实,利用法院调解程序,促使法院做出错误调解协议的一种非正当的诉讼行为。

第二,准确研判虚假调解行为的目的。司法实践中,行为人做出虚假调解行为的最主要动因在于行为人意欲借用司法追求其非法利益。虚假调解行为人追求虚假调解的目的通常表现为:其一,虚假调解以确认虚构的法律关系,进而牟取非法利益;其二,虚假调解以转移资产,进而逃避依法应当承担的债务;其三,虚假调解以虚构某一事实,进而规避本应适用的对己不利的法律规定。

第三,充分认识虚假调解的行为特性。就民事审判实践中所发现的问题来看,从事虚假调解的行为人在非法利益的驱动下,通常采取形式上合法但实质上违法的欺骗手段申请启动法院调解程序,并积极介入法院调解之中。"争议双方"事先进行充分的串通谋划以迷惑审判机关,行为人向法院提交的证据不仅数量充分,而且证据的证明力通常较高,能够清晰反映"争议双方"的债权、债务关系。在诉讼中,通常以表面上的对抗掩盖实质上的非对抗性,但其最终结果通常以"被告"在对抗中失败而告终。调解协议达成后,一般无须借助民事执行程序即可得以履行。

---

[1] 最高人民检察院法律政策研究室.民事诉讼法修改涉及检察工作的研究资料汇编[G],2001:109-110.

二、虚假调解行为的产生根源考量

（一）现行《民事诉讼法》对当事人不正当行使诉权的行为规制立法不尽完善

如何有效规制滥用民事诉权行为，一直以来为学界和实务界所广泛关注。对于这个问题，以往的民事诉讼立法相关规定缺失，即便是民事审判实践领域，对此回应也十分有限，始终处于摸索阶段。2012年修改后的《民事诉讼法》对遏制和惩罚恶意诉讼行为加以明确立法，第112条规定："当事人之间恶意串通，企图通过诉讼、调解等方式侵害他人合法权益的，人民法院应当驳回其请求，并根据情节轻重予以罚款、拘留；构成犯罪的，依法追究刑事责任。"第113条规定："被执行人与他人恶意串通，通过诉讼、仲裁、调解等方式逃避履行法律文书确定的义务的，人民法院应当根据情节轻重予以罚款、拘留；构成犯罪的，依法追究刑事责任。"此外，《民事诉讼法》第56条第3款还增加了恶意诉讼对案外人造成侵害的救济渠道，增设了第三人撤销诉讼程序，以此救济因恶意诉讼遭受侵害的案外人。尽管现行《民事诉讼法》无论是在立法体例还是立法内容上较以往的《民事诉讼法》都有了一定改观，但客观上说，现行《民事诉讼法》对滥用民事诉权的规制仍然较为粗陋，过于简单原则，在民事审判实践中，还需要注重对个案的处理，不能摆脱对司法解释的过度依赖。

（二）法院调解制度本身存在立法缺陷

对法院调解制度的定位及其司法运作效能的评价不仅关系到法院调解制度的立法建构和司法运作，也与近几年日益增多的虚假调解行为的产生直接相关。立法层面上，一方面，调解优于判决的立法思维长期存在，并对民事诉讼立法产生了较深影响；另一方面，法院调解却缺失法定程序的具体规定，相关立法过于原则，程序制约不强。这种缺失，事实上将法院调解置于非程序化的地位，造成《程序法》对法院调解行为约束作用的弱化，这难以杜绝法院调解操作层面的随意性，某种程度上说，这为虚假调解留下空子。此外，以当事人对纠纷解决达成一致为根本宗旨的调解，相对判决而言更容易被当事人恶意利用而牟取非法利益，也因此更容易发生虚假调解问题。在立法所规定的法院调解行为的启动方式上，当事人享有法院调解的请求权。受民事诉讼处分原则的影响，某些主审法官忽视查证案件事实、判定是非责任，草率认可"当事人"双方达成的协议，从而为虚假调解行为的产生提供了可乘之机。

（三）法官的不良审判习惯的影响

一直以来，民事审判中普遍存在调解结案优于判决结案的思维定式，主审法官追求并偏好运用调解的方式解决双方当事人的争议。因为调解结案简单方便，无须进行复杂的案件事实的查证，制作调解协议书相对于制作判决书来说也无须对适用法律问题进行详细论证，更为简便快捷，可以提高办案效率，既可以方便案件的审理，又可以降低上诉率、错案率，也不存在上诉后改判或发回重审的问题。一定程度上，这为"当事人"通过虚假调解追求非法利益留下空间。

（四）法律规制力度欠缺，难以有效遏制案件"当事人"对非正当利益的追求

当前，从立法层面来看，我国法律对虚假调解行为人所给予的惩戒更多地表现为一种无奈。虚假调解行为人利用虚假调解行为所获得的非法利益与可能受到的惩罚尚处于严重不对等的状态。法律规制与惩戒不力使虚假调解行为人有恃无恐，这在一定程度上又相对会纵容虚假调解行为的产生。我国现行民事实体法目前还没有对虚假调解等恶意诉讼行为产生的民事侵权是否应当承担相应的民事责任，以及如何承担民事责任予以明确规定，相关的刑事实体法也没有明确设定该种滥用民事诉权行为达到何种程度需要承担刑事责任、需要承担怎样的刑事责任。2010年7月1日施行的《侵权责任法》是我国法治建设的又一大飞跃，但是从该法的具体立法内容上看，该法对具有滥用民事诉权侵权行为性质的虚假调解等恶意诉讼这种新型的民事侵权行为并未予以明确立法，一定程度上导致滥用民事诉权的侵权行为游离于民事侵权行为立法范畴之外。这种立法缺失使得滥用民事诉权所引发的侵权行为与民事侵权法不能有机衔接。虽然在《民事诉讼法》中规定了对妨碍民事诉讼的强制措施，但其制裁力远远不够。惩罚机制的缺位使当事人违法不需要成本，即便发现当事人恶意串通虚假调解，也只是启动再审程序撤销被法院确认的调解书的法律效力，很少对恶意诉讼人采取制裁措施，从根本上难以杜绝虚假调解行为的发生。

三、规制虚假调解行为的有效策略

法院调解是人民法院审理民事案件的一种诉讼活动，是国家行使审判权的外在表现，是结案的一种重要方式。调解协议的达成，不仅需要当事人自愿，还必须合法。它包括法院主持的调解行为必须合法，双方当事人启动、参与法院调解的行为、方式、方法等必须合法以及调解达成的协议内容

必须合法。法院调解只有在《民事诉讼法》的许可区间行事，其行为结果才能产生法律效力。可见，规制虚假调解行为，不仅要从健全法院调解制度本身入手，还需要寻求可以对当事人行使民事诉权行为具有约束作用的其他规制路径。

（一）完善法院调解制度

有学者主张"我国法院调解制度改革的主导方向应是建立诉讼和解制度，以诉讼和解重塑现行的法院调解制度"。这种诉讼和解是指"发生于诉讼过程中，以当事人合意解决民事纠纷的诉讼上纠纷解决机制"[1]。但从规制虚假调解的角度，我们更主张在现有法律框架内，侧重法院调解程序的法定化建设。只有为法院调解设定明确的法定运行程序，才能规范法院调解行为，更好地防范虚假调解行为的发生。法院调解因其不同于判决从而具有一定的灵活性，"牺牲调解的部分灵活性而使其走向程序化、制度化则是必然的选择"[2]，这也是法院调解遵循程序上的合法性的必然要求。总体上看，"我国民事诉讼法应在以下几个方面完善法院调解的程序性规定：调解的管辖、调解的启动方式、主持调解的机构、调解案件的范围、调解的措施、调解应遵守的期限、调解的结束以及调解程序与诉讼程序的衔接与转换等等"[3]。就防范虚假调解的角度看，以下几点尤为重要。一是设立专业化的专门负责审前调解的调解庭，过滤可能出现的虚假调解行为。专门负责审前调解的调解庭成员可由法院审判人员组成，也可由审判人员和具有相关资质的调解协助人员组成。在审前调解阶段专司调解之职，达成协议的，制作调解书，调解书送达后与判决书产生同等的法律效力。若不能达成协议，案件自然转入审判程序，但审前调解庭成员不参与这一程序，即只赋予其调解权，不赋予其审判权。这种审判权与调解权的适当分离，可以改变以往法院调解运作上"调审合一"的弊端，杜绝可能出现在审判程序中的虚假调解行为。二是探索共同管辖情况下审前调解庭对案件的共同调解管辖机制，抑制虚假调解行为。三是适当明确禁用或慎用法院调解的案件类型，预防可能出现的虚假调解。对此，可以运用民事诉讼法典，或者运用相关司法解释，适当明确法院调解的禁用或慎用情形。双方争议明显、应由一方承担侵权责任的案件，直接关系到社会公共利益的争议案件，等等，如前文所述的易发虚假调解的几类高危案件，要慎重运用法院调解。

---

[1] 章武生，等.司法现代化与民事诉讼制度的建构[M].北京:法律出版社,2003:418.
[2] 王建勋.关于调解制度的思考[J].法商研究,1996(6).
[3] 潘牧天.走出法院调解的认识误区:改良法院调解制之先导[J].学习与探索,2004(1).

（二）强化诉讼外调解机制建设

法院调解是相对于诉讼外调解而言的，与人民调解、行政调解、仲裁调解等诉讼外调解相比，无论是调解行为的组织者，还是调解协议的效力，都存在根本的不同。强化诉讼外调解机制的建设，对减少或杜绝审判过程中虚假调解行为的发生有重要意义。由于虚假调解案件的"当事人"是以合法形式追求非法目的，双方发生纠纷后（实际上是合谋串通后）会直接诉至法院。法院在审查立案时，对于双方当事人均无争议的案件，可以暂且不予立案，建议当事人将案件移交人民调解组织进行调解。经人民调解组织调解达成协议的，由人民调解组织及双方当事人签名盖章。第三人发现该调解协议侵害他人利益的，可向人民法院请求变更、撤销或者宣告无效。由于人民调解形成的调解协议书效力不同于法院调解书，因而，这种做法一定程度上有助于减少虚假调解行为的发生。

（三）加大对虚假调解行为人的惩戒力度

我国对虚假调解行为的法律惩戒措施的欠缺，导致难以在民事审判实践中有效遏制案件"当事人"对非正当利益的追求。法律惩戒机制的缺位与惩戒不力，一定程度上使虚假调解行为人的违法不需要成本，即便发现行为人恶意串通从事虚假调解行为的事实，也只是启动再审程序撤销被法院确认的调解书的法律效力，很少对恶意诉讼人采取制裁措施，这就从根本上难以杜绝虚假调解行为的发生。尽管现行《民事诉讼法》规定了对妨碍民事诉讼的强制措施，并且对妨碍民事诉讼行为的罚款金额做出调整，加大了处罚力度，对个人罚款金额提高到人民币十万元，对单位罚款金额提高到人民币五万元以上一百万元以下，但其制裁力远远不够，因为虚假调解案件往往多涉及标的额较大或巨大的房产或经济合同等案件，仅依靠有限的经济处罚难以发挥应有效能。因此，在进一步加大经济处罚力度，加大恶意诉讼人诉讼成本的同时，对于通过伪造、毁灭重要证据，甚至以暴力、威胁、贿买等方法阻止证人做证或者指使、贿买、胁迫他人做伪证等行为意欲获取非法利益的恶意诉讼行为人，情节较重、性质恶劣、影响较大的，还应当加大刑事惩罚力度。

（四）建立健全对恶意诉讼受害人的损害赔偿制度

建立完善的对恶意诉讼受害人的赔偿制度是克服恶意诉讼的一种重要手段，它可以有效抑制虚假调解案件的发生。为此，可以赋予恶意诉讼受害人提起损害赔偿之诉的权利，明确恶意诉讼行为人对其行为应依法承担侵权的民事责任。损害赔偿范围以受害人受损范围为限，包括财产损失与精神损害两个方面。受害人财产上的损失主要指受害人因参加该诉讼所蒙受的直接经济损失,包括为应诉、提起上诉、申请再审而支出的交通费、住宿费、误工费、聘请律师的费用、取证支出的费用等。受害人遭受的精神损害赔偿,可以参照《侵权责任法》以及《最高人民法院关于确定民事侵权精神损害赔偿责任若干问题的解释》的相关规定加以解决。

（五）增强审判人员防控不正当诉讼行为的意识、提高审判能力

遏制并减少虚假调解,要加强法官对虚假调解的防控意识,增强审判责任心。尤其对于一些容易引发虚假调解的案件,重点审查调解协议是否存在侵害案外人利益的可能,注意对案件当事人私人关系及利害关系的分析把握。开庭前,认真研究案卷材料,履行警示义务,明确告知当事人恶意诉讼的法律后果。庭审中,严格审查核实相关证据,确保审理程序规范,做到既尊重调解,也尊重审判。同时,针对虚假调解行为表现形式隐秘、采取手段复杂、行为识别尚较难准确把握的实际状况,强化审判人员的业务素质与审判能力,注重对容易发生虚假调解等滥用民事诉权案件的特点及行为规律与特性的研究、把握与学习,强化识别力度,从而力争在民事审判实践中有效防范虚假调解行为。

（六）强化检察机关对虚假调解行为的民事检察监督

客观上来看,当前我国法院调解的实际运行效果与立法期望的理想状态存在一定程度上的断裂。某种意义上说,这种不尽人意与我国法院调解缺乏完备的监控机制有直接关系。尽管现行民事诉讼法较以往有了许多方面的修改与完善,但法院调解问题并未成为重点关注的内容,现行《民事诉讼法》对法院调解制度所构建的监督机制仍过于粗简。因此,在现有法律框架内,检察机关民事行为检察部门要积极探索对虚假调解监督的有效途径,深化检察建议这种监督方式的研究与运用,坚持刚柔相济的检察监督工作机制。把柔性监督措施(如协商、再审检察建议)和刚性监督措施(如查处审判执行人员职务犯罪)有机结合,及时发现、迅速纠正,从而有效打击和惩处虚假调解行为。

第四节
我国法院调解制度的功能与制度改造

一、我国法院调解制度的功能

关于调解的价值或者调解功能的讨论一直是国内外法学界经久不衰的话题。从20世纪60年代开始,大部分西方学者倾向于从儒家"和为贵"的哲学传统来解释现代中国优先调解的现象,但也有以陆思礼为代表的学者从社会功能和权力技术分析的角度来解读中国的调解制度。而国内法学界关于优先调解的理由,季卫东先生在其发表的《法制与调解的悖论》中概括为:(1)人民调解是政法工作的"第一道防线",可以使大量纠纷在基层得到解决,减少讼累;(2)调解方式灵活易行,在缺乏成文法规定的条件下自然地成为解决纠纷的适当形式;(3)通过调解可以进行政策法令的宣传教育;(4)调解是组织人民群众直接参与社会民主管理,实现基层自治的重要的民主制度。[1]同时他还强调调解制度的整体功能着重表现在三个方面。一是个人的民主主义的参与功能。现代法治国家鼓励个人运用国家法律程序来实现自己的主张,而在调解中,只有符合公民常识观念的公平的提案才有可能被当事人接受,甚至可以说,这成为调解中不可或缺的构成要素。二是适当的解决方案的发现功能。调解通过调解人利用法律来说和,成为当事人意思的过滤器,促进纠纷的解决并使之程式化。三是人际关系的调整功能。因为调解程序中达成的合意,是处分行为的结果,所以比表面的纠纷解决更为重要的是恢复人际关系的和谐,比清算过去的权利义务关系更为重要的是形成新的权利义务关系。[2]

---

[1] 季卫东.法制与调解的悖论[J].法学研究,1989(5).
[2] 季卫东.调解制度的法律发展机制——从中国法制化的矛盾情境谈起[M]//强世功.调解、法制与现代性:中国调解制度研究.北京:中国法制出版社,2001:1-2.

1991年的修订《民事诉讼法》，将"着重调解"改为"自愿合法调解"，并确立了调解的自愿、合法与查明事实、分清是非原则。同时，民事审判方式改革给法院调解带来了重大变化：这场以规范审判程序的运作为目的的改革，借鉴当事人主义的审判模式，增强当事人在诉讼中的能动性，限制法官的职权行为，一定程度上限制了调解的使用。而理论界也开始了对调解制度的深度批判与模式重构的讨论。[1] 于是重判决、轻调解的倾向开始显现出来，调解结案明显下降，民事案件调解结案率从1989年的76.7%下降到2001年的30.78%。[2] 随后中共中央关于建设"和谐社会"的倡导又为调解制度的重兴提供了良机，在2003年度全国高级法院院长会议上，最高人民法院将"加强诉讼调解工作，提高诉讼调解结案率"作为落实司法为民的重要举措进行布置[3]，明确"加强诉讼调解，充分发挥调解解决纠纷的职能作用"，重新提出了"着重调解"的原则。现在，社会各界已充分认识到调解的诸多价值：调解利用的自愿性、调解目的的和解性、调解过程的协商性、调解内容的开放性、调解中信息的保密性、调解程序的简易性和处理的高效性、调解结果的灵活性和多样性、调解费用的低廉性。[4]

历史的经验表明，政治功能和纠纷解决功能在调解制度发展的历史上总是一对矛盾统一体。政治功能强化就会削弱其解纷功能；解纷功能得不到实现，其政治功能也就无从实现。因此，科学定位法院调解的功能，走出观念性误区和制度性误区，突出其在解纷体系中的地位和发挥其整体力量，有助于推动我国法院调解制度和解纷体系的良性发展，进一步促进我国民事诉讼制度的深化改革。我们认为法院调解的应具有如下功能。

（一）解决纠纷的功能

无论如何，作为纠纷的一种解决方式，法院调解归根结底意味着解决纠纷功能始终是其最为基本和重要的功能。与法院判决相比，调解在纠纷解

---

〔1〕刘居胜.建议取消我国民事诉讼法规定的法院调解制度[J].华中农业大学学报,2003(3);马青波,杨翔.试论民事诉讼中法院调解之存废[J].湖南省政法管理干部学院学报,2000(5);徐国栋.民法基本原则解释[M].北京:中国政法大学出版社,1992:123;刘敏.论现代法院调解制度[J].社会科学研究,2001(5);王红岩.试论民事诉讼中的调审分离[J].法学评论,1999(3);张晋红.法院调解的立法价值探究.法学研究[J].1998(5).

〔2〕肖翊.我国法院调解制度的问题与改革设想[M].//判例研究(第12辑).北京:人民法院出版社,2003:187.

〔3〕刘嵘.树立司法为民思想,践行公正与效率主题——记全国高级法院院长座谈会[J].人民司法,2003(9).

〔4〕李浩.调解的比较优势与法院调解制度的改革[J].南京师范大学学报,2002(4).

决时有其独特之处:首先,法院受不告不理原则的束缚,几乎不能依职权处理潜在的案件、主动给予救济,而调解有着强烈的积极性,调解机关能主动受理潜在的案件,克服通往正义之途中的种种障碍,扩大司法范围,针对当事人的主张和立场做说服和劝导工作。[1]因此,调解在弥补法院程序时显示出强大的优势。其次,法院调解可以快速、高效、全面地解决纠纷。因为,法院审判依循实体法,受法律规定和先例的严格束缚,而调解只需遵循常理、法律原则等一般条款,在实体法不明确的情况下,在法制完善的过程中,或者在移植进来的法律尚未根深蒂固之际,调解容易适应这样的环境。此外,审判着眼于行为,而调解关注的是人本身。[2]很多情况下法院的判决并不能做到"案结事了",它并未能彻底解决发生在纠纷双方之间的隐性冲突,因而不排除再次发生纷争的可能。法院调解是以当事人间的合意作为基础,当事人平等地交流、协商,形成的解决方案也是在双方合意的前提下做出的,进而会实现纠纷的彻底解决,包括潜在的冲突和纷争。而且,在民事诉讼中,审判的对象限于当事人之间的权利义务关系,因此权利义务主体之外的第三人很难参与到纠纷解决中去,而调解则不存在这个限制,它允许所有与纷争有关的人员加入,以期纠纷的全盘解决。最后,法院调解摆脱了职业法律家的垄断,更容易被当事人所接受。在法院审判程序中,当事人往往有一种在高度专门性、技术性程序中被排除的感觉,而在法院调解程序中,一些大量掌握专业知识及调解技巧的非法律人士以"老娘舅""情感专家""甲方乙方"等身份加入到中立者的行列中,从而使纠纷解决更接地气、接人气,由此形成的解决方案更易被当事人所接受,也大大减轻了执行的难度。

(二)优化司法资源、实现程序经济的功能

目前很多国家都把加速诉讼进程,使法院摆脱日益严重的案件负担,缓解法院的压力,合理地配置和利用司法资源作为立法及司法界普遍关心的问题。"对一个社会来说,足够的司法服务是维护整个社会稳定的重要保证。"[3]在司法资源不能持续增加的前提下,社会转型又带来了诉讼爆炸,最好的改革莫过于限制法院资源的利用,拓展诉讼外纠纷解决的路径。无疑,法院调解犹如一种案件过滤装置,使一部分进入法院的案件通过由法院

―――――――――
〔1〕 季卫东.调解制度的法律发展机制——从中国法制化的矛盾情境谈起[M]//强世功.调解、法制与现代性:中国调解制度研究.北京:中国法制出版社,2001:1-2.

〔2〕 季卫东.调解制度的法律发展机制——从中国法制化的矛盾情境谈起[M]//强世功.调解、法制与现代性:中国调解制度研究.北京:中国法制出版社,2001:1-2.

〔3〕 夏勇.走向权利的时代.北京:中国政法大学出版社,1995:311.

提供的诉讼外的程序得到解决,从而有效地避免了一些潜在的诉讼,降低了民事纠纷进入诉讼程序的频率,缓解了法院繁重的案件负担,实现了法院案件的分流,同时也使司法资源得到了合理的配置。

另一方面,调解制度能有效克服诉讼对抗所造成的资源浪费,有利于程序的经济。美国著名法学家迈克尔·D.贝勒斯认为,程序法的首要原则是经济成本原则,即"我们应当使法律程序的经济成本最小化"[1]。任何活动都需要付出成本,而诉讼的成本包括直接成本、犯错成本、管理成本、伦理成本和机会成本等。直接成本是法院、双方当事人在诉讼过程中所直接消耗的费用。犯错成本是指由于法院的错误判决所造成的损失。管理成本是指当事人以及其他诉讼参与人在进行诉讼活动过程中的精神利益损失。机会成本是指法院、当事人和其他诉讼参与人因为选择该案的诉讼活动而放弃的其他可供的最好用途。[2]判决需要建立在事实与法律的基础上;而法院调解结果的正当性除了来自于当事人的充分合意外,另一重要的正当性来源便是诉讼调解过程富有效率,其结果富有效益。法院调解具有形式简便性、终局性,从而有可能以最小的诉讼代价获得最大的诉讼效益,对当事人而言,这是一种经济的选择;而对于整个社会而言,也是实现整个社会成本最小化的有效方式。

(三) 自治性功能

"调解并不意味着在降低成本的前提下尽量实现审判式的纠纷解决,而应该只是从侧面促使当事者自主解决纠纷的制度装置。在社会生活的一切场合中,在人们之间无时不在进行的无数个自主的处理、解决过程中,调解的功能应该只是对那些一时陷入困难的自主解决给以援助,并在当事者恢复对等对话的可能性之后使其重新回到社会中去。"[3]调解程序比诉讼程序灵活、简便,调解者可以根据案件的具体情况采用灵活多样的方式进行调解,在这个过程中也更能把握当事人的程序参与权,增强当事人的程序主体意识,所以调解的程序在设计上就有了更大的自由,对解决方案正确性的要求也可以相对降低。此外,调解程序比较强调纠纷解决过程中的诚实信用,不管程序如何简便,总需要付出一定的代价。如果当事人一开始就缺乏解决纠纷的诚意,调解就很可能造成程序重复、资源浪费的结果。所以,调解

---

[1] 迈克尔·D.贝勒斯.法律的原则——一个规范的分析[M].北京:中国大百科全书出版社,1996:376.

[2] 巩勇.民事诉讼中起诉与调解成本的经济分析[J].新疆大学学报,2005(3).

[3] 棚濑孝雄.纠纷的解决与审判制度[M].王亚新,译.北京:中国政法大学出版社,2004:51.

过程中当事人的诚实信用以及对程序的认可、接受和信服同样关键。可见,真正意义上的调解自治,不仅给予参与主体畅所欲言的机会,拥有自己做终局决定的权利,还要求当事人具有自主行为、自主负责的诚实信用。

(四)传承文化的功能

中国法律的传统是引礼入法,礼法结合,即法律的道德化与道德的法律化。汉代的"春秋决狱"就是最典型的以儒家经典的"微言大义"来进行审判的例子。调解在解决纠纷时依据的规则不仅有法律与政策,更重要的是公共道德、习俗、情理等社会规范,对这些规则的适用和依赖,具有传承与维系传统文化、社会公共道德和社会联系的功能。[1]在当今社会,相当多的纠纷已不能简单地归结为权利义务关系,而更多的是利益之间的平衡问题。调解的核心特征,是能使当事人双方彼此调整其取向,不是通过法规迫使他们这样做,而是帮助他们对彼此的关系产生新的、共同的认识,致使他们改变彼此间的态度与取向。调解者的恰当功能,不是引导当事人接受一些正式规范去支配他们将来的关系,而是帮助他们去接受一种相互尊重、信任和理解的关系。[2]法院调解制度的进一步发展和壮大,反映并促进了一种时代理念和精神的变化,使诉讼的对抗性大大缓和,更多地向和解性转化,平和地解决纠纷的价值更加受到推崇。即"从对抗对决走向对话协商,从单一价值走向多元化,从胜负决斗走向争取双赢"[3]。

(五)维护关系、保护隐私等其他的功能

调解同时还具有维护双方关系和长远利益等诸多价值。与法院审判程序的强烈对抗不同,法院调解注重当事人间的交流与合作,平衡彼此的得失与利益,维系双方的友好与合作关系,这对涉及邻里、家庭及商业领域纠纷来说,就显得尤为重要。与审判程序的公开审理原则不同,法院调解一般不公开进行,当涉及个人隐私、商务交往中的技术秘密及专业秘密时,就能够得到很好的保护。如在美国,为促进和保护当事人在程序中积极有效地沟通,坦诚交流,推进成功的替代性纠纷解决,2002年美国统一州法全国委员会通过了《统一调解法》,该法规定了调解保密特权,规定在调解程序中涉及的内容,不能成为后续展开的诉讼程序证据开示的对象。

---

[1] 范愉.社会转型中的人民调解制度——以上海市长宁区人民调解组织改革的经验为视点[J].中国司法,2004(10).

[2] 转引自陈弘毅.调解、诉讼与公正对现代自由社会和儒家传统的反思[J].现代法学,2001(3).

[3] 范愉.ADR原理与实务[M].厦门:厦门大学出版社,2001:7.

二、对我国法院调解的制度改造
——强化诉讼外民事解纷机制

（一）域外国家民事解纷机制的立法与司法现状

现代社会，以调解方式解决民事争议是纠纷解决过程中的一种重要手段。美、德、日等国均有各具特色的调解或和解制度。

1. 调审分离式解纷机制

调审分离式解纷机制，"即把法院调解程序从审判程序中分离出来，作为法院处理民事纠纷的另一种诉讼方式"[1]。这种机制主要体现为"审前和解"，是当事人起诉后，开庭审理前由法院专门的调解人员主持的调解。它通常采用庭前会议制度以"调停"的方式解决争议，这种解纷机制以美国最为典型。

美国的"附设在法院的调停"（mediation）是美国"替代诉讼纠纷解决程序"（ADR）中的一种。由双方从调停员名册中挑选出原告一方的调停员和被告一方的调停员，再选出中立的调停员，共三人担任调停委员。调停委员一般由律师担任，调停委员会在听取双方说明、主张并进行一定的询问、协商后拟定调停方案。当事人在接到调解方案的通知后，于一定期限内答复同意或反对。如果一方当事人拒绝，案件就转入法庭审理。[2]在美国，相当数量的民事案件在进入庭审程序前即通过诉讼外和解或诉讼内调解得以解决。美国《联邦民事诉讼规则》将促进和解置于十分重要的地位，创设了审前和解会议制度，将促进和解作为审前会议的一个重要目标。就美国的审前和解制度的相关规则来看，其和解的主持者为专门的和解法官或司法审查官，而不是案件的主审法官。和解行为的进行，由和解法官与两造当事人单独分别商谈，或与两造当事人共同商谈相关和解事项。实践中，为促进当事人达成和解，和解法官通常对当事人的请求做出评价并指出双方当事人在诉讼中的有利之处及其存在的风险。但由于和解工作的主持者为专司和解职责的和解法官或司法审查官，而不是案件的审理法官，因此，对不愿意以和解方式解决纷争的当事人，不会通过对其施以心理压力而违背当事人意愿强制和解。无论是当事人自行协商达成和解，还是在和解法官主持下达成和解，和解协议达成后，双方都应当签订书面的和解协议书，载明案件

---

[1] 江平.民事审判方式改革与发展[M].北京:中国法制出版社,1998:226.
[2] 江伟.民事诉讼法[M].北京:高等教育出版社,2004:202.

的当事人、纠纷事项、达成和解的原因、具体事项、免除责任和补偿损失、和解协议的履行等内容。该和解协议视为当事人之间订立的契约,具有代替发生纠纷的法律关系的效力。但双方当事人通过该和解协议终止正在进行的诉讼,必须向法院书记官提出由双方签名的撤回诉讼的书面协议书。在美国的司法实践中,绝大多数民事纠纷案件通常通过审前和解程序可以得以解决,终止诉讼。经过审前和解程序再进入审判程序的民事纠纷案件仅占全部民事纠纷案件的4%左右。之所以如此,与美国《联邦民事诉讼规则》所设立的相关详尽且赋有可操作性的制度设计有直接关系。[1]如美国《联邦民事诉讼规则》第68条规定,在开庭审理10日前的任何时候,反对请求的当事人可以向对方当事人送达申请书,要求做出包括至今所用的费用在内的一定金钱或财产的对其不利的判决方案,如果对方当事人不承认这一请求,这一申请即被视为撤回,如果对方当事人得到的终局判决并不比该申请书有利,其应当支付申请书做成后支出的费用。同时,在民事纠纷的解决机制的程序设计上,美国《联邦民事诉讼规则》最为独特鲜明地促进纠纷以和解方式得以解决的程序规则是设计了完备复杂的审前准备程序,包括双方当事人的诉答程序、发现程序、审前会议程序等。通过这些程序,便于双方当事人了解对方的立场、观点等诉求和主张,更好地就案件的某些事实问题和法律问题达成某种共识。通过对胜诉可能性、高额的律师代理费、诉讼所耗费的时间等诉讼成本因素的理性衡量和判断,做出达成和解或继续进入审判程序的明智决断。

2. 调审分立式解纷机制

调审分立式解纷机制,"即把法院调解纳入独立于诉讼程序外的调解程序,与审判并立。在实践中,调解通常作为诉讼程序的前置程序,案件不经调解不得起诉。调解成立,调解协议具有生效判决的法律效力;调解不成立,则转入诉讼程序,进行审判。人们称之为'诉前调解'"[2]。采用这种解纷机制的典型国家为日本。

日本的《司法改革意见书》明确提出,加强诉内诉外的和解,减少诉累,化解纠纷,实现国民对司法的认同。日本的民事调停有专门的《民事调停法》加以规定。"当事人之间发生争议,可以向法院申请调停,调停在法院的

---

[1] 在美国,民事诉讼中的高和解率与其实行的律师费用的胜诉酬金制也有一定关系,为尽快取得代理费用,代理律师通常积极劝诱当事人和解。在英国,民事诉讼中的和解主要是通过形成"合意判决"而在当事人间达成和解协议的,而和解协议具有强制执行力,约有80%至90%的民事案件以和解结案。

[2] 江平.民事审判方式改革与发展[M].北京:中国法制出版社,1998:226.

调停室进行。在诉讼进行中,当事人也可以申请调停,法院认为有必要的,可以停止民事诉讼程序,交给调停机关调停。"[1] 主持调停的组织是调停委员会,通常由1名法官(担任调停委员会主任)和2名民间选出的调停委员组成。调停委员主要从以下三类人中选出:具有律师资格的人;对解决民事和家事争端有专门知识与经验的人;40~70岁的具有丰富的社会经验、知识和较好人品的人。调停委员任期2年,可以连任。由于调停程序比较灵活、简便,而且不公开、不伤和气,又省钱,还提供了国民参与司法活动的机会,所以利用率很高。[2]

1996年《日本民事诉讼法》吸收借鉴了美国、德国调解解纷的相关经验和做法,确立了"辩论准备程序"。日本的旧民事诉讼法以德国民事诉讼法为蓝本,规定了无论诉讼进行到何种阶段和程序,法院均可以对双方当事人试行和解。经过不断探索和总结,日本在民事审判实践中形成了"辩论加和解"的解纷机制,又在此基础上,借鉴美国审前会议制度的相关经验,1996年以民事诉讼法确立了"辩论准备程序"制度,也有学者称为"诉前和解程序",即"当事人可以就民事上的争执向简易法院提出进行和解的申请。和解成立,应记载于笔录。和解不成立时,经在和解期日到庭的当事人双方申请,应当立即命令进行诉讼上的辩论。在此情况下,以提起和解申请的人提出申请之时视为已提起诉讼"[3]。在辩论准备程序中,采用多种手段和方式构建其法院和解机制来解决民事纷争。如,在由于当事人居住地偏远或其他事由而出庭困难的情况下,该当事人事先以书面形式提出应诺由法院或受命法官或受托法官所提出的和解条款方案的旨意,并且对方当事人在口头辩论等期日出庭后应诺和解条款方案时,即视为当事人之间达成和解条款。[4] 法院或者受命法官或者受托法官未来解决案件时,可以根据当事人共同提出的申请制定适当的和解条款。当事人的申请必须以书状的形式提出,并且应当在书状中载明服从法院和解条款。法院制作的和解条款在口头辩论等期日告知或者以其他认为适当的方法进行告知。告知已对双方当事人进行的,视为当事人之间达成了和解。[5] 当该和解协议在法院案卷

---

[1] 兼子一,竹下守夫.民事诉讼法[M].白绿铉,译.北京:法律出版社,1995:7.转引自江伟.民事诉讼法[M].北京:高等教育出版社,2004:201.

[2] 龚刃韧.现代日本司法透视[M].北京:世界知识出版社,1993:37.转引自江伟.民事诉讼法[M].北京:高等教育出版社,2004:201.

[3] 兼子一,竹下守夫.民事诉讼法[M].白绿铉,译.北京:法律出版社,1995:140.

[4] 参见《日本民事诉讼法》(1996)第264条。

[5] 参见《日本民事诉讼法》(1996)第265条。

上登记或者记入案卷笔录时,诉讼程序即告终止,记载内容与判决具有同等法律效力。在调解解纷机制的体系建构中,日本的"辩论准备程序"居于十分重要的地位,从保证当事人正当诉讼行为角度来说,蕴含了一定的防控与规制理念,体现了一定的行为约束功能。

3. 调审结合式解纷机制

调审结合式解纷机制"没有与审判截然分开的专门的调解程序,法院调解和审判可以动态转换、交相进行。德国、法国和我国的民事诉讼法都是采用这种模式"[1]。

在德国,以调解方式解决民事争议经历了由"任意和解"到"强制和解"再到法定的"法官和解义务"的立法演变过程。1877年《德国民事诉讼法典》确立了起诉前的任意和解制度。1924年《德国民事诉讼法典》将起诉前的任意和解修改为起诉前地方法院必须对民事纠纷进行和解,即通常所说的"强制和解"。但由于这种"强制和解"在具体运作过程中暴露出许多问题,如有违当事人意愿、与私权利的处分属性存在某种冲突等,因此1950年《德国民事诉讼法典》废除了强制和解。但需要明确的是,对于争议标的额较小的民事纠纷案件,仍实行强制调解制度,只有在经过调解程序无法达成和解协议的前提下,才能进入司法审判程序。1976年《德国民事诉讼法典》确立了民事纠纷解决过程中的法官的和解义务。第279条规定"无论诉讼进行到何种程度,法院应该注意使诉讼或各个争点得到和好解决"。《德国民事诉讼法》所确立的和解机制与《美国联邦民事诉讼规则》设立的和解机制有很大的不同。就和解的主持者来看,法官既可以在德国的民事诉讼中主持调解或和解,也可以在和解不成后审判案件。就和解的运行区间看,立法赋予法官在诉讼开始到结束的任何阶段均有权以调解人的身份试行和解。在审前的准备程序中,法官如果发觉当事人双方都有和解意愿,或从掌握的情况看应该尽量争取妥协性解决的话,出于尽量达成和解的目的,可以单独指定一次和解日期,届时进行以法官的调解活动为主要内容的开庭。为了试行和解,主审法官可以命令当事人本人到场,也可以把当事人移交给受命法官或受托法官。进入主要庭审程序后,法庭以中立者的立场,对取证情况加以解释,简要地介绍案情、双方当事人的争议事项,陈述最终判决的机会与风险,以此尽量寻求争议的和解解决。通过这种方式,大量的民事纠纷案件在庭上得以和解解决。据统计,"包括地区法院和地方法院在内的德国第一审诉讼案件的终结数中,由和解结案的比例为14%到15%,在采用

---

[1] 江平.民事审判方式改革与发展[M].北京:中国法制出版社,1998:225.

心证公开为程序内容的斯图加特地方法院,和解率达到34%"[1]。总体上看,德国现行民事诉讼法将试行和解设定为法院在整个诉讼中的职责,同时规定地区法院和地方法院应在程序进行中努力促成当事人和解,司法实践中,法官倡导和解是司空见惯的现象,而当事人对以和解方式解决纠纷同样抱有较高期待。

(二)我国传统的诉讼外民事解纷机制的局限

在我国,诉讼外调解主要包括人民调解、行政调解和仲裁机构的调解。作为处理和消除纠纷的一种有效手段和方式,诉讼外调解解纷机制具有独特价值,也发挥着重要作用。正常情况下,民事主体就某一具体民事权利义务关系产生争议后,从民事争议当事人解纷途径的选择、解纷行为的行使角度看,诉讼外调解解纷机制可以成为过滤民事纠纷进一步发展的"第一道防线",可有效阻却纷争进入诉讼程序。因此,机制完备、具有实效的诉讼外调解解纷机制,一定意义上说,对民事权利享有者主张权利的途径、救济行为的寻求可以产生一定的约束。然而,目前我国诉讼外调解解纷机制在具体运作过程中所发挥的这种过滤、约束效能不尽人意,这与传统的诉讼外调解解纷机制尚存在局限具有直接关系。

1. 简单化的、固步不前的诉讼外调解功能观

运用调解方式解决民事纠纷在我国有着悠久的历史和文化传统。从孔子提出的"无诉"思想开始,调解便成为民间乃至官府解决矛盾纠纷的一项重要制度,历经两千多年的发展,体现儒家思想,不伤和气、不结愁怨却能方便快捷地"止诉息争"的调解成为一种习惯性选择。历代封建社会,统治者都把民间的田土、钱债、户婚、继承等引起的纠纷看作"细故",将避免因"细故"引发诉讼作为理想的境界。对已发生的民间纠纷。一方面通过诉讼外宗族调处、邻里调处以避免矛盾激化告到官府。另一方面,即使告到官府也尽量用调处的方式化解争诉。[2]长期以来,受这种把缓解矛盾、息事宁人、维护社会的稳定作为调解优先考虑的目标的影响,无论是诉讼外还是诉讼内的调解,都未把保护正当权利作为首要任务。当事人的正当权利主张受到抑制,避免因矛盾激化而影响当事人的生产生活,说服当事人妥协让步达成和解,恢复民事主体间和谐的人际关系,维护社会的安定,便成为调解制度的基本功能。这种简单化的诉讼外调解的功能观,即便在法治理念和法制建设日趋完善的当下,也没有明显的发展,更没有产生质的飞跃。这种理念上

---

[1] 林屋礼二.西德近年的民事裁判统计[J].民事诉讼,1989(35).

[2] 张晋藩.中国古代民事诉讼制度浅论[N].法制日报,1995-09-14(7).

的滞后,束缚了诉讼外调解解纷机制实际效能的发挥,在调解解纷机制具体运作过程中,往往导致对当事人行为行使的正当性的约束的忽视,甚至缺失。

2. 以"和合精神"为主导的道德型调解

传统和合文化是建立在自然经济和宗法关系基础之上的,以儒家思想为核心内容,以扼杀和轻视人的权利为价值取向,传统的调解解纷机制正是这种和合文化的产物。传统的调解制度是在法制不健全的情况下建立起来的,调解被用于解决矛盾纠纷不是为了实现个人权利,而是利用"和合精神",将法律的运用排除在外,以维护社会的绝对稳定。从调解的历史发展来看,萌发于民间的调解制度所依据的主要是风俗习惯、道德礼仪和乡规民约之类的社会规范。这种以诚实信用、道德良知维系的传统的道德型调解,无论是调解行为的主持者,还是参与调解活动的民事争议当事人,其行为的正当性在很大程度上都游离于法律、法规、规章之外,常常体现为非程序化的任意调解。这一点,即便对于作为人民法院审结案件的一种法定方式的法院调解来说,也还存在将法院调解置于非程序化地位的问题。我国民事诉讼法对法院调解规定得过于原则、笼统,尚缺乏较强的程序制约,缺失法院调解的法定程序的具体规定。有学者主张"法院调解的实质是进行法制宣传教育和思想政治工作,其目的是促成当事人达成协议,解决纠纷。因此,方式是多样的,形式是灵活的,一般没有严格要求"[1]。这种法院调解的法定程序的缺失,直接导致法院调解的非程序化,使违背当事人意志的强制调解,违背法律、法规的违法调解经常发生,在以群众性自治为主导的诉讼外调解中,其弊端体现就更为明显。调解所遵循的法定程序的缺失使程序法对调解行为的约束作用软化,调解行为的运用与开展存在较大的随意性。某种程度上说,这是诉讼外调解产生负效应,未能发挥诉讼外调解作为司法的"第一道防线"作用的一个重要根源。

3. 单一的封闭型调解

近十几年来,中国的法治化进程迅速向前推进,获得了长足发展,在这一进程中,诸多复杂纠纷频繁发生。然而,诉讼外调解解纷机制对于社会转型过程中出现的这些纠纷表现出种种的不适应。尤其在最近几年,在诉讼案件逐年递增的情况下,诉讼外调解解纷,尤其是人民调解所受理的纠纷数量却在逐年下降,诉讼外调解解纷的能力也在日渐衰弱。社会和法治的可持续发展,客观上要求建立多元的、系统的解纷机制,这对诉讼外调解解纷机制提出了新要求。但现行的诉讼外调解解纷机制仍未摆脱传统调解机制

---

[1] 杨荣新.民事诉讼法学[M].北京:中国政法大学出版社,1990:293.

的束缚。其调解行为深深根植于社会成员的自治,其赖以存在的组织形式是单一的以人的居住区域为基础建立的人民调解委员会。由于人民调解委员会是群众性的自治组织,这种单一的调解主体,加之调解行为的不公开性,使得诉讼外调解所能发挥的作用变得极为有限,难以适应日趋复杂的解纷实际的现实需求。

4. 诉讼外调解解纷机制的法治化建设相对滞后

对于诉讼外调解与法治的关系,无论是理论界还是实务界均存在较大争论。有观点认为,诉讼外调解是我国政治制度的组成部分,作为一种政治制度,可以具有宪法和法律的属性,但其与法治并没有逻辑上的必然联系,诸如人民调解中一些调解手段的运用。也有观点认为,法治要求的是法律之治。道德的治理、传统文化的治理乃至社会习俗的治理均可适用于诉讼外调解。因此,对于诉讼外调解与法治的关系需要谨慎对待。事实上,诉讼外调解与法治紧密相关。以人民调解为例,人民调解是诉讼外调解解纷机制的重要组成部分,也称为民间调解,"是指在人民调解委员会的主持下,以国家的法律、法规、规章、政策和社会公德为依据,对民间纠纷当事人进行说服教育、规劝疏导,促进纠纷各方当事人互谦互让、平等协商、自愿达成协议,消除纷争的一种活动"[1]。人民调解是一种权威性最低但自治性最强的社会型纠纷解决方式。在实现息诉止争的过程中,通过适当规制纷争当事人的解纷行为以节约司法资源和诉讼成本,其机制的建构与运作必然与法治息息相关。1954年3月,我国政府颁布了《人民调解委员会暂行组织通则》,以法规的形式在全国范围内确立了人民调解制度。1982年,人民调解作为群众自治的基本制度载入宪法。1989年,国务院颁布《人民调解委员会条例》,对人民调解工作进行法律化、系统化建设。2002年9月5日,最高法院通过《关于审理涉及人民调解协议的民事案件的若干规定》,第一次以司法解释的形式明确了人民调解协议具有民事合同的性质和效力,增强了人民调解协议的法律效力,提升了人民调解工作的权威性和公信力。2002年9月11日,司法部制定《人民调解工作若干规定》,第一次以部颁规章的形式加强和规范人民调解工作。2002年9月24日,中共中央办公厅、国务院办公厅《关于转发〈最高人民法院、司法部关于进一步加强新时期人民调解工作的意见〉的通知》,要求各级党委和政府切实加强对人民调解工作的领导和指导,促进人民调解工作的改革与发展,为维护改革发展稳定的大局做出积极贡献。直至2011年1月1日,《人民调解法》的正式颁布施行

---

[1] 李刚.人民调解概论[M].北京:中国检察出版社,2004:45.

成为诉讼外调解贯彻法治化建设的重要体现。然而,诉讼外调解这样一个一定程度上应该带有法治性质或者归属于法治范畴的制度,在我国长期以来一直游离于人们的主观认识之外。这种认识既存在于理论界,也存在于人民调解的实务部门,还存在于我国的法治主体之中。恰恰是实务部门和法治主体关于人民调解非法治体系构成的认知模式使我国的人民调解与我国的法治进程没有保持最大限度的和谐,导致诉讼外调解解纷机制的法治化建设相对滞后。例如,新形势下,诉讼外调解与司法调解如何衔接配合,诉讼外调解尤其是人民调解形式如何多元化建设,人民调解员的选任方式如何突破既有规定,人民调解协议效力如何合理定位,诉讼外调解程序如何进行法定化建设,等等,这些问题未能得到解决。这种种局限,限制了诉讼外调解作为审判程序的"第一道防线"的过滤作用的发挥,也弱化了其对民事争议主体解纷行为正当行使所应有的约束功能。

(三)我国诉讼外调解解纷机制的发展态势

现代社会日益倡导多元化的纠纷解决机制,将诉讼解纷机制和替代诉讼的非诉解纷机制有机结合成为一种必然的选择。近年来,"美国的法律精英们对诉讼替代方式态度的变化比他们对民事诉讼改革态度的变化要显著得多"[1]。他们在过去 20 年见证了法律用语的变化,也见证了规定非诉讼解决争议方式法律框架的变化。

我国的诉讼外调解解纷机制经过不断的发展与完善,在化解矛盾、息诉止争、维护社会和谐稳定方面取得了显著成效。据司法部统计数据,"截止到 2009 年底,全国共建有人民调解组织 82.3 万多个,基本实现了调解组织网络全覆盖。近五年来,全国人民调解组织直接调解、协助基层人民政府调解各类民间纠纷 2904 万余件,调解成功 2795 万件,调解结案率为 96%;防止因民间纠纷引起的自杀 10 万余件,防止因民间纠纷转化成刑事案件 25 万余件"[2]。为进一步规范并发挥诉讼外调解解纷机制的独特效能,2010 年 7 月 1 日,全国人大常委会办公厅向社会全文公布《人民调解法》草案及其说明,广泛征求各方面意见和建议。2010 年 8 月 28 日,十一届全国人大常委会通过了《人民调解法》。该法共 6 章 35 条,完整地规定了人民调解委员会、人民调解员、调解程序、调解协议四部分核心内容,也以此进一步加强了诉讼外调解解纷机制的建设。

---

[1] 陈刚. 比较民事诉讼法[M]. 北京:中国人民大学出版社,2001:217.
[2] 转引自周健. 中国筑牢"最初防线"的人民调解法[J]. 上海宣传通讯(半月刊),2010(15).

《人民调解法》的颁布施行为我国诉讼外调解解纷机制建设指明了方向,表明具有中国特色的化解矛盾、消除纷争的非诉解纷机制正式步入法制化、规范化建设的轨道,其特色及发展态势体现为以下几个方面。其一,重视并强化人民调解机制的法制化建设力度,坚持和巩固人民调解的群众性、民间性和自治性的性质与特征。其二,进一步完善人民调解的组织形式。《人民调解法》在规范了村民、居民调解委员会和企事业单位调解委员会的设立、组成及任期制度的同时,为乡镇、街道人民调解委员会及一些特定区域,如依托集贸市场、旅游区、开发区设立的人民调解组织和基层工会、妇联、残联、消协等群众团体、行业组织设立的新型人民调解组织保留了制度空间。其三,作为调解重要主体之一的人民调解员的任职条件、选任方式、行为规范和人身及财产等方面的保障措施得以加强和完善。其四,进一步体现人民调解工作的灵活性和便利性,贯彻人民调解的不拘形式、灵活便捷、便民利民的特点和优势,避免出现人民调解程序司法化倾向。其五,调解解纷机制中各种解纷方式和手段的衔接与配合机制成为诉讼外调解解纷工作机制建设的重要内容。其六,国家对诉讼外调解解纷工作给予越来越强的鼓励、支持与保障。《人民调解法》规定,国家鼓励和支持人民调解工作,县级以上地方人民政府对人民调解工作所需经费应当给予必要的支持和保障,对有突出贡献的人民调解委员会和人民调解员按照国家规定给予表彰奖励。这种对人民调解工作给予鼓励、支持与保障的理念在未来诉讼外调解解纷工作实践中必将得以进一步强化与落实,从而成为诉讼外调解解纷机制蓬勃健康发展的巨大推动力。

(四)构建新型诉讼外调解解纷机制的思考

在我国,随着经济的进一步发展、法治建设的不断深入,民众的思想观念和价值理念也发生着巨大变化,诉讼外调解工作面临着诸多新情况、新问题、新挑战与新要求。现行的诉讼外调解解纷机制必须顺应这种要求,不断加以完善、创新与突破,才能真正发挥它所具有的独特效能。

1. 新型诉讼外调解解纷机制的应有理念

当今社会,民事主体的权利观与价值观发生了巨大变化,多元化的权利观、价值观已经形成并且直接影响着纠纷解决方式的选择与解纷工作机制的建设。从价值理念的角度探讨诉讼外调解解纷工作机制的选择与构建成为不容回避的一个问题。

(1)平衡调解与审判的冲突,实现行为规制与权利救济并重。通常情况下,在纠纷解决过程中,民事主体的个人自治权的行使与国家审判权的行使会存在矛盾。司法审判作为民事纠纷解决的最后一道防线,应当是民事争议主体穷尽所有救济手段的最后选择,也是解决纠纷,维护合法民事权益的最后希望。诉讼审判在体现为具有最高权威和效力的纠纷解决手段的同时,同样存在固有的弊端和缺陷。一方面,司法是一种稀缺的、有限的资源,民事主体在寻求以司法的方式解决纠纷时常常会受到不同程度的阻碍;另一方面,司法审判的权威性、绝对的效力性与执行的强制性,也为某些民事主体通过损害案外人利益,采取隐瞒或欺诈的方法滥用民事诉权以获取不正当利益留下可乘之机。从有效防控当事人诉权不正当行使的角度看,"传统的法官及其程序不可能完成这一使命,故其他机构将在这一逐渐显露的角色扩张中取法院而代之"[1]。尽管我们并不能完全赞同"取法院而代之"的这种说法,但对这一思路所具有的价值表示认同。诉讼外调解解纷机制在一定程度上发挥着纠纷解决的调和作用,具有定纷止争的实际效能。其识别、判断并约束争议主体的解纷行为,过滤并阻却纠纷进入诉讼程序,对司法诉讼在这方面的弊端的补救作用同样不能忽视。因此,诉讼外调解解纷机制必须不断创新与完善以更好地适应这种要求,与诉讼解纷更好地配合衔接,形成层级递进、功能互补的关系,补救审判解纷在这方面存在的弊端,在纠纷解决机制中发挥自身特有的功能。而作为现代权利救济体系重要组成部分的诉讼外解纷机制要实现这种功能,必须改变传统的简单化的调解功能观,树立行为规制与权利救济并重的价值理念,既包括对调解主持者行为的规制,也包括对纠纷当事人的行为规制;既尊重当事人的实体权利,也尊重当事人的程序权利;既注重发挥当事人解纷自治权的行使与保护,也注重诉讼外调解解纷机制作为司法的"第一道防线"作用的发挥,从而形成对纠纷当事人寻求救济行为具有识别、约束、防控与过滤功能的新型诉讼外调解解纷机制。

(2) 协调道德与法律的关系,实现道德调解与法治调解并重。利用道德礼义、风俗习惯进行调解是我国现行诉讼外调解机制一直以来注重运用的主要手段,也是我国诉讼外调解解纷机制的一大特色。但在民主宪政日益发达的今天,崇尚法律、尊重法律的意识得以强化,法律的权威得以最大限度地彰显。在定纷止争的解纷机制中,法律处于至高无上的地位,也成为最具权威的一种止纷手段。从这一立场来说,诉讼外调解活动应该、也必须遵循合法性的制约。调解的主体、调解的范围、调解的程序、调解的行为和方法、调解的责任等必须符合法律、法规及规章的要求。诉讼外调解解纷同

---

[1] 莫诺·卡佩莱蒂.当事人基本程序权与未来的民事诉讼[M].徐昕,译.北京:法律出版社,2000:40.

样要严格遵循法治的原则,以国家法律、法规为依据,即便依据道德礼义、风俗、行规、惯例,也必须在法律许可范围内,调解结果不得违反法律法规的规定。但同时也应当明确,诉讼外调解毕竟不同于诉讼中调解,更不同于判决解纷。在诉讼外调解解纷机制具体运作过程中,对某些非法律因素的重视及运用同样重要。调解时,可不必拘泥于法律意义上的是非对错及举证、质证等规则的束缚,重视诉讼外调解对道德礼义、社会风俗、习惯等自律性规则的依托,从通常意义上的人情道理出发,实现对不同社会群体的不同利益的充分尊重与保护,有效协调道德与法律的关系,进而发挥诉讼外调解所具有的"止争息诉"与"防范过滤"功能。

2. 新型诉讼外调解解纷机制的建构路径

完善诉讼外调解解纷机制,要求在对各种不同的非诉解纷手段进行准确定位的基础上,进行宏观指导,使其依托特定的功能和运作方式相互协调,结成一种互补的、满足社会主体多样需求的程序体系和动态的调整系统,以发挥诉讼外调解解纷机制的应有功能。因此,构建新型的诉讼外调解解纷机制的最佳路径在于诉讼外基层大调解机制的建设与发展,以此抑制"轻率的诉讼"行为的发生。

(1) 明晰诉讼外基层大调解机制的内涵。诉讼外基层大调解机制是指由地方党委和政府统一领导的,整合各种民间调解资源,由政法综治部门负责协调,由司法行政部门负责业务指导,各级民间调解组织具体运作,职能部门共同参与的协调处理社会矛盾纠纷的一种调解解纷机制的工作模式。这种工作机制是一种多元化纠纷解决机制。调解的主体已经不再局限于狭义上的人民调解委员会,政府、社会组织、群众性的自治组织等多种主体统一被纳入诉讼外基层大调解的工作格局,实现整体联动。各种矛盾纠纷一经纳入调解程序,调解组织既可以直接予以调处,也可以将纠纷分流到有关司法部门、政府部门或各社会专业组织进行调处。多样化的调解主体的整体联动,可以有效整合分散的调解资源,形成强大的调解合力,彰显诉讼外基层大调解的独特优势,进而发挥其息诉止争、维持社会和谐稳定、保护当事人合法诉求以及对争议主体行为的规制约束、对诉讼的防范过滤功能。

(2) 构筑并夯实诉讼外基层大调解工作格局的基础。诉讼外基层大调解工作格局的基础在于构筑基层调解工作的综合服务平台,全面强化区县、街道和乡镇、居委会和村委会三级人民调解组织建设,发展壮大行业性、区域性的人民调解组织。建立专门的组织整合基层司法行政资源,使人民调解、公安、信访、劳动仲裁、行政协调相配合,做到纠纷受理、调处、分流、反馈在同一平台进行。所有区县组建联合人民调解委员会,所有街道和乡镇组建人民调解工作室,居委会和村委会组建人民调解委员会,实现调解工作的全覆盖,确保各级调解组织能够承担起作为大调解格局的基础平台的职责。

(3) 以委托调解工作机制来完善诉讼外调解与司法调解的配合衔接。诉讼外调解与司法调解虽然存在根本差别,但二者相互兼容且相互弥补。诉讼外调解是司法调解的基础,司法调解是诉讼外调解的保障,二者在各自不同的阶段,以不同的特点发挥着各自不同的作用,共同推进我国民主法治建设的进程。二者相互衔接,形成有效的良性互动关系,既有利于克服各自发展的瓶颈,适应新形势、新任务的需要,又可以弥补诉讼外调解效力软弱、手段单一的缺陷,增加当事人对诉讼外调解的信赖,有效约束并减低当事人滥用民事诉权行为的发生概率。从现实状况看,二者相互衔接既存在合法性基础也存在可行性条件。[1] 从发展的眼光看,在我国,法院对纠纷解决机制呈现从鼓励诉讼到限制滥诉的态度的转变,诉讼外纠纷解决机制正受到多方重视。人民调解与司法调解的衔接使法院的功能进一步发生转变,纠纷解决更多地向规则的发现和确认、利益的平衡方向转化,而一部分纠纷解决的功能将由诉讼外调解来承担。二者配合与衔接要求一是在诉讼外调解中建立与司法调解相衔接的机制,二是在司法调解中建立与诉讼外调解相衔接的机制。在这种衔接关系中,委托调解是实现诉讼外调解与司法调解有效配合与衔接,最大限度发挥调解解纷机制诉内诉外化解纷争,减少诉累,合理利用有限的司法资源的重要手段。所谓委托调解工作制度,是指人民法院在民事纠纷受理前或者受理后,开庭审理前以及审理过程中,在征得双方当事人同意后,将纠纷委托诉讼外调解组织进行调解的工作制度。委托调解可以以诉讼外调解与司法调解之间的程序衔接为切入点。为此,一方面,要通过制定专门的法律、法规,及时颁布相关的司法解释,充实委托调解的合法性依据,为委托调解工作制度的建设提供坚实的基础。随着《人民调解法》于 2011 年 1 月 1 日正式实施,这方面的建设必将获得长足发展。另一方面,要拓宽法院委托诉讼外调解的范围,不仅民事主体个人之间的民事纠纷可以委托调解,法人之间的简单民商事纠纷,甚至轻微刑事附带民事

---

[1] 合法性依据主要体现在我国《民事诉讼法》第 16 条、最高人民法院《关于审理涉及人民调解协议民事案件的若干规定》第 1 条、《人民调解工作若干规定》第 40 条、2011 年 1 月 1 日实施的《人民调解法》18 条。可行性在于最高人民法院颁布的两个规范性文件,即 2004 年 8 月最高人民法院《关于落实 23 项司法为民具体措施的指导意见》《关于人民法院调解工作若干问题的规定》。

诉讼纠纷等,均可以考虑纳入委托调解的范畴[1],以更大限度促进二者的有机配合与衔接,更好地发挥诉讼外调解作为民事纠纷的"第一道防线"、司法调解作为民事纠纷的"最后一道防线"的作用。

(4)以诉讼外调解的社会化建设实现诉讼外调解工作格局由单一化向多元化转变。处于社会转型期的我国呈现出各种矛盾凸显叠加的局面,诉讼外调解的范围也逐渐从传统的婚姻家庭、邻里关系、小额债务、轻微侵权等常见、多发的矛盾纠纷向土地承包、拆迁安置、环境保护、医患纠纷等社会热点、难点纠纷扩展。这客观上要求新型诉讼外调解解纷机制可以依托多种组织形式,打破调解的地域限制,以更加多元、更加开放的方式,最大限度地适应不同区域、不同矛盾纠纷的类型、特点和差异性,有针对性地建立灵活多样的工作机制或工作程序,建立和发展合理的民间社会性和市场中介性纠纷解决机制。对此,可以探索独立第三方介入机制,引入社会第三方参与疑难矛盾化解的长效机制。在涉及弱势群体、劳动、消费者权益、交通事故、医疗事故、生产责任事故等特定主体、特定行业的矛盾纠纷中,注重发挥社团组织、行业协会和行政部门的作用,合力化解一些行业性、专业性较强的矛盾纠纷。充分运用律师职业的社会中立地位,组织律师参与诉讼外调解工作,真正实现用社会的方法化解社会矛盾,以更好地发挥诉讼外调解解纷机制的应有效能。

(5)以调解程序的规范化建设彰显诉讼外调解的法律性及其社会公信力。相对司法调解而言,诉讼外调解对程序的要求相对宽松,但作为一种特殊的息诉止争机制,程序设置及其规范化建设在诉讼外调解解纷机制中同样具有重要意义,这决定了诉讼外调解既不能对程序做过于苛刻的要求,又要依相关具体的程序规则行事。但应当明确的是,诉讼外调解程序的规范化不等于调解程序的司法化,要求"调解组织在充分尊重当事人权利的基础上,采用多种方式帮助当事人达成协议,避免人民调解程序司法化倾向,坚持调解优先"[2]。对诉讼外调解进行程序的规范化设计时,既要以现行人

---

[1] 在这方面,上海市进行了有益的探索与尝试,取得了一定经验。2006年,上海市高级人民法院、上海市司法局制定《关于规范民事纠纷委托人民调解的若干意见》,规定人民法院可以将下列民事纠纷委托人民调解组织进行调解:离婚纠纷,追索赡养费、抚养费、抚育费纠纷,继承、收养纠纷,相邻纠纷,买卖、民间借贷、借用等一般合同纠纷,损害赔偿纠纷,物业纠纷,其他适合委托人民调解组织进行调解的纠纷。同年,上海市高级人民法院、上海市检察院、上海市公安局、上海市司法局联合制定《关于轻伤害委托人民调解的若干意见》,将委托调解的范围扩大到轻伤害案件。参见上海市高级人民法院.纠纷解决——多元调解的方法与策略[M].北京:中国法制出版社,2008:21.

[2] 转引自周健.中国筑牢"最初防线"的人民调解法[J].上海宣传通讯(半月刊),2010(15).

民调解的法律、法规设定的程序为基础,又要结合诉讼外调解在运作过程中的特殊要求。诉讼外调解工作程序规范化,一要注重对纠纷的受理范围、受理条件及受理程序的规范化建设;二要加强对纠纷调解过程中的审查、调解的形式以及具体调解程序的规范化建设;三要重视人民调解协议的达成、效力及履行环节的规范化建设。同时,完善培训准入、在岗学习等制度建设,并建立等级评定及奖惩激励等机制,统一调解过程中各类文书的制作格式,规范调解文书登记在册、档案管理等工作,不断提高纠纷调解率、调解成功率和调解协议履行率。当事人达成调解协议后反悔而向人民法院起诉的,法院应当及时受理,按照司法解释的有关规定准确认定调解协议的性质和效力[1],经法院确认有效的调解协议,一方当事人拒绝履行或未全部履行的,对方当事人可以向人民法院申请强制执行[2],以此体现诉讼外调解的法律性和社会公信力,进而发挥其对争议主体解纷行为行使的识别、约束与防控的功能。

---

[1] 这方面相关司法解释主要包括:最高人民法院《关于审理涉及人民调解协议民事案件的若干规定》(2002年9月5日)第1条规定:"经人民调解委员会调解达成的、有民事权利义务内容,并由双方当事人签字或者盖章的调解协议,具有民事合同性质。当事人应当按照约定履行自己的义务,不得擅自变更或者解除调解协议。"中共中央办公厅、国务院办公厅《关于转发〈最高人民法院、司法部关于进一步加强新时期人民调解工作的意见〉的通知》(2002年9月24日)规定:"各级人民法院特别是基层人民法院及其派出的人民法庭,要认真贯彻执行最高人民法院《关于审理涉及人民调解协议民事案件的若干规定》,对在人民调解委员会主持下达成的调解协议,一方当事人反悔而起诉到人民法院的民事案件,应当及时受理,并按照该司法解释的有关规定准确认定调解协议的性质和效力。凡调解协议的内容是双方当事人自愿达成的,不违反国家法律、行政法规的强制性规定,不损害国家、集体、第三人及社会公共利益,不具有无效、可撤销或者变更法定事由的,应当确认调解协议的法律效力,并以此作为确定当事人权利义务的依据,通过法院的裁判维护调解协议的法律效力。"

[2] 《人民调解法》第33条规定:"经人民调解委员会调解达成调解协议后,双方当事人认为有必要的,可以自调解协议生效之日起三十日内向人民法院申请司法确认,人民法院应当及时对调解协议进行审查,依法确认调解协议的效力。人民法院依法确认调解协议有效,一方当事人拒绝履行或者未全部履行的,对方当事人可以向人民法院申请强制执行。人民法院依法确认调解协议无效的,当事人可以通过人民调解方式变更调解协议或者达成新的调解协议,也可以向人民法院提起诉讼。"

专题三

民事诉权研究

第一节

民事诉权概述

一、民事诉权的含义与特征

（一）民事诉权的含义

在我国，通常认为，民事诉权是公民享有的请求国家给予民事诉讼保护的权利，亦即当事人基于民事纠纷的发生，请求法院行使审判权解决民事纠纷或保护其民事权益的权利。[1]因此，也有人把诉权称为判决请求权。在我国诉讼立法中没有使用"诉权"一词，但是，在罗马法、法国民法典以及许多国家的立法中，都使用了"诉权"一词。按照法国民事诉讼法典的表述，诉权对于提出请求的当事人来说，是用以陈述其实体内容，以便法官判断其请求是否具有法律依据的一种权利。对于另一方当事人而言，诉权则是针对对方这种请求的法律根据进行抗辩的权利。[2]作为公民所享有的请求国家司法保护的权利，民事诉权成为民事纠纷主体将民事纷争引入民事诉讼程序的最基本权能。"国家为国民提供司法保护，即以国家的审判权保护国民的合法权益。能够利用民事诉讼制度，对国民来说是一种利益，而被法律承认得以享有这种利益就是诉权。"[3]可见，诉权主要体现为一种救济权性质，它是向法院的请求权，也是民事主体平等享有的一种受宪法保护的基本权利。

理论上一般认为，诉权的内涵包含了程序意义和实体意义两个方面。程序意义上的诉权是指在程序上请求法院给予司法救济的权利，其外延表现为原告的起诉权和被告的反诉权等。程序意义上的诉权的行使旨在启动

---

[1] 潘牧天.民事诉讼法学[M].北京:中国政法大学出版社,2008:26.
[2] 张卫平.法国民事诉讼中的诉权制度及其理论[J].法学评论,1997(4).
[3] 何勤华.当代日本法学[M].上海:上海社会科学出版社,1991:280.

诉讼程序,当事人凭借诉权将民事纠纷引导到诉讼程序中,请求人民法院行使审判权。程序意义上的诉权是以提起诉讼的形式而行使的,但是在制度上,是就行使起诉权或反诉权等具体的诉权形态规定行使要件,而并不直接就诉权规定行使要件。只要具备法律规定的条件,公民、法人和其他组织都可以行使。实体意义上的诉权是指保护民事权益或解决民事纠纷的权利,亦即请求方获得实体上的具体法律地位或具体法律效果的主张。诉权的具体实体法内容是由诉权主体具体确定的,在特定诉讼中则转化为原告具体诉讼请求的实体内容。[1]由于民事诉讼是实体法和诉讼法综合作用的领域,因此程序意义上的诉权与实体意义上的诉权共同体现了诉权的两重性。诉权的双重含义与民事诉讼价值论以及目的论是相一致的。在民事诉讼程序的内在价值和外在价值相统一的诉讼价值观指导下,民事诉讼目的也是包括程序性目的和实体性目的在内的多重目的的统一,这种以实体和程序相结合的价值观和目的论必然要求赋予诉权双重含义。诉权的双重含义可以从以下几个方面来理解。

1. 诉权是基本权利

诉权是当事人请求以国家公权力的方式来解决其私权纠纷和保护其私法权益的一种权利,因而诉权是连接民事实体法和民事诉讼法之间的桥梁的一种基本性权利,这就决定了诉权的内涵应当具有实体内容和程序内容两个方面。

2. 诉权是宪法性权利

从宪政的角度来考察,诉权的双重含义源于宪法所保障的"接受司法裁判权"。在现代法治社会中,宪法赋予和保障国民享有广泛的人身权利、财产权利和自由权利,当人们的人身权利、财产权利和自由权利受到他人侵害或与他人发生争执时,就可以依据宪法请求国家履行保障义务,其中民事诉讼制度即国家设置的保障国民来源于宪法上的民事权益的法律化救济制度。国民利用民事诉讼制度来解决民事纠纷和保护其来源于宪法的民事权益的权利就是诉权,或称"接受司法裁判权"。由于国民通过民事诉讼所要实现和保护的这种来源于宪法的权利不仅包括实体权利,而且还包括程序权利,因而诉权的内涵就应当既包括国民请求实体正当权益或合宪法权益的实体含义,也包括在程序方面请求法院依法给予诉讼保护的程序含义。尽管我国宪法没有规定诉权,但这并不意味着我们不可以在理论上从宪法的角度探讨诉权问题。事实上,从我国宪法有关法院以及诉讼制度的规定,

---

[1] 张进德,潘牧天.新编民事诉讼法学[M].北京:中国民主法制出版社,2013:56.

可以看出我国宪法事实上承认国民的诉权。

(二)民事诉权的特征

诉权作为一种特殊的权利,与其他权利相比较,具有以下基本特征。[1]

1. 诉权为纠纷当事人平等享有

诉权的行使,目的在于通过法院的审判对双方的权利义务关系予以确认,使争议得到解决,使自己的民事权益得到保护。因此,凡是与争议的权利义务有直接利害关系的当事人均享有诉权,而并非只有原告享有诉权,被告和第三人也享有诉权,如原告可以起诉、被告可以反诉等,区别只在于诉权的表现形态和行使诉权要求的条件不同而已。

2. 诉权贯穿于诉讼的全过程

诉权是当事人请求司法保护的权利。依照诉讼程序进行诉讼活动,实施各种诉讼行为,是当事人行使诉权的具体表现。因此,诉权的行使必然贯穿于诉讼的全过程,当事人在各个诉讼阶段实施的诉讼行为,如起诉、上诉、反诉等,都是当事人行使诉权的具体体现。

3. 诉权的行使必须以民事诉讼法和民事实体法为依据

诉权是法律赋予社会成员请求司法保护的权利。为了保障这种权利的正确行使,国家通过民事实体法规定在什么情况下可以请求法院解决民事权利义务争议,以实现权利;通过民事程序法规定根据什么条件可以向法院提起诉讼和依照什么程序进行诉讼活动。因此,诉权的行使要以民事诉讼法和民事实体法为依据。

4. 诉权的内容包括进行诉讼的权利和满足诉讼请求的权利

进行诉讼的权利,实际是指引起诉讼程序启动的权利;满足诉讼请求的权利,实际是指获得胜诉判决的权利,这也是当事人行使诉权的最终目的。前者受民事诉讼法调整,后者受民事实体法调整。

诉讼法学界普遍认为,诉权是国家法律赋予社会主体在其权益受到侵害或与他人发生争执时,请求审判机关通过审判方式保护其合法权益的权利。社会主体在其权益受到侵害的情况下,通过行使诉权,请求国家用审判方式予以干预,才是保护其正当权益最权威的最终手段。因此,诉权的产生和存在,离不开"权益受到侵害"这一前提条件,然而"权益受到侵害"的形式和种类是多种多样的,这决定了诉权也必然具有不同的表现形式,出现了民事诉权、刑事诉权、行政诉权以及其他诉权。[2]

---

[1] 张进德,潘牧天.新编民事诉讼法学[M].北京:中国民主法制出版社,2013:55.
[2] 颜运秋.公益诉讼诉权的宪政解释[J].河北法学,2007(5).

二、民事诉权学说的发展与演变

诉权的概念来源于罗马法。在罗马法初期,并非所有的案件都可以提交法院进行裁判,只有符合法律规定的、具有诉(请求权和诉权)的可能性的案件才能提交裁判[1],即"有诉才有救济"。不过,随着时代的变化,罗马法诉的制度也经历了三个典型的发展时期。在早期的法律诉讼时代,原告只能以《十二铜表法》及其后制定的《市民法》规定的诉为标准提起诉讼;在其后的程式书程序中,为了满足社会发展的需要,对原来的法律(诉的制度)进行类推、扩张解释,从而以比此前更广的范围内认可的诉(程式书)作为起诉标准;再后来的非常诉讼程序,主要是以具有制定法性质的永久告示录所认可的诉作为当事人起诉的标准和法院的裁判标准。由于诉是由制定法规定的,因而可以说罗马诉讼法的出发点是由诉的规范所构成的。可见,在罗马法时代,因为诉的制度是实体法和诉讼法的集合,所以诉具有实体法和诉讼法的二元性,是理解近现代意义上的实体法理论和诉讼法理论的出发点。今天的英美法在一定程度上保留着罗马法的诉的制度的特点,实体法和诉讼法尚处于没有完全分化的状态。[2]

近代资产阶级对诉权理论做深入研究并有较大贡献的是德国。德国在19世纪曾先后形成了三种不同的诉权学说:一是"私法"诉权说(也称实体诉权说);二是公法诉权说(也称"抽象"诉权说);三是二元诉权说。

1. 私法诉权说

私法诉权说认为,诉权是基于私法而产生的一项私权,由权利主体指向义务主体。按照该学派对于诉权同实体权利之间具体关系的不同理解,又可划分为三种学说,分别为"发展阶段说""组成部分说"和"属性说"。(1)发展阶段说。德国学者萨维尼是私法诉权说的创始人,萨维尼认为,权利因受到侵犯而发生变化,由此产生了旨在消除这种侵害的权能(即诉权)。诉权具有与债相近似的实体法本性,它作为潜在的能力内含于实体权利之中。在当事人提出诉讼后,诉权就由"债的法律关系的胚胎"变成"真正的债"。[3]总之,萨维尼把诉权看作民事权利的一个阶段,即只有在通过诉讼实现被侵害的权利时才会出现的一个阶段。(2)组成部分说。德国法学家

---

[1] 中村英郎.论民事诉讼制度的目的[J].外国法学研究,1998(4).
[2] 颜运秋.公益诉讼诉权的宪政解释[J].河北法学,2007(5).
[3] 顾尔维奇.诉权[M].康宝田,沈其昌,译.北京:中国人民大学出版社,1958:6.

温德塞德继承了萨维尼的"发展阶段说"的诉权理论并且有所发展。他主张民事诉讼的目的在于保护权利，实际上就是保护已经存在的私权，而这种私权由于被侵害能够转化为要求排除侵害的请求权，当这种请求权得不到满足时，会由于权利人向法院的诉求而转化为诉权。这种观点为后来的学者所发展，形成了民事权利的"三要素"说，即民事权利由基础权、请求权和诉权三要素共同组成，各要素在不同阶段展示各自的内容。（3）属性说。属性说认为诉权是民事权利的强制属性。

但私法诉权说在以下两点难以自圆其说。第一，这一学说与诉讼的逻辑过程相悖，进而否定了起诉权的独立性。按照私法诉权说，诉权的有无取决于实体权利的有无，进一步说，实体权利的有无是诉讼程序应否开始的依据。这实际上是把诉讼的结果作为诉讼的前提看待，因而有悖于诉讼的逻辑过程。第二，私法诉权说限制了诉权主体的范围。按照此说，民事义务主体是无诉权可言的，从而无法对义务主体可借助诉权对抗权利主体滥用权利的诉讼现象做出合理解释。

2. 公法诉权说

公法诉权说经历了"抽象诉权说""具体诉权说"和"本案判决请求权说"等几个阶段。（1）抽象诉权说。抽象诉权说是公法诉权说的最初形态，以德国学者德根科宝为代表。这一学说认为，诉权是提起诉讼并请求法院做出某种裁判的权利。由于原告在这里并不要求具体内容的裁判，故称为抽象诉权说。按照该说，即使法院以起诉不合法为由予以驳回，诉权也已得到了满足。该学说过于抽象空洞，使得诉权显得苍白无力，随着具体诉权说的出现便丧失了支配地位。（2）具体诉权说。具体诉权说又称具体的公权说或权利保护请求说，是对抽象诉权说的修正。该说的代表人物是德国学者拉邦德。该说认为，民事诉讼的目的在于保护私权，诉权就是要求法院依照实体法做出有利判决的权利，它以实体权利为基础。要求特定具体内容的判决即有利判决，这是具体诉权说概念的由来。该说通过诉讼上的权利保护要件将诉权和实体私权加以区分，弥补了诉权私权说的不足。然而该学说本身依然存在着诸多疑问，例如原告提起诉讼，被告既未到场也未请求驳回原告之诉时，原告的请求因无理由被驳回，被告是否存在诉权？（3）本案判决请求权说。本案诉讼请求权说在德国的代表人物是未艾尼克·布莱，在日本的代表人物是兼子一，并在日本获得了通说的地位。该说认为，民事诉讼的目的是解决纠纷，诉权实际上就是要求法院在弄清是非曲直的基础上解决纠纷的权利。

3. 二元诉权说

二元诉权说，是指诉权具有程序意义和实体意义两重意义。程序意义上的诉权,是指原告向法院提起诉讼的权利和被告进行答辩的权利;实体意义上的诉权,是指原告通过法院向被告提出实体上要求的权利和被告可以通过法院反驳原告请求和反诉的权利。

三、与诉权相关的几个概念辨析

（一）诉权与诉

诉权与诉既互相联系,又有区别,两者的关系主要体现在:(1)诉权是当事人依法享有的请求司法保护的权利,诉是当事人依法提出的要求审判保护的请求;(2)诉权是诉的前提条件,诉是行使诉权的结果;(3)诉权是可能的诉,而诉是现实的诉;(4)诉权是诉的法律基础,诉是对诉权的保障。

（二）诉权与诉讼权利

诉权与诉讼权利的联系主要有以下几点:(1)诉权的行使是当事人行使诉讼权利的前提条件,因为诉权的合法行使方可启动诉讼程序或者发生诉讼系属,诉讼系属后,当事人方可行使各项诉讼权利。(2)诉权的行使要能现实地启动诉讼程序,必须通过行使起诉权或反诉权这些具体的诉讼权利;与之相应的,诉权的行使条件在制度上转化为法定的起诉条件和反诉条件。(3)举证权、辩论权等诉讼权利的行使有助于诉权的实体内容或行使诉权目的的实现。

诉权与诉讼权利的区别主要有以下几点:(1)两者的内涵和意义不同。诉权包含程序意义上的诉权和实体意义上的诉权两个方面的内容,分别指向诉讼程序的开始和对当事人民事权益的保护与强制实现,有无诉权直接关系到当事人能否获得司法保护。而诉讼权利是指民事诉讼法律关系主体为一定诉讼行为的可能性,它指向诉讼行为。(2)两者存在的时间不同。诉权是自诉讼外加以利用的权能,即诉权是存在于诉讼外的权利;而诉讼权利是在诉讼过程中加以运用的权能,即诉讼权利存在于诉讼过程中。(3)两者的权利主体不同。诉权主体是当事人,而诉讼权利不仅为当事人所拥有,当事人以外的其他诉讼参与人(如证人、鉴定人)均可拥有。(4)根据一事不二讼原则,就同一纠纷或案件,其诉权仅可作一次行使,而许多诉讼权利可以由双方当事人及其他诉讼参与人多次行使。(5)与诉权主体相对的是法院,而与诉讼权利主体相对的可能是法院、对方当事人或其他诉讼参与人。(6)诉权是诉讼权利发生的根源,诉讼权利是诉权的实现形式。[1]

---

〔1〕 张进德,潘牧天.新编民事诉讼法学[M].北京:中国民主法制出版社,2013:56-57.

第二节

民事诉权的保护与正当行使

民事诉权是宪法和法律赋予民事主体进行民事诉讼的基本权能,相对于其他权利而言,既具有基础性——是公民权利在实际上得到保障的前提,又具有绝对性——是只要符合诉讼规则就应当实现的权利。从司法实践的情况来看,其中最重要的问题是诉权的保护问题。如何解决公民诉权的可实现性,把"纸面上的法"变成"现实中的法",进而在程序上、实体上体现公正司法,是实现司法公正的第一步。因此,加强对诉权的保护,使当事人在民事诉讼中能够充分地行使诉权,意义就显得十分重要。

而另一方面,依法行使民事诉权对实现民事诉讼目的、维护民事主体的合法权益、解决民事纷争、维护社会和谐稳定具有重要意义。随着社会经济和民主政治的发展,诉权在主体、属性及制度保障方面有了长足发展,它已经不仅仅是普通的救济权利,而愈发展现出其制约权力、表达个人利益诉求和意志的人权属性。[1]因此,正当行使民事诉权,对维护法律权利、保障民事主体合法民事权益、定纷止争、维护社会秩序稳定至关重要。任何不正当行使民事诉权行为,尤其是滥用民事诉权行为,不仅违背民事诉权创制的宗旨,背离司法正当性的要求,而且还会严重损害相对人的合法权益,浪费司法资源,破坏社会稳定。

一、对民事诉权的保护

(一)加强对民事诉权的宪法及民事实体法保护

从民事诉权的宪法性保护角度而言,诉权的宪法化已成为现代宪政建设的一个重要内容,世界各国"诉权宪法化"正成为不可逆转的诉讼法改革

---

[1] 任瑞兴.诉权的法理分析——以我国的诉权发展为基点[D].吉林大学,2007:48-49.

趋势。诉权的宪法化客观上要求宪法应明确赋予国民诉权。这个趋势在国际法上也有体现,如有关人权和司法的国际条约明确规定社会成员享有接受法院适时、适式裁判的权利。当前,我国宪法关于法院及相关诉讼原则的规定反映出宪法对国民所享有的诉权的认可,但我国宪法仍需要对国民享有诉权及其保护性做出明确规定,以此彰显诉权的宪法性地位及其价值。从民事诉权的民事实体法保护角度而言,需要健全民事实体法自身的合理性和可操作性建设,这有助于诉权主体和审判机关衡量判断诉的利益的有无以及当事人是否适格和诉讼标的的实体请求内容,这对民事诉权的保护是必需的。

(二)加强对民事诉权的《民事诉讼法》保护

致力于调整并完善《民事诉讼法》在民事诉权启动与运作方面的立法是民事主体充分享有并行使民事诉权的一个重要保障手段。应当贯彻诉讼公正和诉讼经济的思想,以保护和便利民事诉权的行使为出发点,一要增强《民事诉讼法》关于民事诉权的启动条件的科学化、合理化和具体化规定,如起诉状格式规范中关于"应当记明证据和证据来源,证人姓名和住所"的规定,应该由强制性规范向选择性规范转变。二要将民事诉讼某些涉及民事诉权的具体规范与民事诉讼的基本原则进一步统一和协调,如撤诉、申请回避、缺席判决与当事人诉讼权利平等原则、处分原则、辩论原则的协调。在这方面有学者认为"现行撤诉制度忽视了被告已付出的诉讼成本并对诉讼结果的期待利益,违反了诉讼当事人平等原则。对此,立法上应当把一定情形下征得被告同意作为撤诉的实质要件之一,把向被告送达撤诉书状作为形式要件之一,以此来权衡原告和被告之间的利益关系"[1]。可见,最大限度地实现对原告与被告的民事实体权与民事诉权保护上的平衡是保护民事诉权的一个重要内容。三要克服民事诉讼某些具体制度在保护民事诉权上的局限,如级别管辖制度中确定管辖的标准在实际操作时还不完全确定的问题,证据制度中过高的证明标准问题,诉讼费用制度中案件受理费标准是否过高的问题,以及当事人有正当理由没有预交诉讼费能否成为审判机关拒绝受理案件的理由问题,等等。

(三)重视司法实务领域对民事诉权的保护

对民事诉权加以保护,在创制健全完善的法律规范的同时,离不开司法实务领域对法律规范的贯彻和落实。这一点上,审判机关所给予的保障尤为重要。一方面,法院应当严格依法行事;另一方面,法院也要为民事诉权

---

[1] 占善刚.诉讼权利平等原则新论[J].法学评论,1999(2).

的行使提供必要的便利条件,不得为民事诉权的行使设置障碍,不得不恰当地运用自由裁量权对民事诉权的行使进行干预或否定。

二、民事诉权的正当行使

毋庸置疑,任何权利的享有都不是绝对的,因为"如果自由不加以限制,那么任何人都会成为滥用自由的受害者"[1]。从这一点来说,民事诉权的行使同样如此。民事诉权作为一种程序法上的权利,是民事主体寻求并获得司法救济,维护自身合法权益免受不法侵害最为重要的保障手段。这种权利的行使,只有出于正当目的,采取合法途径和手段,才符合该权利创设的本意和初衷,否则,便存在侵犯和损害他人合法权益的可能。

(一)民事诉权的固有属性与民事诉权的正当行使

民事诉权根源于民事实体法和民事程序法的具体规定,是法律赋予民事主体从事民事诉讼活动的基本权能,它属于法律权利的范畴,它具有自由性和规范性双重属性。

从自由性角度看,民事诉权的行使由诉权享有者个人决定,诉权的行使不受他人干涉,是否行使诉权、如何行使诉权以及诉权行使到何种程度均由权利人自行决定。从规范性的角度看,民事诉权的行使要在法律许可的范围内进行,它要求诉权行使者适格,行使方式、行使条件要符合法律规定。如果超越法律规范设定的界限,将产生相应的法律后果。这一点,法国民事诉讼理论更加重视并强调诉权所具有的任意性和自由性。其任意性是指诉权的行使由其本人决定,不具有任何义务性,任何人都不得干涉他人行使诉权。其自由性是指诉权行使后原告败诉时即使给对方造成了损失,也不会承担因过失行使诉权而产生的责任。[2] 在有些情况下,当事人对自己是否应当行使诉权往往缺乏正确的认识,有可能因认识错误而行使诉权,但由于人们对法律的认识或法律的解释是比较微妙的,因此不能对当事人在行使诉权时做过于严格的要求,让诉权行使人承担因此种过失所造成的对方的损失。这种损失不是指原告败诉所应承担的民事责任,而是指被告在诉讼中所受到的损失。这一点与诉权的任意性是紧密联系在一起的。但如果当事人是故意滥用诉权损害他人利益,使他人受到损失,滥用民事诉权者要因此承担损害赔偿责任。在审判实务中,原告滥用民事诉权造成对方损失的,

---

[1] 程燎原,王人博.权利及其救济通论[M].济南:山东人民出版社,1998:210.
[2] 转引自张卫平.法国民事诉讼中的诉权制度及其理论[J].法学评论,1997(4).

受损害方要承担原告滥用诉权使其遭受损失的举证责任,证明成立,法院认可的,法院将给予滥用诉权行为人民事罚款的处罚。[1]尽管如此,由于过于强调民事诉权的自由性,一定程度上,造成"诉权自由"与"滥用诉权"二者在界限区分上的把握困难,致使司法实务中产生许多困惑。例如,当受损害人主张因对方当事人滥用民事诉权造成其损害,请求赔偿时,需要证明行为人滥用民事诉权存在主观上的过错,但这种证明的难度往往导致对滥用民事诉权行为认定的困难,不利于滥用民事诉权侵权责任的承担。因此,在承认民事诉权的自由性的同时,还应该明确这种自由不是绝对的自由。民事诉权在行使过程中,只有与承担相应的法律义务相关联,相牵制,才能更有利于保证民事诉权行使的正当性。

(二)原告的请求与民事诉权的正当行使

民事主体向法院提出启动诉讼程序的请求是行使民事诉权的重要标志。在法国,民事诉讼理论层面一般认为原告的请求是当事人向有管辖权的法院所提起的要求对其主张的权利予以认可的诉讼行为。从请求的目的看,有的请求以启动诉讼为目的,因此,这种请求也称为开始诉讼的请求。有的请求则是在诉讼系属之后提起,如第三人提出的请求。请求一旦被法院受理,法官就有义务对该案进行裁判。因此,该诉讼请求是否应当受理对于法官而言是首要问题。请求必须按照法律的规定提起,否则将不予受理。请求被受理并不意味着该请求一定会得到法官认可,因为只有请求在法律上是正当的,即该请求所依据的实体权利实际存在,请求才能被法官认可。在法国民事诉讼理论上,请求必须依法提起被称为请求的适法性,这属于请求的受理要件。请求在法律上是正当的被称为请求的正当性,属于实体权利的本体问题,也是案件的胜诉要件。由于诉权本身并不包含实体权利,因此,尽管法官在某项请求无正当性时可以驳回原告的请求,却不能因此否定原告提起诉讼的有效性。如果将请求提起的有效性与请求的正当性混淆,将会影响法官对诉讼案件的正确受理。[2]在我国,民事诉讼程序的正式启动与原告向法院提出诉讼请求紧密相关。《民事诉讼法》采取"原告的起诉行为与法院的受理行为相结合"的立法模式,这与体现为"事实出发型"诉讼特征的英美法系国家不同。我国从既存的成文法律规范出发来把握民事诉讼,以实现实体法律规范设定的权利义务为诉讼的重要目的,进而规制民

---

[1] 如《法国民事诉讼法》第32条规定:对于以拖延或者其他不当手段进行诉讼者,可以处以100法郎至10000法郎的罚款,受损害人还可以要求给予其他赔偿。

[2] 张卫平.法国民事诉讼中的诉权制度及其理论[J].法学评论,1997(4).

事诉权的行使。在这种"规范出发型"的诉讼中,民事诉讼的诉讼标的不是原始的事件,而是原告按照法律规定进行过法律处理的案件,从权利请求层面来说是法律上的实体权利请求。一定意义上说,民事诉讼的诉讼标的是由原告决定的,加之维护法律规定的权利成为诉讼的主要目的,因而,诉讼当事人只不过是该法律案件中的权利人和义务人,即原告和原告指定的被告。即使是案件的关系人,如果不行使民事诉权或者没有被原告指定为被告,形式上也不能成为当事人。由此可见,原告向法院提出请求出于何种目的,是否正当,将与民事诉权能否正当行使有直接关系。

（三）民事诉权要件与民事诉权的正当行使

任何一个国家创设民事诉讼制度均以保护和救济民事主体合法且正当的民事权益为重要目的之一。正当行使民事诉权,一要针对平等民事主体之间产生的具有可诉性的民事纠纷,二要符合民事诉权要件,即民事诉权的存在要件和民事诉权的行使要件。

通常认为,民事诉权的存在要件至少应当包括当事人适格且民事主体拥有诉的利益。在法国,诉权存在要件指某人具有诉权所具备的条件。一是要求法院予以裁判的权利,这种权利,原则上所有的人都享有。二是存在诉的利益。作为民事诉权存在的条件之一,如果提出请求的人不能证明其所具有的利益,法院将不会受理其诉讼请求。《法国民事诉讼法》第31条明确指出:诉权给予一切与诉讼请求成立与否有正当利益的人。这种利益应当是直接的个人利益,是一种法律上的正当利益,且应当是现实存在的利益。[1]这方面,我国与法国存在一定差别,"在我国民事诉讼理论中一般都没有探讨诉的利益的问题,通常是以起诉的条件来限制无益的诉讼"[2]。从规制当事人民事诉权行使的角度看,不能不说这是我国民事诉讼理论与民事诉讼立法的一个缺憾。

民事主体行使民事诉权,在满足民事诉权存在要件的同时,还须具备民事诉权的行使要件,这是一种民事诉权行使的程序性要件,由民事诉讼法律加以规定。各国关于民事诉权的行使要件通常从一般情况和特殊情况两个角度设定为民事诉权行使的一般要件和特殊要件两类,以此规制当事人正当行使民事诉权。

民事诉权行使的特殊要件是针对诉的合并、诉的分离、提起反诉、撤销之诉、执行异议之诉、参与分配之诉以及刑事附带民事诉讼等特殊诉讼,在

---

[1] 张卫平.法国民事诉讼中的诉权制度及其理论[J].法学评论,1997(4).
[2] 张卫平.法国民事诉讼中的诉权制度及其理论[J].法学评论,1997(4).

满足民事诉权行使的一般要件的前提下,还必须符合《民事诉讼法》规定的特殊条件才能行使相关民事诉权。这种以法典的形式明确设定民事诉权行使要件的做法,其根本出发点在于通过对当事人行使民事诉权的行为加以规制,最大限度地保证民事诉权行使的正当性,可以在一定程度上防止民事诉权被滥用而产生侵权,从而,实现实体法律规范所设定的权利义务,公正解决民事纷争,维护民事主体的合法民事权益。

第三节 滥用民事诉权

一、诉权滥用的界定

近代以来,滥用民事诉权呈现愈演愈烈的趋势,其产生的严重后果已成为一个世界性问题,有学者称之为"公害",世界各国均给予高度重视。在我国,对滥用民事诉权造成侵权是作为一种新类型的诉讼案件对待的。因此,认识滥用民事诉权的属性,必须结合域内外相关民事诉讼理论以及相关立法与司法加以解读。

(一)滥用民事诉权的含义及其属性论证

1. 对滥用民事诉权提法是否恰当的认识

谈及滥用民事诉权的概念问题,首先需要解决的是学界对滥用民事诉权这一表述恰当与否的争执。有学者认为:"既然对诉权的行使是以宪法作为最终保障的,那么就不会存在滥用诉权的情形。因为,其一,诉权的宪法性保障要求不断扩充对程序的保障手段,加强对程序的影响力度,而这与承认民事诉讼中存在诉权滥用是根本矛盾的。其二,诉权的宪法保障处于不断发展状态,其在某些场合下的范围尚难确定,如果认可滥用诉权的存在,可能会限制诉权的宪法保障的全面发展。"[1]针对这种观点,有学者提出不同主张,认为"不否认从宪法基本权的高度保障诉权行使的积极意义,但是将宪法保障作为否认滥用诉权客观存在的根据则是不足取的"[2]。不可否认,任何权利的行使都要基于一定的目的,这种目的的正当与否将直接影响权利行使是否正当。出于正当目的下的权利行使,无论在权利行使的表象

---

[1] Michele Taruffo. Abuse of procedure rights:comparative standards of procedural fairness[M]. Hague:Kluwer Law International,1999:15-19.

[2] 汤维建,沈磊.论诉权滥用及其法律规制[J].山东警察学院学报,2007(3).

上还是实质上,均符合法律规定,受法律保护。但出于非正当目的的权利行使则不然,二者的界限是完全可以把握的,民事诉权也不例外。此外,不能否认的是,权利是法律赋予的,"权利是法律之子"[1]。边沁也曾指出:"在一个多少算得上文明的社会里,一个人所以能够拥有一切权利,他之所以能抱有各种期望享受各种认为属于他的东西,其唯一的来由是法"[2],而"一个人的权利是一个人得到法律认可的可能行为的界限"[3]。可见,任何权利的行使都必须符合法律为之设定的限度,超出这个范围,权利的所有人便滥用了这些权利,从这一点上说,民事诉权的行使同样也不例外。而且,承认并探讨滥用民事诉权问题,将更有利于保证民事诉权的正当行使。因此,滥用民事诉权的表述应该是成立的,也是恰当的。

2. 滥用民事诉权的内涵及其属性

滥用民事诉权是西方国家在法制充分发达的前提下衍生出的一种非正当行使诉权的产物,当今世界绝大多数国家都承认滥用民事诉权的存在并对滥用民事诉权的概念加以界定。关于滥用民事诉权的内涵,英美法系国家和大陆法系国家存在一定差异。英国和美国仅仅承认当事人在行使民事起诉权和反诉权过程中存在民事诉权的滥用。如依据英国侵权行为法的规定,起诉者因恶意且缺乏合理的原因进行的诉讼,即起诉存在恶意,而且既对胜诉的可能性缺乏合理的信心,同时诉讼的结果又是原告败诉,这就是不合法的民事诉讼,这种不合法的诉讼会产生诉权。在法国,无论是当事人行使起诉权,还是当事人行使上诉权,如果当事人无故拖延诉讼,不适当采用攻击或者防御的方法等方式进行诉讼,也被界定为滥用民事诉权。如《法国新民事诉讼法》第32-1条规定:"以拖延诉讼方式,或者以滥诉方式进行诉讼者,得科处100法郎至1000法郎的民事罚款,且不影响可能对其要求的损害赔偿。"第581条规定:"提出上诉是以推迟诉讼为目的或者滥行上诉,对上诉人得科处100法郎至1000法郎的民事罚款,且不影响请求受理上诉的法院判处损害赔偿。"德国民法典虽然不承认起诉能构成民事诉权的滥用,但德国运用判例对成文法加以补充,允许被告在阻止侵犯工业产权案件中对原告以欺诈手段取得胜诉判决提起损害赔偿之诉。在日本,滥用诉权被界定为滥用纠纷解决请求权,学者通常从诚实信用原则的角度提出滥用

---

[1] 19世纪中期以后,英美分析法学家开始用批判的眼光对待自然权利理论,他们强调"权利是法律之子",并开始对法律权利进行分类。张文显.法学基本范畴研究[M].北京:中国政法大学出版社,1993:67.

[2] 张文显.法学基本范畴研究[M].北京:中国政法大学出版社,1993:69.

[3] 雅维茨.法的一般理论[M].沈阳:辽宁人民出版社,1986:170-171.

诉权这一概念。[1]我国澳门地区的《民事诉讼法》第385条规定了恶意提起民事诉讼的几种情形,有学者认为"澳门民事诉讼法典所称恶意诉讼为广义的恶意诉讼,主要指滥用诉权"[2]。由此可见,滥用民事诉权的概念基本得到绝大多数国家诉讼理论与立法及司法的认可。

目前我国学界对诉权滥用并无统一界定,有学者从诉权滥用的行为目的定义,认为"滥用诉权是指行为人向法院起诉,通过民事诉讼的方式达到非法目的或者追求不正当结果的行为"[3]。有学者是从诉权要件与当事人主观意图两个层次界定滥用诉权:"所谓滥用诉权,是指诉讼当事人主观存在过错,明知在不享有诉权的情况下提起诉讼或虽享有诉权,但本着侵犯他人合法权益之目的恶意行使诉讼权利,从而实现不法诉讼利益的行为。"[4]还有学者将诉讼权利滥用也纳入滥用诉权的含义当中:"滥用诉权,是指当事人出于故意或相当于故意的重大过失,缺乏合理的根据,违反诉讼目的而行使法律所赋予的各项诉讼权利,纠缠法院和相对方当事人,从而造成不必要的人力和财力的浪费的行为。"[5]此外,还有从恶意诉讼的角度来界定诉权滥用概念的,如:"恶意起诉也称为滥用诉权,是指在民事诉讼中加害人恶意提起诉讼意图使'被告'遭受不利之民事判决的行为。"[6]"滥用诉权往往可以包含在恶意诉讼之中,从而成为恶意诉讼侵权行为的一种类型。"[7]本书不对上述观点一一评价,在此,我们将滥用民事诉权表述为:在民事权利的司法救济领域,当事人以追求不正当利益为目的,非善意地行使民事诉权,意图使对方遭受一定程度损害的诉讼行为。[8]

对民事诉权滥用的属性认识,两大法系存在一定的差异。德国法学界最具代表性的观点认为"诉权滥用是权利享有者对法律地位的欺骗行为;是当事人欺骗性诉讼的行为;是对司法救济的阻碍;是对实体权利和诉权的共同滥用"[9]。英国法学界则通常认为,当事人滥用诉权是指当事人从事了

---

[1] 兼子一,竹下守夫.民事诉讼法[M].白绿铉,译.北京:法律出版社,1995:81.
[2] 蔡颖雯.侵权法原理精要与实务指南[M].北京:法院出版社,2008:267.
[3] 汤维建,沈磊.论诉权滥用及其法律规制[J].山东警察学院学报,2007(3).
[4] 张晓薇.民事诉权滥用规制论[D].四川大学,2005:69.
[5] 郭卫华.滥用诉权之侵权责任[J].法学研究,1998(6).
[6] 张新宝.恶意诉讼的侵权责任[EB/OL].http://www.civillaw.com.cn/Article/default.asp?id=33642.
[7] 于海生.恶意诉讼侵权责任法律制度研究[D].黑龙江大学,2010:67.
[8] 潘牧天.滥用民事诉权的侵权责任研究[M].上海:上海社会科学院出版社,2011:40.
[9] Burkhard Hess. Abuse of procedure in Germany and Austria[M]//Michele Taruffo. Abuse of procedural rights:compartive standards of procedarl fairness. Hague:Kluwer Law international,1998:153.

违背正当程序的诉讼行为,既包括故意操纵、歪曲或妨碍民事诉讼,也包括当事人过失行使诉讼程序。由此可见,大陆法系国家在界定民事诉权滥用的属性时,将滥用诉权纳入了权利滥用的范畴加以认识,将民事实体法作为认识和界定民事诉权滥用的基本属性的基础和核心。一定意义上说,这削弱了滥用民事诉权理论对民事诉讼应有的指导价值。英美法系国家则扩大了民事诉权滥用的适用范围,将当事人不遵守诉讼程序义务的行为也纳入了当事人滥用诉权的范畴。某种角度上说,这种将当事人诉权行使与正当程序相联系来考察界定诉权滥用的内涵的认识不利于民事诉讼程序的充分开展。事实上,认识民事诉权滥用的应有属性,必须首先确立一个指导思想。即:既要惩治诉权滥用人,又要从诉权的目的出发,对民事诉权的行使维持在合理的限度之内,从而不至于令民事主体对诉讼望而却步。因此,滥用民事诉权行为的根本属性在于以下几个方面。[1]

其一,诉讼行为的非正当性。诉权是诉讼权利的基础,诉讼权利是诉权的具体化,而诉讼行为又是诉权和诉讼权利得以实现的外在表现。当事人只有依法从事诉讼行为,才是合法的、正当的诉讼行为。而滥用民事诉权行为是行为人出于非法目的,主观上故意不正当行使诉权造成相对方损害。这种行为既没有法律根据,也没有事实根据,又缺少正义与道德的支持,体现出行为的非正当性。

其二,诉讼目的的非正当性。从产生民事诉权滥用的动因角度看,由于滥用民事诉权行为是以追求正当审理之外的某种目的为目的,"当事人利用诉讼程序的动机不纯,起诉乃至进行民事诉讼的最终目的,实际上并非指向民事纠纷的解决以及实体权利的保护"[2],因此,滥用民事诉权行为造成相对人客观上的某种损害与诉讼目的的非正当性具有直接关联。

其三,行为人主观上的过错性。通常情况下,滥用民事诉权者的主观过错与其所持有的非正当的诉讼目的紧密相关,有时甚至难以分清二者之间的界限。可以说,滥用民事诉权的当事人均具有主观故意或恶意。"在大多数情况下,滥用性起诉一般表现为有损害意图。原告对胜诉不抱任何希望,但他仍然狂热地引发和继续诉讼,唯一的目的就是给对手制造麻烦。在应诉和上诉时,纯粹的恶意可能较少。"[3]这种以损害他人利益为目的的故意

---

[1] 潘牧天.普通程序审限制度的缺陷与民事诉权的滥用[J].学术交流,2009(2).

[2] 汤维建,沈磊.论诉权滥用及其法律规制[J].山东警察学院学报,2007(3).

[3] 雅克·盖斯旦,吉勒·古博.法国民法总论[M].陈鹏,等,译.北京:法律出版社,2004:738.

或恶意,与行为人的过失不同,它是滥用民事诉权的重要属性之一。有学者将"当事人行使诉权的本意虽无不当,但其行为在客观上超越了诉权行使的界限,从而在整体上被归结为一种超越界限的行使"也作为民事诉权滥用来看待。[1]我们认为,坚持对滥用民事诉权的惩治是必要的,但不应在界定滥用民事诉权的界限上扩大化。要区别对待行为人非恶意的诉讼行为,如法律知识欠缺导致的对法律规定或对争议事实、法律关系等的认识错误,等等。如果行为人行使民事诉权本意正当,也就谈不上其诉讼行为及诉讼目的的恶意及不正当问题,尽管其诉讼行为在客观上超越了诉权行使的界限,但这与滥用民事诉权的性质是截然不同的,二者存在本质上的差别。

其四,行为表象与行为实质的双重性。滥用民事诉权行为具有行使诉权的表象上的合法性与实质上的违法性双重属性。从滥用民事诉权行为的外部表现形式上看,滥用民事诉权的行为人行使民事诉权符合法律设定的民事诉权行使的一般要件,对于法律所要求的某些特殊诉讼,在行使民事诉权时也符合相关法律规定。但这种表象上的合法与正当却掩盖不了其行为在本质上的违法与非正当。当然,这种行为实质上的非正当,必须要借助相关立法与司法加以甄别。

(二)恶意诉讼与滥用民事诉权

1. 从几起典型司法实例看恶意诉讼的实质

司法实例一:恶意诉讼引发损害赔偿案。湖南《衡阳日报》记者甘建华撰写了一篇名为《警察获赔27.4万起纷争》的批评性报道,文中化名的"衡南县三塘镇徐涤"与现实生活中的衡南县车江镇徐涤巧合同名。于是生活中的徐涤以名誉权被侵犯为由将甘建华告上法庭。诉讼过程中,徐涤曾数次致电甘建华,称其"本不想告"他,只是"卫生防疫站把我害苦了",还以胜诉后给予好处为诱饵让甘建华帮其作虚假陈述,同时伪造了其妻娘家在三塘镇的虚假证明。本案历时2年多,甘建华最终获得胜诉,并向法院提起了状告徐氏夫妇的恶意诉讼损害赔偿之诉。2002年8月22日,湖南衡南县法院就此案做出判决:被告徐涤夫妇赔偿甘建华经济损失10376元,精神损害慰抚金20000元。据称,在媒体和记者遭遇侵权诉讼案件日益增多的背景下,甘建华的诉讼案是开中国新闻工作者为维护自身合法权益、向原案原告(败诉方)索赔之先河的。[2]

---

[1] 汤维建,沈磊.论诉权滥用及其法律规制[J].山东警察学院学报,2007(3).

[2] 黄建良,萧琳琅.湖南记者挑战"恶意诉讼",一审胜诉获赔3万元[N].检察日报,2002-08-24(5).

司法实例二:恶意诉讼损害国家利益案。山东省日照市DD公司(国有企业,以下简称DD公司)原法定代表人牟××在1990年至2001年10月任职期间,注册成立了私营企业日照市AA经济发展有限公司和日照市BB水产有限责任公司(以下简称BB公司),牟××及其妻子丛×分别担任两个公司的法定代表人。2001年牟××任DD公司经理期间,私自与该公司会计厉××编造虚假账务,将日照市CC水产品有限责任公司(以下简称CC公司)于1998年7月2日归还本公司的货款110000元作为借款入账,并在账中做虚假说明:"1998年7月3日DD公司因还付货款向CC公司借款11万元,后于1998年12月7日CC公司向BB公司拉运刀鱼10吨,抵还DD公司转欠BB公司上述款项11万元。"通过上述账目,将DD公司经营管理的国有资产110000元转给个人经营的BB公司。2001年2月,BB公司向日照市东港区人民法院起诉,请求法院判令DD公司归还其110000元及其他欠款30801.5元并承担诉讼费用。日照市东港区人民法院于2002年1月10日做出(2002)东经初字第43号民事调解书,确定由DD公司于2002年2月28日前付清该笔款项,并承担诉讼费7461元。2003年9月18日,DD公司向日照市东港区人民检察院提出申诉。东港区人民检察院经审查发现,原审调解书认定的主要证据不足。日照市东港区人民法院(1996)东经初字第44号案卷材料证实:CC公司于1998年7月2日归还DD公司货款110000元;2003年日照市纪委与日照市水产集团联合调查牟××、厉××及CC公司经理腾××的调查笔录均证明:DD公司未与CC公司发生借款关系,CC公司也未欠BB公司鱼货款。牟××私自与会计厉××编造虚假账务,将CC公司归还DD公司经营管理的国有资产110000元转给个人经营的BB公司。原审调解书确定由DD公司给付BB公司110000元并承担诉讼费7416元,违反了《中华人民共和国民法通则》第五十八条第三项、第四项,第七十二条第一款,第七十三条的规定。日照市东港区人民检察院于2003年9月24日向日照市东港区人民法院发出日东检民行建(2003)3号检察建议书,建议原审法院对本案进行再审。日照市东港区人民法院经再审纠正了当事人恶意诉讼行为。[1]

司法实例三:冒充原告骗取法院调解书案。河南省南召县人民检察院民行科于2005年接受群众举报,该县部分医院串通法院审判人员,通过虚假诉讼获取民事调解书,从保险公司套取医疗责任保险金。经南召县人民

---

[1] 最高人民检察院法律政策研究室.民事诉讼法修改涉及检察工作的研究资料汇编[G]. 2011:53-55.

检察院调查发现,2002年10月至2004年11月,南召县卫校附属医院等6家医院在与保险公司签订的医疗责任保险合同期内,先后发生14例医疗纠纷事故,6家医院对患者或患者的近亲属给予了赔偿。事后,6家医院为了向保险公司索赔,伪造起诉书、委托书、赔偿协议或病例资料,虚报赔偿数额,并指使他人冒充"原告"或者原告"代理人",起诉至法院,法院审判人员未尽到审查职责,径行立案并调解,致使6家医院通过欺骗手段获取了14份民事调解书,并得以向保险公司索赔。查清事实后,南召县人民检察院首先对涉案的5名审判人员枉法裁判行为进行了初查,经过检察机关的建议,南召县人民法院对5名法官做出了纪律处分。随后南召县人民检察院向法院发出了再审建议,法院撤销了14份民事调解书。[1]

司法实例四:恶意串通假借集资债权向法院申请支付令案。山东省成武县人民检察院办理成武县第三油棉加工厂(以下简称三棉厂)十余名下岗职工联名反映企业负责人内外勾结,不顾企业和职工利益,大肆侵吞转移企业资产案时,审查发现,1989年5月,成武县棉麻公司出资成立了集体企业性质的三棉厂。后三棉厂因经营困难,为逃避企业债务,2004年3月,厂长李××与其弟李YY等6人恶意串通,决定以该厂主要负责人的名义假借集资债权向法院申请支付令。随后,三棉厂向李YY等6人分别出具了9份虚假集资收据,总额达1200余万元。同年8月,李YY等6人分别持三棉厂出具的收据向县法院提出支付令申请书。法院受理立案后随即发出9件支付令,三棉厂在收到支付令后15日内没有提出异议,9件支付令发生法律效力。随后,县法院做出执行裁定,将三棉厂大部分有效资产抵偿给了李YY等6人。同时,成武县检察院还发现,三棉厂虽然向本企业职工集过资,但这些职工并没有委托他人向法院申请支付令,李YY等人既不是真正的债权人,也不是适格的当事人。原审法院没有进行认真审理,仅依据三棉厂伪造的收据做出上述支付令,属认定事实的主要证据不足,适用法律错误。成武县人民检察院遂提出了再审检察建议。成武县人民法院经审查后认定,李YY等6人与三棉厂的债权债务关系不属实,依法裁定撤销了上述9件支付令。[2]

---

[1] 最高人民检察院法律政策研究室.民事诉讼法修改涉及检察工作的研究资料汇编[G]. 2011:108-109.

[2] 最高人民检察院法律政策研究室.民事诉讼法修改涉及检察工作的研究资料汇编[G]. 2011:117.

2. 恶意诉讼与滥用民事诉权的识别与判断

在我国,理论界和实务界对恶意诉讼问题讨论已久,也对恶意诉讼的界定与规制从程序法和民法、刑法等实体法的立法完善,法院的实践操作层面甚至社会诚信体系建设等方面提出了许多建议和对策。虽然各方面的意见并不是非常统一,但对恶意诉讼予以规制得到一致的认可。2012 年我国修改《民事诉讼法》,对恶意诉讼如何进行规制也是重点考虑的内容之一。[1] 修改的《民事诉讼法》第 13 条第 1 款首先规定了"民事诉讼应当遵循诚实信用原则",不仅如此,新《民事诉讼法》第 112 条和 113 条还规定了恶意诉讼、恶意逃债行为及其制裁等诸多体现诉讼诚信内涵的具体化条款。[2] 但这些规定都较为原则,《民事诉讼法》对实践中常见的一方当事人恶意提起诉讼的行为却并未提及。

按照美国侵权行为法的规定,滥用诉讼程序是一种侵权行为,分为恶意提起民事诉讼、恶意刑事告发和滥用诉讼程序。[3] 其中滥用诉讼程序是指当事人享有相关诉权,却滥用诉权提起刑事诉讼程序和民事诉讼程序。在我国,关于对恶意诉讼的学理界定,诉讼法学界存在几种不同表述。有学者认为"恶意诉讼是指当事人故意提起一个在事实上和法律上无根据之诉,从而为自己谋取不正当利益的诉讼行为"[4]。也有学者认为"恶意诉讼是指当事人明知或应当知道其诉讼目的是不正当的,而仍然诉请保护,以致不正当诉讼发生,侵害对方合法权益的行为。恶意诉讼包括恶意起诉、恶意保全、恶意反诉等情形"[5]。还有学者认为恶意诉讼是指"故意以他人受到损害为目的,无事实根据和正当理由而提起民事诉讼,致使对方在诉讼中遭受损失"[6]。在此,我们不对各种界定的科学性及合理性加以一一评价,需要强调的是,滥用民事诉权与恶意提起民事诉讼虽有许多共同的表征,但二者具有实质差别,不能混淆二者的界限。我们认为,对于意提起民事诉讼可以做这样的界定:恶意提起民事诉讼是指行为人明知起诉缺乏事实和法律

─────────

[1] 宋朝武.新《民事诉讼法》视野下的恶意诉讼规制[J].现代法学,2014(6).
[2] 《民事诉讼法》第 112 条规定:当事人之间恶意串通,企图通过诉讼、调解等方式侵害他人合法权益的,人民法院应当驳回其请求,并根据情节轻重予以罚款、拘留;构成犯罪的,依法追究刑事责任。第 113 条规定:被执行人与他人恶意串通,通过诉讼、仲裁、调解等方式逃避履行法律文书确定的义务的,人民法院应当根据情节轻重予以罚款、拘留;构成犯罪的,依法追究刑事责任。
[3] 陈桂明,刘萍.民事诉讼中的程序滥用及其法律规制[J].法学,2007(10).
[4] 汤维建.恶意诉讼及其防治[M]//陈光中,李浩.诉讼法理论与实践(下).北京:中国政法大学出版社,2003:331.
[5] 王加庚.应设立恶意诉讼赔偿制度[N].人民法院报,2004-07-20(4).
[6] 杨立新.中华人民共和国侵权责任法草案建议稿及说明[M].北京:法律出版社,2007:182.

的可能性理由,仍然违背诉讼的固有目的,故意提起民事诉讼,以图损害他人,获取不正当利益的诉讼行为。它与滥用民事诉权行为的根本区别在于以下几点。[1]

首先,从行为的主体上看,恶意提起民事诉讼的主体针对的仅仅是恶意起诉的原告,这属于狭义上的当事人的范畴。而滥用民事诉权由于在权利内容上具有宽泛性,包括当事人享有的全部民事诉讼权利,因此,其主体体现为广义的当事人,既包括原告,也包括被告和民事诉讼第三人。

其次,从行为有无诉权依据上看,恶意提起民事诉讼是以行为人不享有民事诉权为基本前提的,其明知自己的起诉行为缺乏事实根据和法律根据,(即缺乏可能性理由),却以追求"请求正当审理"之外的其他不正当利益为目的从事诉讼行为,属于无可能原因的诉讼行为。通常情况下,"只要任何一个有普通的注意力和审慎心的人都相信,存在的事实确实值得去诉讼即为存在可能性的理由"[2]。但由于民事诉讼中,当事人的起诉行为只要在形式上具备《民事诉讼法》第119条规定的起诉条件,行为人就可以从事恶意提起民事诉讼行为,因而,这种对起诉行为是否缺乏事实根据和法律根据的判断尚有一定难度,需要完善当事人承担的举证责任的相关立法与司法。而滥用民事诉权是以行为人享有民事诉权为基本前提的,但行为人故意滥用这种诉权进行民事诉讼,是以追求"正当审理目的"之外的不正当利益为目的从事诉讼行为,其直接目的是追求诉讼利益,这与绝对的无可能原因尚存在区别。

再次,从行为的发生区间上看,恶意诉讼可以体现为刑事诉讼中的恶意告发或控诉,也可以表现为民事诉讼程序的恶意利用;而滥用民事诉权则只局限在民事诉讼领域,因此,就二者行为的发生区间来看,滥用民事诉权行为可以发生在民事诉讼的任何阶段,而恶意提起民事诉讼行为则仅限于民事起诉行为。

最后,从行为的内容上看,行为人恶意提起民事诉讼,所行使的是民事起诉权,主观上具有恶意,客观上通常采取伪造证据、虚拟事实或与共同原告恶意串通的方式来掩盖事实根据和法律根据缺失的事实。而滥用民事诉权,行为人行使的是民事起诉权、反诉权、上诉权、再审申请权以及申请回避

---

[1] 潘牧天. 滥用民事诉权的侵权责任研究[M]. 上海:上海社会科学院出版社,2011:47-48.
[2] Eric J. Limiting the antitrust immunity for concerted attempts to influence courts and adjudicatory agencies: Analogies to malicious procecution and abuse of process [J]. Harvard Law Review, 1973(86).

权、提出管辖异议权、请求财产保全等诉讼权利。

（三）诉讼欺诈与滥用民事诉权

在民事诉讼中，与滥用民事诉权和恶意诉讼容易混淆的另外一种不正当诉讼行为是诉讼欺诈。诉讼欺诈，也可以称为虚假民事诉讼，"是指诉讼参加人恶意串通，虚构民事法律关系或法律事实，通过符合程序的诉讼形式，使法院作出错误裁判，从而达到损害他人利益、谋取非法利益的目的的违法行为"[1]。

1. 从几起典型司法实例看诉讼欺诈

司法实例一：伪造证据虚假诉讼。马×与鲁××原来是生意上的两个好朋友，1996年年初，两人签订了一份协议，约定双方各出资30万元共同组建一家装修公司，由马×负责经营管理。其后，由于鲁××的资金不到位，马×独自经营。1997年下半年，鲁××突然向安徽省淮南市谢家集区人民法院提起诉讼，要求马×返还他的投资款30万元及相应的利息。他起诉的依据是双方之间签订的那份投资合作协议以及一张由马×本人于1996年5月12日签名的收条。原告鲁××宣称，这张收条的主文是他自己写的，内容是"今收到鲁××投资款30万元"，而马×则在收条上签上了名字和日期"马×，96.5.12"。但马×认为这张收条是鲁××伪造的，遂向法院提出申请，要求对该收条的真伪进行鉴定。一审法院先是委托安徽省公安厅刑事科学技术鉴定所对该收条进行鉴定，鉴定结论为：收条上的"马×，96.5.12"字样不是马×本人所写。但鲁××对这个鉴定结论不服，要求重新鉴定，于是法院又委托公安部物证鉴定中心做了第二次鉴定，该鉴定中心只做出了一个倾向性意见：收条上的"马×，96.5.12"字样倾向于是马×本人所写。法院认为在这样的情况下定案比较困难，因此又委托中国刑事警察学院作了第三次鉴定。在等待鉴定的这段时间里，不知出于什么原因，马×把自己的住房给卖了，鲁××得知消息后，马上要求法院对马×的财产进行诉讼保全，在鲁××提供了必要的担保后，法院依法查封了马×所属公司仓库中的十几万元的铝材，这对马×的经营造成了极大的影响。不久，中国刑事警察学院的鉴定结果出来了：收条上的"马×，96.5.12"字样是马×本人所写。在经历了长达两年的诉讼之后，一审法院终于在1999年下半年做出了判决：被告马×应返还原告鲁××投资款30万元并支付利息9.72万元。马×不服一审判决，向淮南市中级人民法院提出上诉，并要求重新鉴定。由于此案鉴定的难度很大，淮南市中院又先后委托最高人民检察院检察技术

―――――

[1] 陈桂明.程序理念与程序规则[M].北京：中国法制出版社，1999：115.

研究所和北京物证技术鉴定所这两家鉴定机构进行鉴定,前者认为无法做出明确的结论,而后者的笔迹鉴定专家徐立根教授极其肯定地做出了鉴定结论:收条上的"马×,96.5.12"字样是他人精心模仿的结果,不是马×本人所写。2000年10月,安徽省淮南市中级人民法院采纳了徐立根教授的鉴定结论,对此案做出终审判决:撤销原判,驳回鲁××的所有诉讼请求。一场历时3年、经过5次鉴定的马拉松式的诉讼终于以被告马×的胜诉而告终。但是此时,马×苦心经营多年的公司也已濒临倒闭了。〔1〕

  司法实例二:原被告合谋虚构债务非法转移房产。2005年,湖南AA置业发展有限公司(以下简称AA公司)为湖南省监狱管理局(以下简称省监狱管理局)干警定向开发住宅小区万明佳园,购房干警预交了三分之一的购房款。2008年2月,AA公司以项目开发成本剧增为由,向省监狱局提出加价要求,遭到省监狱局拒绝。为促使省监狱局加价,同时也为确保贷方利益,AA公司与朱××、林××等人合谋隐瞒借款真实情况,在原5700万元真实债务的基础上再伪造1.2亿元虚假债务证据,并企图通过法院诉讼调解这一方式来转移万明佳园的房产。朱××、林××于2008年4月19日起分19起案件先后向湖南长沙岳麓区人民法院提起诉讼。岳麓区人民法院依据AA公司与朱××、林××等"当事人"达成的调解协议即发出调解书。据此,AA公司顺利将万明佳园房产"合法"抵偿了债务。省监狱管理局曾向岳麓区人民法院提出申诉,法院进入再审后却裁定中止审理。2009年6月26日,省监狱管理局向岳麓区人民检察院提出申诉。岳麓区人民检察院立案后,经审查查明了当事人通过伪造债权转让协议、借款协议、指定付款函及重复使用证据等方式虚增债务1.2亿元这一关键事实,并同时查清了当事人为规避基层法院受案的级别管辖规定拆分标的金额,为规避地域管辖规定伪造、虚构合同签订地点等伪造证据行为,从而认定,该19起案件系AA公司与朱××、林××等人合谋串通的虚假债权诉讼,当事人企图将违法借贷合法化,达到以万明佳园小区房产抵偿债务,非法转移、侵占万明佳园小区房产的目的。岳麓区人民检察院随即向原审法院发出要求对该19案恢复再审、依法处理的检察建议,并随案移送该院调查收集到的大量证据。法院经再审,于2009年9月25日对这19起案件全部做出了撤销原审调解书,驳回原告起诉的裁定。〔2〕

---

  〔1〕 方福建.论诉讼欺诈行为的法律责任[J].河北法学,2002(11).
  〔2〕 最高人民检察院法律政策研究室.民事诉讼法修改涉及检察工作的研究资料汇编[G].2011:106-108.

司法实例三:虚假诉讼侵害第三人利益。2007年8月17日,荣×(甲方)与游××(乙方)签订《房屋买卖契约》。双方约定:甲方将其合法自有房屋(位于四川省自贡市自流井区××大道凤凰乡××栋×单元×层××号。面积122.66平方米)出售给乙方,价款26.5万元;乙方分三次付清房款;甲方于2007年11月20日办理过户手续。之后,游××(乙方)多次催促荣×(甲方)办理过户手续未果。2008年4月28日,乙方向自贡市大安区人民法院提起诉讼。大安区人民法院通过审查,决定立案审理,并于5月5日发出受理案件通知书(2008)大民一初字第411号,次日发出举证通知书,要求当事人于5月31日前提交证据。荣×于2008年5月29日以"证据在原举证期限15日内不能完成为由,申请延期15天举证",大安区人民法院准许其延期至2008年6月14日。2008年5月22日,荣×之子江×向自贡市自流井区人民法院提起诉讼,要求对位于四川省自贡市自流井区盐都大道凤凰乡17栋1单元6层12号房屋确认产权,经法院调解,达成协议:位于四川省自贡市自流井区××大道凤凰乡××栋×单元×层××号(产权证号0014768×)的房屋归江×所有,荣×协助其办理过户手续。自流井区人民检察院审查后认为:本案中,由于荣×、江×在大安区人民法院准许的举证期限内,就同一诉争房屋又向自流井区人民法院提起诉讼,且在自流井区人民法院受理审查期间,将大安区人民法院正在审理的同一涉案房屋买卖合同纠纷的事实加以隐瞒,致使善意第三人的合法权益受到侵害。遂向自流井区人民法院提出再审检察建议。自流井区人民法院接受再审建议后,裁定再审,纠正了行为人的诉讼欺诈行为。[1]

司法实例四:离婚案件一方当事人与他人串通,虚假诉讼侵吞夫妻共同财产。福建省东山县人民检察院监督的徐××诉吴××离婚财产纠纷案:徐××与吴××于2002年6月10日登记结婚,2005年5月开始夫妻关系恶化,徐××于2005年12月6日向福建省漳州市芗城区人民法院提起离婚诉讼。吴××也同意离婚,但双方未能就夫妻共同财产和一笔12万元的债务分担问题协商一致。2005年12月22日,徐××向东山县人民法院提起诉讼,诉求吴××归还其因结婚购房及装修而向徐××借款人民币13万元。徐××向东山县人民法院提交了一张吴××于2004年5月6日立下的借条作为证据,后经东山县人民法院调解,吴××结欠徐××借款人民币12万元。吴××在领取(2006)东民初字第36号民事调解书后,即提交给

---

[1] 最高人民检察院法律政策研究室.民事诉讼法修改涉及检察工作的研究资料汇编[G]. 2011:113-114.

芗城区人民法院,请求该法院确认徐××共同承担该笔债务。另查明:徐××夫妇均在东山县某局工作,属工薪阶层,除正常工资外,家庭没有其他经济来源,况且,在2003年年初至2004年年底,徐××在东山县西埔镇白石街育新路363号建设一幢三层楼房,总造价17万元,除家庭自筹资金10万元人民币外,其余款项均系向银行及亲属借款,至今除银行贷款每月在徐××工资扣除一部分外,其余欠款尚未偿还。由此说明,徐××在自建房中还向他人借基建款,他没有能力在2004年5月6日建房期间借给吴××人民币13万元。徐××在接受东山县人民检察院调查时承认,(2006)东民初第36号案卷第16页的借条是虚构的,并写下"关于我和吴××借款一事真实说明"的亲笔书,内容简要表述为:2005年国庆期间,徐××到漳州找吴××,吴××向徐××诉说其夫妻在闹离婚,为分割夫妻共同财产,吴××请求徐炳南帮忙,由吴××向徐××出具一张假借条,起初徐××没有答应吴××的请求,但吴××再三恳求,出于同情,2005年12月中旬,在东山县华侨大酒店,由吴××伪造了一张欠徐××13万元人民币的借条。之后,徐××在借条上伪造吴××曾分两次还款,即2004年8月28日归还8000元,2005年7月8日归还2000元,尚欠人民币12万元,并在借条上注明若双方发生债务纠纷,由东山县人民法院受理。随后,徐××于2005年12月22日向东山县人民法院提起诉讼,2006年7月14日申请强制执行。该案经东山县人民检察院发出再审检察建议后,东山县人民法院再审认为:"原审原告虚构事实,提供伪证向东山县法院起诉,原审被告与原审原告恶意串通,导致东山县法院采信了该伪证而做出(2006)东民初字第36号民事调解书,该调解书依法应予以撤销。原审原告的起诉不符合起诉条件,应予驳回。依照《中华人民共和国民事诉讼法》第一百零八条第(三)项、第一百七十七条第一款、第一百八十四条之规定,裁定如下:一、撤销东山县法院(2006)东民初字第36号民事调解书;二、驳回原审原告徐××的起诉。"[1]

2. 诉讼欺诈与滥用民事诉权的识别与判断

尽管诉讼欺诈在主观上也体现为诉讼恶意,在目的上也追求诉讼之外的非法利益,但"民事诉讼的法律关系的特点决定了诉讼欺诈者欺骗的对象只能是法院。欺诈者虚拟法律关系、捏造法律事实,目的在于使法院陷于错误,做出错误的判决。因此,诉讼欺诈主要侵犯了国家审判机关的审判权,

---

〔1〕 最高人民检察院法律政策研究室.民事诉讼法修改涉及检察工作的研究资料汇编[G].2011:114-116.

恶意诉讼的提起者则是为了损害他人、集体或国家的利益而提起诉讼,其主要侵犯的对象是相对人的合法权利"[1]。可见,诉讼欺诈与滥用民事诉权的根本区别在于行为所侵犯的对象存在实质差别。此外,在司法实践中,诉讼欺诈行为人通常采取隐瞒事实真相,伪造、变造重要证据或指使、贿买、胁迫他人作伪证等非法手段向人民法院提起民事诉讼并向法院做虚假陈述,这一点既有别于恶意民事诉讼,也不同于滥用民事诉权。识别诉讼欺诈与滥用民事诉权需要从以下几方面加以把握。[2]

首先,诉讼欺诈的目的表现。由上述司法实践中出现的典型诉讼欺诈案件可以发现,行为人利用民事诉讼程序从事诉讼欺诈行为,充分体现了行为人合谋串通,损害案外人权益,追求非法利益的行为本质。一般来说,行为人从事诉讼欺诈行为,即便最终被识破,也会由于法律现有惩处手段欠缺而承担很小的风险,无诉讼成本。因此,行为人意欲借用司法追求其非法利益的目的,成为驱动其从事虚假诉讼行为的最主要动因。司法实践中,其目的通常表现为:通过诉讼欺诈妄图利用司法确认虚构的法律关系,进而谋取非法利益;欺诈审判机关妄图转移资产;通过诉讼欺诈以逃避依法应当承担的债务。

其次,诉讼欺诈的行为选择。司法实践中,易发诉讼欺诈的高危案件重点体现为如下类型:资不抵债、濒临破产的公司、企业等经济主体为被告的诉讼案件,尤其是其财产已经进入法院执行拍卖程序的案件;国有、集体企业,尤其是改制中的国有、集体企业为被告的案件;处于政府规划、拆迁区域范围内的分家、析产继承、房屋买卖案件;提起离婚诉讼前的某一时期,夫或妻一方被追索债务的案件,该类案件所谓债务额度也往往较大,甚至巨大,而且,夫或妻一方往往不知悉对方有此债务。具体而言,诉讼欺诈者通常在以下纠纷案件中选择诉讼欺诈行为。第一,房产纠纷案件。一是房产公司为逃避银行欠款,虚构房屋买卖合同,将本应抵偿给银行的房屋过户给虚假的购房人;二是虚构房屋买卖关系,规避行政管理或逃避缴纳法定税费;三是已被法院查封的房屋所有人与他人串通,共同隐瞒房产已被查封的事实,由他人起诉请求法院判决已被查封的房产归他人所有或他人享有一定的份额,以协助房产所有人转移财产、逃避应偿还的债务。第二,追索劳动报酬纠纷案件。一些经营不善、资产状况不佳的企业为转移财产、减少可供清偿

---

[1] 陈桂明.程序理念与程序规则[M].北京:中国法制出版社,1999:115-116;张建权.恶意诉讼问题探析[J].浙江师范大学学报(社会科学版),2005(2).

[2] 潘牧天.滥用民事诉权的侵权责任研究[M].上海:上海社会科学院出版社,2011:53-55.

债务的财产,滥用《企业破产法》中关于破产财产应当优先清偿劳动债权的规定,虚构劳动关系,以虚假的劳动者名义起诉企业请求支付工资报酬。用工企业被判决败诉后,迅速将厂房、设备等资产拍卖,导致企业的真实债权人难以从企业资产中获得清偿,或应获清偿的份额大幅减少。第三,借贷纠纷案件。由于能够产生借贷关系的基础法律关系多种多样,借贷关系容易虚构,而且借贷纠纷中最直接的证据"借条""借据"也易于伪造,所以此类虚假民事诉讼比较常见。其往往表现为债务人为逃避债务,虚构债权债务关系,与虚构的债权人合谋提起诉讼,以实现将自己的财产转移给虚假债权人的目的,最终导致真正的债权人无法获得清偿。第四,离婚纠纷案件。主要表现为虚构债务,损害配偶的财产权,或者假离婚、真逃债。前者具体表现为拟离婚或已离婚的夫妻一方与第三人串通提起虚假诉讼,企图将家庭财产转移给当事人或者使原配偶向当事人清偿虚构的债务;抑或是在夫妻中一方欠有债务的情况下,夫妻双方向法院提起诉讼,请求法院判决解除婚姻关系,并判决夫妻共同财产全部归另一方所有,以逃避债务清偿。此外,执行程序中也存在诉讼欺诈。在执行案件中,财产被查封的被执行人与案外人串通,由案外人捏造事实提起执行异议,协助被执行人转移被查封的财产,逃避偿债。[1]

再次,诉讼欺诈的行为识别。从本质上说,诉讼欺诈具有不正当诉讼行为的性质,其行为呈现如下主要特征。一是诉讼行为具有表象上的合法性与实质上的非法性的双重属性。诉讼欺诈案件当事人追求的利益具有非法性。为达目的,双方当事人往往虚构法律关系,借诉讼之名,行侵害案外人或公共利益之实。二是诉讼行为具有合谋性与非对抗性。诉讼欺诈案件的当事人为获取非法利益,通常相互合谋,恶意串通,欺骗审判机关和审判人员,诉争不具对抗性。在诉讼过程中,往往通过虚假的"对抗"迷惑审判人员。司法实践中通常体现为:原、被告一般不亲自出面诉讼,而是委托具有一定法律知识和诉讼技能的律师参加诉讼活动,以避免因自己的疏忽露出破绽;经常同时出现数件甚至数十件证据相似的同类型案件,而且原告往往委托同一代理人进行诉讼;原告为使案件早日裁判,一般自称能通知被告到庭应诉;审理过程中往往以达成调解的方式结案,且调解协议的达成比较容易,庭审几乎没有激烈的对抗场面,或者双方进行逢场作戏式的对抗,几个回合被告即败下阵来。三是诉讼行为直接体现协议结果的易履行性或易执行性。由于诉讼欺诈案件的"当事人"恶意利用诉讼,通过司法之力侵害他

---

[1] 郭常明,吕东卉.虚假民事诉讼增多现象需警惕[J].宣传通讯(半月刊),2011(6).

人或公共利益,"当事人"希望通过借用法院的审判权和执行权实现其非法目的。因此,与正常诉讼案件相比,该类案件达成调解协议后,"当事人"双方通常会自动履行,即便假借执行程序,也往往更容易执行。[1]

二、滥用诉权行为的成因分析

滥用民事诉权行为的产生,既受民事主体个人权利观念、诉讼观念的影响,也与民事诉讼法律规范相关制度欠缺有关。

(一)正当诉讼观念的缺失

民事主体行使民事诉权,不仅需要建立一套完善的诉讼制度加以规制,还要求民事主体以正确的诉讼观念与之协调配合。无论是个体的诉讼观念,还是群体抑或社会的诉讼观念,都会一定程度上对民事诉权是否能正当行使产生影响。从解纷观念上看,西方国家具有"好诉"的传统,而我国长期以来体现为"轻诉""厌诉"的诉讼观。然而,20世纪以来,西方诉讼法律文化对这种观念产生猛烈冲击,民众权利意识日益增强,权利的个人本位思想日益突出,加之市场经济条件下自由竞争日益激烈,利益主体多元化,纠纷多极化,对各种利益追逐进一步加剧,"诉讼过程的参加者都有自己的利益,为了最大限度地实现私权而动员一切可能动员的手段"[2],民众的诉讼观念也发生了根本性转变。"个人之间的距离逐渐拉大,人情面子正失去往日的重要性。人们更重视的是自己的切身利益。"[3]以司法途径获得救济,维护权益的观念日渐深入。不能否认这是社会的一种进步,但同时也要看到,一股"重诉""好诉"甚至滥诉的现象也随之出现,产生极为消极的影响。相当一部分当事人行使诉权,既非出于维护自己合法权益的目的,也非出于维护社会正义的目的,而是出于通过诉讼获取不正当利益的目的。可以说,这与正当的诉讼观念被异化、被扭曲,甚至缺失存在直接关系。

(二)民事诉权启动机制在防范滥用民事诉权上存在不足

《民事诉讼法》第119条为民事主体提起诉讼设定了法定的一般要件,同时,《民事诉讼法》第123条规定了对这一法定要件的审查:"人民法院应当保障当事人依照法律规定享有的起诉权利。对符合本法第一百一十九条

---

[1] 潘牧天,张庆辉.论虚假调解类案的监督与规制[M]//陈桂明,王洪翼.司法改革与民事诉讼监督制度完善.厦门:厦门大学出版社,2011:528.
[2] 棚濑孝雄.纠纷的解决与审判制度[M].王亚新,译.北京:中国政法大学出版社,1994:71.
[3] 夏勇.走向权利的时代[M].北京:中国政法大学出版社,1995:36.

的起诉,必须受理。符合起诉条件的,应当在七日内立案,并通知当事人;不符合起诉条件的,应当在七日内做出裁定书,不予受理;原告对裁定不服的,可以提起上诉。"这一立法规定,更多蕴含了对民事诉权的行使加以充分保障的立法精神。因此,司法实务中,法院对当事人行使民事起诉权(包括民事上诉权)是否符合法定要件进行的审查判断只是采取形式上的审查,而不是实体上的审查,只要起诉者形式上具备程序意义上的诉权,法院即予以受理,进而启动民事诉讼程序。一定程度上说,这为不正当行使民事诉权行为提供了可乘之机,如当事人为谋取非法利益,相互串通提起诉讼损害第三方合法权益、以形式上符合"有明确的被告"的法定要件来隐瞒实质上多列或错列被告的不正当诉讼行为,等等。

(三) 民事上诉权的运作机制在防范滥用民事诉权上不够周密

按照我国《民事诉讼法》第164条和165条的规定,上诉权是一审当事人应然享有的诉讼权利。当事人上诉权的行使除满足上诉对象、上诉期限、上诉方式等基本条件外,通常不受其他限制。与上诉权及二审审理紧密相关的许多事项均缺少明确具体的规定。如,二审程序中应如何认定上诉人提交新的证据行为来避免其实现不正当诉讼利益问题、上诉范围问题等。这种基本不受限制的上诉权与当事人滥用上诉权有很大关系。有学者指出,当事人滥用上诉权,有的是"无任何理由以达到拖垮对方当事人为目的的上诉",有的是"一些律师为了自身利益,明知上诉无任何理由而利用当事人不懂法、不知法的情形怂恿当事人上诉"[1],还有"以拖延一审判决进入执行程序为目的的上诉"[2]。

(四) 申请再审权的立法与司法在防范滥用民事诉权上存在缺憾

依据我国《民事诉讼法》第198条至202条的规定,无论一审判决生效的案件,还是二审判决生效的案件,当事人只要认为判决、裁定有错误,或调解书违反自愿原则或者调解协议的内容违反法律的,均可以申请再审。尽管民事诉讼法对申请再审的主体、对象、期限、方式、程序等做出相应规定,但仍缺失对某些重要事项的明确规定。如有学者指出,"由于法律条文规定的不明确,加上最高人民法院的一些司法解释推波助澜,在实践中,当事人申请再审与申诉并无区别,都成为人民法院发现裁判错误的一条渠

---

[1] 江伟,廖永安.论我国民事诉讼一审与上诉审关系之协调与整合[J].法律科学,2002(6).

[2] 姚志坚,陈传胜.假执行与滥用上诉权惩罚制度之设立[J].人民司法,2004(8).

道"[1]。申诉权被当事人反复地、不间断地不正当利用,而且,"由于申请再审和申诉事实上被不加区别对待,当事人在向法院申请再审被驳回后,当事人仍然可以申诉的方式通过多种非法定的渠道,如通过人大、政协、政法委、妇联、新闻媒体等等要求对生效裁判进行无次数、无限制的复查"[2]。关于当事人申请再审的次数问题,尽管根据修改后民事诉讼法的规定,当事人不服原审裁判的,应当首先向人民法院申请再审。人民法院处理完毕后,才可以向检察机关申请检察建议或抗诉。但是对于当事人申请再审的次数,《民事诉讼法》仍规定含糊。再如,《民事诉讼法》第199条规定当事人申请再审的理由是"对已经发生法律效力的判决、裁定,认为有错误",这与第200条[3]规定的人民法院应当再审的法定情形不同,事实上,第199条放任了当事人运用申请再审权的随意性。以上种种缺憾,一定程度上导致相当一部分当事人滥用再审申请权缠诉滥诉现象的发生。

三、滥用民事诉权的行为性质

任何权利的行使都有一定的边界,民事诉权的行使也是如此。当事人恶意行使民事诉权的行为超越了权利行使的边界,逾越了法律保护的界限和范围。从宏观上说,滥用民事诉权损害了法律的权威和司法公正,浪费了司法资源。从微观上说,滥用民事诉权侵害了相对人的合法民事权益,扰乱了诉讼秩序。根据民事诉讼目的理论,国家设立民事诉讼的目的是保护权利、解决民事纠纷、维护和实现社会秩序。当事人正当行使民事诉权,不仅保护了自身利益,同时也维护了社会正常秩序,符合民事诉讼的目的。一旦民事诉权被滥用,当事人行使诉权的目的就与民事诉讼保护权利、解决纠纷和维护社会秩序的目的发生了背离。

---

[1] 杨荣新.民事诉讼原理[M].北京:法律出版社,2003:482.
[2] 张卫平.转换的逻辑——民事诉讼体制转型分析[M].北京:法律出版社,2004:445.
[3] 《民事诉讼法》第200条:"当事人的申请符合下列情形之一的,人民法院应当再审:(一)有新的证据,足以推翻原判决、裁定的;(二)原判决、裁定认定的基本事实缺乏证据证明的;(三)原判决、裁定认定事实的主要证据是伪造的;(四)原判决、裁定认定事实的主要证据未经质证的;(五)对审理案件需要的主要证据,当事人因客观原因不能自行收集,书面申请人民法院调查收集,人民法院未调查收集的;(六)原判决、裁定适用法律确有错误的;(七)审判组织的组成不合法或者依法应当回避的审判人员没有回避的;(八)无诉讼行为能力人未经法定代理人代为诉讼或者应当参加诉讼的当事人,因不能归责于本人或者其诉讼代理人的事由,未参加诉讼的;(九)违反法律规定,剥夺当事人辩论权利的;(十)未经传票传唤,缺席判决的;(十一)原判决、裁定遗漏或者超出诉讼请求的;(十二)据以作出原判决、裁定的法律文书被撤销或者变更的;(十三)审判人员审理该案件时有贪污受贿,徇私舞弊,枉法裁判行为的。"

(一)滥用民事诉权与司法所要求的正当性事实根据相背离

依据我国《民事诉讼法》第119条的规定,民事主体提起民事诉讼的一般要求必须有具体的"事实、理由",这是原告据以支持其所提出的诉讼请求的基础和根据。从构成上看,此处的事实主要指原告与被告之间发生争议的民事法律关系产生、变更、消灭的事实。此处的理由主要指原告用以证明前述事实并最终证明自己实体权利主张的证据材料,其次也指有关法律规定。如果没有这种基础和根据,原告的诉讼请求便会成为"无源之水""无本之木",从而处于不驳自倒的境地,完全不存在得到人民法院裁判确认其成立的任何可能。[1]但现实中,出于不正当目的,相当多的滥诉行为就是在缺乏事实依据和基本证据的情形下提出的,或故意虚构、捏造、歪曲、混淆事实,或编造、伪造证据,或无根据增加或夸大诉讼请求。林林总总、形式多样的滥用民事诉权行为,严重背离了司法所应有的正当性事实根据的要求。

(二)滥用民事诉权与司法所要求的具有合法性法律依据相背离

行使民事诉权必须以法律赋予其享有民事诉权为前提。也就是说,当事人提起民事诉讼要以现行法律的规定为依据——或基于现行民事实体法的规定,或基于现行民事诉讼法的规定。如果当事人的起诉行为出于非正当目的,缺乏法律依据,不是基于现行法律规定,或者不是基于对现行法律规定的扩展、修改或变更或解释等情况而提出,则属于滥用民事诉权,这种缺乏法律依据的滥诉行为无疑是对审判目的的一种背离。

(三)滥用民事诉权与司法所要求的正当利用法律程序相背离

现代社会,利益纠纷的解决可以选择多种途径。通过国家司法裁判程序,审判机关主持并在听取和采纳双方证据、意见的基础上做出独立的裁判结论解决民事主体之间的纠纷是最终也是最具权威的解决方式。在这种解纷途径中,程序法为之设定了一种程序性的法律关系,这种关系以程序性权利、义务和法律责任为其最基本内容。恰如此,有学者指出,程序法决定了法治与恣意人治之间的主要区别,正当法律程序体现了正义的基本要求。由此可见,审判在客观上要求存在正当的法律程序且法律程序被加以正当利用。然而,滥用民事诉权行为冲击了程序法治的理念与现实,相当一部分滥诉者出于非正当目的,违反相关程序规则,或恶意起诉,或恶意申请财产保全,或恶意申请回避、提起上诉来拖延诉讼,或恶意将明知不适格的被告拖入诉讼,等等,对司法所要求的法律程序利用的正当性形成严重冲击。

---

[1] 江伟.民事诉讼法学[M].北京:高等教育出版社,2000:262.

（四）滥用民事诉权与司法所追求的公平正义精神相背离

"正义是社会制度的首要价值。"〔1〕司法的公平正义既是司法机关存在的原因和所追求的目的,也是建立法治社会的关键,更应该是民事主体将其纠纷提交裁判的重要理由。司法裁判所具有的这种固有的公正性,很大程度上体现着法律的公平正义。司法裁判的公正必然包括实体上的公正和程序上的公正。就实体公正而言,裁判在认定事实和适用法律方面必须是正确的,对诉讼当事人的合法权益要给予充分保障。就程序公正而言,司法程序必须公开、公正、民主,体现对当事人的合法诉讼权利给予充分保护的应有功能。从这一点上说,滥用民事诉权行为无疑是对这种公正的破坏,从根本上背离了司法裁判所追求的公平正义价值。

四、滥用民事诉权的行为类型

滥用民事诉权的行为类型,"不同法系对此的范围不是完全吻合的。有的限定范围较小,如英美等国,仅承认在起诉、反诉方面存在着诉权的滥用;有的范围较为宽泛,如法国、日本等"〔2〕。我国一部分学者将滥用诉权仅仅限定在滥用起诉权,包括滥用反诉权这一狭小范围。〔3〕但也有许多学者对此持否定意见,认为"从民事诉讼的实际运作来看,范围宜宽不宜窄。当事人不具有合法利益需法律保护,而提起诉讼,属于构成诉权的滥用,而有的最初提起诉讼虽无不当,但在案件的审理过程中,采用不合法手段,如不适当申请财产保全等,意图使审判向自己有利的方向倾斜,也属诉权的滥用。此二者仅是权利形态不同而已,实质上没什么两样。如果定义过于狭小,则使诉讼理由正当之诉在审理过程中,出现当事人滥用诉权的情形时,无以约束之"〔4〕。我们赞同这种认识。从广义的滥用民事诉权角度来认识滥用民事诉权中的"诉权"的真正意指更具理论价值与现实意义。此处的"诉权"不仅仅针对民事起诉权,还应该包括诉讼程序中的具体诉讼权利。因此,从这一点上说,滥用民事诉权的行为可以从如下几种外在形式体现出来。

（一）滥用起诉权、反诉权

通常情况下,当事人行使起诉权、反诉权是诉权启动的标志。在滥用民

---

〔1〕 博登海默.法理学—法哲学及其方法[M].北京:华夏出版社,1987:238.
〔2〕 郭卫华.滥用诉权之侵权责任[J].法学研究,1998(6).
〔3〕 汤维建,沈磊.论诉权滥用及其法律规制[J].山东警察学院学报,2007(2).
〔4〕 郭卫华.滥用诉权之侵权责任[J].法学研究,1998(6).

事诉权诸多行为中,以滥用起诉权、反诉权来损害相对方人身或财产权益,获取不法利益的行为发生比例最高,对相对人造成的侵害和对司法资源的浪费也最大。

滥用起诉权、反诉权在造成相对人合法权益损害的同时,也从根本上否定了司法救济存在的正当性基础。因此,此种损害行为,域外许多国家的民事法律都给予高度重视,或运用民事实体法加以限制,或运用民事诉讼法加以规制。这方面,在大陆法系国家以德国和日本为典型。《德国民法典》将禁止权利滥用作为一项基本原则,理论上包括禁止滥用诉权,这深刻影响了德国的民事诉讼理念,之后的《德国民事诉讼法典》规定了当事人的"真实义务"来约束并预防滥用民事诉权。日本则将之进一步发展,在《日本新民事诉讼法典》中规定了诚实信用原则,明确了不符合诉权要件而行使诉权的行为是相对意义上的滥用诉权。如果当事人享有诉权,满足诉权的要件,但却本着恶意或其他的非法意图而行使诉权,将会因其行为违背日本民事诉讼法中的诚信原则而被认定为滥用诉权,导致法律的规制。而且,这种滥用诉权行为其后果将导致法庭驳回诉讼,同时,法庭给予处罚,并且,另一方当事人有权要求损害赔偿。在英美法系国家,以英国和美国为代表。英国确立了当事人滥用诉讼程序的概念,任何不遵守民事诉讼规则的行为均被认定为滥用诉讼程序,这当然包含了民事诉权的滥用,这种行为同样产生侵权的民事责任。在美国,当事人如果认为纷争符合司法救济的可能性,就可以通过提交起诉状启动并适用民事诉讼程序,但这种行为只有符合《美国联邦宪法》第3条和《美国联邦民事诉讼规则》第17条的规定才被认为是正当的民事诉讼行为,否则将被认定为滥用民事诉讼程序,进而产生滥用诉权的损害后果。

需要明确的是,反诉是本诉被告针对本诉原告攻击性的主张而提起的一个独立的诉,一旦反诉成立,它将不受本诉的审理情况的影响,如反诉不因本诉当事人撤诉而终结。因此,本诉的被告与本诉的原告一样,出于不同的目的,也存在滥用反诉权的可能,如滥用反诉权恶意拖延诉讼等。因此,滥用反诉权同滥用起诉权一样,也可以产生民事侵权。无论原告是正当启动本诉,还是在滥用民事诉权情形下启动本诉,只要本诉被告出于非正当目的滥用反诉权,就应当承担滥用民事诉权的法律责任。

在我国民事审判实践中,滥用起诉权的行为多体现为:其一,起诉人明知自己为不适格原告,出于非正当目的,仍然提起民事诉讼的;其二,起诉人明知自己诉讼请求的范围超出法律规定的界限,出于非正当目的仍然提出诉讼请求的;其三,起诉人明知起诉状所列被告或第三人为非正当当事人,出于非正当目的仍然故意将其错列为当事人起诉的;其四,虚构事实或理由向法院提起民事诉讼的;其五,出于炒作或戏弄法院或诋毁相对人等其他非正当目的恶意提起民事诉讼的。对于滥用反诉权的行为,虽然反诉行为与起诉行为在形式上存在不同,但二者在实质上并无差别,因此,滥用反诉权除具备以上相应的行为表现形式外,反诉人明知反诉不具备法定条件,出于非正当目的仍然恶意提出反诉的,也构成滥用反诉权。

(二)滥用上诉权、申请再审权

关于当事人不正当行使上诉权和申请再审权是否构成滥用民事诉权问题,学界存在不同认识。有学者认为,诉权是自诉讼外加以利用的权能,诉权行使所启动的是一个案件的诉讼程序。一审、上诉审和再审程序组成了一个案件的诉讼程序,上诉程序和再审程序仅是一个案件诉讼程序的具体不同的诉讼程序。提起上诉启动的是上诉程序,申请再审启动的是再审程序,因而提起上诉和申请再审并非诉权的行使。[1]还有学者主张上诉权和申请再审权的运作,可以通过诉讼程序内部的制度设计加以规范,没有必要从滥用诉权的角度寻求支持,原因在于上诉审程序存在的目的与一审程序一致,上诉权的行使也是内在于诉讼程序之中的。申请再审有一定的特殊性,从再审申请权的设置目的看,再审程序是诉讼程序本身提供给当事人的终审结束后的一种特殊的救济方式。[2]我们认为,虽然从具体个案来看,一审程序、上诉申程序和再审程序共同组成了一个案件的诉讼程序,但无论是一审程序、上诉审程序还是再审程序,其程序的启动均离不开相关主体对诉讼权利的具体的、实际的运用。因此,研究民事诉权滥用问题,需要从程序启动的主体角度来认识,既要把一审、二审和再审程序作为一个案件的整体程序看待,也要从当事人诉权行使与程序运作之间的必然关联角度,将它们作为整个诉讼程序体系中既相互依存,又各自独立的一种关系来看待。从法律创设民事诉权的目的、民事诉权启动与运作应遵循的整体规律,以及民事诉权在司法运作中暴露出来的各种难以克服的弊端来看,将滥用民事诉权做广义上的认识符合诉讼程序制度的根本规律和要求,也更加符合现实的迫切需要。同时,结合域外民事实体法的相关规定或相关立法精神,毫无疑问,滥用上诉权、申请再审权具有滥用民事诉权的性质。

司法实践中,滥用上诉权的行为主要发生在给付之诉之中,通常表现为以下几点。其一,法院做出的不予受理裁定、管辖权异议裁定和驳回起诉裁

---

[1] 江伟,邵明,陈刚.民事诉权研究[M].北京:法律出版社,2002:151.
[2] 汤维建,沈磊.论诉权滥用及其法律规制[J].山东警察学院学报,2007(2).

定并无不当,行为人出于非正当目的进行上诉。其二,一审判决在认定案件事实和法律适用上并无不当,为了拖延一审判决进入执行程序,败诉方故意提起上诉。在这种滥用诉权的行为中,当一审程序没有采取相应的财产保全措施时,行为人在上诉期间往往同时采取一些非法手段逃避将来可能承担的给付义务,如转移、隐匿财产。由于司法实践中大量存在基于这种目的的上诉权滥用,许多国家均对其给予较为严厉的法律规制,如依据日本新《民事诉讼法》第303条、第313条的规定,败诉方如果仅仅为延迟裁决的生效而提起上诉,如果上诉法院维持原判决并发现该上诉仅仅是为了延迟裁决生效,法庭可以责令行为人交付最高可达十倍于上诉费的罚金,此外,并不影响受损人提出损害赔偿。在日本也出现了一些相关的司法判例。其三,行为人明知法院的一审判决并无不当,不是为了拖延诉讼,而是出于其他非正当目的,如妨碍对方当事人,故意提起上诉。在日本,这种行为适用上诉权滥用的一般原则规定,属于滥用上诉权的行为。

行为人滥用申请再审权主要表现为没有法律和事实根据的无理缠诉,无限制申请再审,甚至为了滥用申请再审权而伪造证据。这种滥用行为,既损害了相对人的合法权益,也严重浪费了司法资源。我国《民事诉讼法》经2012年修改施行后,一定程度上有利于抑制滥用申请再审权的行为,如第199条规定:"当事人申请再审的,不停止判决、裁定的执行。"最高人民法院2015年3月15日起施行的《关于民事审判监督程序严格依法适用指令再审和发回重审若干问题的规定》,第1条明确规定:"上级人民法院应当严格依照民事诉讼法第二百条等规定审查当事人的再审申请,符合法定条件的,裁定再审。不得因指令再审而降低再审启动标准,也不得因当事人反复申诉将依法不应当再审的案件指令下级人民法院再审。"这一规定有利于规制再审申请次数的无限制性,改变无理、无限缠诉的状况,同时也能够在一定程度上防止当事人滥用申请再审权而造成强制执行的滞延,进而保护相对人的合法权益,避免滥用申请再审权。

(三)滥用其他诉讼权利

概括而言,滥用其他诉讼权利,主要表现在民事诉讼程序中当事人滥用申请回避权、滥用申请财产保全权、滥用管辖异议权等行为。

回避制度是保障案件公正审理,维护当事人合法权益的一项重要审判制度,各国民事诉讼法对此均做出明确规定,其固有功能的发挥既有赖于审判人员依法对待,也有赖于当事人正当行使申请回避权。依据我国《民事诉讼法》第146条第2项的规定,当事人临时提出回避申请的,可以延期开庭审理。如果某些当事人以拖延诉讼为目的,无根据地提出回避申请,滥用申请回避权也就随之产生了。

申请财产保全权多运用在涉及财产给付内容的案件上。尽管我国《民事诉讼法》规定申请诉前财产保全必须提供担保，采取诉讼中财产保全由法院决定是否提供担保，以此来规避财产保全作为一种强制措施可能给被保全人带来的损害，但在司法实践中，滥用申请财产保全权侵害相对人利益的案件已频频发生。一方面，申请人提供的担保只限于对被申请人直接经济损失和可预见的利益损失的担保，由此可能产生的被申请人的机会利益及精神损害则难以涵盖在担保范围内，这为某些当事人不正当行使申请财产保全权提供了可乘之机。另一方面，我国法律在规制当事人滥用民事诉权问题上的缺失，也使许多当事人抱有侥幸心理。当相对人对行为人滥用民事诉权行为提起损害赔偿请求时，行为人多以"赔偿请求于法无据"加以抵赖，如重庆市第一起滥用申请财产保全权侵害相对人利益案[1]，以及前文所述的四川宜宾发生的滥用申请财产保全权案。就审判经验看，行为人滥用财产保全申请权或超范围申请保全，或超限度申请保全，或故意错选保全对象，目的在于实现其不法利益，或在商业竞争中以挤垮对手，或故意造成相对人资金周转困难等。而且，滥用申请财产保全权的行为往往伴随滥用民事起诉权行为和滥用民事上诉权行为同时发生。

管辖权异议是当事人向受理案件的人民法院提出的该院对案件无管辖权的主张。司法实践中，滥用管辖异议权的主要目的在于拖延诉讼程序的进行。我国《民事诉讼法》第127条第1款规定："人民法院受理案件后，当事人对管辖权有异议的，应当在提交答辩状期间提出。人民法院对当事人提出的异议，应当审查。异议成立的，裁定将案件移送有管辖权的人民法院；异议不成立的，裁定驳回。"根据第154条的规定，对管辖权有异议的裁定，当事人可以上诉。因此，行为人通常利用法院审查管辖权异议需要相应的期间来拖延诉讼，异议被驳回后，也会故意在上诉期届满的最后一日提起上诉以达到继续拖延诉讼的目的。目前，这种滥用管辖异议权拖延诉讼的现象在审判实践中普遍存在[2]，严重侵害了相对人的合法权益，浪费了有限的司法资源。审判实践中，被告滥用管辖异议权通常表现为：所提出的管辖异议不表明任何具体的异议理由，仅主张受诉人民法院对该案无管辖权；

---

[1] 滥用诉权输官司被判赔近8万[EB/OL]. http://www.xm148.com/sf/newslittle.asp? id=1221.

[2] 郑金雄，刘丽碧. 堵住"老赖"拖延诉讼的漏洞[N]. 人民法院报，2006-09-19(3)；张宽明，顾慧华，张筱兵. 防止滥用诉权拖延诉讼呼唤制度[N]. 人民法院报，2005-10-21(5).

所提出的管辖异议虽然表明具体的事实理由,但不提供任何相应的证据支持其主张的事实;针对法律规定的几种情况下人民法院都享有管辖权的案件,被告故意只提其中一种情况下人民法院才可以管辖;纠纷发生前有目的地玩弄文字游戏,当产生纠纷诉至该法院时,被告提出管辖异议,主张双方约定不明,否认该法院的管辖权;等等。

第四节

滥用民事诉权的防控机制

一、构建诉权滥用防控机制应遵循的原则

(一) 确立诉权宪法保护原则

现代社会一般都认为,诉权是人权的基本方面和重要内容。[1]民事诉讼当事人的程序基本权就是裁判请求权,裁判请求权是公民在其权利受到侵害或与他人发生争执时享有的请求独立的、中立的司法机关公正审判的权利。但滥用民事诉权一般都会对公民的人格权、平等权、接受公正审判权、财产权等基本人权造成侵害。因此,防控民事诉权的滥用就是对当事人程序基本权的保护,其实质就是维护基本人权。基于此,学界就有了"诉权入宪"的呼声。[2]从宪法的高度看,实现防范滥用民事诉权的宪法规制既必要,也可行。

一方面,从宪法的高度审视诉权的保护与规制是维护法律的正当程序,树立法律的权威,弘扬法律所追求的公平与正义的客观要求。法律的权威,尤其是宪法权威得到最大限度的尊重,这对从根本上消除滥用诉权存在的社会基础、遏制滥用诉权行为具有深远的现实意义。对此,可以在宪法中专设"正当的法律程序"章,对诉权行使的一般原则做出规定,使之成为诉权行使、诉讼程序,乃至行政程序、政党行为规则的母法。同时,"诉权入宪"客观上要求必须设置宪法诉讼制度,否则,徒法不足以自行。美、德、英等发达资本主义国家百年来宪法诉讼的实践表明,宪法诉讼对培育宪法所应有的最

---

〔1〕 公民的基本人权包括生存权、平等权、社会保障权、环保权、民族自决权、发展权、知情权、接受公正审判权、基本自由权、接受教育权、和平权、安全权、自然资源所有权、继承人类共同遗产权等。

〔2〕 2008年3月,十一届全国政协委员、中国人民大学博士生导师汤维建教授向大会提交正式提案《关于"诉权入宪",强化对公民诉权保障》,引起了各界强烈反响。

高权威意义重大而深远。

另一方面,"诉权入宪"也是客观现实的需求,是有效遏制滥用民事诉权的需要。首先,宪法作为母法必然是实体法内容与程序法内容兼容并蓄的渊源法。人类经历了诉讼法、实体法同为一体的历史时期,诉权先于宪法而产生。按照公法诉权说的观点,随着国家公共权力的膨胀,国民对国家的"需求"变成了"权利",国家的"责任"成了"义务",此时诉讼法最终从实体法中分离出来取得独立地位。作为程序法的依据,如果宪法中找不到诉权的法源,所有的程序法就都失去了根基,其合宪性就受到质疑。其次,当今世界的诉权有两大趋势:诉权入宪的趋势和诉权保护国际化的趋势。当代发达国家及绝大多数发展中国家的宪法均采纳这一理论。[1]但我国目前没有从宪法的高度来保障诉权,这与现代法治发展的步伐不相协调。一定程度上说,诉权入宪是现代法制发展的必然要求。最后,诉权入宪还可以奠定公益诉讼的社会主义法治基石。提起公益诉讼是国民对损害公共利益的行为人提起告诉的权利。只要有公共利益存在,公益诉讼就不可避免。如《葡萄牙宪法》规定了民众诉讼权,即任何人均得依法亲自或通过有关社团行使民众诉讼权,特别是有权对于损害公共卫生、恶化环境与生活素质、损害文化财物等违法行为加以预防、制止及提出司法追究,并有权要求损害者赔偿。把针对侵犯公共财产、破坏公共设施、污染公共卫生、挥霍公币等违法行为列为公益诉讼的范畴,通过宪法明确规定的正当程序原则规制相关主体公益诉讼的诉权及正当的公益诉讼行为,既可以坚实实体权利和程序权利保护的法治基石,也可以对当事人的程序基本权提供宪法保护,这对规制滥用民事诉权行为具有重要意义。

(二) 合理控制民事诉权与保障民事实体权相平衡原则

民事诉权的享有与实现和民事实体权益的保障密切相关,它需要法律明确加以保护,也需要审判实践中法官客观公正的审判行为以及当事人行使民事诉权的正当行为加以维护。从防控和规制滥用民事诉权角度而言,

---

[1] 最早将诉权入宪的是英国,1215年《英国大宪章》第39条中规定:未经同等级者的合法裁判,对任何自由人不得施行逮捕、监禁、没收财产、放逐出境等处分。《意大利宪法》第24条规定:任何人为保护其权利和合法利益,皆有权向法院提起诉讼。《日本国宪法》第32条规定:任何人在法院接受审判的权利不得被剥夺。《美国宪法》第3条规定了可由联邦法院进行判决的案件或争议的三个条件,间接地规定了国民的司法救济权。《美国宪法》第14条修正案关于正当程序(Due Process Clause)、平等保护的条款(Equal Protection Clause)蕴含着公民的司法救济权(即诉讼权)的内容。《德国宪法》对诉权未做出一般的明确规定,但其第19条第4款规定:"如权利遭受公共机构侵犯,任何人有权向法院提起诉讼。如普通法院之外的其他法院对此无管辖权,可向普通法院提起诉讼。"

合理控制民事诉权是保障依法享有民事诉权、正当实现民事诉权,进而更好地保障民事实体权益的必然要求,这有其客观的必要性和现实的合理性。

在权利受到尊重的法治社会,诉权成为基本人权的一个重要组成部分。诉权是公民个人行使民事诉权的理论依据。民事诉权是在公民权利(包括人身权、财产权及名誉权、著作权等)受到伤害时公民个人有权依法请求国家介入(通常由法院行使管辖权而实现)对其所受伤害予以救济的方式。对公民个人而言,诉权是其权利;对国家而言,实现公民的诉权是法定的义务,因为以国家的名义帮助其国民是现代法制社会的核心价值。

滥用民事诉权的实质危害在于它不仅侵犯了相对人财产权、人的尊严及自由,也侵犯了社会的法律秩序。因为滥用民事诉权是对法律的执行和遵守的最大亵渎,是人力、物力、司法资源的巨大浪费。而且,滥用民事诉权践踏了自由、平等、公平、正义的社会价值观。此外,从民事诉权行使的基本特征上看,民事诉权具有攻防兼备的权利特质,而且,它与诉讼主体的人格特性密不可分。现实社会中,人性中的弱点(如偏私、狭隘、嫉妒、报复、仇恨等)会与民事诉权的行使相捆绑,加之我国目前在法制上、道德上、社会结构上存在着滥用民事诉权的社会基础,这使得滥用民事诉权行为得以存在,并在一定程度上呈现扩张的趋势。在我国,"近年来,由于种种原因,在司法实践中,当事人滥用诉权、恶意诉讼的现象屡见不鲜,且有愈演愈烈的趋势;敢说真言的记者因正当批判而官司缠身;善良的老百姓更是因为没有来由的诉讼而使平静的生活横遭骚扰……毋庸置疑,'乱打官司'等滥用诉权行为已经成为一种社会公害。它不仅严重侵害特定法律主体的合法权益,浪费宝贵的司法资源,以及扰乱了正常的生活秩序,同时也对司法公正、司法权威和诉讼价值构成直接的冲击与损害"[1]。从这个角度说,滥用民事诉权的泛滥与猖獗,势必对公民合法权益的保障造成破坏。

因此,对民事诉权的行使加以合理的规制,将其适度地控制在既不影响民事诉权的正常行使、又能阻挡滥用民事诉权侵权的程度上,对维护公民依法享有的正当民事权益至关重要,也势在必行。保护民事诉权的正当行使,阻却滥用民事诉权,使民事实体权利获得充分保障,致力于达到民事诉权的合理控制和民事实体权益保护的动态平衡,应该成为防控与规制滥用民事诉权、救济滥用民事诉权侵权损害所应坚持并遵守的一个重要法治理念。

---

[1] 张海滨.滥用诉权及其法律规制研究[M]//柳经纬.厦门大学法律评论.厦门:厦门大学出版社,2004:380.

（三）宏观规制与微观规制相结合原则

宏观规制是指在宪法、侵权责任法、民事诉讼法等部门法中以立法的形式对滥用诉权的非正当行为加以规范。宏观规制要解决的问题是建立惩戒滥用诉权的法律渊源，确立对抗和防控机制，赋予惩罚权柄，以及明确整治的目标所在。宏观规制的根本目的在于动用国家的法律权能，防止诉权的异化与滥用。对滥用民事诉权的宏观规制主要体现在立法层面，至少应当从以下几方面入手。首先，在宪法中确立诉权的保护与规制以及禁止权利滥用的宏观指导性条款，基本做到"人权入宪"与"诉权入宪"相协调。其次，要完善部门法的相关规定，加强对滥用民事诉权侵权的防控、规制与救济等方面的立法。如，在民事实体法中，尤其是侵权责任法中，要明确滥用民事诉权侵权行为的性质、责任承担以及损害赔偿等方面的内容；在民事诉讼法中要明确滥用民事诉权的基本含义、滥用民事诉权行为的表现形态、判断标准、救济途径等内容；在刑法中，对滥用民事诉权构成犯罪的设定具体的罪名及惩罚标准；在刑事诉讼法中，对刑事附带民事诉讼案件中民事赔偿请求权的行使设定要求；在行政法中设定行政不得介入民事诉讼的相应条款，以杜绝或抑制行政因素对行使民事诉权的可能干扰；等等。同时，对审判实践中可能出现的复杂情况赋予审判人员必要的自由裁量权。也有必要将利用滥用民事诉权获得的胜诉判决不得作为人民法院的执行根据写入相关立法。

微观规制是指在司法实践中，审判机关对民事诉权的享有主体行使民事诉权过程中，对其诉讼行为的正当性以及行使民事诉权行为可能产生的后果所给予的各种制约与评判。微观规制的主要目的在于通过严格的司法，预防和制止滥用民事诉权行为的发生，惩戒滥用民事诉权行为人，教育引导民事诉讼当事人依法正当行使民事诉权。对滥用民事诉权的微观规制主要体现在司法层面，它是宏观规制措施的必要补充，更是具体落实宏观规制措施的必要手段。对于审判机关而言，要客观公正执法，严格依法办案，慎重对待，依法评价判断当事人的各种诉讼行为，既要保证当事人民事诉权的正当行使不受限制，也要运用法律赋予的各种手段和措施最大限度地防控和惩治滥用民事诉权行为。充分运用司法解释、批复等手段细化宪法、法律赋予的防治滥用民事诉权的权能，贯彻民事诉讼的相关规则，切实、具体地防控和惩戒滥用民事诉权行为。在执法过程中，当事人出现滥用民事诉权行为的，除依法制裁外，审判机关还要积极向相关社会管理和服务部门发出司法建议，将滥用民事诉权作为公民的一个不良行为记录载入其个人诚信档案，在就业、买卖、借贷、上访，尤其是在之后提起其他民事诉讼时加以重点审查,进而教育、引导当事人正当行使民事诉权。

(四)代理律师和法官共同审查原则

西方发达国家的民事诉讼立案是由律师把关的。律师据其专业知识、职业操守、专业责任和作为"法院手臂延伸"的身份来判断当事人应否起诉(美国由法院管理律师,法院把律师看作是法院手臂的延伸,包括律师的迁徙都要及时向管理法院报告),法院据其中立原则,不介入立案。在我国,民事诉讼的立案与否完全由法院审查决定,法院根据事实和法律判断诉的理由是否存在,并据此决定立案与否。前者使诉讼的门槛放得过低,后者使诉讼的门槛抬得太高。"当诉讼变得更便宜和更快捷时,许多人会受到鼓舞而提起诉讼。"[1]因此,过低,则有太多的诉讼涌入法院,容易造成诉讼泛滥,既不利于司法,也不利于民事权益的保护;太高,则容易产生告状难,这同样会对公民权益保护产生消极影响。鉴于法律文化、法制架构及法制环境等诸多差别,由律师代替法官行使民事诉讼立案审查权在我国并不可行。但强化民事纠纷起诉立案环节律师辅助作用的发挥,具有可行性,完全可以做适当的探索与尝试。

代理律师与法官共同审查,就是在民事诉讼的起诉立案阶段,建立以法官审查为主导,以律师核查为辅助的工作机制。这种机制对规制滥用民事诉权侵权行为的发生、维护当事人合法民事权益具有一定的现实意义。其一,在民事诉讼中,滥用民事起诉权是滥用民事诉权最主要也最常见的表现形式。从这一点上说,加强对起诉立案工作的监督与制约,可以将对审判权的监督前移,体现现代社会所倡导的对审判权的监督与制衡精神,对保证审判权客观公正地行使、防止司法专横有利,也对有效防范滥用民事诉权侵权至关重要。其二,现实社会中,某一起民事纠纷案件想不想诉诸法院,决定权掌握在当事人手中,而该不该起诉,其判断标准是法律的相关规定,对从事专业工作的律师来说衡量的标准则一在法律,二在从业良知与道德。事实上,某些律师未必将职业良知放在第一位。律师的良知未必能战胜利益的诱惑。在欠缺对滥用民事诉权予以有效的法律规制与惩罚的现实环境下,当事人和律师均存在滥用民事诉权的利益驱动,此时,由具有道德心和社会责任感的法官加以制衡,有利于防止这种利益驱动化作滥用诉权的实际行动。其三,审判实践中,我国审判机关"针对实务上日益剧增的案件数量所带来的压力,审判实务界以防止当事人滥用诉权为由,有意提高起诉的

---

[1] A.朱克曼.英国民事诉讼的改革[M]//梁慧星.民商法论丛.叶自强,译.北京:法律出版社,1997:503.

门槛,将本应可通过诉讼化解的矛盾与纠纷推向社会"〔1〕。受制于种种现实因素的影响,相当一部分民事纠纷被拒之于审判机关之外。从这一点说,律师在起诉立案环节发挥一定的核查作用,发现应该立案而不予立案的,可以依法力争,这样有利于防止司法专横,也有利于保护公民依法享有的正当权利不受侵害。

二、构建防控诉权滥用的程序性规制机制

(一) 改良起诉受理制度

民事诉讼中,起诉受理制度决定着当事人民事起诉权的行使与实现,也与规制滥用民事起诉权问题紧密相关。审判实践中,滥用民事诉权侵害相对人合法权益最主要的表现之一就是滥用民事起诉权,某种程度上说,这与现行民事起诉受理机制的立法与实践的不尽如人意有直接关系。因此,规制滥用民事起诉权需要对现行民事起诉受理机制进行适当改良,进而强化对滥用民事起诉权行为的程序法规制。但改良起诉受理机制,必须要面对并解决规制滥用民事起诉权与改良现行起诉条件门槛过高之间的矛盾。可以说,改良现行起诉受理机制问题,就是平衡处理改造起诉门槛过高与强化对滥用民事起诉权予以规制之间的冲突问题。

1. 规制滥用民事起诉权与改造现行起诉条件门槛过高之间存在的冲突

作为一种民事诉讼法律行为,起诉是民事诉讼法赋予民事主体的一项重要的诉讼权利,民事权益受到侵害或者与他人发生争议时,民事主体有权向人民法院提起诉讼,请求人民法院给予司法保护,任何人不得压制、限制和剥夺。但是,民事主体依法享有起诉权并不意味着任何人对任何事情以任何理由起诉均可以引起法院行使审判权的活动。能否引发讼诉程序,取决于起诉的条件。我国《民事诉讼法》第119条严格规定了起诉必须同时具备的四个条件。〔2〕对这一法定的起诉受理机制,有学者认为存在三方面的缺陷。一是对于原告和被告要求的标准不一样。《民事诉讼法》第119条对原告的要求是以正当当事人为标准的,而对被告是以形式当事人为标准的。

---

〔1〕 毕玉谦,等.民事诉讼研究及立法论证[M].北京:人民法院出版社,2006:638-640.

〔2〕《民事诉讼法》第119条规定,起诉必须符合下列条件:(一)原告是与本案有直接利害关系的公民、法人和其他组织;(二)有明确的被告;(三)有具体的诉讼请求和事实、理由;(四)属于人民法院受理民事诉讼的范围和受诉人民法院管辖。

二是启动诉讼程序的门槛过高,不利于充分保护民事主体的合法权益。我国《民事诉讼法》把对当事人的要求规定为起诉条件,且对原告要求标准相当高,以至于实践中民事诉讼程序不是因当事人起诉而开始,而是由法院经过一定的实体审查并认可原告的资格后裁定立案而开始。事实上,当事人与案件是否具有利害关系,往往要通过实质审理,通过当事人在法庭上进行主张和抗辩才能做出裁判。三是对原告要求过高,不利于维护民事主体合法权益。[1]

通常情况下,立法将当事人提起诉讼的门槛定得较高,司法也以严格标准加以贯彻,这对预防并减少滥用民事起诉权侵权是有利的,因为这可以阻止一部分纠纷进入诉讼程序。许多国家也恰恰是通过立法,使仅仅一小部分案件进入庭审程序,这种手段强化了对不正当诉讼行为,包括滥用民事诉权行为的防范与规制,如英美法系和大陆法系国家普遍采用的具有独立的程序法地位的审前程序。但应该承认,某种意义上,设定过高的起诉门槛,民事主体通过利用民事诉讼程序维护合法权益将受到限制,诉请法院裁判的纠纷难以进入实质审理程序,这对当事人民事实体权和民事诉权的保护与实现又是不利的。如果为改变这种状况,立法轻易放宽民事起诉条件,降低起诉门槛,又容易使某些民事主体滥用民事起诉权寻找到可乘之机,从而会在一定程度上助长滥用民事起诉权行为的发生,这与我们所倡导的对滥用民事诉权行为应加以防控与救济的理念相冲突。那么,从强化并有利于对当事人滥用民事起诉权行为予以规制角的度看,对我国民事起诉受理机制予以改造是否必要,又是否可行? 事实上,必须理性看待规制滥用民事起诉权问题。任何一个国家的民事起诉受理机制的设立,应该首先体现对公民民事诉权的保障,要为公民利用并实现司法救济创造便利。按照依法治国思想,对于一个法治国家而言,"国家应当保护公民的权利"[2]。按照公法诉权说的观点,"国家与国民的关系为公法上的权利义务关系,国家权利源自国民,因此,国民也就有权要求国家给予利用这项制度的公权(诉权)"[3]。因此,只有坚持这一前提,才能更好地探讨对滥用民事起诉权的规制问题。不能否认的一个事实是,我国现行的民事起诉受理机制在某种程度上的确对当事人民事诉权的行使造成了限制,存在改造的必要,但从现

---

[1] 毕玉谦,等.民事诉讼研究及立法论证[M].北京:人民法院出版社,2006:163.

[2] 博登海默.法理学法律哲学与法律方法[M].邓正来,等,译.北京:中国政法大学出版社,1999:78.

[3] 三月章.日本民事诉讼法[M].汪一凡,译.台北:五南图书出版公司,1997:14.

实所要求的强化对当事人滥用民事诉权规制的角度看,必须要掌握一个度。只有更好地调和这种矛盾,平衡这种冲突,才能真正实现对滥用民事诉权行为的程序法规制。

2. 改良起诉受理制度,严格区分起诉要件、诉讼要件和权利保护要件的实质界限

严格区分起诉要件、诉讼要件和权利保护要件三者之间的实质界限,这是改良起诉受理机制的一种可行手段,对保护民事起诉诉权、规制滥用民事起诉权具有重要意义。如何设定提起民事诉讼的条件,既关系到民事诉讼权利的行使与保障,也关系到民事实体权利可否获得司法救济,立法需要从民事主体寻求司法救济到实现司法救济的整体行为运行过程来考虑这一问题。民事主体提起民事诉讼,是民事诉权行使的起点,也是正式寻求司法救济的标志。这使得起诉行为具有双重的目的性:一是形式目的,即希望将发生争议的民事实体权益置于司法程序中,引发民事实体权利与民事诉讼程序相融合的效果;二是实质目的,即希望通过诉讼程序的具体运作实现最终获得司法救济的目的。因此,从当事人提起诉讼到诉讼运行再到诉讼终结,每个阶段需要满足的条件存在差异。设定民事起诉权行使的条件,需要对起诉要件、诉讼要件和权利保护要件做必要的区分。

起诉要件是判断审判机关可否受理民事起诉的条件。在这一阶段,应该拒绝法官自由裁量权因素的影响,同时,对诉的合并和诉的变更不施以干涉。起诉要件对保障民事主体充分行使民事起诉权至关重要,对规制滥用民事起诉权行为虽然也很重要,但实质意义并不是很大。因为这一阶段,对诉讼行为的正当性的判断,只能停留在形式判断的层面,该条件也只是属于形式判断的范畴,真正存在滥用民事起诉权目的的当事人可以很容易将其规避。所以,可以依起诉要件立案来保护正当民事诉讼当事人民事起诉权的行使,但真正对滥用民事诉权的判断与规制,还需要依靠诉讼要件的支持。

诉讼要件与起诉要件具有实质的差别,它是"为了实现诉讼目的所必须具备的某些前提条件或事项。与起诉要件所不同的是,诉讼要件并非是发生该诉讼的要件或者构成该诉讼成立的要件,而是为做出本案判决的前提条件"[1]。有些学者也将诉讼要件称为诉讼的形式要件。需要指出,诉讼要件所称的"形式"的含义与起诉要件所称的符合法律规定的"形式上的要求"是不同的,起诉要件即便符合法律规定的形式,也不会成为法院做出判

---

[1] 毕玉谦,等.民事诉讼研究及立法论证[M].北京:人民法院出版社,2006:635.

决的条件。诉讼要件需要考量的事项包括:当事人资格的认定,即当事人是否与案件具有直接的利害关系、是否具有诉讼权利能力和诉讼行为能力、代理人的资格问题等;审判权的认定,即当事人提起的民事诉讼是否属于法院解决争议的范围;管辖权的认定,即从级别和地域角度衡量当事人提起的民事诉讼是否属于本法院管辖;等等。诉讼要件直接关系到(并不是决定)当事人能否实现诉讼目的,因为,只有完全具备法定的诉讼要件,当事人请求司法救济的民事实体权利与民事诉讼程序才能实质性融合,否则会出现诉讼请求被法院裁定驳回的后果。诉讼要件也关系到(并不是决定)对滥用民事诉权行为的规制与救济。因为,一方面,诉讼要件本身蕴含对诉讼行为人行为识别和判断的功能;另一方面,一定程度上,诉讼要件会和诉讼结果存在联系,而诉讼结果在判断行为人是否需要承担滥用民事诉权侵权责任问题上具有重要意义。因此,出于非正当目的或利益的驱动,滥用民事诉权者往往会采取不正当手段,从事某些不正当的诉讼行为。所以,立法对诉讼要件的设置要严格,也要周全,设定的门槛不能太低,从而达到保护民事诉权与规制当事人诉讼行为最大限度的结合。同时,在这一阶段,需要加强审判过程中审判人员对案件事实、证据等各方面的审查判断,也允许审判人员适当运用自由裁量权。对因被告提出抗辩主张来否定起诉要件而产生的相关"诉讼上的障碍"这种情形,审判机关尤其要重视审查判断,通过审查无法消除这种障碍的,原告的诉求将被驳回,进而规制当事人的诉讼行为。

权利保护要件是原告以获得胜诉判决这一形式实现司法救济效果所必须具备的符合法律规定的实质上的要件。起诉要件、诉讼要件和权利保护要件存在内在的必然联系,"起诉要件与诉讼要件、权利保护要件系随着诉讼的不断推进而呈逐步递进状态,前一个要件为后一个要件提供必要的前提和保障,而后一个要件又在前一个要件的基础上逐步向前推进直至实现诉讼的最终目的"[1]。可见,权利保护要件是否完备、合法直接关系到行使民事起诉权的实质目的能否实现,即具有决定当事人能否获得司法救济的功能。通常情况下,权利保护要件需要考量的事项主要包括:起诉要件与诉讼要件是否获得充分的程序法支持;是否具有经过质证、认证确认的证据事实;是否具有可供衡量的具体损害;是否具有可供援引的有效的实体法依据;等等。对滥用民事诉权行为而言,权利保护要件虽然不能直接预防和减少滥用行为的发生,但对滥用民事诉权行为具有间接预防和抑制的效能。一般情况下,行为人事先要对滥诉的后果做一定的成本衡量,这种衡量很大

---

[1] 毕玉谦,等.民事诉讼研究及立法论证[M].北京:人民法院出版社,2006:636.

程度上将依赖于对权利保护要件的判断,因为权利保护要件与滥用民事诉权是否需要承担侵权责任存在必然的联系。如果行为人通过判断,明知自己的起诉行为不符合权利保护要件的要求,却仍然继续行使民事起诉权,将面临滥因民事起诉权而承担侵权责任的后果。这样,行为人将不得不慎重对待自己的民事起诉权。由此可见,严格设置并贯彻权利保护要件的各项内容,有利于强化滥用民事诉权的侵权责任机制建设,可以让滥诉者望而生畏,进而达到减少滥用民事诉权行为的发生的客观效果。

综上可见,就规制当事人诉讼行为而言,起诉要件更侧重于对民事主体充分行使民事诉权给予保护。诉讼要件则具有对诉讼行为正当与否进行识别与判断并给予相应的规制之效能。权利保护要件则有利于间接预防和抑制滥用民事起诉权,并配合滥用民事诉权侵权责任机制对滥用民事诉权行为给予制裁。

(二)构建具有规制诉讼行为功能的独立的审前程序

构建独立的审前程序从而约束不正当诉讼行为是构建我国防控滥用民事诉权机制的重要内容之一。就审前程序本身固有的功能对约束并抑制滥用民事诉权行为看,它在这一方面的作用是独特的。概括而言,这种独特作用主要体现为在正式审判之前,对当事人的诉讼行为进行早期识别与判断,对诉讼行为的进展方向给予引导,约束并适当干预诉讼行为,致力于实现对诉讼行为的正当性的保障以及必要情况下对不当诉讼的早期终结。

1. 审前程序对滥用民事诉权行为的规制功能

审前程序的功能主要包括三个方面:"整合和固定争点、为开庭审理做好证据方面的准备以及减少进入庭审案件的数量。"[1]就这些功能对滥用民事诉权行为的规制看,可以体现在三个方面。其一,对当事人诉讼行为的正当性加以判断,进而对正当诉讼行为给予保护,对滥用行为予以禁止。"审前程序促进证据交换和争点固定的功能有助于被告一方及时了解原告起诉的主要事实、证据,从而准确判断原告是否存在滥用诉权行为,以便向法院提出有关诉讼要件方面的抗辩或异议。"[2]其二,引导并约束当事人的诉讼行为。审前程序结合证据开示制度可以有效引导并约束当事人正当行事。在严格实行证据开示制度的国家,法官与当事人共同推动审前程序向前发展。在民事诉讼中,针锋相对的两方当事人负有义务根据法院强制性

---

[1] 李浩.民事审前程序:目标、功能与模式[J].政法论坛,2004(4).转引自汤维建,等.民事诉讼法全面修改专题研究[M].北京:北京大学出版社,2008:223-224.

[2] 汤维建,等.民事诉讼法全面修改专题研究[M].北京:北京大学出版社,2008:224.

的指示或者对方当事人的要求将自己所掌握的证据、事实、证人、诉讼中将使用的证据向对方公开,以令法院和双方律师慎重权衡诉讼是否有理,并对是否继续进行诉讼做出价值判断,进而在一定程度上对当事人的诉讼行为给予引导与约束。其三,终结不必要的诉讼行为,阻止纠纷进入庭审程序。"法官对于进入审前程序的案件,可以借助诉答程序和证据交换程序对案件的情况作出判断,进而依据这种判断对当事人行使诉权的行为给予评价。如果发现其根本没有胜诉的事实理由,或者经过双方的对话交流发现案件不存在实际的争议,可以直接驳回原告之诉。"〔1〕

审前程序在判断此后的诉讼是否存在必要的同时,"在自足性的审前程序的构架中,审前程序本身具有独立、正当的纠纷解决功能,为当事人双方提供了多种早期终结诉讼的机制"〔2〕。由此可见,审前程序对诉讼行为的规制是其他程序所不能替代的。因此,想要发挥审前程序对滥用民事诉权行为的防控功能,必须确立其在民事诉讼中独立的程序地位。

2. 构建具有规制滥用民事诉权行为功能的独立的审前程序

我国现行《民事诉讼法》并没有关于审前程序的明文规定,只是在第12章第二节以"审理前的准备"这样的字样加以表述。不难看出,我国现行《民事诉讼法》关于审前程序的规定过于笼统,可操作性和实效性不强,尤其在对当事人行为约束方面,没有发挥其应有的作用,严重制约了审前程序对滥用民事诉权行为应有的规范与约束功能的发挥。

然而,构建具有独立的程序地位的审前程序是一个庞大而复杂的理论问题,它涉及司法权的属性,私权与公权的配置,民事诉讼的本质、目的、模式及功能,程序公正、程序效率与正当行为理念,实体公正、程序公正与诉讼效率的关系平衡以及主体意识和程序意识等新兴思想。同时,它也是一项与民事司法制度及民事审判方式改革息息相关的民事审判的重大实践课题,它涉及审判机关在开庭审理之前需要完成的一系列具体工作事项,审前程序与审理程序的功能划分,立案庭与审判庭之间的具体职责分工,法官的能动性与当事人的主动性的具体配合,审前程序具体的功能设计及其可操作性与实效性以及法院正式庭审前需要履行的告知义务、案件的繁简分流、排期开庭、证据固定、证据交换及争议焦点的确定等诸多审判实证经验。对

---

〔1〕 江伟,等.民事诉权研究[M].北京:法律出版社,2002:357.转引自汤维建,等.民事诉讼法全面修改专题研究[M].北京:北京大学出版社,2008:224.

〔2〕 汤维建.论构建我国民事诉讼中的自足性审前程序——审前程序和庭审程序并立的改革观[J].政法论坛,2004(4).

具有独立的程序法地位的审前程序的体系构建问题,很多理论界的学者和实务界的法官对此进行过广泛深入的论证,就此问题本书不做深入详尽的阐述。从规制滥用民事诉权的角度看待这一问题,我们主张,构建具有独立的程序法地位的审前程序应该与防范滥用民事诉权行为适当结合。审前程序规则的具体设置要服务于审前程序所追求的功能,将防范滥用民事诉权行为作为审前程序功能设计的一个考量因素,可以在防控滥用民事诉权与救济机制建构中更好地发挥程序规制机制的应有功能。为此,我们提出以下几点宏观上的建议。

第一,以规制诉讼行为体现审前程序的功能。诉讼程序存在的正当性在于通过对诉讼行为的约束满足人类对公平正义的追求。滥用民事诉权从事诉讼攻击与防御违背了法律的公平正义价值,也背离了司法程序设置的宗旨。因此,防范并规制滥用民事诉权行为应该成为审前程序功能设计的一个必不可少的重要内容。"当事人在一切可能的情况下滥用诉讼权利以牟取私利与法官动用一切必要的程序手段和司法措施来维护程序正义,成为各国不断改善对审前程序设计的主要动因。"[1]那么,法官动用一切必要的程序手段和司法措施来维护程序正义的前提是存在完备的程序规则可供选择,同时,所选择的程序规则要具有可操作性和实效性。从这一点说,设计审前程序来规制当事人的诉讼行为至少需要考虑以下要素。首先,审前程序在规制诉讼行为方面应肩负的任务。审前程序的任务与规制滥用民事诉权行为需要达到一定程度的契合才能发挥其程序的可操作性和实效性。该任务的设定,需要从案件适用的程序,证据的取得、交换与固定,当事人的举证,争点的固定乃至庭前调解与和解事宜等方面加以考量。其次,审前程序所涉及的具体工作事项的程序。"为了克服分散式的审理方式所带来的诉讼效率低下以及无助于防止当事人故意拖延诉讼的弊端,实行各种类型的审前准备已经使大陆法系在审前准备程序的建构上具有实质性内涵。"[2]我国现行审前准备程序仅仅规定了审前的一些具体工作事项,过于笼统,尚未形成一个完整的具有可操作性的审前准备程序,也没有发挥对当事人诉讼行为加以约束的效能。改变这一现状,需要对审前程序所涉及的工作事项加以适当、详细、合理的类型划分,从而明确相应的具体程序。至少要区分单纯为庭审服务事项的程序,如立案程序、送达程序等;对庭审产生间接影响事项的程序,如告知事项程序、案件的繁简分流程序、开庭排

---

[1] 毕玉谦,等.民事诉讼研究及立法论证[M].北京:人民法院出版社,2006:507.
[2] 毕玉谦,等.民事诉讼研究及立法论证[M].北京:人民法院出版社,2006:540.

期规则等;对实体权利义务关系认定产生直接影响事项的程序,如证据调查程序、证据交换程序、事实争点固定程序;等等。

第二,以适时化解纠纷充实审前程序的功能。设置独立的审前程序必须将其特有的程序规制功能作为核心内容对待,但一定程度上,也要体现审前程序所具有的纠纷化解功能。追求程序功能的多元化是程序建设的发展趋势。"审前程序并不仅仅发挥着为正式庭审活动而进行必要的准备的单一功能……在此程序中为明确事实争点而进行的证据收集、发现与信息的交换,有可能对当事人的诉讼立场和观点带来实质性的影响,加之程序规则本身会对当事人的一些不作为所产生的制裁性效果,使得审前程序自然或者不自然地成为解决纠纷、终结诉讼的程式与手段。"[1]这一点,在许多国家的审前程序中都有所体现,如"美国民事诉讼中的'答辩前要求撤销的动议''对诉辩状的判决',都允许被告针对原告的起诉本身提出异议并交由法院处理,从而避免后续的不必要的诉讼"[2]。因此,设计我国独立的审前程序,应该体现对纷争的适时化解功能,这是规制当事人滥用民事诉权行为的必然要求。为此,要发挥审前程序的必要阻却功能,要利用审前程序过滤那些不存在实质的事实争点的纷争,避免其进入庭审程序浪费诉讼资源、损害合法权益,同时也有效规制诉讼行为。从规制滥用民事诉权行为角度看,构建我国独立的审前程序,可以在审前程序中设立特殊情况下的结案方式,终止不必要的诉讼行为,适时化解纷争。具体配置上,可以设置审前程序中的简易判决制度、不应诉判决制度、鼓励和促进和解制度、建议调解制度等多种手段和方式终结诉讼程序,化解矛盾纷争。

第三,以强化行为制裁维护审前程序的功能。民事主体的各项具体诉讼权利决定于民事程序法,当事人诉讼权利的行使依赖于具体的诉讼程序,而如何行使诉讼权利又会直接影响到当事人的实体权益。因此,注重程序的功能与效力应该在构建独立的审前程序的过程中有所体现。这一点,许多国家的审前程序法均有所规定。"大陆法系国家通常将当事人滥用诉讼权利以至于玩弄诉讼策略或拖延诉讼视为一种不正当行为,而在审判上使当事人在此情况下产生某种失权的法律后果,借以对此类行为加以制裁,如法国、日本等对不遵守审前程序的当事人往往采取限制其诉讼权利的方式,进而达到可能对其实体权益的审理带来不利后果,而英美法系的美国则对

---

[1] 毕玉谦,等.民事诉讼研究及立法论证[M].北京:人民法院出版社,2006:515.
[2] 史蒂文·苏本,玛格瑞特·伍.美国民事诉讼的真谛:从历史、文化、实务的视角[M].蔡彦敏,徐卉,译.北京:法律出版社,2002:149-155.

懈怠其诉讼权利、故意违犯诉讼程序的当事人,在审判上直接判定其承担不利的诉讼后果。"[1]因此,一定意义上说,追求审前程序的强力制裁功能成为各国制定独立的审前程序的一个目标价值。因为,审前程序是否具有可操作性和实效性,直接关系到其程序功能的发挥与程序目的的实现,也会影响对滥用民事诉权行为的制约效果。设计独立的审前程序,必须为违反程序规则行为设定相应的法律后果。但我国现行《民事诉讼法》中仅仅规定了审前的几项准备活动,没有维系其自身正常运作的机制。这种对违反义务的行为不设法律后果的制度是不具可操作性的。因此,为增强审前程序对滥用民事诉权行为规制的可操作性和实效性,出于有效防范、及时制止、纠正或铲除滥用民事诉权的需要,还应该对违反相关审前程序规则行为设定责任后果。

(三) 完善普通程序的审限制度

1. 现行普通程序审限制度的缺陷面对民事诉权滥用的窘困

民事普通程序审限制度的确立,对维护民事诉讼程序的客观公正、实现民事诉讼价值、保障当事人的合法权益发挥着重要作用。在寻求民事权利的司法救济过程中,正确行使诉权,可以使普通程序审限制度的固有功能得以最大限度地发挥,进而充分体现司法的救济效能。但我国现行普通程序审限制度无论是在立法技术上还是制度设计方面均存在一定的缺陷。这种缺陷,一定程度上造成普通程序中对当事人正当行使相关诉权的有效监控与制约手段的不尽人意,也为个别当事人滥用民事诉权提供了可乘之机,致使现行民事诉讼普通程序审限制度面对民事诉权滥用行为表现出或多或少的窘困。

首先,立法关于延长审限的条件规定得过于原则。《民事诉讼法》第149条规定:"人民法院适用普通程序审理的案件,应当在立案之日起六个月内审结。有特殊情况需要延长的,由本院院长批准,可以延长六个月;还需要延长的,报请上级人民法院批准。"可见,普通程序延长审限的关键是存在"特殊情况",但何为有"特殊情况"?该特殊情况是否产生于当事人的滥用诉权行为?对于这些问题,《民事诉讼法》没有做出明确规定。这种立法上的笼统一定程度上导致一审延长审限操作上的任意与不便。其次,延长审限的时间存在随意性。对有特殊情况需要延长一审审限时,《民事诉讼法》赋予本院院长享有批准延长六个月的权限。还需要延长的,上级人民法院享有批准权。这一立法规定存在两个问题:一方面,本院院长享有一次性

---

[1] 毕玉谦,等.民事诉讼研究及立法论证[M].北京:人民法院出版社,2006:519-521.

批准延长六个月审限的权限幅度过大;另一方面,对于再次延长审限的时间立法没有规定,缺乏必要的限制与监控,易在审判实践中产生违背公正的滥用延长审限的现象。最后,普通程序延长审限,立法在赋予法院批准权的同时,没有辅以法院相应的义务。既未明确法院对该"特殊情况"的出现是否源于当事人滥用诉权而进行必要的审查义务,也未要求法院向当事人履行相关的告知义务,更没有赋予当事人在不服决定时享有申请复议权或提出异议权,缺少对当事人的司法救济手段,这与"保障、便利当事人行使诉讼权利"的基本原则不符,极易导致认识上的偏差,甚至适用上的滥用。

2. 规范路径:兼顾民事诉权的运作改良普通程序审限制度

面对普通程序审限制度的不足,探求一条有效途径对其加以改进与完善成为当务之急。为此,从完善民事一审普通程序的审限制度对滥用民事诉权的防范所具有的功能角度看,需要正确认识民事诉讼普通程序审限制度的属性,同时,要兼顾民事诉权的固有运作规律对民事一审普通程序的审限制度加以适当改良,进而发挥其对正当诉讼行为的维护与制约功能。

从民事诉讼立法层面看,首先应确立审限立法的指导思想,即:以充分保障人民法院独立行使审判权、提高诉讼效率、降低诉讼成本、保障和便利当事人参加诉讼、防范和抑制滥用民事诉权行为的发生为根本出发点来设计审限制度。具体内容的设定应建立在现实的民事审判实践的基础上,同时面向审判工作的未来发展,要具有适当的超前性。在注重对审限的总量控制的前提下,采取原则规定与具体规定相结合、强制规定与授权规定相结合的方法。侧重具体的强制性规定,减少原则的授权性规定。在延长审限的审批上,应将放权与控权相结合,增加程序规范对权力的制约,同时加强权力间的相互制衡。但遗憾的是,2012年修改的《民事诉讼法》并没有涉及一审普通程序的审限制度。在这种情况下,可考虑以司法解释的方式对审限制度予以补充,发挥最高人民法院业务上的指导和监督职能。对此,目前至少应增加以下具体内容:对普通程序最长审限加以限制;限制延长审限的适用期间;明确延长审限的法定条件,即对民事诉讼法第149条规定的"特殊情况"加以列举或概括;明确规定重审案件的审限。

从民事审判的司法层面看,在审判权的具体运作过程中,针对普通程序审限制度执行过程中存在的问题以及可能出现民事诉权滥用的相关环节,必须加强各种监控机制的建设,切实发挥诉讼主体对普通程序审限制度运作和民事诉权行使的监控效能。对此,两种制约机制的健全与完善势在必行。第一,健全对审限制度正当运作的外部监督机制。这方面,需要强化人民检察院对人民法院民事审判活动的检察监督以及民事诉讼案件当事人对审判行为的监督,当然也包括当事人相互之间对民事诉讼行为正当性的监督。就人民检察院对人民法院民事审判活动的检察监督来看,检察机关对民事一审审限制度的运作给予检察监督一直是检察机关对民事审判活动进行法律监督的一个重要组成部分,这种监督对规制民事诉讼主体的民事诉讼行为,防范滥用民事诉权行为的发生具有重要意义。检察机关对民事一审审限制度的运作进行监督要树立正确的监督理念,从维护国家利益、社会公共利益,维护法律的尊严、诉讼秩序的公正与稳定出发,在遵循民事诉讼规则及民事诉讼固有规律的前提下,关注现行《民事诉讼法》在民事一审普通程序审限制度立法层面与司法实践领域存在的漏洞与不足。立足于以依法抗诉作为检察监督工作的核心的同时,重视检察建议这种软执法手段的充分运用及应有效能的发挥。就民事诉讼案件当事人对审判行为的监督来看,可以通过赋予当事人知情权来监督人民法院运用审限制度的适当性,同时防范民事诉权的滥用。与此同时,为人民法院设定是否属于滥用民事诉权的审查义务和告知义务。具体操作上,当人民法院决定延长审限时,必须在合理的期间内将延长审限的理由及相关事项如实告知当事人,当事人对人民法院延长审限决定不服的,可以申请复议,人民法院必须将复议结果及根据以书面的形式告知当事人。对于因违反普通程序最长审限期间结案而造成当事人损失扩大的,当事人可以就扩大损失的部分依据《国家赔偿法》的有关规定向人民法院请求赔偿。对于因对方当事人滥用民事诉权而遭受损害的,依法通过民事侵害赔偿诉讼寻求救济。第二,强化人民法院对审限制度合理运作及民事诉权正当行使的内部监督机制。建立合议庭成员相互之间的监督、本级法院院长的监督、本级法院审判委员会的监督以及上级法院院长监督的法院内部监控机制,切实发挥其实际监控功能。《民事诉讼法》既没有对"特殊情况"的内涵加以具体解释,也没有对上级法院批准延长的具体期间加以设定。我们认为,克服这一弊端的有效途径是强化人民法院对审限制度合理运作的内部监督机制,通过强化人民法院对审限制度合理运作以及民事诉权正当行使的内部监督机制,保证案件审结的及时性、当事人权益保护的充分性、民事诉权行使的正当性,进而实现民事审判所具有的司法公正性与诉讼效率性。[1]

(四) 规范上诉权的行使要件

某种意义上说,民事上诉权容易遭受滥用,与我国《民事诉讼法》将上诉权视为一种任何一方当事人都享有的当然权利的认识和对上诉权行使要件

---

[1] 潘牧天.普通程序审限制度的缺陷与民事诉权的滥用[J].学术交流,2009(2).

规定过于简陋粗糙有一定关系。对此,有学者主张作为当事人权利事项的上诉机会要受制于公正与效率的平衡、个案当事人权利保障与公众权利保障的平衡准则。建议我国应该划分权力性上诉与裁量性上诉,并建立终审上诉许可制。[1]由此可见,规制滥用民事上诉权行为,一个行之有效的措施便在于完善我国《民事诉讼法》关于上诉权条件的相关规定。

1. 适当细化行使上诉权的理由

现行《民事诉讼法》第164条将"当事人不服地方人民法院一审判决"作为提起上诉的原因,这种宽泛且超软性的规定完全失去了对当事人上诉行为应有的约束与规制,也与当事人滥用民事上诉权存在直接关系。这方面,西方国家确立了异议上诉制度,很好地规制了当事人的上诉行为,明确规定只有在第一审程序中对对方当事人主张的事实或提出的证据明确表示异议的,当事人才能就该事实认定提起上诉,当事人不得就其在第一审程序中没有提出异议的事实提起上诉。为此,从防控滥用上诉权角度出发,应当对提起上诉的理由适当细化,《民事诉讼法》可以增加规定:上诉人在上诉状中应当写明请求第二审人民法院变更或者撤销第一审裁判所依据的理由和事实,并提供相应的证据。

2. 将上诉利益与上诉权的行使相挂钩

在民事诉讼理论上,具备诉的利益是当事人正当行使民事诉权的一个重要内容,西方国家普遍将当事人行使上诉权必须具备上诉利益作为规制当事人上诉行为的必要条件。"上诉利益强调的是裁判中所涉及的直接的、实质性的财产利益或利害关系,具体而言,对某一将受到上诉审判的裁判,因该裁判的做出而使得当事人的财产减少、负担增加,或其权利受到不利影响,则该当事人才具有可上诉的利益或利害关系。"[2]增加规定上诉人行使上诉权应当存在上诉利益这一条件,有利于约束当事人的上诉行为,可以将滥用民事上诉权阻却在第二审程序之外,减少滥用民事上诉权行为的发生,也使审判机关衡量判断并抑制当事人不正当行使上诉权具有了明确具体的标准和依据。为此,我国《民事诉讼法》可以增加规定:当事人对第一审裁判提出上诉,但该裁判的判决事项于上诉人不存在使其财产减少或负担增加,或其他不利的情形,第二审人民法院应当裁定驳回上诉。

---

[1] 傅郁林.审级制度的建构原理——从民事程序视角的比较分析[J].中国社会科学,2002(4).

[2] 薛波.元照英美法词典[M].北京:法律出版社,2003:82.

3. 适当调整对上诉客体的限制程度

对上诉客体加以限制是各国民事诉讼法通行的做法,一方面,它可以通过限制上诉的范围,防止当事人不当利用上诉权拖延诉讼;另一方面,也有利于当事人慎重对待第一审程序中所享有的各种民事诉权,维护一审程序稳定,保持当事人对第一审程序的利用率。如果对上诉范围不加以限制,会纵容当事人滥用民事上诉权。我国《民事诉讼法》虽然也规定了可以上诉的判决范围,但所做规定过于宽泛,客观上容易发生滥用民事上诉权的情况,反而对可以上诉的裁定范围限制得稍显过严。就西方国家的相关规定来看,对判决的限制程度总体上相对要严格一些,一般规定只有终局判决才能上诉。但同时,也体现出一定的灵活性,如"对于可以上诉的判决再附加一些条件,一般是对诉讼争议的标的额或者作出判决的法院作出限制性规定。例如,根据《德国民事诉讼法》的规定,声明不服的标的的价额未超过1500马克的第一审终局判决,当事人不得提出控诉"[1]。因此,从维护当事人合法权益和审级利益与防控滥用民事上诉权有机结合的角度,可以对上诉裁定的范围有限度地适当扩大,对可以上诉的判决范围应该适当收窄。对可以上诉的裁定,《民事诉讼法》至少可以酌情考虑增加对不服民事保全裁定、先予执行裁定、中止诉讼裁定和不予执行裁定的上诉权,"尤其应将中止和不予执行裁定纳入可上诉范畴,防止审判人员滥用权力,损害当事人的合法权益"[2]。需要特别强调的是,我们主张对上诉客体的限制程度只是适度调整,因为它事关当事人的司法救济权的实现,还需要在实践中进一步探索,仅仅从基于对滥用民事诉权的惩罚来说,至少对滥用民事上诉权的,可以进一步探索附加条件上诉的做法。

三、建构防控滥用民事诉权的诉讼救济机制

(一) 确立以滥用民事诉权侵权为独立案由的诉讼制度

根据滥用民事诉权侵权行为的特殊性,结合最高人民法院要坚持统一的民事案件案由的确定标准的要求,可设定以下具体案由:

案由一:滥用民事诉权侵权损害赔偿之诉。对滥用民事诉权侵权行为,受害人首先可以对滥用民事诉权的当事人提起滥用民事诉权的侵权损害赔偿之诉。英国最早规定了这种诉讼,早在1838年,英国就确立了针对被告

---

[1] 毕玉谦,等.民事诉讼研究及立法论证[M].北京:人民法院出版社,2006:956.
[2] 毕玉谦,等.民事诉讼研究及立法论证[M].北京:人民法院出版社,2006:958.

为了一个不恰当的目的采用法律诉讼,实施导致原告损害的侵权行为,原告可提起侵权行为诉讼的判例。美国也有类似的规定。"根据美国《侵权行为法重述》第二版第674页和第682页的解释,任何一种不合理地采用法律诉讼的行为都可以构成一种侵权行为。"[1]在我国,确立滥用民事诉权侵权损害赔偿之诉这一独立案由,有利于规制滥诉行为,救济滥诉侵害。在滥用民事诉权侵权损害赔偿之诉中,确定案件的被告除考虑滥用民事诉权的当事人本人外,也要考虑滥用民事诉权人的诉讼代理人,包括代理诉讼的律师和代理诉讼的公民,以及其他相关关系人是否符合作为正当被告的问题。立案的起点不宜过高,只要滥用民事诉权侵权损害赔偿之诉的原告所述的事实符合如前文所述的"表面证据"即可以予以立案。[2]

案由二:对滥用民事诉权侵权者提起刑事诉讼。在滥用民事诉权侵权之诉的原告胜诉后,可以针对案件的具体情况决定是否对相关人员提起刑事诉讼,追究其刑事责任。滥用民事诉权妨碍民事诉讼行为,情节严重,构成犯罪的,应该依法承担刑事责任,这与我国《民事诉讼法》第111条的规定相一致。需要注意的是,对滥用民事诉权行为人追究刑事责任要区分行为主体的行为身份。对滥用民事诉权妨碍诉讼行为的案件当事人以及极为特殊情况下出现的通过滥用职权故意参与或协助滥用民事诉权的政府官员、法官、检察官等特定的第三人需要加以区别对待。[3]

案由三:特定主体代表国家对滥用民事诉权侵权者提起财产损害赔偿之诉。如前所述,滥用民事诉权不仅侵害了相对人利益,也浪费了国家有限的司法资源。滥用民事诉权行为人迫使国家投入不必要的人力、物力和时间成本审理不必要的民事诉讼案件,某种程度上说,这是对国家财产权的一种侵害,滥用民事诉权行为人对此应当承担损害赔偿责任。[4]

案由四:对滥用民事诉权侵权的特殊主体提出公益诉讼。在美国,将滥用民事诉权侵权之诉案件中具有社会关系能力的特殊主体认定为政府官员、法官、检察官,通常称为滥用民事诉权侵权的第三人。当这些主体具有滥用诉权(包括民事诉权、刑事诉权和行政诉权)的故意并参与了滥用诉权的行为,滥用诉权侵权的公益诉讼就由此产生了。在我国,滥用民事诉权侵权之诉同样可能出现这类性质的第三人,尽管这种情形极其罕见。就如"案

---

[1] 徐爱国.英美法中"滥用法律诉讼"的侵权责任[J].法学家,2000(2).
[2] 潘牧天.滥用民事诉权的侵权责任研究[M].上海:上海社会科学院出版社,2011:187.
[3] 潘牧天.滥用民事诉权的侵权责任研究[M].上海:上海社会科学院出版社,2011:189.
[4] 潘牧天.滥用民事诉权的侵权责任研究[M].上海:上海社会科学院出版社,2011:189.

由三"中主张确立"国家对滥用民事诉权侵权者提起财产损害赔偿之诉",从理论上来讲,在这种国家对滥用民事诉权侵权者提起财产损害赔偿之诉的案件中,也存在滥用民事诉权的可能情形。但这里必须区分国家行为与个人行为,职务行为与非职务行为。个人的非职务性行为由个人承担赔偿责任。对于以代表国家的身份参与滥用民事诉权者,其职务性行为应该适用国家赔偿法。对滥用民事诉权侵权的第三人提出公益诉讼可以包括以下独立的案由:一是滥用司法资源;二是滥用职权、假公济私、滥用判断力;三是滥用公信力;四是毁损司法权威。[1]

(二) 适当引入诉前及诉中受害人的动议撤案权制度

1. 引入动议撤诉权制度的必要性和可行性

动议撤案权是诉讼中被动应诉的一方反对无理诉讼并阻止其进一步滥用诉权的有效手段之一,为西方资本主义国家普遍采用,也称为动议撤销告诉。它是指法院对原告的起诉予以立案后,被告在查明相关事实及应用的法律后,认为原告的起诉不具备诉的理由、事实或可资救济的法律,或者法院没有管辖权,因而向原审法院提出动议撤销该案件。

在我国,《民事诉讼法》仅仅将申请撤诉权配置给了原告,需要强调的是,2014年12月18日修改通过、自2015年2月4日起施行的《最高人民法院关于适用〈中华人民共和国民事诉讼法〉的解释》(以下简称《民诉解释》)第338条规定:"在第二审程序中,原审原告申请撤回起诉,经其他当事人同意,且不损害国家利益、社会公共利益、他人合法权益的,人民法院可以准许。准许撤诉的,应当一并裁定撤销一审裁判。"此处,增加了"经其他当事人同意"的撤诉限制。但尽管如此,这也与美、法、日等许多资本主义国家原告撤诉需要征得被告同意的立法例有很大的差距,这在一定程度上导致了对被告合法权益保护的不周。从滥用民事诉权的角度看,原告完全可以通过滥用民事撤诉权反复地、无休止地通过撤诉、再起诉来骚扰相对人,对相对人的合法权益造成侵害。因为,依据《民诉解释》第214条的规定,"原告撤诉或者人民法院按撤诉处理后,原告以同一诉讼请求再次起诉的,人民法院应予受理"。"如果在对被告这种合理利益不加以考虑的情况下,仅仅为了保障原告诉权的行使而使对方当事人的权利因此受到损害,这显然是不符合司法程序所追求的社会公平与正义的基本价值和观念的。"[2]可见,赋予被告动议撤诉权对防范原告滥用民事起诉权侵害相对人合法权益方面具

---

[1] 潘牧天.滥用民事诉权的侵权责任研究[M].上海:上海社会科学院出版社,2011:190.
[2] 毕玉谦,等.民事诉讼研究及立法论证[M].北京:人民法院出版社,2006:722.

有重要意义,将其适当引入我国民事诉讼是必要的。

按照我国撤诉权的理论,撤诉和起诉一样具有广泛的适用性。民事主体发生实体权利义务争议后,原告向人民法院提起诉讼,就是原告以行使起诉权的方式使国家公权力介入民事主体之间私权关系的纷争,这是原告享有的权利。既然如此,法律就应该赋予被告同样享有一种对等的权利将国家公权力排除在解决私权关系的纷争之外,这种权利相对于原告所享有的起诉权而言,就是被告所享有的动议撤诉权。可见,动议撤诉权与我国的撤诉权理论相兼容,这就为我国适用动议撤诉权提供了可能。目前,我国对滥用民事诉权问题在理论层面已展开一定的研究,相关学者也开始关注对滥用民事诉权在立法层面的规制问题,给出了某些建设性意见,尽管还零零碎碎、不成体系,但这都为构建滥用民事诉权规制体系提供了一定的理论支撑,也提供了可能。与此同时,滥用民事诉权行为的日益增多,要求审判实践重视滥用民事诉权对司法造成的冲击问题以及对合法民事权益造成的损害问题,我国的审判实务界在司法层面也已经进行了许多积极的有益探索,积累了一定的实践经验,这为构建既有操作性,又具实效性的滥用民事诉权规制体系提供了实践基础,也使得将动议撤诉权这一比较成功的规制手段纳入我国滥用民事诉权规制机制成为可能。[1]

2. 我国动议撤诉权制度的构建

(1) 动议撤诉权的主体界定。从西方国家关于动议撤诉权的立法规定来看,就其中动议撤销告诉而言,民事诉讼中动议撤诉权的行使主体是民事诉讼中的被告当事人。也就是说,只有被告才享有动议撤诉权。之所以这样规定,源于设立动议撤诉权的目的,即通过赋予被告动议撤诉权来制约原告的起诉行为,进而防范原告滥用民事起诉权,这在我国同样适用。

(2) 动议撤诉权的提起。在英美法系国家,动议撤诉权可以在庭审进行之前或在诉讼进行之中以及判决做出后、执行前提出。但该动议不能发生在没有诉讼之际(即诉讼前)。但某些特殊情况的发生,致使动议撤诉权也可能发生在判决之后,诸如送达太过迟延等。因而,为避免这种情况的发生影响被告动议撤诉权的行使,西方工业化国家通常的做法是:一个告诉最初起诉要在当地的郡的案件登记处(美国为 Country Clerk Office)购买案件号、登记传票并送达。在送达完成以后,经过向当地有管辖权之法院登记,案件才进入法院电脑系统,但没有提上审判日程(Calendar)及委派审判法

---

[1] 潘牧天.滥用民事诉权的侵权责任研究[M].上海:上海社会科学院出版社,2011:194-196.

官,以此为被告动议撤诉权的行使创造有利条件,这是庭审之前的一种保证手段。在我国,一个案件一经起诉,就直接进入法院案号登记系统并委派主审法官。而进入法定的正式开庭审理程序之前的审理前准备阶段,依照我国《民事诉讼法》的规定,法院所做的准备工作只包括送达起诉状副本和答辩状副本、告知当事人诉讼权利和合议庭组成人员、审核诉讼材料、调查收集必要的证据、通知必要的共同诉讼人参加诉讼等工作。事实上,在这一阶段,如果告知被告可以对原告的起诉行为提出动议撤诉,对规制原告正当的起诉行为、防范原告滥用民事起诉权侵害相对人合法权益具有重要意义。因此,从庭审准备阶段开始便赋予被告动议撤诉权,督促被告及时行使动议撤诉权,可以有效阻止滥用民事诉权侵权行为的发生。但需要明确,被告的动议撤诉权的提起只能限定在法院受理案件开始到判决宣告之日为止的这段时间。因为判决宣告后,表明原被告双方争议的实体权利义务关系已经得到解决,审理程序已经结束,这种情况下,被告如果再行使动议撤诉权就失去了意义。因此,动议撤诉权的行使,在提起期间不能做扩大解释,过度引用动议撤诉权也是不可行的。[1]

(3) 动议撤诉权的审查及效力界定。在美国,被告可以根据以下情形向法院提出动议撤诉:"其一,原告未采取必要的措施来推动案件的进程;其二,原告未出席预定的庭审或审前会议;其三,原告持续不断地延误时间或者延期从而延长了通常的期间。"[2]原告的上述行为,一定程度上会产生因滥用民事诉权损害被告的合法权益的情况。"在美国,原告自愿撤诉不必经过法院的批准,即在原告起诉后,原告通过进一步的调查和了解,如果认为他确实不具有值得追寻的请求,或者原告与被告之间已在诉讼外达成了和解,在这两种情形下,原告便有可能撤回诉讼。对于这种不加限制的自愿撤诉,有人认为应当对此在程序上施加某种限制,以免原告滥用诉权、骚扰被告的不良后果。"[3]但对于被告提出的动议撤诉,则需要接受法院的严格审查。法院对被告提出的动议进行审查后同意被告的动议时,原告的诉讼才有可能被驳回。原告的诉讼被驳回后,没有特殊情况,该种驳回具有在此以后不得再行起诉的效力。这一点,在确立我国的动议撤诉权制度时,可以加以引入。[4]

---

[1] 潘牧天.滥用民事诉权的侵权责任研究[M].上海:上海社会科学院出版社,2011:199.
[2] 汤维建.美国民事诉讼司法制度与民事诉讼程序[M].北京:中国法制出版社,2001:476.
[3] 汤维建.美国民事诉讼司法制度与民事诉讼程序[M].北京:中国法制出版社,2001:471.
[4] 潘牧天.滥用民事诉权的侵权责任研究[M].上海:上海社会科学院出版社,2011:199-200.

（三）选择性适用败诉抵押金制度

滥用民事诉权是世界范围内普遍存在的问题，各国均建立了较为完善的滥用民事诉权的规制与救济体系，其中败诉抵押金制度成为对滥用诉权者加以惩罚的重要手段之一。

1. 败诉抵押金制度的性质

败诉抵押金制度，就是在民事诉讼中，由当事人预先交纳一定数额的抵押金，以制约当事人的诉讼行为，并防止在其败诉时不能弥补对对方当事人所造成的损害的一种保全制度。它实质上是一种公民进行民事诉讼行为所要承担的风险责任。败诉抵押金制度与我国民事诉讼法设定的诉讼保全制度有所差别。败诉抵押金制度的确立，可以警世当事人必须慎重对待他所享有的民事诉讼权利，同时，也需要对自己行使这种权利的行为负责。从这一点上说，败诉抵押金制度可以有效约束当事人的诉讼行为，这对预防滥用民事诉权侵权具有一定的现实意义。

2. 败诉抵押金制度对滥用民事诉权行为的规制与救济功能

民事诉讼呈现为原告与被告之间发生民事实体权利与义务的争议，且无论是财产权损害，还是精神损害，民事赔偿多体现为支付损害赔偿金这种金钱赔偿的形式。通常而言，在民事诉讼中，败诉抵押金的适用范围限定在合同纠纷、房地产纠纷、商业买卖纠纷、婚姻纠纷、股票债券纠纷、有价证券纠纷、土地纠纷、劳动合同争议、名誉权纠纷以及侵权、继承纠纷等领域。如，美国在劳工赔偿诉讼中就采取了设定败诉风险抵押金的办法。西方国家在民事诉讼中，以适用败诉抵押金制度规制滥用民事诉权行为是以已然有极大的可能性显示滥用民事诉权行为即将发生为基本前提的。可能因一方滥用民事诉权行为遭受损害的当事人及法院均可提起动议，要求对方当事人交纳败诉风险抵押金后再继续进行诉讼。具体来说包括：诉讼的两造当事人已经完成举证，案件的主要事实基本已经查明，胜诉与败诉已经比较容易做出判断，行将继续下去的诉讼将无谓地耗费审判资源且有大致可以预计的金钱价值；诉讼的双方当事人就正义的实施、诉讼的理由、证据的范围及认定已然达成一致；经过律师及法官的法理及事实认定，一方理据不足有极大可能败诉，或已经败诉；行将败诉的一方有转移、藏匿财产的可能或实际行为；可推卸败诉责任的一方当事人拒绝以节约诉讼资源的方式结案，或已然败诉，理据不足仍坚持上诉、申诉；为防止诉的另一方被无辜拖入诉累以及防止审判资源被浪费，法院可以应另一方当事人的请求或主动动议，强制该偏执缠诉的一方缴纳金额足可以覆盖诉讼费用及他方损失的抵押金。一旦偏执缠诉方及上诉方败诉，所交纳的抵押金可以直接用以赔偿受害方的损失。[1]

3. 败诉抵押金制度的适用[2]

(1) 适用败诉抵押金的主体。向法院缴纳败诉抵押金,当事人为自然人的,责令该自然人缴纳;当事人为法人或非法人组织的,责令该法人或非法人组织缴纳。

(2) 败诉抵押金缴纳的方式。败诉抵押金可以由缴纳人以现金缴纳或以财产抵押。缴纳人已经向保险公司投保的,由保险公司缴纳。

(3) 败诉抵押金的设定程序。由于我国现行法律并没有关于败诉抵押金制度的规定,加之又是诉讼中附加的责任条件,因此,对其设定必须慎重,否则会人为阻碍并伤害诉权的正当行使,效果会事与愿违。败诉抵押金的设定程序应适用特别程序,由一方当事人提出动议。该动议应向原审法院提出,是否接受该动议,由案件主审法官通过对证据的审查判断做出决定。具体判断过程中,由双方当事人各自陈述对自己有利的证据,对试图继续诉讼的一方当事人提供的证据给以最大限度的考量,即使该方所提供的证据全部属实,也要判断该方当事人究竟有无胜诉的可能,或者其胜诉的概率有多少。如果其胜诉可能性较低,又坚持诉讼,法院可以依据上述判断指令强诉一方缴纳等同于其请求金额及诉讼所需一切可能费用的风险抵押金。被动应诉的一方在该设定败诉抵押金之诉中,负有举证责任证明本诉讼已经发生了的具体费用以及还将发生多少诉讼费用。

(4) 败诉抵押金的使用。该败诉抵押金用以给付胜诉方获得的损害赔偿,支付胜诉方因为该不必要的诉讼所蒙受的直接、间接经济损失,包括误工工资,名誉、商誉赔偿,经营收入之减少以及因本诉讼所支出的律师费用等。

(5) 败诉抵押金的撤回。法律可规定,在以下条件下败诉抵押金可以撤回:抵押权人全部胜诉的撤回其缴纳的全额抵押金;抵押权人部分胜诉的按胜诉比例撤回其抵押金;原告在诉讼正式开始审理前撤诉的全部撤回其抵押金;双方协议结案的依协议撤回其抵押金。

---

[1] 潘牧天.滥用民事诉权的侵权责任研究[M].上海:上海社会科学院出版社,2011:200-201.

[2] 潘牧天.滥用民事诉权的侵权责任研究[M].上海:上海社会科学院出版社,2011:202.

专题四

公益诉讼制度理论与实务研究

第一节

公益诉讼概述

一、公益诉讼与公共利益

（一）公益诉讼的含义

关于公益诉讼（Public Interest Litigation）的定义，按照原告主体范围、被诉对象的不同，公益诉讼有广义和狭义之分。狭义上认为公益诉讼是指特定的国家机关和相关的组织和个人，根据法律的授权，对违反法律法规，侵犯国家利益、社会公共利益或特定的他人利益的行为，向法院起诉，由法院依法追究法律责任的活动。广义的公益诉讼包括所有为维护社会公共利益而提起的诉讼，是指任何组织和个人都可以对侵害社会公共利益的行为，向法院起诉，由法院追究其法律责任的活动。[1]尽管迄今为止学术界还没有对公益诉讼的界定形成统一的认识，但可以肯定的是，从宽泛性角度界定公益诉讼已成为普遍认可的方式，即只要起诉人的诉讼请求中包含了公共利益的诉求，依法行使公益诉权的诉讼方式就可以被称为公益诉讼。

公益诉讼是一个舶来品，从历史渊源上看，公益诉讼制度可以追溯到古罗马时期。根据罗马法的规定，以保护个人所有权为目的，仅由特定人才能提起的诉讼为私益诉讼；以保护社会公益为目的，除法律有特别规定者外，凡市民均可提起的诉讼为公益诉讼。公益诉讼制度发展至今，已在德、法、英、美、日等国家发育得相当成熟。尽管各国对其称谓不同，诸如民众诉讼、公民诉讼、私人检察官制度等，但其制度内涵基本相同。

（二）公益诉讼中公共利益的界定

相对于普通的私益诉讼而言，公益诉讼所保护的利益无疑是公共利益。

---

[1] 汤欣.公共利益与私人诉讼[M].北京:北京大学出版社,2009:58.

我们研究公益诉讼首先必须对公益诉讼中的公共利益有个本质性的定位，因为它是合理确定公益诉讼范围的一个关键性要素。虽然在社会学、政治学乃至哲学范畴内都对公共利益展开过广泛的讨论，公共利益也已出现在各国的法律条文中，并且被普遍认可，但立法者要么没有给出明确的定义，要么表述过于简单，理论上也未对公共利益的界定形成一致的意见，这就导致公共利益概念上的不确定。那么，何谓公共利益？公益诉讼中所保护的公共利益又是指哪些利益呢？

在国外，公益诉讼的发展尽管已经比较成熟，但学者们对公共利益的概念所持的观点依然不尽相同。德国学者纽曼（Neumann）提出了"不确定多数人理论"。即以受益人多寡的方式决定，只要大多数不确定数目的利益人存在，即属公益。[1]该理论强调在数量上的特征。英国学者边沁（Bentham）认为："共同体是个虚构体，由那些被认为可以说构成其成员的个人组成。那么共同体的利益是什么呢？是组成共同体的若干成员的利益的总和。"[2]美国著名思想家潘恩（Thomas Paine）认为："公共利益不是一个与个人利益相对立的术语；相反，公共利益是每个个人利益的总和，它是所有人的利益，因为它是每个人的利益；正如社会是每个个人的总和一样，公共利益也是这些人利益的总和。"[3]该理论强调个人利益总和说。班费尔德（Edward Banfield）认为："如果一种决定以牺牲更大的公众的目标为代价来促进公众之一部分的目标，那么它是服务于特殊利益的；如果它服务于整个公众而非其部分的目标，那么就是为了公共利益的。"[4]该理论强调利益的公共性。当代社会法学派代表庞德（Roscoe Pound）提出了著名的社会利益学说，他将社会利益与"个人利益""公共利益"（相当于国家利益）相对应，认为社会利益是"包含在一个政治组织社会生活中并基于这一组织的地位而提出的各种要求、需要或愿望"[5]。西方新自然法学派的主要代表之一美国学者约翰·罗尔斯（John Rawls）认为，公共利益具有不可分性和公共性两个特点。就是说，在一个群体的范围内，对于一个领域的公共利益，如果有一个人享有了它，那么其他的人都享有了同样的一份。公共利益的数量

---

[1] 陈新民.德国公法学基础理论[M].济南:山东人民出版社,2001:185-186.
[2] 边沁.道德与立法原理导论[M].时殷弘,译.北京:商务印书馆,2000:58.
[3] 史蒂文·卢克斯.个人主义[M].阎克文,译.南京:江苏人民出版社,2001:46.
[4] Martin Meyerson, Edward C. Banfield. Politics, planning and the public interest[M]. New York:The Free Press,1955:322.
[5] 庞德.通过法律的社会控制　法律的任务[M].沈宗灵,董世忠,译.北京:商务印书馆,1984:37.

是不可以被划分的,不是一个蛋糕平均地分给每一个人。它是相对于整体群体而言的,不存在偏多或者偏少的问题。[1]

我国学术界对公共利益的认识主要有以下观点:(1)认为"公共利益包含了有机统一的两个方面,即普遍性的个体利益和社会共同利益。当某种个人利益具有社会普遍性时,这就成为社会公共利益而不仅仅是个人利益"。[2](2)认为公共利益应有两层含义:一是"社会公共利益",即"为社会全部或部分成员所享有的利益";二是"国家的利益"[3]。(3)认为"公共利益的关键并不在于共同体的不确定性,而在于谁来主张公共利益。公共利益是针对某一共同体内的多数人而言的,客体对该共同体内的大多数人有意义(共同体的规模可以是国家、社会,也可以是某一个集体)"[4]。(4)借鉴社会功利主义的观点,认为"公共利益实质上就是私人利益的总和,如此定义虽非完美,但可以通过宪政来纠偏"[5]。还有学者认为,应将公共利益的内容概括为三个层次:"一为国家利益,此乃公共利益的核心,如国有资产;二为不特定多数人的利益,此乃公共利益常态化的存在形式,如不特定多数消费者、环境污染受害人的利益,因垄断经营受损者的利益;三为需特殊保护的利益,此乃公共利益的特殊存在形式,是社会均衡、可持续发展必须加以特殊保护的利益,如老年人、儿童、妇女、残疾人的利益。"[6]可见,我国学术界对公共利益的解释,基本上是围绕"受益人是否特定""受益人是否多数"这两个问题展开的。

通过对以上观点和学说的归纳,可以看出,公共利益是针对不确定多数人而言的,它是服务于整个公众,能够为他们带来不可分的、普遍性的利益或好处。而对于公共利益含义的确定,在不同的语境下,会有不同的判断标准。如果我们所考虑的公共利益不是一个理论问题,那么它就是一个涉及几乎所有人利益的实际问题。

(三)"公益"与"私益"的关系

对于"公益"与"私益"最普遍的认识是对立关系,罗马时代著名法学家

---

[1] 约翰·罗尔斯.正义论[M].何怀宏,等,译.北京:中国社会科学出版社,1997:257.

[2] 孙笑侠.论法律与社会利益——对市场经济中公平问题的另一种思考[J].中国法学,1995(4).

[3] 颜运秋.公益诉讼理念研究[M].北京:中国检察出版社,2002:21.

[4] 胡锦光,王锴.论公共利益概念的界定[J].法学论坛,2005(1).

[5] 张千帆."公共利益"的构成——对行政法的目标以及"平衡"的意义之探讨[J].比较法研究,2005(5).

[6] 韩波.公益诉讼制度的力量组合[J].当代法学,2013(1).

西塞罗(Marcus Tullius Cicero)还提出了"公益优先于私益"的名言。到了20世纪中后期,德国公法学者雷斯纳(W·Leisner)认为,一定的私益可以升格为公益:一是该种利益必须通过法定程序属于"不确定多数人"之利益;二是具有相同性质的个人利益,如个人在自由、生命和财产安全方面的利益;三是少数人的某些权利利益,按照民主的方式,可以承认这些本属于少数特别团体的某些利益为公共利益,如工会的利益、贫民的利益等。[1]可见,公共利益与个人利益是辩证统一的关系。作为一般的、普遍的和具有共性特点的社会利益,寓于作为个别的、特殊的和具有个性特点的个人利益之中,而个人利益则体现着社会利益的要求,是社会利益在各个单个人身上的利益表现,且受到社会利益的制约。[2]正基于此,国内学者也提出,公共利益和私人利益并不是在本质上完全不同的两个概念,两者之间也不存在一道清晰的概念鸿沟。在鉴别和界定"公共利益"的过程中,最简单的认识就是公共利益是由私人利益的总和构成的。[3]但是,公共利益既非个人利益的简单叠加,也非简单地存在于个人利益之中,而是借助于个人利益以不同形式、不同强度表现出来的。厘清二者的关系有助于我们分析公益诉讼的类型。比如,在实践中,按照利益归属的不同就可以将诉讼分为私益诉讼、公益诉讼以及公益化的私益诉讼。

二、公益诉讼的特征

与一般的私益诉讼形式相比,公益诉讼具有如下特征。

(一)起诉主体的特殊性与广泛性

传统的起诉主体采纳"利害关系说",它要求起诉主体必须与被诉标的之间有直接的利害关系,因此,私益诉讼的起诉主体一般为合法权益的直接受害者。按照广义上对公益诉讼的界定,任何组织和个人均有权针对违反法律法规,侵犯国家利益、社会公共利益的行为向法院提起诉讼。因此,对于公益诉讼,任何组织和个人均可作为起诉主体,而不要求一定是合法权益的直接受害者。

---

[1] 叶必丰.行政法的人文精神[M].武汉:湖北人民出版社,1999:39.

[2] 张艳蕊.公益诉讼的本质及其理论基础[J].行政法学研究,2006(3).

[3] 张千帆.公共利益的困境与出路——美国公用征收条款的宪法解释及其对中国的启示[J].中国法学,2005(5).

（二）诉讼目的的公益性

私益诉讼是法人、其他组织或公民个人的合法权益受到侵害后，依法向法院提起的旨在维护其自身利益的诉讼，它是为了维护私人利益，诉讼的目的没有公益性。而公益诉讼的目的则是保护国家利益、社会公共利益等公众利益，因此，凡是侵犯公共利益的违法行为均在公益诉讼的可诉对象之列。虽然有的公益诉讼也会牵涉到起诉者个人私益，但这不是其起诉的根本意图，而是判决维护的公共利益所扩张到的。诉讼目的的公益性是公益诉讼得以与私益诉讼区分的本质特征。

（三）判决效力的扩张性

按照传统的民事诉讼理论，法院判决的效力只在对立的当事人之间产生，原则上不宜将既判力的主观范围扩张至没有参加诉讼的案外人，即所谓的"既判力的相对性原则"。但公益诉讼的性质决定了其需要实现既判力的适度扩张，使判决效力不仅及于直接参加诉讼的当事人，还及于权益受到损害但未参加诉讼的不特定的人。这样既能实现对众多不特定受害人的权利救济，又能降低诉讼成本，通过效力的预设使侵权人对自己的行为结果产生充分的预测，从而权衡利弊，自觉停止侵权行为。

（四）诉讼功能的预防性

私益诉讼解决的一般是特定主体之间已经发生的民事纠纷，具有事后性、惩罚性或弥补性。而公益诉讼，既可以对已经造成现实损害的违法行为提起诉讼，也可以对尚未造成现实损害但存在造成损害可能的行为提起诉讼。通过公益诉讼获得赔偿并不是主要的，而整个群体可以通过公益诉讼来预防个体损害或停止正在发生的损害。因此，公益诉讼除了有解决纠纷的作用，还兼具调整、规范社会秩序，形成公共规则，维护公共利益的作用。

（五）诉讼制度的特殊性

公益诉讼无论从表象还是实质都突破了传统的诉讼框架，它在诉讼规则及诉讼制度设计上均是对传统诉讼的修正。在公益诉讼中原告一方多是普通的社会团体、公民个人，而被告一方往往是掌握着某种特有权力的部门或大型的企事业单位，原、被告双方的力量对比明显不均衡，这往往会导致诉讼双方诉讼权利和诉讼义务的失衡。因此，在诉讼制度的设计上就应该对处于劣势地位的原告一方给予更多的救济保护，如在诉讼期间、举证责任、诉讼费用、诉讼风险的承担等方面均应与私益诉讼有不同的要求，以使力量悬殊的双方当事人之间取得平衡。

三、公益诉讼的价值

价值是经济学和伦理学的基础概念,是指"值得追求的或者美好的事物"。根据哲学上的价值理论,价值概念包含两层含义:第一,价值是一个关系范畴,它存在于主、客体之间的相互关系中,反映了作为主体的人与作为客体的外界实践之间的相互关系,揭示了人的实践活动的动机和目的;第二,价值是一个属性范畴,是价值客体通过对主体的生存、发展和完善所发生的影响和作用而表现出来的一种属性。据此,公益诉讼的价值就是指通过公益诉讼满足国家、社会及其成员的特定需要,以及它所产生的意义和效用。

公益诉讼的价值究竟何在,笔者认为有以下层面。

价值一:谋求社会福利。

由于公共利益所涉人员广泛,而且所涉利益往往也是影响到人们生存、健康的事情,因此,一旦遭受损害,极易造成社会的不稳定,从而由简单的利益冲突演变为社会冲突、政治冲突。而通过公益诉讼就可将复杂的社会问题转化为法律问题,在法律框架内通过合法途径公平合理地处理纠纷。当涉及众多的小额诉讼请求时,单个案件的诉讼成本会使权利人犹豫乃至放弃诉讼意愿。而通过公益诉讼就可以由一个经授权的机关或专门的公益组织代表这些众多的利益受害者提起公益诉讼,这不仅可以大大节约诉讼成本,同时还可以达到阻止不当行为人实施集体性利益侵害的目的。因此,针对大众侵权案件(尤其是小额诉讼的集体性案件),公益诉讼的目的已经远远超出获得损害赔偿和对受害者利益的维护,更多的在于通过公益诉讼,保护社会公共利益,从而为社会福利做出贡献。用卡多佐(Benjamin Nathan Cardozo)的话来说就是:"法律最后的理由是社会福利。"[1]从美国司法部和19个州政府诉微软(Microsoft)案中就可以看到这种制度的价值取向。

价值二:实现司法能动。

用新的诉讼方式满足新的社会要求,这已经成为一种全球现象。[2]人们不仅对正当性问题予以关注,对程序公正以关注,还倡导法官运用手中的权力在尊重宪法的框架内解释并扩展宪法、法律的意义,为社会不公提供司法救济,从而实现立法活动所不能达到的社会性变革,这就是司法能动主

---

[1] 本杰明·卡多佐.司法过程的性质[M].苏力,译.北京:商务印书馆,2007:98.
[2] 徐卉.通向社会正义之路——公益诉讼理论研究[M].北京:法律出版社,2009:5.

义。在美国宪政语境下,能动主义的司法哲学要求法官超越法律的文本含义解释法律,以满足公民不断产生的权利诉求和适应社会转型的现实需要。公益诉讼中原告资格的扩张、受案范围的扩大、司法审查职能的强化,都要求法官行使实质的政策制定权,把危害社会公共利益的行为纳入诉讼领域,实现司法权对行政执法领域、商业经营领域、社会公平领域的司法控制。如"里德诉里德"一案[1],就促使美国联邦最高法院首次宣布,基于性别的分类是违宪的。该案也成为美国女权运动的一个里程碑。

价值三:提高诉讼效率。

通过诉讼渠道解决纠纷意味着司法资源的投入,如何以较少的投入取得最大的效益,是立法、司法机关和诉讼参与人乃至普通民众都关心的问题,这就是当代诉讼越来越关注的诉讼效率问题。如果有一种制度,能够保证在司法资源投入较少的前提下,而又无损于公正和廉洁,那么就应当优先考虑实行这种制度。在公益诉讼领域中,最典型的莫过于集体性利益侵害或社会公害行为,如果这些公害行为所造成的损失对每一位个体而言是小额的,那么在现实生活中,这样的小额被害者或者大众受害者经常得不到救济,或是基于诉讼成本的考虑而放弃获得救济的机会。而通过公益诉讼,就可将众多涉及个体当事人的纠纷看作一个整体,通过同一个诉讼程序合并审理所有相关案件,既可避免适用法律的不统一,又可大大提高司法资源的利用效率。[2]可见,公益诉讼所实现的效率,就是节约诉讼成本,将所有涉及的利益冲突一次性解决,以最少的诉讼投入,取得最大的诉讼效果。当然除此之外,公益诉讼还具有预防的功能,"禁恶于未然",使社会或民众免受更大的损失或伤害。这就是经济学家所说的效率,即"价值最大化"或"以价值最大化的方式配置和使用资源"[3]。

价值四:促进社会公平正义。

传统的民事诉讼形式,基本是围绕着原告权利是否受到侵犯及如何弥补原告损失这一宗旨统领诉讼的整体运作。但公益诉讼的运作目的和宗旨与传统的诉讼形式相比存在重大差异,它不在于寻求给予原告的直接救济,

---

[1] 未成年人里德于1967年3月29日死于爱达荷州,但没有留下遗嘱。其养母莎莉·里德起诉其养父塞西尔·里德,请求成为里德的财产管理人。但根据美国爱达荷州第15—314号法令的规定,如果几个具有相同资格的人申请管理权,男性优先于女性。莎莉·里德败诉后,上诉至美国联邦最高法院。最高法院判决:基于爱达荷州第15—314号法令赋予男性优先权是不合理的,违反了宪法第十四修正案。

[2] 胡宜奎.论公益诉讼原告的扩张[J].学术界,2011(1).

[3] 张文显.法理学[M].北京:高等教育出版社,1999:243.

而是谋求各种政策的改变,试图通过法院"阐明法律,为私人和公共机关未来的行为提供指引"[1]。它不仅使受到损害的公共利益得到矫正与恢复,而且使法律赋予各社会主体的权利能够得到有效的司法保障,从而保证社会正义的维护和实现。[2]所以,公益诉讼所真正关心的不再仅仅是原告的权利保护,而是整个社会公共利益,借助公益诉讼制度,维护社会秩序,解决社会纠纷,同时也将那些侵犯扩散性利益的行为控制在最小的损害范围内,最终促进社会公正的实现。可以这么说,公正推动了公益诉讼的普及,提高了公益诉讼的实效,也提高了公益诉讼的法律地位。相应地,公益诉讼通过制止侵害社会公共利益的行为来伸张社会正义,通过补偿来恢复公正。即便公益诉讼的结果是不成功的,但也能使立法者迫于社会压力,重新审视公共政策并为实现社会改革提供必要的条件。实践表明,随着公益诉讼的兴起与发展,由与案件无直接利害关系的人(或组织)代表公共利益提起诉讼,不仅有效弥补了国家在维护公共利益、提供公共产品方面的不足与缺陷,而且也改变了社会的结构性不公正,推动着社会正义的变革与实现。

当然,对于价值的判断既有主观性,又有客观性;既有积极性,也有消极性;既有辅助性,又有独立性。比如在我国,公益诉讼的胜诉率一直偏低,即便是名义上胜诉的案件,实际的诉讼支出也是相当大的。在这种情形下,公益诉讼的效率是高还是低呢,是公正还是不公正呢? 当然,目前相当多的人还是认为,公益诉讼不能单纯以法律上的胜败论英雄,要看它的诉讼结果。虽然很多的案件败诉了,但它同时改变了一些不合理的行为规则、规章制度,使人们获得了更加公平的对待。因此,诉讼在此只是提供了一个舞台,通过公益诉讼使更多的民众参与进来,从而引发一场社会大讨论,对一些社会上的重要问题甚至是深层次的问题改变舆论偏见,进而影响或形成公共政策的制定,使社会向更为公正的方向前进,这才是其真正的价值所在。

四、公益诉讼建立的理论基础

任何一个成熟的制度都必须有坚实的理论基础做支柱,否则便成了无本之木。关于公益诉讼建立的理论基础有多种学说,其中以公益诉权理论、当事人适格理论和诉讼信托理论最具代表性。

---

[1] Holmes. The path of the law[J]. Harvard Law Review,1897(10).
[2] 颜运秋,余彦.公益诉讼司法解释的建议及理由——对我国《民事诉讼法》第55条的理解[J].法学杂志,2013(7).

(一) 公益诉权理论

《法学阶梯》一书中对诉权所下的定义为:"诉[1],意指以诉讼请求自己应得之所在的权能。"[2]在民事诉讼法学中,诉权被认为是民事诉讼程序建构和诉讼权利义务分配的理论基石。诉权不仅在民事诉讼中存在,也存在于宪法诉讼、刑事诉讼、行政诉讼中。对国家而言,"最优先的义务之一就是调查和裁决公民权利的争端"。对此,德国近代著名思想家威廉·冯·洪堡(Wilhelm Von Humboldt)在其1792年所著的《论国家的作用》中强调:"在社会里,公民安全主要赖以为基础的东西,就是把整个个人随意谋求权利的事务转让给国家。但对于国家来说,从这种转让中产生了义务……因此,如果公民之间有争端,国家就有义务对权利进行裁决,并且在占有权利上要保护拥有权利的一方。"[3]

但国家对争端的裁决,在维护社会秩序的同时,必须关注冲突主体的权益保护,不可具有太大的任意性。启蒙思想、法治思想的发展和弘扬,要求国家司法机关必须保持审判的中立性,恪守"不告不理"原则,因此,审判权本身不具有主动保护权利之运作方式,它与权利之间还隔着一道鸿沟,需要架设桥梁。诉权便是连接实体权益与审判权的中介,它将争议引到了司法权面前,使司法审判得以启动。[4]由此可见,权利受到侵害或者发生争议是行使诉权的前提,而行使诉权又是一切社会冲突最终进入司法领域并得以解决的根本前提,是权利人基于某种特定利益受到损害的事实,请求国家审判机关进行裁判的权利。

传统的权利体系一般包括公民权利和国家权力两大块,但随着社会经济的发展以及社会结构的变迁,不同的利益群体和权利主体之间不断出现利益冲突与整合,随之也涌现出了许多新的利益诉求和社会需要,如维护生态平衡、防止环境污染、寻求社会平等、保护传统文化等。这些利益和要求关涉人类尊严和自由,关涉对弱势群体的扶助与保护,谋求社会正义和平等,更多体现的是社群主义人权观,因此,被称为社会权利或公共利益,以此区分个人利益和国家利益。那么,当社会公共利益受到损害时,能否通过诉讼程序加以保护呢?关键就在于是否存在相应的诉权,即公益诉权。

---

[1] 在罗马法时代,由于实体法和诉讼法处于合体状态,现代意义上的请求权和诉权也处于未分化的状态。

[2] 查士丁尼.法学阶梯[M].北京:商务印书馆,1989:205.

[3] 威廉·冯·洪堡.论国家的作用[M].林荣远,冯兴元,译.北京:中国社会科学出版社,1998:137.

[4] 颜运秋.公益诉讼诉权的宪政解释[J].河北法学,2007(5).

按照传统的诉权理论,诉权的行使必须以自身实体权利受到侵害或发生争议为前提,但到了20世纪40年代,诉权理论得以创新和发展,突破了传统的"专属"诉权目的,出现了诉权宪法化、诉权社会化和诉权国际化的趋势;认为诉权既是当事人因与他人发生民事纠纷向法院请求裁判的权利,同时也是宪法所保障的公民基本权利之一。在诉的主体上,不仅检察官被赋予特别诉权,可以作为公益代表维护社会公共利益,而且一些社会公共团体也被赋予了帮助特定的社会成员寻求诉讼保护的权利,甚至一些公民出于关心公益的目的也可以有限地动用诉讼手段。我们把这种特定的侵害社会公共利益的事实发生后,由特定的权利主体(法律所授权的一切公民、团体和机关)要求法院依法进行裁判的权利称为公益诉权。

公益诉权是社会公益权利的保障性权利,是在社会公益遭到损害,从而使个人利益在共同利益受到破坏而不能实现的情况下,使人们有权提起诉讼,通过保护公益的途径来保护个人利益在公共利益顺利实现的情况下得以实现。因此,承认并完善公益诉权,不仅是公民应有的基本权利,还可以通过公益诉讼使社会公共利益得到切实的保障,使社会秩序得以正常运行,使越来越严重的侵害社会公共利益的问题得到有效解决。

(二) 当事人适格理论

日本学者三月章教授认为,当事人适格是指对于诉讼标的的特定权利或者法律关系,以当事人的名义参与诉讼并且请求通过裁判来予以解决的一种资格。[1]我国台湾学者王甲乙认为,当事人适格就是指当事人就具体特定诉讼,得以自己之名为原告或被告之资格,因而得受为诉讼标的之法律关系之本案判决者。[2]可见,发生争议的民事权利或者民事法律关系应该在谁与谁之间予以解决才恰当或者有意义,这就是当事人适格的问题,其目的是确定正当的当事人范围。可以这么说,当事人适格问题是世界各国民事诉讼中所共同面临和关注的重要理论和实践问题。

在传统的司法理念下,只有那些自身权利遭受侵害的人才能进入法院,才有资格获得司法救济。这种理念基于这样一种假定:权利与救济密不可分,只有能够获得救济的权利,才有意义。因此,也只有那些有充足原告资格的人,才有权获得司法救济。传统当事人理论的基本特点在于要求当事人必须与案件有"直接利害关系",直接利害关系人之外的人不能成为该案的当事人。因此,"直接利害关系人学说"构成了传统当事人适格的理论基

---

[1] 三月章.日本民事诉讼法[M].汪一凡,译.台北:五南图书出版公司,1997:225.
[2] 王甲乙.民事诉讼法新论[M].台北:广益印书局,1999:487.

础。受传统当事人适格理论的影响,法院在受理案件伊始,往往主动对起诉人是否与本案有直接利害关系予以实质审查,适格当事人被作为诉讼程序的实质要件来看待,从而具有依附于民事实体法的特征。[1]

然而,随着社会发展和诉讼类型的复杂化,传统的直接利益关系人学说固有的不合理之处日益凸显,根本无法解释现实中出现的问题,需要新的民事诉讼理论对其进行修正,因而出现了管理权学说。管理权学说解决了实践中的诉讼担当问题。德国学者柯勒认为,遗嘱执行人、破产管理人、失踪人的财产代管人等作为代理人,他们从实体法的管理权和处分权中获得了"诉讼资格",因此,也有权以自己的名义代表他人利益,作为当事人进行诉讼,而诉讼结果及于实体权利的主体。之后,自奥特卡(Oetker)等首创"形式当事人"概念开始,即将诉讼当事人概念与实体上系争权利关系的主体相分离,不以实体法为标准来判断谁是案件中的当事人。[2]适格当事人既可以是基于直接的利害关系,为保护自己的民事权益而进行诉讼的人,也可以是基于管理权和支配权,为保护他人的民事权益而进行诉讼的人。这种以管理权、处分权为基础的适格当事人判断标准称为"管理权学说"。但是,管理权学说也有其局限性,它并不适用确认之诉,也无法对形成之诉做出完满解释,更无法解决涉及公益案件的当事人适格问题。

公益诉讼制度不仅突破了"专属"的诉权理论,也对传统的当事人适格理论提出挑战。为了顺应社会发展,严格的原告资格观念已在世界范围内发生了变化,为了弥补传统当事人适格理论的不足,学术界出现了"诉的利益说",即将诉的利益作为当事人适格的理论基础,以解决原告资格与民事公益诉讼理论与实践之间的冲突。所谓诉的利益,"乃原告谋求判决时的利益,即诉讼追行利益"[3],这种诉讼追行利益与成为诉讼对象的权利或者作为法律内容的实体性利益以及原告的胜诉利益是有区别的,它是原告所主张的利益(原告认为这种利益存在而做出主张)面临危险和不安时,为了祛除这种危险和不安而诉之于法的手段即诉讼,从而谋求判决的利益及必要,这种利益在原告主张的实体利益现实地陷入危险和不安时才得以产生。

学术界关于诉的利益的产生有两种认识。一种观点认为,19世纪以后,随着确认之诉的产生,诉之利益概念才被提出并加以讨论。诉之利益概

---

[1] 齐树洁.程序正义与司法改革[M].厦门:厦门大学出版社,2004:69.
[2] 上田一郎.判决效力的范围[M].东京:有斐阁,1985:2.
[3] 谷口安平.程序正义与诉讼(增补本)[M].王亚新,刘荣军,译.北京:中国政法大学出版社,2002:188.

念的形成与"确认诉讼作为一般性诉讼类型被予以认可"这一历史事实紧密相关。[1]具体而言,如果不在法律上明文对确认之诉可以请求的对象给予限制,那么当事人可以对任何事务请求法院予以确认审判。为了避免无意义的确认之诉,法院就必须设置"确认利益"来规制可能的滥诉情形出现;相应地,在给付之诉中法院也面临同样的问题。理论上最终形成了超越"确认之诉"和"给付之诉"具体形式的一般形态的诉的利益之概念。[2]另一种观点认为,诉之利益理论的产生是某种法哲学思潮影响的产物,该法哲学思潮就是利益法学。[3]利益法学派认为,法官在运用法律时,不仅应注意法律条文的字句,更要考虑到法律所保护的利益,使得一些纠纷在法无明文规定时,有关权利主体仍可基于诉之利益获得诉讼实施权。

诉的利益学说与管理权学说的不同之处在于,即使当事人对请求法院承认和保护的权利没有管理权或处分权,但只要有诉的利益,仍然可被认为是适格当事人,可以进行实体权利生成的事实举证和抗辩。[4]可见,诉的利益理论是打破固有"权利既成"的民事诉讼救济模式,将救济对象从局限于民事实体法的规定,扩大到涵盖宪法以及其他部门法中所涉及的各种社会利益。当事人在起诉时,不再要求有实体法上的权利规定,只要有"事实上的损害"就可以认定原告具有起诉资格,或者原则上不需要任何利益关联就可以为了公益提起诉讼。从全球范围看,尤其是在公益诉讼制度比较成熟的国家,如美国的集团诉讼、日本的选定当事人制度、德国的团体诉讼,其最大特点就是当事人的起诉资格被大大放宽,当事人的起诉能否被法院所受理,完全看是否有诉的利益。可见,诉的利益理论为现代化社会中新型权利的产生与救济创造了适宜的环境,也是解决公益诉讼所形成的新型权利无法与固有诉讼体系相融合这一症结的可行路径。

(三)诉讼信托理论

适用于公益诉讼的信托理论包括公共信托理论和诉讼信托理论。"公共信托"理论来源于罗马法,是指空气、水流、海岸、荒地等均是人类的共同财产,为了公共利益和公众利用的目的,通过信托方式由国王或政府持有。此时,国民与政府之间的关系是委托人与受托人的关系。政府应当为全体国民管理好这些财产,未经委托人许可,不得自行处理这些财产。而诉讼信

---

[1] 高桥宏志.民事诉讼法制度与理论的深层分析[M].林剑锋,译.北京:法律出版社,2003:283.

[2] 肖建华,柯阳友.论公益诉讼之诉的利益[J].河北学刊,2011(2).

[3] 常怡,黄娟.司法裁判供给中的利益衡量:一种诉讼利益观[J].中国法学,2004(4).

[4] 肖建华.民事诉讼当事人研究[M].北京:中国政法大学出版社,2002:105.

托理论是以公共信托理论为基础提出的,当全体国民交给国家信托管理的财产受到侵害时,国家就有义务保护信托的财产不受损害,于是,国民将自己保护环境的诉权也信托给国家,这就是诉讼信托。但国家作为众多机关的集合体,不可能自己亲自出庭起诉、应诉,于是又将诉权分配给检察机关或其他组织,由这些机关或组织代表国家提起诉讼。[1]

诉讼信托的最大特点是,当事人不仅享有法律规定的实体利益,而且享有为实体利益提起诉讼的权利,并且诉讼信托的实体利益是一种公共利益,诉讼权利由法律规定的团体如消费者协会、环境保护协会等组织来行使。虽然公益诉讼信托与诉讼担当广义上都属于诉讼信托制度,但二者存在明显的不同:第一,诉讼信托是以维护公共利益为目的而依法设立的机构,法律同时赋予其当事人资格;第二,诉讼信托由法律明确授予一定类型的社会团体或者机构提起特定类型的民事诉讼;第三,诉讼信托的适用范围十分特定,并限于很少的领域,如诉讼信托主要发生在消费者保护团体、环境保护团体或检察机关提起一定范围的民事诉讼;第四,诉讼信托只是一种当事人制度,并不存在"受托人"。[2]随着现代社会对公益诉讼的重视,公益诉讼信托理论也随之发展起来,成为学术界谈论的热点问题,也日益成为实务领域检察机关提起公益诉讼的探索性举措。

五、公益诉讼的类型

随着公益诉讼的不断发展,关于公益诉讼的类型,学者们有诸多分类标准。在我国,对公益诉讼类型的划分有以下标准。

一是按照诉讼所针对的主体和所适用的程序法不同,分为行政公益诉讼和经济公益诉讼。行政公益诉讼主要适用行政法律规范,是指无直接利害关系人针对行政主体的违法行为或不作为行为对公共利益造成侵害或有侵害之虞时,为维护公共利益而向法院提起的行政诉讼。这些诉讼有反垄断诉讼、企业破产诉讼、因社会保障问题引发的诉讼等。经济公益诉讼主要适用民、商事法律规范,是指一切组织和个人均有权针对危害国家经济利益、社会经济秩序的违法行为提出起诉,由法院追究经济违法行为者法律责任的诉讼。这类诉讼有消费者权益保护的诉讼、环境污染或公害诉讼、国有资产流失的诉讼等。

---

[1] 齐树洁,苏婷婷.公益诉讼与当事人适格之扩张[J].现代法学,2005(5).
[2] 陈荣宗,林庆苗.民事诉讼法[M].台北:三民书局,1996:242.

二是按照诉讼所维护的公共利益归属不同,分为自益形式的公益诉讼、他益形式的公益诉讼和法律援助形式的公益诉讼。其中,自益形式的公益诉讼因符合传统的诉讼理论,起诉主体与案件具有利害关系,因此,在诉讼法上这类案件目前可以说法院受理是没有障碍的。他益形式的公益诉讼,这类公益诉讼的起诉主体纯粹是为了维护社会公共利益,他本人与案件不具有直接的利害关系。我国《民事诉讼法》第55条规定:"对环境污染、侵害众多消费者合法权益等损害社会公共利益的行为,法律规定的有关机关和有关组织可以向人民法院提起诉讼。"因此,在我国提起公益诉讼的主体仅限于法律规定的机关与组织。法律援助形式的公益诉讼,目前在法律上障碍并不大。由于我国没有实行强制律师代理制度,在民事诉讼、行政诉讼中都允许公民代理,因此,一些公益组织,如民间公益组织、法律援助中心等都可以派员代理这类案件。

三是按照提起公益诉讼的主体不同,可以将公益诉讼分为广义的公益诉讼和狭义的公益诉讼。狭义的公益诉讼仅指由特定的国家机关和相关的组织,根据法律的授权,对违反法律法规,侵犯国家利益、社会公共利益或特定的他人利益的行为,向法院提起的公益诉讼;广义的公益诉讼包括所有为维护社会公共利益而提起的诉讼,既包括由国家机关以国家名义代表国家提起的诉讼,也包括由公民、法人或其他社会组织以个人或组织的名义提起的诉讼。2012年修订的《民事诉讼法》纳入的公益诉讼显然属于民事公益诉讼或经济公益诉讼,并且属于狭义上的公益诉讼。

第二节

国外公益诉讼制度简介

一、英美法系国家的公益诉讼制度

（一）美国的公益诉讼制度

现代意义上的公益诉讼制度发端于美国，美国是最早对现代意义上的公益诉讼实施立法的国家，相对于别国，美国的公益诉讼制度比较健全。

1863年美国国会颁布的《反欺骗政府法》标志着个人原告有权启动公诉，而且在胜诉之后，可以分得一部分罚金。在这以后，美国又先后通过了《谢尔曼反托拉斯法案》和《克莱顿法》，就经济秩序开辟了公益诉讼的渠道。1890年美国颁布的《谢尔曼反托拉斯法案》中规定，对于违反反托拉斯法案的公司，司法部门、联邦政府、团体乃至个人都可以提出诉讼。这项法案的出台，标志着一种新型诉讼制度——公益诉讼制度的诞生。针对《谢尔曼反托拉斯法案》的不足，1914年制定的《克莱顿法》对其进行了补充。《克莱顿法》第15条规定："对违反反托拉斯法造成的威胁性损失或损害，任何人、商号、公司、联合会都可向对当事人有管辖权的法院起诉和获得禁止性救济。"当然，检察官也可提起诉讼。此后，美国法院又从1940年桑德斯兄弟广播案和1943年纽约州工业联合会诉伊克斯案等判例中逐步发展出"私人检察官"（the private procurator）制度，该制度也是典型的公益诉讼类型，意指私人当事人可以用美利坚合众国的名义提起诉讼，也可以而且应当像政府检察官那样采取行动。[1]当然，根据美国法典的有关规定，在涉及联邦利益等民事案件中，检察官也有权对所有违反《谢尔曼反托拉斯法案》或

---

[1] 如《美国联邦地区法院民事诉讼规则》第17条规定："在法定情况下，保护别人利益的案件也可以用美利坚合众国的名义提起。"1986年修订的《反欺骗政府法》规定："任何个人或公司在发现有人欺骗美国政府索取钱财后，有权以美国政府的名义控告违法的一方。"

《克莱顿法》而引起的争议有权提起公益诉讼。到了20世纪60年代,随着民权运动和公益法的实施,产生了一种新型的诉讼模式,各种公益法律机构为了保护环境、消费者、女性、有色人种、未成年人等诸多群体的利益而提起诉讼。对于这种新型的诉讼模式,当时有很多的称谓,如"公法诉讼""结构改革诉讼""公共诉讼"等。直到20世纪70年代后到80年代初期,这些诉讼模式才逐步被统称为"公益诉讼"。

美国的公益诉讼主要是合并在民事诉讼中,通过集体诉讼(class action)[1]来实现的,其最大特点在于允许任何公民或组织对违反社会公共利益的行为提起诉讼。这在反垄断法、环境保护法、清洁水法、有毒药品控制法、固体废弃物防治法等单项法规中得以具体体现。为了鼓励原告的起诉,美国法律还规定了多种激励形式,如胜诉的原告将可以获得律师费,并可取得一定数量的赔偿及诉讼费。除此之外,为了支持公益诉讼的开展,美国法律规定由政府为维护社会公共利益的群体或其他弱势群体提供法律上的援助。这一运动是1970年由财团资助的"公益法律事务所"出现后兴起的,虽然之后由于政府紧缩预算、财团资助大幅削减而发展趋缓,但正是通过这些公益诉讼的发起者、倡导者的不懈努力和推动,在美国和世界范围内促成了一系列改革措施的出台。

虽然审理公益诉讼案件适用的是民事诉讼规则中规定的法律程序,与普通民事诉讼案件无异,但鉴于公益诉讼的特殊性,美国又针对几种个人提起公益诉讼的案件规定了特别程序,以保障个人提起公益诉讼的审理质量。第一,对于个人提起的公益诉讼,告发人必须以政府的名义提起诉讼。在案件胜诉后,依政府是否作为参与人接管案件,告发人将获得最低10%、最高30%的奖金份额。无论政府是否介入诉讼,政府都有权在法院举行听证后决定案件的撤销和和解,告发人对此仅有异议权。[2]第二,规定了独特的"法庭之友"制度。具体是指在法庭做出裁判之前,当事人之外的联邦或者州政府以及部分符合法定条件的个人、社会组织或者利益集团,通过递交书状向法院提供其不知晓的案件事实或专业知识,以期法院参考后做出公正裁判的制度。"法庭之友"介入诉讼程序的方式有两种:一是递交"法庭之

---

[1] 根据《布莱克法律辞典》的定义,集体诉讼(class action)是指在一个大规模的群体与一个事实有利害关系的场合,一人或数人可以作为代表而不必联合集团中的每一个成员起诉或应诉的一种诉讼方式。集体诉讼制度起源于17世纪末、18世纪初的英国衡平法院,发展完善于美国,尤其是20世纪50至60年代美国民权运动和保护消费者运动大大推进了集体诉讼制度的发展。

[2] 曹明德,刘明明.论美国告发人制度及其对我国环境治理的启示[J].河北法学,2010(11).

友"书状,在书状中详细载明自己的主张以及事实、理由;二是直接参与法庭辩论、质证和交叉询问。[1]第三,减轻原告个人的举证责任。个人提起的民事公益诉讼时常面临举证不能的困境,针对此问题,《克莱顿法》就规定,个人针对被告提请损害赔偿诉讼时,可以将法院在审理政府起诉同一被告时所做出的判决作为直接证据使用,个人只需证明自己受到损害即可,从而减轻个人原告在涉及大量专业知识案件中的举证压力。

(二) 英国的公益诉讼制度

英国的公益诉讼常见的诉讼模式是检察官诉讼。在英国,检察长(Attorney General)的职责主要有三项。一是代表国家及公益。在这种情形下,检察长出庭参与诉讼,并非为诉讼当事人的利益,而是作为对王权的效忠,代表公益,凡是属于法院管辖权限范围的,检察长认为与公益有关,便可以依职权或法院系属程序关系人的请求,参与相关案件的处理。二是充当咨议,即充当政府、行政部门及下院的法律顾问。三是其他任务。可见,在英国只有检察长才是公共利益的保护人,检察长是唯一在法庭上代表公众提起诉讼的人。私人则不能直接提起阻止公共性不正当行为的诉讼,当某一个人和组织希望对制造公害者[2]提起公益诉讼时,只能在请求检察长的同意后以检察长的名义提起诉讼,此时个人或组织为"告发人"或"检举人",检察长是原告,这种诉讼形式被称为"告发人诉讼"或"检举人诉讼"(Relator action)。但在这样的诉讼中,检察长表面上是诉讼中的原告,实际上"告发人"或"检举人"还是被全面委以督促诉讼的责任,如果检举诉讼败诉,其费用就会由该个人负担。迄今为止,这样的"检举人诉讼"在实践中有各种各样的案件,如要求减少公害的案件、要求禁止电视台播放被认为有违社会大众情感的节目的案件、提出审查地方行政合法性的案件、养老金案件等。

尽管检察长在公益诉讼中可以代表政府起诉或应诉,但其在法律上不是唯一能够代表公众的人员,某些组织经检察长同意也可以提起环境公害等公益诉讼。在英国,私人本来是不能提出阻止侵犯公共权利行为的诉讼的,法院也不能因他的请求,做出禁令判决或损害赔偿的判决。但在1977年上议院的 Gburiet v. Union of Past Office Works 一案中撤销了这项原则,肯定了英国上诉法院丹宁勋爵在1973年做出的判决,该判决主张,社会成员可以担任私人检察官那样的角色,申请法院对侵犯公共权利的人发出禁令,

---

[1] 白田伟.美国"法庭之友"制度探析[J].法制与社会,2010(5).
[2] 制造公害者指:(1)危害公共利益者;(2)法人超越法律授予的合法权利,有可能损害公共利益,而必须加以遏制者;(3)为防止某一法定罪行重复触犯,而必须发出告诫者。

其条件为检察长曾拒绝给予个人起诉的权力或不合理的拖延给予许可的决定。[1]任何有责任感的公民,在他认为法律没有得到应有的执行时,都有充分的权利要求法院审理他起诉的案件。[2]也就是说,任何想要维护社会公共利益的公民都可以享有"私人检察官"的身份,这即是英国"私人检察官"一说的来源。

在英国,集体诉讼常被用于解决群体性纠纷,虽然并不全是为了维护公共利益,但在司法实践中这种纠纷解决程序也被认为具有公益诉讼程序的性质。在集体诉讼中,法院做出的最终裁判除有特殊指令外对全体人员具有拘束力。另一种已经在英国立法上获得认可的就是实验性诉讼。实验性诉讼是指对于有共同法律和事实问题的群体性纠纷,法院可以从已经受理的大量集合性、扩散性或个人同类型利益诉讼案件中选择一宗或多宗案件进行实验性诉讼,法院对实验性诉讼所做出的判决,对于其他有共同法律和事实问题的群体纠纷具有拘束力。[3]

(三) 印度的公益诉讼制度

印度在历史上曾长期受英国统治,因而其司法制度也带有明显的英伦风格,属于普通法系国家,因此印度没有公益诉讼制度的成文法律,而是通过判例逐步发展起来的。印度的公益诉讼机制始于20世纪70年代末,但其发展非常迅速,在世界公益诉讼制度发展史上发挥了一定的作用。

印度的公益诉讼有许多特点,其中最引人注目的就是"书信管辖权",即法院可以根据任何人或社会组织写来的一封信、一张明信片或者提交上来的新闻报道启动诉讼程序。印度最高法院首席大法官布哈格沃蒂在任期间每天大约收到150封书信,这些信件都交由他领导的法官委员会进行筛选,以确定是否启动公益诉讼程序。[4]可见,在印度没有具体的法律详细规定公益诉讼的受理标准和审查范围,法院可以根据案件的具体情况行使自由裁量权。同样,印度法律也没有规定公益诉讼案件的管辖法院,印度高等法院和最高法院都享有公益诉讼案件的管辖权,不过目前印度公益诉讼的主要活动地点是位于德里的最高法院。

印度公益诉讼的另一个特点就是完全不受限制的原告资格。当公共利益受到侵害时,任何个人都可以提起公益诉讼,而不必证明其与案件有直接

---

[1] 沈达明. 比较民事诉讼法初论[M]. 北京:中信出版社,1991:159.
[2] 龚详瑞. 西方国家司法制度[M]. 北京:北京大学出版社,1993:120.
[3] 肖建华. 民事公益诉讼的基本模式研究[J]. 中国法学,2007(5).
[4] 徐卉. 通向社会正义之路——公益诉讼理论研究[M]. 北京:法律出版社,2009:284.

的利害关系。除此之外,起诉人也无须证明是否能够直接代表某一群体的成员。但是,公益诉讼不能单独针对个人提起,而只能针对邦政府、中央政府和市政当局等国家机构提起,私人当事人可以作为共同被告加入公益诉讼。如新德里的一家工厂排放污染物,附近的居民或者环保组织欲提起公益诉讼,那么被告方可以是新德里政府、环保部门以及这家工厂,但是不能直接对该家工厂起诉诉讼。这是因为,印度的公益诉讼其依据来自于印度宪法第32条和第226条的规定[1],因此一定程度上带有司法审查的特性。

另外,印度的公益诉讼机制从很多方面都体现出其鲜明的司法能动性。首先,在公益诉讼案件中,法院可以为受害者提供多种救济方式。适用哪种救济方式并不取决于案件中所主张的权利,法院会根据具体的案件采取有针对性的救济措施。在确定救济方式时,法院还可以通过利益相关人协商选择救济措施。如在阿扎达地区洋车夫公会诉庞泽普州政府案中,在最高法院的主持下,州政府、银行和车夫之间达成了让车夫们以后将车回购的协议。其次,印度的公益诉讼案件更倾向于说服性和劝告性。在很多案件中,法院并不是简单判决被告采取某项行为,而是要求被告在规定的时间内向法院反馈、汇报判决的执行情况,间接地行使了某些国家机构的管理职能。在某些案件中,法院也可以不必等案件审结,就可针对某个人或者某类案例发布强制令。最后,在公益诉讼中,印度法院已不再是消极的旁观者,而是超越传统的诉讼职能,实际充当了政策的制定者和行政管理者的角色,承担起构建救济模式、监督执行的责任。

(四)英美法系国家公益诉讼制度的特点

由于受传统的政治文化因素的影响和作用,英美法系国家的公益诉讼制度无论是诉讼理念还是诉讼机制的建立,都表现出鲜明的创新性和开放性。第一,宽松的当事人适格制度。由于英美法系采用事实出发型诉讼模式,因此,确认"事实或争议"是决定有关起诉资格的理论根基,凡是与诉讼事实有关的人就可以成为当事人。相较于其他国家或地区,英美法系国家

---

[1] 印度宪法第32条规定:(1)为行使该部分(包括基本权利的宪法第三部分)赋予的权利而采取适当的行动向最高法院提起诉讼的权利受到保护。(2)为了实施该部分所规定的权利,最高法院应有权发布指令、命令和令状,包括具有人身保护权特性的令状、上级法院向下级法院发布的书面训令、强制令、责问某人根据什么行使职权或享受特权的令状、诉讼文件移送命令。第226条规定:每所高等法院都应有权向任何人或权力机关发布命令,为行使第3条赋予的权利或为其他任何目的在适当的案件中纳入指示、命令或者书面命令,其中包括具有人身保护特性的书面命令、上级法院向下级法院发布的书面训令、强制令、责问某人根据什么行使职权或享受特权的令状、诉讼文件移送命令等。

的原告资格较为宽泛。第二,立法模式最为积极。随着原告资格的扩宽,滥诉现象也不可避免。为了防止滥诉的发生,就需要对公益诉讼案件设置相应的前置审查程序。如美国法律就为公民诉讼案件设置了60日的通告期[1],该前置程序不仅为违法行为实施人提供了纠错的机会,也为法院减少了诉累,提高了结案效率。另外,在审判成员的构成上也有创新。如英国的集体诉讼中,遇到案情重大、复杂的案件时,法院可以组成法官团队,将审理事项分类后,由不同性质的法官分别进行处理。第三,鼓励和推动个人参与提起公益诉讼。英美法系国家十分重视法律在制度设计上的激励效应,"所谓法,其中也包括能够促使私人积极利用法律的法制度"[2]。如美国在公益诉讼中设置的减免诉讼费用、原告奖励、公益律师、"法庭之友"等制度,就十分有助于解决原告在诉讼过程中可能遇到的困难,从而更好地开展公益诉讼活动。第四,公益诉讼的目的更侧重于实现社会与法律的变革。英美法系国家的公益诉讼从最终的裁决结果上看,其意义并不在于赔偿,而是通过诉讼促使现行的法律得到执行,或者促使政府履行责任,最终推动涉及公共利益的变革。

二、大陆法系国家的公益诉讼制度

(一)德国的公益诉讼制度

德国的公益诉讼发展至今,其类型主要有以下几种。

1. 宪法诉讼

它是指公民因宪法赋予的基本权利或其他权利受到某项法律的侵犯,而向宪法法院提出诉讼,要求宣布该法律违宪而且无效的一种诉讼制度。即只要宪法所保障的权利受到某项法律的侵犯,无论侵权案件是否发生,任何公民不论是否涉及本人的利益,均可以提起宪法诉讼。因此,德国的宪法

---

[1] 美国环境法上的公民诉讼(citizen suit)在性质上是环境公益诉讼,环境公益诉讼制度是美国环境法的一个特色,公民诉讼条款始见于1970年联邦《清洁空气法》(Clean Air Act),该法规定了任何人(any person)提起诉讼的条款,1972年联邦《清洁水法》(Clean Water Act)也采纳了该观点。鉴于公民诉讼的目的主要在于监督执法,参议院立法时加入事先告知前置程序条款,规定公民诉讼于提起前60日告知即将成为被告的污染者或主管机关后才可正式起诉。如果执行联邦环境法律的行政机构对于起诉通知中涉及的违法行为,已经采取或正在采取一定的实施法律行为,那么,公民诉讼将会受到阻止。

[2] 田中英夫,竹内昭夫.个人在法实现中的作用[M]//梁慧星.为权利而斗争——现代世界法学名著集.北京:中国法制出版社,2000:384-385.

诉讼又被称为民众诉讼,从某种意义上讲,属于公益诉讼的范畴。[1]

2. 团体诉讼

团体诉讼是处理多数人利益受到侵害时的一种特别救济方式,在德国比较普遍。团体诉讼的实质是一种诉讼信托,是指当多数人的利益受到损害时,将这些具有共同利益的众多法律主体提起诉讼的权利"信托"给具有公益性质的社会团体,这样,公益团体就可作为原告提起诉讼。德国的团体诉讼不同于英美的集体诉讼,它是通过立法规定只有具备固定成员且组织完备、有团体章程、经过社团登记拥有权利能力、有工作场所且为公益目的而成立(具有法人资格)的团体组织才享有当事人资格,可以作为原告提起团体诉讼。德国的团体诉讼制度源于1896年的《反不正当竞争法》,如今团体诉讼常用于反不正当竞争、反垄断、保护消费者权益等案件中涉及公共利益的保护。还有一点值得注意的是,在德国,确认团体诉讼的法律不是民事诉讼法,而是通过特别的经济立法赋予具有行业组织性质的社会团体享有诉权的方式实现的,如1908年的《反不正当竞争法》将团体诉讼的主体资格赋予了维护工商业利益的团体。随后在1965年和1977年的修改中有了新的发展,将不作为诉讼的起诉权赋予了行业外的消费者团体。

德国的团体诉讼虽然不是集体诉讼,但是也可以起到集体诉讼的某些作用,如团体诉讼的判决虽然是针对该团体及其被告做出的,但有利判决的效力可以间接地惠及团体成员,产生"事实上的既判力"。因此,团体诉讼也是公益诉讼的形式,在法国、意大利也有类似的关于团体诉讼的规定。

3. 公益代表人诉讼

德国是世界上唯一一个通过制定法律对公益代表人制度加以规定的国家,公益代表人制度构成了德国行政救济制度的一大特点。《德国行政法院法》第35条规定:"联邦行政法院设联邦高等检察官。联邦高等检察官为维护公益,得参与系属于联邦行政法院之所有诉讼程序……"据此,德国行政法院受理的公民针对行政部门行为违法,或者实施了一项使其权利受到侵害的行为,或者未实施一项被认为可以使其获得利益的行为而提出指控时,联邦高等检察官应当参与进来,其任务是维护"公益",而不是维护争讼当事人的利益。联邦最高行政法院应当给予联邦高等检察官陈述意见的机会,

---

[1] 韩志红,阮大强. 新型诉讼——经济公益诉讼的理论与实践[M]. 北京:法律出版社,1999:251.

所有诉状副本(即法院处置)均要通知联邦高等检察官。凡联邦高等检察官参加的案件,第三人上诉或撤诉,皆应征得其同意。由于这类争议多发生于公法领域内,故这种代表人诉讼属于行政公益诉讼的性质。

(二)法国的公益诉讼制度

在法国,检察官作为原告提起民事公益诉讼早就出现了。1804年的《拿破仑法典》最早赋予检察官以维护社会公益提起或参与部分私益诉讼的权利,规定:检察官可以为了社会公益而就人的身份证明、结婚、离婚、收养、禁治产等民事活动进行干预,以制止不法行为。[1]同时规定,法院的裁判必须在听取检察官意见后做出。继而在1806年法国《民事诉讼法典》中明确规定:"检察机关代表公共利益参与民事诉讼制度。"随后又在现行《民事诉讼法典》进一步规定了在涉及公共利益的案件中,检察院认为自己需要参与的都可以参与,既可以独立起诉,也可以作为当事人参与诉讼。该法第421条规定:检察院作为主当事人进行诉讼,或者作为从当事人参加诉讼;于法律规定的情形,检察院代表社会。第423条规定:除法律有特别规定情形外,在事实妨害公共秩序时,检察院得为维护公共秩序进行诉讼。[2]除此之外,该法又针对主当事人和从当事人的地位分别规定了不同的诉讼费用承担规则,以主当事人身份参加诉讼时,检察机关败诉只需支付自身所需,其他费用都由对方支付。以从当事人身份参加诉讼时,检察机关不受败诉一方承担诉讼规则的规制。

法国的公益诉讼源于经济公益,如在保护消费者权益方面,法国1973年12月27日的洛埃依埃(Loi Royer)法律第46条规定:"在条例中明确提出保护消费者利益这一目的的团体和被认为的确具有这一性质的团体,对直接或间接损害消费者整体利益的行为,可以向所有法院提起私人诉讼。"[3]该法的规定后来逐步适用于私权的社会保护,如环境保护领域。同样,为了防止团体滥用诉权,法国法对团体诉讼的主体资格进行了限制,只有那些的确为公共利益服务,并且具备实际行动能力的团体或者集团才能享有此资格。通常具备原告资格的团体有工会、禁酒同盟、妇女组织等。但在法国法律上,参与保护环境对一切社会团体开放,也就是说,任何团体均可以直接或间接参与环境保护中,针对国家在行政上的过失、不法行为或者环境污染监测、监督管理方面的严重疏忽与不作为行为以及违背法律法规的行政措施

---

[1] 赵欣.各国民事公益诉讼制度比较法研究[J].前沿,2010(6).
[2] 法国新民事诉讼法典[M].罗结珍,译.北京:中国法制出版社,1999:85.
[3] 徐卉.通向社会正义之路——公益诉讼理论研究[M].北京:法律出版社,2009:6.

等,向行政法院提起诉讼,要求确认、撤销或采取管制措施。而环保组织团体诉讼的诉的利益是该特定环保团体或团体中部分成员的整体利益,既不属于个别成员,也不属于整个社会。

(三) 日本的公益诉讼制度

日本的公益诉讼被称为"民众诉讼",是指"请求纠正国家或者公共团体机关的不符合法规的行为的诉讼,并且是以作为选举人的资格或者其他与自己的法律上的利益无关的资格提起的诉讼"[1]。这种民众诉讼有两个显著特征:其一,诉讼目的在于纠正国家或地方公共团体机关不符合法律规定的行为,即,民众诉讼的目的不是保护个人利益,而是保护客观上的法律秩序,监督行政法规的正确运用,使公民处于公共行政监督者的地位,可见,民众诉讼具有显著的公益诉讼的特征;其二,民众诉讼的起诉者是基于选举人的资格或其他与自己法律上的利益无关的资格提起诉讼。"日本现行法上所承认的民众诉讼,有与公职选举有关的诉讼、与直接请求有关的诉讼、居民诉讼、基于《宪法》第95条的居民投票的诉讼、有关最高法院法官的国民审查的诉讼,最常见的是前三种诉讼。"[2]如2014年4月21日日本"二战"死者遗属及市民273人向东京地方法院提起的"安倍靖国参拜违宪诉讼"案,指称日本首相安倍晋三参拜靖国神社违反日本宪法规定的政教分离原则,同时侵害民众和平生存权等宪法保障的各种权利。诉状将安倍晋三、靖国神社、日本政府三者并列为被告,要求法院勒令安倍停止参拜,要求靖国神社停止接受安倍参拜,并向原告做出赔偿。在日本,民众诉讼的原告往往比较多,可以是纳税人,也可以是利益受到普遍影响的选举人或者其他公众之一。

另外,日本在明治时期就仿效法国检察诉讼制度,赋予检察机关参与或者提起民事诉讼的权利。在日本,检察官除了在刑事案件中的法定职责外,作为公共利益的代表,对于婚姻、收养、亲子等案件,可以作为当事人提起诉讼,以维护国家的法律命令和社会的利益。《日本检察法》《人事诉讼秩序法》《民法》《民事诉讼法》等诸多法律中,都明确了检察机关的这一职权。

(四) 大陆法系国家公益诉讼制度的特点

由于大陆法系采用成文法形式,多从规范法出发来对待诉讼,法官只能严格执行法律规定,不得擅自创造法律,因此,大陆法系国家的公益诉讼制

---

[1] 转引自伍玉功.公益诉讼制度研究[M].长沙:湖南师范大学出版社,2006:38.
[2] 颜运秋.公益诉讼法律制度研究[M].北京:法律出版社,2008:45.

度较为严格,主要表现为在开放当事人参加公益诉讼的条件上较为审慎和保守,相较于美国宽泛的原告资格范围,德、法等国对团体诉讼资格的限制性条件较多。但肯定的是,原告资格的"多元化"模式也已确立。此外,大陆法系国家更加注重由享有国家公权力的检察机关代表利益受损的国家或公民提起公益诉讼的通常形式。在程序设计上,比较倾向于保护公益诉讼的原告,对公益诉讼的原告持支持和鼓励的态度。

第三节

我国新《民事诉讼法》有关公益诉讼的立法规定

一、我国公益诉讼制度的立法背景

随着我国国民经济的飞速发展,社会各领域的冲突和矛盾日益激化,民事案件的数量也不断增多,新的案件类型不断出现,其中社会公共利益频遭侵害的现象最为突出,一些侵权行为呈现出损害扩散、受害范围广泛、受害持续时间长和受害者众多等特点。而与此形成鲜明对比的是,在现实生活中,对于保护公共利益的事件一般都于法无据。虽然《民事诉讼法》对公民个人利益的保护已经形成了相对完备的体系,对于公共利益的维护却鲜有论及,造成我国公共利益经常被私人利益侵害的现实频发却得不到司法救济。在学者的呼吁及审判实践的推动下,2012年《民事诉讼法》修改,特别引起关注的莫过于该法首次对公益诉讼做出明文规定:对污染环境、侵害众多消费者合法权益等损害社会公共利益的行为,法律规定的机关和有关组织可以向人民法院提起诉讼。

我国公益诉讼制度正式入法是在2012年8月修改的新《民事诉讼法》,但自2007年始,我国公益诉讼可以说是方兴未艾,不管是原告范围,还是维权领域,抑或是司法实践等方面,都实现了巨大的突破,虽然欠缺立法支持和司法环境,却也在一定的法律规范下渐次拉开了序幕。但这一阶段实践的成功案例主要集中在环境公益诉讼领域,其中影响最大的莫过于2005年的"中石油松花江污染事件"[1]和2011年的"康菲渤海污染事件"。[2]但这两起案件的最终结果大相径庭,折射出我国公益诉讼制度在司法实践中的混乱与尴尬。三位教授和三位研究生向黑龙江省高院提起的环境公益诉讼,以黑龙江省高院立案庭口头告知不予受理而告终,并拒绝出具书面的不予受理裁定书。在"康菲渤海污染事件"中,受到影响的山东、河北、天津等省市的渔民养殖户先后向当地法院起诉康菲公司和中石油公司并进行索赔。其中栾树海、刘明炜等21名河北省乐亭县养殖户向康菲石油(中国)有限公司、中国海洋石油总公司就此事件提出赔偿诉讼。该案于2012年由天津海事法院受理,2014年12月9日开庭。虽然庭审程序已经结束,但我们仍无法查到天津海事法院的宣判结果。[3]无论该案最终的裁决结果如何,都标志着我国环境公益诉讼迈出了坚实的一步。与此同时,还有一些区域性的、影响较小的环境公益诉讼案件陆续被提起,也有被法院受理的案例。

自20世纪90年代美国的公民诉讼制度被介绍到国内开始,在学术界,关于公益诉讼的讨论就一直没有停止,与此同时也取得了一系列重大的理论突破,从公益诉讼的案件范围到原告资格、诉的模式再到诉讼类型以及制度设计等方面的研究,都有丰富的成果面世,这些研究成果为我国建立和完善公益诉讼制度提供了有力的理论支撑,最终在修改的《民事诉讼法》中也给予了一定的立法回应。

随着社会各界要求建立公益诉讼制度的呼声越来越强烈,立法机关对此高度重视,组织专家反复论证研讨,终于在2012年8月31日,经过三审,第十一届全国人大常委会第28次会议通过了《关于修改〈中华人民共和国民事诉讼法〉的决定》,其中采纳了建立公益诉讼制度的建议。为此,有学者指出:"可以预见,此次公益诉讼入法,必将推动我国对公共利益的保护迈上一个新台阶,使得民众对于公共利益的保护又多了一条切实可行的路径。"[4]

---

[1] 2005年11月13日中石油吉林石化公司双苯厂发生爆炸,导致100吨苯类污染物直接流入松花江,造成水质污染。12月7日,北大法学院三位教授和三位研究生向黑龙江省高级人民法院提起了国内第一起以自然物(鲟鳇鱼、松花江、太阳岛)为共同原告的环境公益诉讼,要求法院判令被告(中石油天然气集团公司)赔偿100亿万元人民币用于设立松花江流域污染治理基金,以恢复松花江流域的生态平衡。

[2] 2011年6月,位于渤海的蓬莱19-3油田发生溢油事故,后经国土资源部、环保部、农业部等多部门组成的联合调查组认定,这一事故最终造成6200平方千米海域海水污染,其中,870平方千米海域海水受到重度污染。

[3] 人民网:http://env.people.com.cn/n/2014/1210/c1010-26179362.html,2015年1月18日访问。

[4] 颜运秋,余彦.公益诉讼司法解释的建议及理由——对我国《民事诉讼法》第55条的理解[J].法学杂志,2013(7).

二、我国公益诉讼制度的立法规定及其评析

新《民事诉讼法》第55条规定:"对污染环境、侵害众多消费者合法权益等损害社会公共利益的行为,法律规定的机关和有关组织可以向人民法院提起诉讼。"可见,我国《民事诉讼法》规定的公益诉讼是指特定国家机关和社会组织,根据法律法规的授权,对污染环境、侵害众多消费者合法权益等损害社会公共利益的行为提起的诉讼。因此,从起诉主体上而言,我国《民事诉讼法》规定的是狭义上的公益诉讼。

公益诉讼获得立法上的认可,必将结束长期以来公益诉讼于法无据的尴尬局面,为公共利益开启司法保护机制的大门,其意义重大。但该条规定并不是关于民事公益诉讼的制度性规定,而仅仅是一个原则性规定。也就是说,只是原则上确认对某些领域中侵害公共利益的行为可以由非直接关系的主体提起诉讼,通过诉讼维护公共利益。但这简单的一个条文,难免过于简短、概括、模糊,甚至还存在缺漏,如果不进一步细化、明确,不解决诸如案件范围、原告资格、案件管辖、审判程序等一系列核心问题,那么,司法运作依然会困难重重,仍然不能满足公益诉讼的实践需求,更无法发挥公益诉讼制度本身的预期效果。

经过两年多的反复论证、广泛听取意见,最高人民法院终于在2014年12月18日公布了《最高人民法院关于适用〈中华人民共和国民事诉讼法〉的解释》(以下简称为《民诉解释》),2015年2月4日开始施行。《民诉解释》用了8个条文对民事公益诉讼的受案范围、受案条件、案件管辖、审理程序等方面做出规定,这是最高人民法院在立足实际基础上,接纳学界及实务界意见后的结果。虽然与学界和实务界期待的民事公益诉讼制度还有很大的距离,仍有很多问题亟待解决,但无疑《民诉解释》使新《民事诉讼法》第55条的抽象规定在诸多方面具有了实际的可操作性。2015年1月7日,最高人民法院《关于审理环境民事公益诉讼案件适用法律若干问题的解释》也开始实施,这些规定解决了人民法院办理民事公益诉讼案件的一些法律适用和程序操作问题。

(一)民事公益诉讼的受案范围

我国新《民事诉讼法》第55条和《民诉解释》第284条均采用列举加概括的方法规定"污染环境、侵害众多消费者合法权益等损害社会公共利益的行为"属于公益诉讼的受案范围。显然,涉及环境污染及侵害众多消费者合法权益的案件适用公益诉讼程序。环境公益诉讼产生的基础是环境权的诞

生,而环境权在现代社会被公认为是一种公益权。由于环境权具有整体性,只要侵权行为人侵犯了环境权,就意味着他对整个群体环境造成了侵害,因此,环境公益诉讼所保护的是人们赖以生存的环境,这是一种公共利益,具有公益性。近年来,环境公益诉讼不仅在欧美一些发达国家频现,在我国也是实践中出现最多、影响较大的公益诉讼案件。消费者公益诉讼在现代商品经济社会中同样具有重要的作用。日常生活的需要使我们每一个人都会成为消费者,因此,消费者的权益保护涉及每一个公民的基本需求和利益,消费者公益诉讼不仅能保护我们每一个人在市场交易中得到公平公正的对待,更能维护良好的市场秩序与社会稳定,自然属于社会的公共利益问题。

诚然,立法者也并不认为事关公益的诉讼仅限于此,故在法条中附以"等损害社会公共利益的行为"这样的概括语。但是,至于哪些案件属于"污染环境、侵害众多消费者合法权益"之外的其他"损害社会公共利益的行为",法律没有明确规定,最新的司法解释也不置可否。我国法官长期以来形成思维定式,轻易不敢突破法律的明文规定。如果法律不能对"污染环境、侵害众多消费者合法权益"之外的其他"损害社会公共利益的行为"给出较为明确的界定,那么就将使许多对国家或社会公共利益造成侵害而亟须司法保护的公益案件无法进入司法程序,这将大大影响公益诉讼制度的功能发挥。

关于民事公益诉讼的受案范围,世界各国也都没有统一的标准。一般来说,英美法系国家在民事公益诉讼的受案范围上大多为积极与开放的态度,而大陆法系国家相对保守,对公益诉讼的范围、条件等的认定一直比较严苛。但随着公益诉讼制度的逐步完善和迅速发展,无论是英美法系还是大陆法系国家,对民事公益诉讼受案范围逐渐拓宽是明显的趋势,更多类型的案件被纳入公益诉讼的审查范围。比如,美国民事公益诉讼的受案范围不仅包括环境保护、消费者权益保护这些常见的公益诉讼案件,还包括像税收、种族歧视、人工流产管理、妇女权利保护等涉及社会方方面面的案件。当然,根据我国社会的现实状况和法治化程度,立法也不宜完全放开对公益诉讼案件范围的限定,确定一个合理界限是必须的。

我国《民事诉讼法》列举的两类纠纷类型——污染环境或侵害众多消费者权益的纠纷——均有一个限定,即"损害社会公共利益"。针对这一限定,不少人提出质疑。我们认为,虽然"公益"是个非常难以界定的概念,但有一点是确定的,即所谓公共利益应理解为限定于不特定主体范围的共同利益。厘清这一点十分重要,因为在同一个污染环境的事件或侵害消费者权益的事件中,既有可能侵害特定人的利益,也有可能侵害不特定人的利益,而后者才是可以通过公益诉讼进行救济的案件范围。因为,社会公共利益一定涉及众多人的利益,但并非只要涉及众多人的利益就一定是社会公共利益。比如,在侵害众多消费者合法权益的纠纷中未必一定存在侵害社会公共利益的行为。像"三鹿奶粉"事件中,虽然有众多消费者受到了侵害,但其受害主体仍是特定的。再比如,假设某个化工企业污染了一个村的取水口,那么它的受害主体也是特定的。这些侵害根据《民事诉讼法》就人数众多的特殊情形专门规定的诉讼代表人制度,提起普通的民事诉讼即可解决。为此,我们必须澄清一个认识,即涉及众多利害关系人的纠纷往往可能形成社会性纠纷,但社会性纠纷与涉及社会公共利益的纠纷不是一个层面的概念,不能将具有社会影响的涉及众多人利益的纠纷等同于社会公共利益的纠纷,也不能将具有社会影响的诉讼等同于公益诉讼。[1]

但对于"社会公共利益"应该包括的类型是应该加以研究和区分的。学术界一般认为"社会公共利益"与"国家利益"和"个人利益"是相对应的。所谓社会公共利益,即为社会全部或者部分成员所享有的利益;国家利益,即以国家作为享有法律人格的主体所拥有的权益;个人利益纯粹是指个人作为权利主体所享有的私权益。大多数情况下,社会利益和国家利益是可以区分的,但在有些情况下,这两种利益是交织在一起的。因此,有些行为损害的是社会公共利益,有些行为损害的是国家利益,有些则可能同时损害两种利益。然而我国《民事诉讼法》明确将损害"社会公共利益"作为民事公益诉讼的受案标准,这样的限定不仅难以涵盖所有事关公共利益的案件类型,也会导致国家利益受损的案件无法进入公益诉讼的门户。而在2013年10月25日修正通过的《消费者权益保护法》第47条中就取消了"损害社会公共利益"这一限定。[2]

据此,我们认为,虽然从立法技术上讲,不可能在立法中穷尽所有公益案件的范围,但是也要尽可能避免立法上的疏漏,稳妥的做法是应当将当前典型的公益案件类型化后明确规定在诉讼法中,以起到指导司法实践的作用。就我国当前的整个社会环境而言,诸如侵害国有资产或导致国有资产流失、不正当竞争、商业垄断、破坏文化遗产保护等侵害社会公共利益或国家利益的行为也是亟须进入公益诉讼视野的案件类型。

(二)民事公益诉讼的原告范围

我国《民事诉讼法》第55条规定:"法律规定的机关和有关组织可以向

---

[1] 张卫平.民事公益诉讼原则的制度化及实施研究[J].清华法学,2013(4).
[2] 《消费者权益保护法》第47条规定:"对侵害众多消费者合法权益的行为,中国消费者协会以及在省、自治区、直辖市设立的消费者协会,可以向人民法院提起诉讼。"

人民法院提起诉讼。"但由于"法律规定的机关"和"有关组织"都是抽象概念,具体包括哪些主体,亟须立法明确和统一。新《民诉解释》第284条给予了回应,对提起公益诉讼的主体予以明确,规定:环境保护法、消费者权益保护法等法律规定的机关和有关组织对污染环境、侵害众多消费者合法权益等损害社会公共利益的行为,有权提起公益诉讼。

从现行的法律来看,《海洋环境保护法》第90条第2款规定:"对破坏海洋生态、海洋水产资源、海洋保护区,给国家造成重大损失的,由依照本法规定行使海洋环境监督管理权的部门代表国家对责任者提出损害赔偿要求。"新《环境保护法》[1]第58条规定:"对污染环境、破坏生态,损害社会公共利益的行为,符合下列条件的社会组织可以向人民法院提起诉讼:(1)依法在设区的市级以上人民政府民政部门登记;(2)专门从事环境保护公益活动连续五年以上且无违法记录。"该条同时规定,提起诉讼的社会组织不得通过诉讼牟取经济利益。根据《社会团体登记管理条例》《民办非企业单位登记管理暂行条例》《基金会管理条例》的规定,目前在民政部门登记的非营利性社会组织只有社会团体、民办非企业单位和基金会三种类型。这三类组织均有资格提起环境民事公益诉讼。有关统计数据表明,全国符合前述法定条件的社会组织超过300家。《消费者权益保护法》[2]第47条规定:"对侵害众多消费者合法权益的行为,中国消费者协会以及在省、自治区、直辖市设立的消费者协会,可以向人民法院提起诉讼。"

关于检察机关能否提起公益诉讼,无论是《民事诉讼法》还是《民诉解释》,对"法律规定的机关"既没有明确包括检察机关,也没有排除检察机关。那么,检察机关能否提起公益诉讼呢?从学界的探讨和实务界的具体个案实践来看,对于检察机关有提起公益诉讼的权利的态度是一致的。从目前世界各国公益诉讼制度来看,大多数国家也都认可检察机关可以提起民事公益诉讼来保护社会公共利益。

而针对行政机关能否提起环境民事公益诉讼,则态度不一。有学者认为,从环境行政职能角度来看,行政机关可以分为环境行政机关和其他行政机关。就其他行政机关而言,由于其职权与编制、预算等均有严格的法定性,参与环境民事公益诉讼可能影响其本身职责的行使,因而不应作为环境

---

[1] 2014年4月24日第十二届全国人民代表大会常务委员会第八次会议修订通过,2015年1月1日起实施。

[2] 2013年10月25日第十二届全国人民代表大会常务委员会第五次会议通过,2014年3月15日起施行。

民事公益诉讼的原告。[1]而对于环境行政部门是否能够作为环境公益诉讼的适格原告,学界也存在争议。[2]

但从已有的司法判例来看,环境行政机关作为原告的案件绝大多数取得了较为理想的结果。故此,也有学者认为,应当赋予环境行政部门提起环境民事公益诉讼的资格。[3]

但我国法律明确将个人排除在提起公益诉讼的主体范围之外则是不争的事实。当然这种限制也有其理论依据和现实考虑。根据国家代表权论,只有国家才能代表这种不可分利益,组织的代表权也是国家所委托的,因此必须有法律的规定。[4]从司法实务的角度分析,如果立法不对公民提起公益诉讼的主体资格加以限制,难免使案件数量大大增加,甚至可能出现"诉讼爆炸"的现象。在我国目前司法资源极其紧张的背景下,这种考虑也是必要的。另外也考虑到在诉讼费用、举证责任等方面公民个体往往处于劣势低位,不具有与垄断行业或组织相抗衡的实力。除此之外,还可能存在担心公民个体在提起公益诉讼时带有私益成分,出现公私不分的情形。[5]但是,我们必须承认,在大多数公益诉讼案件中,公民个人往往既是公共利益的直接受益人,也是公共利益的直接受害者,无论是法律规定的机关还是社会组织,实际上都是基于民众的信托或者委托,在法律规定的范围内行使起诉权。那么,我们就没有理由一概否定公民个人的公益起诉权。无论是西方发达的法治国家,还是发展中国家,公民个体都是作为维护社会公共利益的主力军而被赋予广泛的诉讼权利的。如果我国民事公益诉讼不能将公民个体纳为起诉主体,势必会影响公益诉讼在实践中的效能。

(三) 民事公益诉讼的案件管辖

管辖制度是诉讼法的核心内容之一,没有管辖规则就无法确定具体应由哪个法院受理案件。民事管辖分为级别管辖和地域管辖两个层面,民事公益诉讼案件的管辖也涉及级别管辖与地域管辖。根据《民诉解释》第285

---

[1] 张敏纯,陈国芳.环境公益诉讼的原告类型探究[J].法学杂志,2010(8).

[2] 姜明安.行政诉讼中的检察监督与行政公益诉讼[J].法学杂志,2004(5);王小钢.为什么环保局不宜做环境公益诉讼原告[J].环境保护,2010(1).

[3] 颜运秋,余彦.我们究竟需要什么样的环境公益诉讼——最高院环境民事公益诉讼解释《征求意见稿》评析[J].法治研究,2015(1).

[4] 克雷斯蒂安·冯·巴尔.欧洲比较侵权行为法(上卷)[M].张新宝,焦美华,译.北京:法律出版社,2001:468. 转引自张卫平.民事公益诉讼原则的制度化及实施研究[J].清华法学.2013(4).

[5] 颜运秋,余彦.公益诉讼司法解释的建议及理由——对我国《民事诉讼法》第55条的理解[J].法学杂志,2013(7).

条的规定,公益诉讼案件由侵权行为地或者被告住所地中级人民法院管辖,但法律、司法解释另有规定的除外。因污染海洋环境提起的公益诉讼,由污染发生地、损害结果地或者采取预防污染措施地海事法院管辖。对同一侵权行为分别向两个以上人民法院提起公益诉讼的,由最先立案的人民法院管辖,必要时由它们的共同上级人民法院指定管辖。

1. 民事公益诉讼案件的级别管辖

级别管辖,是指上、下级人民法院之间受理第一审民事案件的分工和权限。它是确定法院管辖的首要环节,在我国民事诉讼中,确定级别管辖的依据包括案件的性质、案件影响的大小、诉讼争议标的额大小等。由于公益诉讼案件具有专业性强、牵涉利益范围广、社会影响大等特点,有必要确立其独有的管辖规则。而目前我国基层法院的工作量大,人员技术方面等不能适应公益诉讼的发展。因此,提升民事公益诉讼的级别管辖是可取的。根据《民诉解释》第 285 条第 1 款的规定,民事公益诉讼的案件由中级人民法院管辖,但法律、司法解释另有规定的除外。《最高人民法院关于审理环境民事公益诉讼案件适用法律若干问题的解释》[1]第 6 条第 2 款规定:中级人民法院认为确有必要的,可以在报请高级人民法院批准后,裁定将本院管辖的第一审环境民事公益诉讼案件交由基层人民法院审理。针对这条规定,有学者表达了"中级人民法院可能利用该条款恶意适用,歪曲立法本意"[2]的担忧。如果中级人民法院认为一审自己不合适审理,那么该院是否适合审理该案件的二审呢?如果该院也不适合二审,那么该案件的二审法院该如何确定?更为糟糕的是,如果该院根本不适合审理该案件的二审,实际上却审理了二审,则只能通过再审或其他非制度性方法解决,案件纠偏的成本明显增大,且容易造成更多的后续问题。鉴于这种情况在法律实施中有实际存在的可能,因此有必要增设条款加以规避。

2. 民事公益诉讼案件的地域管辖

地域管辖,是指不同区域的同级人民法院之间受理第一审民事案件的分工和权限。地域管辖是在案件的级别管辖确定后对管辖权的进一步划分,意在解决案件由同级人民法院中哪一个法院管辖的问题。确定地域管辖的标准主要有两个:其一是诉讼当事人的所在地(尤其是被告的住所地)

---

[1]《最高人民法院关于审理环境民事公益诉讼案件适用法律若干问题的解释》于 2014 年 12 月 8 日由最高人民法院审判委员会第 1631 次会议通过,自 2015 年 1 月 7 日起施行。

[2] 颜运秋,余彦.我们究竟需要什么样的环境公益诉讼——最高院环境民事公益诉讼解释《征求意见稿》评析[J].法治研究,2015(1).

与法院辖区之间的联系;其二是诉讼标的、诉讼标的物或者法律事实与法院辖区之间的联系。民事公益诉讼的地域管辖一般情况下也应遵守上述原则,但要分不同情况予以细化。根据《民诉解释》第285条第1款和第3款的规定,一般情形是由侵权行为地或被告住所地人民法院管辖。如针对同一侵权行为,不同诉讼主体分别向两个以上有管辖权的法院起诉,应由最先立案的人民法院管辖;如有争议,由其共同上级法院指定管辖。这是确定公益诉讼地域管辖的一般原则。而关于环境民事公益诉讼的地域管辖问题,学界莫衷一是。一些学者主张,鉴于环境案件的公益性,适用污染行为发生地专属管辖较为适宜。[1]也有学者主张,由污染环境、破坏生态行为发生地或者损害结果发生地的人民法院管辖的特殊地域管辖制度更有利于环境民事公益诉讼案件的审理。[2]最终最高人民法院在《关于审理环境民事公益诉讼案件适用法律若干问题的解释》第6条第1款中确定:第一审环境民事公益诉讼案件由污染环境、破坏生态行为发生地、损害结果地或者被告住所地的中级以上人民法院管辖。这采纳了之前学者提出的环境公益诉讼特殊地域管辖制度的建议。

在地域管辖里还涉及一个问题,就是跨行政区划的管辖问题。水、空气等环境因素具有流动性,而目前环境监管、资源利用是以行政区划为界限,此种行政权力配置与生态系统相割裂的冲突,导致跨行政区划污染不能得到有效的解决。党的十八届三中全会提出,要探索建立与行政区划适当分离的司法管辖制度,十八届四中全会决定进一步提出,要探索设立跨行政区划的人民法院。为此,最高人民法院《关于审理环境民事公益诉讼案件适用法律若干问题的解释》专门规定了环境民事公益诉讼案件实行跨行政区划集中管辖,该解释第7条规定:经最高人民法院批准,高级人民法院可以根据本辖区环境和生态保护的实际情况,在辖区内确定部分中级人民法院受理第一审环境民事公益诉讼案件,中级人民法院管辖环境民事公益诉讼案件的区域由高级人民法院确定。

3. 民事公益诉讼案件的专属管辖

专属管辖,是指法律特别规定某些类型的案件只能由特定的法院行使管辖权的一种排他性管辖制度,它是我国民事诉讼中强制程度最高的一种

---

[1] 郭翔.论环境民事诉讼的地域管辖[J].河北法学,2008(2);陈果.环境民事诉讼管辖问题研究[J].法制与社会,2014(3)(下).

[2] 颜运秋,余彦.我们究竟需要什么样的环境公益诉讼——最高院环境民事公益诉讼解释《征求意见稿》评析[J].法治研究,2015(1).

管辖种类。专属管辖的排他性主要体现在:首先,它排除了一般地域管辖和特殊地域管辖的适用;其次,凡是专属管辖的案件,其他任何法院均无管辖权,也不会随意获取管辖权;最后,它还排除了当事人双方对管辖问题的协议变更。由于大多数海事案件(如船舶碰撞损害赔偿案件、海洋环境污染损害赔偿案件和共同海损分摊案件等)均涉及复杂的专业技术性问题,将这些海事案件交由具备航海经验及精通专业知识的法官进行审理,更能体现专业性和准确性。据此我国《民事诉讼法》《海事诉讼特别程序法》均规定了海事法院的专属管辖权。新《民诉解释》第285条第2款也规定:因污染海洋环境提起的公益诉讼,由污染发生地、损害结果地或者采取预防污染措施地海事法院管辖。这也是立法针对海洋环境污染损害赔偿提起公益诉讼其特殊性给予的积极回应。

目前,我国已在大连、天津、青岛、上海、宁波、厦门、广州、北海、海口和武汉设立了十家海事法院,对海事纠纷案件实行专门管辖。一般情况下,海事法院与地方法院在受案范围上彼此互不相容,具有排他性。但由于我国海事法院的设置完全打破了行政区域的格局,在全国也存在不止一个具有海事管辖权的法院,当海事案件出现众多连接点时,管辖权的积极或消极冲突便会不可避免。另外,涉及海洋环境污染损害赔偿的案件,既包括就海洋环境容量、自然资源损失索赔的海洋生态公益诉讼,又包括因污染海域而导致渔民、养殖户针对捕捞收入、养殖收入而提起的私益诉讼。根据相关法律的规定,当事人被充分赋予了协议选择管辖法院的权利和自由。在这种情形下,各海事法院应明确规定统一的管辖原则,这样即便出现选择管辖的情形,也能遵守固定的选择规则而不至于产生任意起诉的现象。另外,海事法院专属管辖的海事纠纷案件,其对应的上诉法院为高级法院,而各地高级人民法院不设专门的海事上诉法庭,其上诉案件是由高级法院相关业务庭负责审理。这样,海事诉讼专属管辖的格局在上诉审就得不到体现,就不能满足海事案件审理的特殊要求。由于海洋公益诉讼案件也将涌入海事法院的大门,因此势必会增加海事法院审理案件的数量。就我国海事诉讼管辖制度的现状而言,在高级人民法院内部设置海事上诉法庭,专门处理专业化高、案情复杂的一审海事案件和海事上诉案件,应是完善我国海事诉讼管辖制度的一个选择。

(四)民事公益诉讼案件的起诉和审理

1. 民事公益诉讼案件的提起

《民诉解释》第284条规定:环境保护法、消费者权益保护法等法律规定的机关和有关组织对污染环境、侵害众多消费者合法权益等损害社会公共利益的行为,根据《民事诉讼法》第55条规定提起公益诉讼,符合下列条件的,人民法院应当受理:(1)有明确的被告;(2)有具体的诉讼请求;(3)有社会公共利益受到损害的初步证据;(4)属于人民法院受理民事诉讼的范围和受诉人民法院管辖。

由于民事公益诉讼和私益诉讼属于相互独立的诉,因此民事公益诉讼不应影响公民、法人和其他组织依法提起的私益诉讼,这样可以避免出现以涉及公益为名将私益诉讼拒之门外的现象。据此《民诉解释》第288条规定:人民法院受理公益诉讼案件,不影响同一侵权行为的受害人根据民事诉讼法第119条规定提起诉讼。同时,由于合并审理不仅不能提高诉讼效率,还会使诉讼过分拖延,故民事公益诉讼和私益诉讼一般不宜也不能合并审理。最高法院在《关于审理环境民事公益诉讼案件适用法律若干问题的解释》第10条中就规定,公民、法人和其他组织以人身、财产受到损害为由申请参加环境民事公益诉讼的,人民法院应告知其另行起诉。

另外,《民诉解释》第291条还规定:公益诉讼案件的裁判发生法律效力后,其他依法具有原告资格的机关和有关组织就同一侵权行为另行提起公益诉讼的,人民法院裁定不予受理,但法律、司法解释另有规定的除外。明确了公益诉讼案件的"一事不再理"原则。

2. 民事公益诉讼案件的审理

关于民事公益诉讼案件的具体审理程序,法律并没有单独做以规定,应遵循《民事诉讼法》的一般性规定。关于公益诉讼和解和调解的问题,实践中存在较大争议。反对者认为,民事诉讼中的和解和调解都是基于当事人对自己实体权利和诉讼权利的处分为前提的,公益诉讼是为了公共利益而提起,起诉主体非公共利益的完全或实体代表,因此不应对公益诉讼案件的实体问题享有处分权。如果允许和解和调解可能损害公共利益,且公益诉讼一般情形下不涉及赔偿问题,也就不存在就赔偿的数额双方之间进行和解和调解的问题。基于此,应该得出原告不得与公益诉讼的被告人进行和解和调解的结论。[1]

《民诉解释》第289条规定:对公益诉讼案件,当事人可以和解,人民法院可以调解。当事人达成和解或者调解协议后,人民法院应当将和解或者调解协议进行公告。公告期不得少于30日。公告期满后,人民法院经审查,和解或者调解协议不违反社会公共利益的,应当出具调解书;和解或者调解协议违反社会公共利益的,不予出具调解书,继续对案件进行审理并依

---

[1] 张卫平.民事公益诉讼原则的制度化及实施研究[J].清华法学,2013(4).

法做出裁判。

我们认为,调解是民事诉讼的一项基本原则,其本身就要求不管是"公益诉讼"还是"私益诉讼"均不得损害社会公共利益。因此,公益诉讼在不损害公共利益的前提下,原则上仍然适用调解。况且,在民事诉讼的实践中,和解和调解的内容并不仅限于赔偿的问题,也可能就民事责任的赔偿范围、采取恢复原状、消除妨碍、消除危险等措施进行。从《民诉解释》上述规定可以看出,对当事人达成的调解协议或和解协议进行公告并对协议的内容依职权进行审查,也体现了法律对当事人处分权的适度限制。但为了实现公共利益的最大化,也有实务部门的人员强调,法院对公益诉讼进行调解时,需要与行政部门、有关组织等相关职能部门进行充分协调。[1]

3. 民事公益诉讼案件的撤诉

民事诉讼中的撤诉,是指原告在人民法院受理案件后、宣告判决前,申请撤回起诉,不再要求人民法院对案件进行审理的行为。撤诉是法律赋予当事人的一项重要的诉讼权利。依照民事诉讼的处分原则,当事人有权处分自己所享有的实体权利和诉讼权利。因此,原告向人民法院提起诉讼后,有权撤回起诉。当事人对这一权利的行使,人民法院应当尊重并予以保障。这对人民法院正确审理民事案件、保护当事人的诉讼权利有十分重要的意义。依据不同的标准,撤诉可分为不同的类别:以撤诉是否是当事人主动提出为标准,撤诉分为申请撤诉和按撤诉处理;以诉讼程序为标准,撤诉分为撤回起诉和撤回上诉;以诉的性质为标准,撤诉分为撤回起诉、撤回反诉和撤回参加之诉。申请撤诉虽然是当事人对自己的诉讼权利的一种处分,但这一行为仍然要受人民法院的监督和制约,受法律的干预。人民法院对于当事人的撤诉申请,必须依法进行审查,明确当事人的撤诉行为是否属于规避法律的适用,是否损害国家、集体或他人的合法权益以及是否为社会道德所不容。审查后,做出准予撤诉或不准予撤诉的裁定。根据我国《民事诉讼法》第145条的规定,宣判前,原告申请撤诉的,是否准许,由人民法院裁定。《民诉解释》第238条进一步明确:当事人申请撤诉或者依法可以按撤诉处理的案件,如果当事人有违反法律的行为需要依法处理,人民法院可以不准许撤诉或者不按撤诉处理。法庭辩论终结后原告申请撤诉,被告不同意的,人民法院可以不予准许。从域外国家或地区的立法例上看,两大法系均对撤诉的主体、撤诉意思表示、提出撤诉的时间、提出撤诉的方式等做出了明确的规定。对于撤诉是否须经法院同意,大陆法系国家一般认为,原告撤回

---

[1] 李相波.新民事诉讼法适用中的相关问题[J].国家检察官学院学报,2014(2).

起诉,无须征得法院许可,撤回起诉与否,完全由当事人自己决定,除必须征得被告的同意外,法院对撤诉的职权干预较少;英美法系国家较大陆法系国家更强调法院对当事人的干预,如英国法规定,如果法院已经签发临时性禁令,或者当事人向法院提供担保,则原告撤诉须经过法院准许。对于撤诉被告同意原则,如果原告在被告答辩或提交书面答辩状后撤诉,须经被告的同意。对此,两大法系国家均无异议。

但即便有撤诉被告同意原则的限制,鉴于公益诉讼的特殊性,对公益诉讼原告申请撤诉应该给予一定的限制。《民诉解释》第290条明确规定:公益诉讼案件的原告在法庭辩论终结后申请撤诉的,人民法院不予准许。

我们认为,虽然我国民事公益诉讼有了法律依据,但单靠现行《民事诉讼法》及有关司法解释的规定,还难以保证公益诉讼规范、有序开展。实践中公益诉讼的案件类型多种多样,其中涉及的程序性问题也不少,目前开展公益诉讼的随意性又比较大,民事公益诉讼制度与其他制度的衔接问题以及许多民事公益诉讼具体的制度安排等诸多环节并未予以解决,这些问题都是建立并完善我国民事公益诉讼制度的重中之重,还有赖于学术界和实务部门的进一步研究和探索。

第四节

公益诉讼制度若干问题探究

一、检察机关提起公益诉讼问题

(一)检察机关提起公益诉讼的学术观点

在我国学术界,对民事公益诉讼的主体也有不同的认识,主要观点有:一主体说,即只有检察院才有资格作为提起公益诉讼的主体[1];二主体说,即检察机关和公益性组织均为提起公益诉讼的主体[2];三主体说,即检察机关、社会团体或组织、公民都可提起公益诉讼[3];四主体说,即公益诉讼主体包括检察机关、有关行政机关、公益组织、公民个人[4]。公益诉讼原告制度有多种模式,不同的国家选择不同的模式来实现对公益损害的救济。一般来讲,大陆法系倾向于选择公共执法型的公益诉讼模式,英美法系倾向于选择私人执法型的公益诉讼模式。

对于我国民事公益诉讼的提起主体,《民事诉讼法》以及最高院《民事解释》均将公民个人以及律师明确排除在公益诉讼的主体范围之外,而对于检察机关是否可以作为主体提起公益诉讼,该问题在《民事诉讼法》修改过程中就有不同意见。最终在《民事诉讼法》和新《民诉解释》中均没有明确规定检察机关可以提起公益诉讼,但也没有明确将检察机关排除在外,而是留了"口子"。

(二)检察机关提起公益诉讼的合理性与必要性

早在1804年,《拿破仑法典》就从实体法的角度规定了检察机关提起民

---

[1] 王名扬.美国行政法[M].北京:中国法制出版社,1995:628.
[2] 张晓玲.论行政公益诉讼权[J].行政与法,2006(10).
[3] 王玉萍.论行政公益诉讼制度[J].四川行政学院学报,2006(5).
[4] 颜运秋.公益诉讼:国家所有权保护和救济的新途径[J].环球法律评论,2008(3).

事公益诉讼的制度。在英国,总检察长被认为是公众的代理人,拥有对公益事项的民事诉讼参与权。在美国、德国等其他国家,检察机关在公益诉讼中都发挥着重要作用。在现有司法体制下,检察制度在维护公益上具有天然的优势,并具有宪法上和传统诉讼法上的合法性,因而能为公益诉讼制度提供一种运用空间。自检察制度产生以来,检察机关就以国家利益和社会公共利益的代表的面目出现,作为国家法律监督机关,负有监督法律统一正确实施的职责,检察机关能够有效地运用法律手段维护国家利益与社会公共利益。因此,将检察机关作为公益诉讼主体实属必要。

在司法实践中,1997年河南省方城县人民检察院起诉方城县工商局和汤卫东主张房屋买卖合同无效案是全国首例检察机关以国家代表的身份作为原告提起的民事诉讼案,也被学界普遍视为我国公益诉讼的发端。此后,不断有检察机关参与公益诉讼的案例出现,统计数据显示,从2000年到2013年,我国共有环境诉讼案件约60起,其中近1/3由检察机关提起,检察机关在环境公益诉讼探索中扮演了相当重要的角色。[1]

值得一提的是,十八届四中全会决定提出,探索建立检察机关提起公益诉讼制度,这将有助于改变检察机关提起公益诉讼于法无据的状况。相信未来我国检察机关提起公益诉讼的制度将不断得到完善。

(三)检察机关提起公益诉讼的司法实践——以检察机关提起国有资产流失公益诉讼为例[2]

国有资产是与国家这一特定经济实体紧密相连的经济资源,通常包括国有不动产、国有企业以及国家参股等。国有资产流失是指国有资产的投资者、占用者、管理者故意或者过失违反法律、法规及国家有关国有资产管理、监督、经营的有关规定,通过各种手段将国有产权、国有资产权益以及由此而产生出来的国有收益转化成非国有产权、非国有资产权益和非国有收益,或者以国有资产毁损、消失的形式形成的流失。我国国有资产流失严重,据国家统计局的资料,进入20世纪90年代后,国有资产每年流失1000亿元,日均流失3亿元。在最高人民检察院和国家国有资产管理局共同调查的一起案件中,一笔价值1亿元的国有资产,竟被以300万元的价格转让给私有企业。国有资产流失的形式有许多表现。

我国是社会主义国家,实行全民所有制。国有资产严重流失不仅是对

----

[1] 公益诉讼,检察机关在行动[N].人民日报,2015-04-08(15).
[2] 孙彩虹.检察机关提起国有资产流失公益诉讼制度研究[J].河南师范大学学报,2009(2).

国家利益的侵害,也是对人民利益的侵害,国家有关机关和公民个人理应有权拿起法律武器,通过诉讼争取权利、保护权利。1997年前后,在国有企业转制和体制改革过程中,国有资产流失现象非常严重。当年5月,南阳市检察院接到群众举报,反映方城县独树镇工商所将价值6万余元的门面房,以2万元的价格卖给了私人。通过调查,确认该工商所确实低价转让了国有资产,但其中没有发现国家工作人员的职务犯罪线索,河南省南阳市方城县检察院以原告身份向人民法院提起了国有资产流失公益诉讼。嗣后,全国多省检察机关纷纷效仿,初步改变了公共利益无人保护或保护不力的现状,使侵害国家利益和其他公共利益的行为受到一定程度的控制,收到了良好的法律效果和社会效果。据悉,2002年以来,南阳市共提起公益诉讼79起,其中涉及国有资产流失的案件为56起。但由于2005年最高人民法院的一纸批复,法院不再受理检察机关作为原告提起的国有资产流失案件。至此,所有检察机关提起的公益诉讼也都被叫停。虽然本次修改《民事诉讼法》增加了公益诉讼制度,但公益诉讼的案件范围显然过于狭隘,至于《民事诉讼法》第55条规定的其他"损害社会公共利益的行为"包不包括国有资产流失的案件,并不清晰,这也为司法实践中提起国有资产流失的公益诉讼造成了很大的困扰。鉴于国有资产流失案件的复杂性和特殊性,检察机关作为"国家的法律监督机关",提起国有资产流失公益诉讼是必要的,也是可行的。我们认为,检察机关提起国有资产流失公益诉讼可以从以下方面进行制度设计。

(1)检察机关对公益诉讼的发动途径。一是应公民的请求而发动。检察机关必须依照法律和法定程序对公民的请求进行审查,其审查范围主要包括国有资产流失中是否有违法情形、社会公益是否遭受了侵害或有被侵害之危险等。二是直接依职权主动向法院提起诉讼。当检察机关认为某行政行为侵害或可能侵害社会公益时,可依法主动向法院提起公益诉讼。但此项职权的行使,必须受到法律的严格限制,以免造成司法权对行政权的过分干预,从而降低行政效率。

(2)检察机关的职权。检察机关起诉后,便与普通民事诉讼的原告一样,享有相同的诉讼权利,履行相同的诉讼义务。① 调查权。这是检察机关提起或参与国有资产流失公益诉讼的基础,也是检察机关提起公益诉讼较之于公民个人的优势。检察机关有权查阅案卷、取得证明文件副本、命令相关人员提交证据材料等。② 上诉权。在法国,检察官可以请求复核他作为主要当事人在下级法院提起的诉讼,不论他在下级法院是否为联合当事人,都有权作为联合当事人参与在最高法院提起的复核程序。尽管检察官不是下级法院诉讼中的实际当事人，但在一些强烈要求考虑公共利益的案件里，如果诉讼当事人本人没有提出，为了法律的利益可以提出复核案件的诉讼请求。即使诉讼当事人没有参加复核的程序，他们也不受最高法院判决的影响。[1] ③继续诉讼权和终止诉讼权。检察机关对自己宣布参与的案件，即使原告撤回起诉，也有权继续进行诉讼。凡是检察机关参与的案件，非经检察机关同意，法院不能根据和解和撤回诉讼等理由终止案件。如果检察机关出于国家或社会利益的必要，有权终止这一诉讼。④裁判执行的监督权。检察机关有权监督法院判决、裁定的执行，以确保判决、裁定的及时、有效、公正执行。

（3）检察机关的举证责任。由于检察机关具有公诉职权，享有侦查权，收集证据处于有利地位，由其负必要的举证责任合理，而且检察机关提起公益诉讼对被告的负面影响远远大于普通诉讼。同时检察机关的特殊身份使其需要保证胜诉率，这就客观上要求检察机关提起国有资产流失公益诉讼时，必须做到事实清楚，证据充分，足以证明被告有侵害国有资产的违法行为，否则既损害被告利益又影响检察机关声誉。所以，在国有资产流失公益诉讼中，对举证责任要进行合理的分配，增加检察机关的举证义务。

（4）诉讼费用的承担。在我国，诉讼费用原则上是由败诉方承担的。检察机关提起国有资产流失公益诉讼，也可能会承担必要的诉讼费用，但检察机关的诉讼费用应由国库负担。这是因为，如果原告方胜诉，诉的利益并不是检察机关自己的利益，而是国家、社会的利益，是公共利益，是全体公民的利益。也就是说，在公益诉讼中，检察机关并没有自己的利益，它与全社会分享胜诉的利益，所以一旦败诉，完全由检察机关承担败诉的后果显然也是不公平的，所以此时诉讼费用应当由检察机关支付但要由公共财政负担。

二、公民个人提起公益诉讼问题

在我国，关于公民个人是否可以作为公益诉讼的提起主体颇具争议。反对观点主要考虑两方面的原因：一是如果允许公民个人提起公益诉讼，可能导致公益诉讼诉权被滥用，进而导致司法资源被浪费，遵纪守法的被告也会不堪其扰；二是公民个人的民事权益被侵害时，可以通过普通民事诉讼寻求司法救济，没有必要提起公益诉讼。

---

[1] 转引自孙彩虹.检察机关提起国有资产流失公益诉讼制度研究[J].河南师范大学学报，2009(2).

前文已经提及,在全球范围看来,无论是西方发达的法治国家还是发展中国家,赋予公民个人以诉讼权可能是公益诉讼最主要的发展趋势。如果我国民事公益诉讼不能将公民个体纳入起诉主体范围,势必会影响公益诉讼在实践中的效能。但反对者的意见也不无道理,本部分即探讨允许公民个人提起公益诉讼时,如何防止公益诉讼诉权被滥用。

在公民诉讼比较发达的美国,以环境公益诉讼为例,1972年的《洁净空气法》规定了任何公民都可以提起公民诉讼;但出于公民诉讼可能被滥用的考虑,两年后的《洁净水法》则规定了可以提起公民诉讼的公民必须是"其利益被严重影响或有被严重影响之虞者",这就对可提起公民诉讼的原告范围做出了限制。对放宽公民诉讼原告范围和防止滥诉做出平衡的第二个机制是"60日提前通知"义务机制,即公民在提起公民诉讼时必须提前60日通知相关政府机关和污染企业。60日的通知期,给了负有监督、管理职责的行政主管机关和负有直接责任的污染企业一个改过自新的机会,可以将大量的诉讼拦截在法院之外,有利于防止滥诉的发生,缓解法院的诉累。

在我国,《民事诉讼法》一概否定公民个人可以提起民事公益诉讼的做法似有不妥,我们可以赋予公民个人尤其是一些具有法律知识的律师提起公益诉讼的资格。但为了防止滥诉的发生,可以借鉴美国的经验建立诸如"提前60日通知"义务制度等一系列的平衡机制。[1]同时,如果公民滥用公益诉讼诉权,损害他人正当利益,就构成了侵权行为,应当承担民事侵权责任。通过构建一系列的平衡机制,公民个人在提起公益诉讼时就会持谨慎态度,否则就要承担相应诉讼费用,还可能承担赔偿损失、赔礼道歉、消除影响、恢复名誉等民事侵权责任。

需要特别指出的是,由于法院是公益诉讼的受理和审查机构,因此可以逐步确立公民个人提起公益诉讼的审查标准。确立这一标准主要应当考量原告提起公益诉讼的动机和代表公共利益进行诉讼的能力。就动机因素而言,公民在提起公益诉讼时,不排除其为了自己的事务、考虑了自己的利益,但更大程度上是在干预别人事务、维护公共利益。法院需要考察其是否有充分的理由并基于公共利益的立场来启动诉讼。此外,还应判断公益诉讼中其他私人利益所有人的愿望和利益是否会被公益诉讼原告所否决或者凌

---

[1] 这种"提前通知"制度与我国现行法中的"事后通知"制度不同。最高人民法院、民政部、环境保护部联合发布的《关于贯彻实施环境民事公益诉讼制度的通知》中第三条规定:"人民法院受理环境民事公益诉讼后,应当在十日内通报对被告行为负有监督管理职责的环境保护主管部门。环境保护主管部门收到人民法院受理环境民事公益诉讼案件线索后,可以根据案件线索开展核查;发现被告行为构成环境行政违法的,应当依法予以处理,并将处理结果通报人民法院"。

驾,这主要是考虑到起诉者可能与被告串通,可能在被告的默许或者纵容之下提起公益诉讼,然后故意在法院中不作为,从而使法院做出对被告有利的判决。[1]我国最高人民法院、民政部、环境保护部联合发布的《关于贯彻实施环境民事公益诉讼制度的通知》中对此有所规定:社会组织存在通过诉讼牟取经济利益情形的,人民法院应向其登记管理机关发送司法建议,由登记管理机关依法对其进行查处,查处结果应向社会公布并通报人民法院。对于公民个人提起公益诉讼牟取经济利益的情形也应参照该规定做出处理。就诉讼能力因素而言,目前我国尚未建立起像美国那样的配套制度,法院在审查公民个人提起公益诉讼的诉讼能力时,便可能将大量的诉讼排除在法院之外。考虑到我国的诉讼文化环境,公民个人参与公益诉讼的热情并不太高,不应过于担忧允许公民个人提起公益诉讼会带来大量诉累。总之,公益诉讼的受理和审查是法院的职能,通过法院的审查可以排除公益诉讼诉权的滥用,担心个人滥用公益诉讼诉权是多余的[2],在立法上否定公民个人提起公益诉讼的资格是过于谨慎的做法。

司法实践中,从1996年福建丘建东的公益诉讼案[3]开始,环境污染、损害消费者权益等一系列由公民个人提起的公益诉讼案件逐渐增多。比较典型的案件还有:李刚诉全国牙病防治指导组、乐天(中国)食品有限公司和商场案;北京大学法学院三位教授和三位研究生诉中国石油天然气集团公司环境公益诉讼案;等等。这些案件具有以下特征:(1)从诉讼领域上看,主要集中在消费者权益保护领域;(2)从诉讼请求上看,除了要求获得象征性赔偿外,主要是要求维护社会公共利益;(3)从诉讼结果上看,多以失败而告终,不过案件所反映的问题大多得到了解决;(4)从原告方面来看,主要是以法律服务工作者为主。[4]由于我国现行民《事诉讼法》未将公民个人纳入提起公益诉讼的主体范围之内,因此可以预见今后公民个人将很难提起公益诉讼。

---

[1] 许清清,颜运秋,周晓明.好事者除外:公益诉讼原告资格标准[J].湖南科技大学学报(社会科学版),2012(3).

[2] 张卫平.民事公益诉讼原则的制度化及实施研究[J].清华法学,2013(4).

[3] 在该案中丘建东因一公用电话亭未执行"夜间、节假日长途电话收费半价"的规定,将电信部门告上法庭,该案被称为公益诉讼第一案。

[4] 潘申明.比较法视野下的民事公益诉讼[M].北京:法律出版社,2011:151.

三、公益诉讼的激励机制

由于公益诉讼案件涉及面广,因此所需诉讼费用和其他诉讼成本往往较大,公民个人和一般社会组织难以承受。但其提起公益诉讼毕竟是为了维护社会公共利益,如果因为诉讼成本问题而使权利得不到救济,显然是不合理的。借鉴世界上法治发达国家公益诉讼经验并结合我国实际,可从以下几个方面来探索建立公益诉讼的激励机制。

(一)建立诉讼保险制度

诉讼保险又称法律费用保险,是指投保人通过购买确定的险种(法律费用险或诉讼险),在自己与他人发生民事诉讼时,由保险公司通过理赔方式向投保人支付诉讼费用的保险制度。广义上的诉讼保险还包括对投保人的法律咨询、法律交涉等法务活动提供费用(理赔)的保险。这种保险制度起源于19世纪的法国,但就其发展现状来说,目前欧美国家中最为发达的是德国,亚洲国家中当数日本。[1]诉讼保险制度常见的有强制责任险和商业保险。由于我国民众对诉讼保险还比较陌生,该项制度如何设计还有待探讨。

(二)设立公益诉讼基金

设立公益诉讼基金,在国际上有许多成功的做法,我国目前也有实践。[2]公益诉讼基金应当开设专门的公益诉讼基金账户,由专门的机构进行管理。原告提起公益诉讼,在公益诉讼费用方面可以申请获得基金支持。公益诉讼基金资金来源可包括以下几类:一是政府财政拨款;二是公益诉讼被告的一定比例的非法收入或罚金、罚款,即在之前的公益诉讼中,追缴侵害公共利益的被告的非法收入或罚金、罚款时,可将其中一定比例的资金纳入公益诉讼基金;三是公益诉讼基金孳息,主要是指基金存放在金融机构后

---

[1] 罗筱琦.诉讼保险制度再探[J].现代法学,2006(7).

[2] 2015年1月4日,民间环保组织——"自然之友"在北京宣布,新环保法实施后的首例环境公益诉讼案件获得立案,并正式启动"环境公益诉讼支持基金"。环境公益诉讼支持基金是自然之友"环境公益诉讼行动网络"项目的重要组成部分,在阿里巴巴公益基金会的支持下发起成立。它用于资助和支持民间环保组织提起环境公益诉讼,提高环保组织的诉讼能力,从而推动环境公益诉讼制度的真正落实。基金第一轮资助重点范围是拟提起诉讼案件的前期费用,包括前期调研、取证、聘请专家等的费用,确保拟提起的环境公益诉讼案件的前期调研活动及时开展。基金采取滚动支持模式,即该基金资助的个案获得胜诉并被判获得相应的办案成本补偿,基金支持的办案成本部分应回流至该项基金,用于滚动支持下一个公益诉讼个案。《2015环境公益诉讼第一案获基金支持》,出自《中国经济导报》2015年1月10日第C02版。

所获得的利息以及通过其他方式运作所获得增值收入;四是其他资金,主要是指社会捐助。

(三) 对胜诉原告进行物质奖励

其实在公益诉讼中,诉讼费用方面的种种有利于原告的制度设计,也是一种对原告提起公益诉讼的鼓励措施。对胜诉原告进行物质奖励则是更进一步的鼓励措施。

在公益诉讼奖励方面,古罗马法的《市民法》就曾规定:公职人员提起公益诉讼获得法庭判决支持的,被告所支付的罚金归国库,但起诉者可以得到一定的奖金;市民提起公益诉讼成功的,罚金归起诉者所有。在美国,对公益诉讼胜诉原告进行物质奖励,最典型的就是"公私共分罚款之诉"。按照美国《反欺骗政府法》的规定,个人提起"公私共分罚款之诉"时,如果胜诉的话,将有资格与政府一起共分由被告人支付的罚款,这就是一种对原告的奖励。这样的奖励制度有利于鼓励原告提起公益诉讼,维护公共利益。也许有人会担心设立这样的制度会引发滥诉现象,我们认为,对此没有必要过于担心。原告提起公益诉讼之前势必会进行一定的调查工作并对诉讼成功的概率进行风险评估,一旦败诉,要承担一定数额的诉讼费用,如果原告恶意提起公益诉讼,还可能承担其他民事责任。作为理性人,原告在提起公益诉讼时会进行一定的权衡,不会轻易提起公益诉讼。

(四) 探索建立政府支持公益诉讼的相关制度

个人提起公益诉讼"旨在制裁违法者,并以此给予行政机关无偿的协助。从其机能上看,起到了临时替代行政机关履行责任的作用。因此,行政机关应当把对私人诉讼的适当援助理解为是对自己任务的有效履行"[1]。从这个意义上讲,政府应当对原告提起公益诉讼采取一些支持措施,这些措施包括:(1)政府机关可以作为"法庭之友"参与诉讼,对案件中的法律疑难问题陈述意见并提请法院注意某些法律问题[2];(2)建立法律援助项目和公益法律事务所,为提起公益诉讼的个人原告代理诉讼;(3)通过财政拨款的方式支持公益诉讼基金。

(五) 设立特别的费用转移制度

为了鼓励公益诉讼的提起,可以变通普通民事诉讼的诉讼费用承担方

---

[1] 田中英夫、竹内昭夫.私人在法实现中的作用[M].李薇,译.北京:法律出版社,200:87.

[2] 该意旨在2015年1月7日起施行的最高人民法院《关于审理环境民事公益诉讼案件适用法律若干问题的解释》第11条的规定中有所体现,该条规定:"检察机关、负有环境保护监督管理职责的部门及其他机关、社会组织、企业事业单位依据民事诉讼法第十五条的规定,可以通过提供法律咨询、提交书面意见、协助调查取证等方式支持社会组织依法提起环境民事公益诉讼。"

式,在公益诉讼中规定原告胜诉方可以获得被告支付的律师费和部分诉讼费。

四、公益诉讼的反诉

反诉即在正在进行的诉讼中,本诉的被告以本诉的原告为被告提起的诉讼。反诉制度的目的在于,通过反诉与本诉合并审理,减少当事人的讼累,降低诉讼成本。在一般民事诉讼中,被告可以提起反诉毋庸置疑,但是在民事公益诉讼中能否适用反诉有很大争议。现有的理论研究主要围绕检察机关提起的民事公益诉讼中被告能否反诉而展开,而对于其他主体提起公益诉讼时被告能否提起反诉,则鲜有讨论。

我国《民事诉讼法》仅规定了被告有权提起反诉以及反诉应与本诉合并审理。这一规定是否适用于公益诉讼呢?

在民事诉讼中,通过提起反诉拖延诉讼进程、促进调解达成可能,是很多被告方当事人乐于使用的诉讼技巧,而原告方当事人在综合考虑对方履行能力、调解意愿、诉讼成本等方面因素后,对权利主张做出一定让步以促成调解也无可厚非。但在环境民事公益诉讼中,上述诉讼攻防可能丧失正当性。当环境问题引发的纠纷进入诉讼阶段时,往往距离侵害行为发生为时已久,损害后果已经极为严重,对不特定多数受害人已经造成并可能继续造成不可挽回的损失。此时,通过适当限制包括被告方反诉权在内的诉讼权利,可以将审理焦点聚集于环境侵害行为与损害后果上,避免案件审理过分拖延。[1] 基于此,《最高人民法院关于审理环境民事公益诉讼案件适用法律若干问题的解释》第 17 条规定:"环境民事公益诉讼案件审理过程中,被告以反诉方式提出诉讼请求的,人民法院不予受理。"该条明确规定了环境公益诉讼中被告不能提起反诉。

问题在于,在其他类型的公益诉讼中被告能否提起反诉呢?立法上对此没有规定。在我国已有的公益诉讼实践中,也尚未出现过公益诉讼被告提出与公益诉讼相关诉求的案例。但根据公益诉讼实践反馈的信息和已有的理论研究成果,被告可能提出与公益诉讼反诉相关的诉求有 3 种类型:一是被告认为公益诉讼原告滥用提起公益诉讼的权利,要求赔偿其因被迫应诉而支出的必要费用(如交通费、误工费等);二是认为原告在诉讼外实施的行为导致被告遭受损失(如原告阻止被告生产经营活动而给被告造成实际

---

[1] 苏航.法院对环境公益诉讼可有作为[N].经济参考报,2015-03-03(8).

损失),要求赔偿相应的损失;三是认为原告在诉讼中实施的行为导致被告遭受损失(如公益诉讼原告申请财产保全或证据保全后败诉,保全行为给被告造成损失),而要求赔偿该损失。[1]

在我国,反诉理论主流观点认为,反诉条件包括两个方面:一是反诉的主体是本诉的被告与本诉的原告;二是反诉与本诉须具有牵连关系,均出自于同一法律关系或同一法律事实。在以上提及的3种类型的诉求中,根据诉讼信托理论,原告不享有法律规定的实体利益,而仅享有为实体利益提起诉讼的权利,诉讼信托的实体利益是一种公共利益。如果允许被告提起反诉,反诉法律关系主体是被告和公益诉讼实体利益享有者,而并非本诉中的被告和原告,这不符合反诉的第一个提起条件。被告提起反诉所形成的私益损害赔偿关系与公益诉讼的诉讼标的(即公益损害赔偿关系)不同,两诉亦非基于同一法律事实而产生,故被告的诉求也不符合反诉提起的第二个条件。因此,在我国现行法和主流诉讼理论上,公益诉讼的被告不能提起反诉。

不过,也有观点指出,应当借鉴国外经验修正传统诉讼理论以适应公益诉讼实践发展的需要,这就使得被告可能具有提起反诉的条件。这是又一个话题,这里不做深入探讨。

其实,在我们上面所提到的第1和第3种类型中,即便被告不提起反诉,通过案件的审理,被告的合法利益也能得到保障;在第2种类型中,被告可以另案起诉以维护自己的合法权益。总之,在公益诉讼中,限制被告的反诉权利并不会使其合法权益遭受损害。另外,公益诉讼有其特殊性,其呈现出损害扩散、受害范围广泛、受害持续时间长和受害者众多的特点,通过适当限制,包括被告方反诉权在内的诉讼权利,有利于维护公共利益,这符合公益诉讼制度的设计初衷。

五、公益诉讼的证明责任与证明标准

公益诉讼的证明责任问题主要涉及举证责任的分配问题。民事诉讼中证明责任的分配作为一项法律技术手段,所要解决的实质问题是:当案件的要件事实或主要事实处于真伪不明的状态时,哪一方应该承担因此而发生的不利后果。决定举证责任分配的实质性要件在于"当事人之间的公平"。在公益诉讼中,当事人之间诉讼能力不对等的现象常常存在,突破现有诉讼

---

[1] 刘澜平,向亮. 环境民事公益诉讼被告反诉问题探讨[J]. 法律适用,2013(11).

证据规则探索符合公益诉讼的证据规则就显得十分必要。对于公益诉讼的举证责任,目前学界的主流观点是对公民或社会团体提起的公益诉讼以举证责任倒置为原则,并可由法院根据案件的具体情况,依公平原则和诚实信用原则,综合当事人举证能力等因素确定公益案件的举证责任承担;但对于检察机关提起的公益诉讼则采取"谁主张,谁举证"的举证原则。[1] 不过,在不同的案件中,证据不均衡的程度、证明的困难程度无疑是多种多样的,因而也需要结合其他因素来做出慎重的判断。

公益诉讼中的证明标准也有其特殊性。基于原告、被告诉讼能力的不对等,为了平衡利益,不同的证明对象应该适用不同的证明标准。所有侵害社会公共利益的行为都是侵权行为,在证明对象(即侵权责任要件)上适用的证明标准如下。(1)在损害事实方面,应确立高度盖然性的证明标准。是否受到损害以及在多大程度上受到损害,没有人比受害者更为清楚,受害者也更易于在此方面举出证据,确立高度盖然性的证明标准是基于利益衡平原则的必然结果。同时,该严格证明标准的运用也可以防止滥诉。这方面的证明应当由原告作出。(2)在侵权行为方面可确立盖然性占优的证明标准。以环境污染诉讼为例,当被告存在排污行为时,原告不必对被告的排污行为是否达到排污标准进行证明,只要证明其存在排污行为即可。(3)在因果关系方面,实行举证责任倒置,应确立高度盖然性的证明标准。(4)免责事由认定适用的证明标准较为复杂,要区分不同情况确立多元化的证明标准。以环境污染侵权为例,法律规定的环境侵权免责事由包括以下几种情形。一是不可抗力。被告必须证明确实有不可抗力的存在,适用客观真实的标准;损害完全是由不可抗力造成、"经过采取及时合理措施"仍不能避免时,被告才可免责,这方面适用高度盖然性的证明标准。原告要提出反证也应适用同样的证明标准。二是受害人过错。被告要证明两点:受害人的行为是损害发生的唯一原因;受害人的心理状态为故意或重大过失。前者适用高度盖然性的证明标准。后者适用盖然性占优势的标准,即被告的证明应当达到其所主张的受害人存在故意或过失的心理状态的可能性比不存在的可能性更大的程度。因为被告很难直接证明受害人的心理状态,审判实践中也常常采用推定的方式认定原告的心理状态。三是第三人过错,适用高度盖然性标准。[2]

---

[1] 颜运秋,余彦.公益诉讼司法解释的建议及理由——对我国《民事诉讼法》第55条的理解[J].法学杂志,2013(7).

[2] 孙海杰.试析我国环境民事公益诉讼的证明标准[J].党政干部论坛,2014(2).

六、公益诉讼的诉讼费用承担

根据《诉讼费用交纳办法》的规定,我国的诉讼费用主要包括两部分:一是案件受理费或申请费;二是应当由当事人承担的其他诉讼费用,具体包括勘验、鉴定、公告、翻译费,证人、鉴定人、翻译人员、理算人员在人民法院指定日期出庭发生的交通费、住宿费、生活费和误工补贴,采取诉讼保全措施实际支出的费用,执行判决、裁定或调解协议所实际支出的费用,等等。案件受理费由原告预交,其他诉讼费用待实际发生后交纳。在案件受理费的交纳方面,按照《诉讼费用交纳办法》有三种处理方法:其一,缓交;其二,减交,此种情形虽然要交纳案件受理费,但可减少交纳的数额;其三,免交。在诉讼费用承担上,根据《诉讼费用交纳办法》第29条的规定,诉讼费用由败诉方承担。

《诉讼费用交纳办法》没有对公益诉讼中的诉讼费用交纳和承担进行特别规定。这里需要考虑两个问题:一是提起公益诉讼的原告是否应当预交案件受理费;二是如果原告败诉,是否应当按照诉讼费用负担的原则由败诉方承担诉讼费用。

如果公益诉讼是由检察机关或某些行政部门提起的,其不应预交诉讼费。原因在于:检察机关或某些行政部门提起公益诉讼是为了维护公共利益,如果让其预交案件受理费,这些费用只能从其经费中支取,这将影响其职能运作。如果败诉,所有诉讼费用也应由国库负担,这是因为检察机关或某些行政部门的经费是由国库支出的,如果败诉就要交纳案件受理费,人民法院收取的案件受理费仍要交回国库,这样徒增麻烦;如果其败诉还要交纳其他诉讼费用,同样会影响其职能运作,也打击了其参与公益诉讼的热情。

对于由社会组织或公民个人提起的公益诉讼,世界上许多国家在诉讼费用方面都采取了特殊的鼓励措施。比如在美国,联邦法院和部分州法院认为,只要是实现正义所必需,律师费用的一部分算入诉讼费用,由败诉的当事人负担。或者认为,在凡属于十分有必要鼓励私人诉讼的场合,以特殊的方法规定胜诉的当事人除通常的诉讼费外,可向对方请求合理范围的律师费用。在德国,根据《诉讼费用援助法》,作为公益诉讼的原告如果胜诉,可以向被告收取以实际争议额为基础计算的诉讼费和律师费。如果败诉,原告只根据降低了的诉额比例承担对方的诉讼费用。法国则是废除了法院费用。在我国民事公益诉讼中,也应采取类似的特殊鼓励措施,原告可以缓交案件受理费,如果原告胜诉则由败诉方承担案件受理费;如果原告败诉,也可申请减免案件受理费,法院应酌情处理。其他诉讼费用也做同样处理。[1]

七、公益诉讼的事先预防式诉讼模式

所谓事先预防式诉讼,是指不仅对过去、现在已经发生的违反社会公共利益的违法行为可以提起诉讼,而且对将来可能发生的违法行为也可以提起诉讼。[2]这是一个诉讼"成熟度"的问题,即在什么时候可以认为诉的利益存在而赋予其诉权。由于对公共利益的损害一般具有严重性,同时一些公益诉讼的案件也存在胜诉后判决不能及时执行、不能完全执行或不能执行回转等风险,这样就会形成虽然胜诉了但实际上公共利益的保护并没有得到实现,损害的公共利益并没能给予补救或恢复的尴尬结局。考虑到公益诉讼案件的特殊性,应当放宽"诉的成熟度"的尺度,在公共利益处于危险状态时,如政府的违法审批行为做出后,即可承认公益诉讼的诉的利益,从而提起"事先预防式"的公益诉讼。关于这一点,国外已有类似的做法,如美国《克莱顿法》对反垄断实行"早期原则",允许有根据地对预期将来会发生的但尚未有结果的垄断行为提起诉讼。[3]美国《清洁水法》第505条也规定,允许公民在联邦环保局或各州对过去、现在或将来的民事或刑事违法者提起公诉时介入。

---

[1] 颜运秋,余彦.公益诉讼司法解释的建议及理由——对我国《民事诉讼法》第55条的理解[J].法学杂志,2013(7);张卫平.民事公益诉讼原则的制度化及实施研究[J].清华法学,2013(4).

[2] 赵许明.公益诉讼模式比较与选择[J].比较法研究,2003(2).

[3] 马歇尔·C.霍华德.美国反托拉斯法与贸易法规[M].北京:中国社会科学出版社,1991:33-34.

专题五

民事诉讼举证责任制度研究

第一节 举证责任概念界定

举证责任可以说是民事诉讼领域最容易引起歧义的术语之一。在世界范围内,关于举证责任与证明责任、主观证明责任与客观证明责任以及举证责任的确切内涵都有较大争议。我国对举证责任概念的认识也存在较多分歧,法律文本使用"举证责任"一词,学术研究上"举证责任"与"证明责任"并存。

一、大陆法系国家对举证责任的界定

举证责任是源于古罗马法的一个法律概念,罗马法对于民事审判中的举证责任确定了两条规则:(1) 每一方当事人对其陈述中所主张的事实,有提供证据证明的义务,否认的一方,没有举证责任;(2) 双方当事人都提不出证据,负有举证责任的一方则败诉。大陆法系继承了古罗马法中的这一概念,称之为举证责任,或证明责任、立证责任。[1] 在大陆法系的证明责任法研究中,证明责任的相关概念较多,如主观证明责任和客观证明责任,其中主观证明责任又包括主观抽象的证明责任与主观具体的证明责任;主观证明责任又被称为行为责任,客观证明责任又被称为结果责任、确认责任等。但证明责任的概念在大陆法系国家有一个历史发展的过程。

1883 年,德国学者尤里乌斯·格尔查(Julius Glaser)在他的著作《刑事诉讼导论》中首先对证明责任做了理论上的区分,提出了主观的证明责任和客观的证明责任的概念,从此结束了长期占统治地位的古罗马法证明责任仅仅指主观证明责任的时代。[2] 他提出,证明责任的内涵可以分为两层:一

---

〔1〕 李秋月.浅谈行政诉讼举证责任制度[J].辽宁师范大学学报,1999(5).
〔2〕 莱奥·罗森贝克.证明责任论——以德国民法典和民事诉讼法典为基础撰写[M].庄敬华,译.北京:中国法制出版社,2002:19.

是形式(主观)上的证明责任,为诉讼上的证明责任,旨在促使当事人提供证据进行诉讼活动,属于行为责任;二是实质(客观)上的证明责任,旨在解决事实真伪不明的疑案,属于结果责任。格拉查的理论主要包括三个方面的内容。一是实质的证明责任,是指经过案件的全面审理,如果事实认定的结果出现真伪不明,对待证事实即有直接被认定为不存在的危险。二是实质的证明责任的适用根据,是指立法者在制定实体法律的时候,应当考虑到要件事实真伪不明时,是否仍能适用该条文;如果无法探求立法的真实意图,原则上以要件事实确实存在为适用该法条的前提条件。三是形式的证明责任,是指原告就其请求或再抗辩所依赖的基础事实,被告就其抗辩或再抗辩所依赖的事实理由,应当主张并且举证;如果仅有主张而不举证,法院不会采纳该事实主张。[1]随后,1899年罗森贝克在其博士论文《德国民法典中的证明责任》中又提出了"确认责任"的概念,认为证明责任包括举证责任和确认责任,前者是指一方当事人为了避免败诉,通过自己的行为对有争议的事实加以证明的责任。而确认责任是指不考虑负有证明责任的当事人的任何证明活动,只考虑诉讼活动的结果,以及重要事实的不准确性。即"确认责任"是对这种由重要事实的不准确性而导致的诉讼活动的结果。[2]罗森贝克的证明责任理论学说很快成为德国的通说,并且在整个大陆法系一直占据主流学说的地位。虽然罗森贝克并未否认主观证明责任存在的必要性,但他同时强调,证明责任主要是指客观的证明责任,即案件事实真伪不明时的不利风险。罗森贝克认为,在裁判的三段论中,当案件事实清楚时,根据案件事实(小前提)符合法律规定(大前提)从而得出法律设置的效果(结论)。但在案件事实真伪不明时如何裁判,裁判三段论推理没有给出答案。证明责任正是回答了这一难题,即当案件事实真伪不明时,依据证明责任分配规范可得出裁判。可见,在罗森贝克的理论范式中,他认为客观证明责任才是证明责任概念的实质。

20世纪80年代,罗森贝克的弟子普维庭教授在对罗森贝克"客观证明责任说"进行批判继承的基础上,重新构建了一个"以客观证明责任为核心,同时由主观证明责任和主张责任"构成的证明责任基本范畴体系。他认为,客观证明责任是占据主导地位的课题;主观证明责任也不是客观证明责任的"前产品",而是民事诉讼法上另一相对独立的重要制度;主张责任是证明

---

[1] 汤维建.民事证据立法的理论立场[M].北京:北京大学出版社,2008:34-35.

[2] 莱奥·罗森贝克.证明责任论——以德国民法典和民事诉讼法典为基础撰写[M].庄敬华,译.北京:中国法制出版社,2002:17-18.

责任所有实质性问题的延伸。[1]所谓的客观证明责任,是指在诉讼上当案件事实最终出现真伪不明状态时,由其中一方当事人实际承担不利益裁判后果的风险负担。客观证明责任是一种结果责任,与当事人的诉讼行为无关,它针对的是真伪不明。法官运用客观证明责任克服了真伪不明,使得法官在事实不清的情况下也得以完成裁判义务。所谓"真伪不明",是指在诉讼结束时,当所有能够解释事实真相的措施都已经采用过了,但是争议事实仍然不清楚(有时也称为无法证明、法官心证模糊)的最终心理状态。按照普维庭的观点,一项争议事实"真伪不明"的前提条件是:(1)原告已经提出有说服力的主张;(2)被告也已提出实质性的对立主张;(3)对争议事实主张需要证明(自认的事实、众所周知的事实、没有争议的事实不在此限);(4)所有程序上许可的证明手段已经穷尽,法官仍不能获得心证;(5)口头辩论程序已经终结,上述(3)和(4)项状况仍然没有改变。[2]对双方当事人而言,客观证明责任的分配可引起胜诉或者败诉的后果。他同时强调,不管是什么样的诉讼程序,无论证明法如何构造,也不管适用什么样的诉讼原则,都可能面临客观证明责任的问题。因为没有任何一种证明调查程序能够必然地查清所有争议的事实。因而,客观证明责任问题在任何诉讼中都具有实际意义,比任何问题都更加重要。[3]普维庭对于证明责任理论的贡献在于,他提出了主观证明责任概念的独立性,并用具体的举证责任这个概念作为各个规制诉讼证明行为概念的统领,进而引导德国法学界对于证明责任概念的研究转向了具体的举证责任。即在具体诉讼活动中,法官对于案件中的待证事实已经获得一定的事实信息并且形成了暂时的心证,此时应当由谁提供证据予以证明。具体举证责任是推动案件事实发现活动的推动力,其在诉讼过程中不断发生转移,由当事人双方交替承担。目前,德国法学界开始围绕具体举证责任的范畴展开了一系列零散而有关联的研究,包括摸索证明、间接反证、表见证明、证明妨碍、阐明义务等。

在德国学说传入之前,日本的举证责任概念也是建立在主观举证责任之上的。后来日本学者雉本郎造博士在1917年所著《举证责任之分配》一文中,将德国学者尤里乌斯·格尔查的举证责任双重含义说介绍到日本,随后20世纪50年代莱昂哈德的学说传入日本,从而使客观证明责任概念深入人心。日本学者斋藤秀夫对客观证明责任的现代表述是:"民事裁判上,

---

〔1〕 汉斯·普维庭.现代证明责任问题[M].吴越,译.北京:法律出版社,2006:12.
〔2〕 汉斯·普维庭.现代证明责任问题[M].吴越,译.北京:法律出版社,2006:22.
〔3〕 汉斯·普维庭.现代证明责任问题[M].吴越,译.北京:法律出版社,2006:12.

事实至最后(言词辩论终结时)仍真伪不明时,法院亦不得因此而拒下判决,此时为使法院仍得以判决,以解决当事人间之诉讼事件,乃假定其不利益(败诉)归于当事人之一造而为判决,因此种假定使当事人之一造所受之不利益,即民事诉讼上之举证责任是也。"[1]客观证明责任概念相继为兼子一、中田淳一等著名学者采纳后,很快成为日本法学界的通说。[2]从此,学说、判例均明确证明责任具有双重含义,并进一步发展为肯定证明责任只是指客观的证明责任,否定主观上的举证责任为证明责任的理论趋势。甚至在20世纪80年代,有部分学者再次呼吁主观证明责任的概念。但也有学者主张证明责任具有双重含义,代表人物是石田镶、松本博之等,他们认为客观证明责任和主观证明责任是一种相辅相成的关系,主观证明责任使证明责任在辩论主义的基础上最大的发挥作用,但主观证明责任必须以客观证明责任为基础和前提。

  一直以来,日本学界对证明责任的讨论并没有停止。新堂幸司认为,负证明责任的当事人对自己承担证明责任的事实提出了有力的证据,进而法官对该事实抱以确信,这时对方当事人就陷于如下境地,即必须提出反对证据以动摇法官的这种确信,否则法官将就此结束对该事实的审理,并按照这种确信来认定事实。这种举证的必要,就是具体证据提出责任。[3]新堂幸司的学生高桥宏志随后又提出,在自由心证主义的范畴内,当法官的心证朝着有利于对方当事人的方向形成(如对方当事人的证明活动似乎将成功)时,对于本方当事人而言,就产生了打破法官这种心证的必要。因为,如果本方当事人无动于衷地任其发展,那么就会使对方当事人的证明获得成功,这就是所谓的"证明的必要"(或者被称为立证的必要、举证的现实必要)。[4]"举证必要说"没有指出举证必要的"来龙去脉",也没有相应的规则制约,最多只是对诉讼中客观的证明行为的表述,依然没有摆脱证明责任的"阴影",其只是客观证明责任通过辩论主义所呈现的投影,是从结果推导行为的思维逻辑,始终无法解释法官可能根据对方当事人提出的证据也可以获得案件事实真相的可能。为此,松本博之提出,在当事人不提出证据法官的心证就会凝固、法官需要督促当事人进行反证的情形下,为了避免承受

---

[1] 斋藤秀夫.民事诉讼法概论[M].转引自骆永家.民事举证责任论[M].台北:台湾商务印书馆,1981:2.
[2] 骆永家.民事举证责任论[M].台北:台湾商务印书馆,1981:46.
[3] 新堂幸司.新民事诉讼法[M].林剑锋,译.北京:法律出版社,2008:394.
[4] 高桥宏志.民事诉讼法:制度与理论的深层分析[M].林剑锋,译.北京:法律出版社,2003:427.

败诉的不利益而必须提出反证证据的必要,相当于负有抽象证据提出责任的当事人提出证据的必要,这种必要被称为证据提出责任。小林秀之则将松本博之的"抽象证据提出责任说"与具体的证据提出责任合而为一,提出证据提出责任(主观证明责任)的概念,认为将证明的必要纳入证据提出责任概念之内,无论对于诉讼的现实而言,还是对于法院通过释明来敦促一方当事人进行举证而言,都能做出很好的说明,而且能够控制当事人个别的举证活动,防止突然袭击。[1]

后又有学者直接对证明责任做了彻底的批判,认为当事人应当承担的证明责任就是行为责任。"行为责任论"认为,当事人应当负有的"证明的责任"是作为行为责任的证明责任,在负有这种行为责任当事人不履行这种责任时,课以该当事人某种不利益;反之,当事人尽到这一行为责任时就不能课以其某种不利益。对于双方当事人都履行了这种证明责任,但事实仍真伪不明该怎么办的问题,行为责任论认为这是一个"假问题",因为:如果对行为责任的分配予以合理的构筑,那么几乎不会出现事实真伪不明的结果。万一出现真伪不明的情况,由于当事人不负有责任,因此也不能课以其败诉的不利益,法院就可以不作判断。

二、英美法系国家对举证责任的界定

英美法系国家虽然具有较长的单独证据立法的历史,但与大陆法系有相似之处,他们一开始也没有将举证责任做实质上和形式上的划分。直到19世纪末才由美国著名学者赛耶在其论文《证明责任论》中首次指出"burden of proof"实际上包含着两重含义,并在《证据理论研究》一书中对两种含义进行了详细的论证。他认为"burden of proof"的第一种含义是指:"提出任何事实的人,如果该事实为对方所争执,他就有承担特殊责任的危险——如果在所有的证据都提出后,其主张仍不能得到证明,他就会败诉。"第二种含义是指:"在诉讼开始时,或是在审判或辩论过程中的任何阶段,首先对争议事实提出证据的责任。"这种观点也在《美国联邦证据规则》中得到了回应,第301条规定:"在所有民事诉讼中,除国会制定法或本证据规则另有规定外,一项推定赋予其针对的当事人举证反驳或满足该推定的责任,但未向该当事人转移未履行说服责任即需承担风险意义上的证明责任。该证明责

---

[1] 胡学军.从抽象证明责任到具体举证责任——德、日民事证据法研究的实践转向及其对我国的启示[J].法学家,2012(2).

任仍由在审判过程中原先承担的当事人承担。"在该条规定中,证明责任的概念包括了提供证据责任和说服责任两种含义。美国法学家摩根教授指出,任何一个法官都会面临以下的决定:(1)在证据的质与量方面,如未充分提供证据便足以发现该命题为真实,哪一方当事人将告败诉;(2)若在举证程序后,陪审团仍无法决定该命题是否真实,哪一方当事人将告败诉。前者通称为举证的负担(burden of producing evidence),后者通称为说服的负担(burden of persuasion)。[1]

现代英美证据法学界一般认为,举证责任有三个相关的概念:证明责任(burden of proof)、提供证据责任(burden of producing evidence / burden of production /burden of evidence)和说服责任(burden of persuasion)。按照《元照英美法词典》的定义,"证明责任"是指,当事人为避免不利于己的裁判而提出证据证明其主张的事实并说服事实认定者确信其主张的责任。"提供证据责任"是指,主张某一事实或提出某一争点的当事人提出充分证据,以证明其主张的事实成立,或就该争点获得对自己有利的裁决的责任,若当事人未能履行提供证据的责任,将会导致诉讼被驳回或法庭做出指示裁决。"说服责任"是指,说服事实认定者确信其所提证据指向的事实或要件为真实情况的责任。若当事人未能履行说服责任,事实认定者须就该事实或要件做出对该当事人不利的裁决。[2]

可见,英美法系的证明责任也包含了提供证据责任和说服责任两方面的内容,但相较于大陆法系举证责任的概念,英美法系的划分更加简单明了。当事人提供证据责任的对象是法官,发生于庭审调查之前,它是一种初步的证明责任,即举证方通过提供证据说服法官,使其主张进入陪审团审查的视野。当提供证据责任履行完毕并成功说服法官之后,发生说服责任。说服责任的对象是陪审团,发生在庭审调查之后,目的在于使陪审团肯定其事实主张。由此,我们可以这样认为,英美法系中的提供证据责任和说服责任并不是证明责任的两层含义,而是证明责任的两个阶段,且可以独立存在的两种责任。[3]当事人承担的说服责任要想卸除,只有在他所提供的证据说服审判者时才能够完成。说服责任的履行必须达到法律要求的证明标准才能实现,否则该方当事人就该争点要承担不利益。

---

[1] 摩根.证据法的基本问题[M].台北:台北世界书局,1982:45.
[2] 薛波.元照英美法词典[M].北京:法律出版社,2003:179.
[3] 胡巧绒.举证责任分配规则研究[D].复旦大学,2013:26.

三、我国对举证责任的界定

我国对证据法学的研究起步较晚,学界对于证明责任和举证责任究竟是一个概念还是属于两个不同的范畴,至今尚未形成统一的认识。

一种观点认为证明责任和举证责任是完全相同的概念,二者可以相互混用。如陈一云教授主编的《证据学》(第二版)认为:"根据我国诉讼法的有关规定和司法实践经验,我国诉讼中的证明责任,可界定为司法机关应当收集证据证明其所认定的案件事实,某些当事人应当提供证据证明有利于自己的主张,否则将承担其认定与主张不能成立的危险的责任。其中,当事人应当提供证据证明有利于自己的主张,否则将承担主张不能成立的危险的责任,又称举证责任。"[1]

另一种观点认为,证明责任与举证责任是两个完全不同的概念,二者有着严格的区别。如在谭世贵主编的《刑事诉讼原理与改革》一书中就指出,举证责任与证明责任的概念在其内涵和外延上都有严格的区别,两者有各自不同的定义。所谓举证责任,是指举证主体(举证责任主体的简称)对其诉讼主张所承担的提供证据加以证明的责任。而证明责任是指证明主体对举证主体所提供的证据加以判定、审核,证实其说服责任是否成立以及认定案件事实的责任。[2]

还有观点认为证明责任与举证责任虽是两个独立的概念,但二者又密切相关。证明离不开举证,举证也离不开证明;证明必须以举出证据为基础,而举证的目的也就是证明案件事实。因此,主张证明责任和举证责任这两个概念不必严格区分,也不必强行肯定一个,否定另一个,在不同的语言环境下,人们可以按照习惯选用证明责任或举证责任。[3]

实际上,对我国而言,无论是"举证责任"还是"证明责任",均是大陆法系的舶来品,只是翻译上的差异,对同一概念做了不同的表达,从词源上说,举证责任与证明责任实为同一概念。而在我国三大诉讼法的条文表述上也多使用"举证责任"一词,且在当前的法律实务中也多认可举证责任一说。因此,为了理论与实践的统一,本书使用"举证责任"一词。

我国学者关于举证责任的含义主要有三种观点。(1)行为责任说。即

---

[1] 陈一云.证据学[M].2版.北京:中国人民大学出版社,2000:165.
[2] 谭世贵.刑事诉讼原理与改革[M].北京:法律出版社,2002:425-427.
[3] 何家弘,刘品新.证据法学[M].北京:法律出版社,2004:295-296.

举证责任就是提供证据这种行为的责任。(2)结果责任说。即举证责任是在案件事实不清的情况下,由负担证明责任一方当事人承担不利后果的责任。(3)双重含义说。即举证责任包括双重含义:行为意义上的举证责任和结果意义上的举证责任。前者是指当事人对其主张的事实所负担的提供证据加以证明的责任;后者是指当待证事实处于真伪不明状态时,主张该事实的当事人所应承担的不利的法律后果。[1]目前,"双重含义说"比较全面地揭示了举证责任的诉讼价值,且已成为大多数学者的共识。随着我国诉讼法学理论的发展,许多学者已自觉地将举证责任分别表述为提供证据责任和证明责任两层含义了。也就是说,举证责任就是解决案件事实应由谁来提供证据证明以及对待证事实或主张能够证明与不能证明的法律后果的问题。

---

[1] 何家弘,刘品新.证据法学[M].北京:法律出版社,2004:296.

第二节 举证责任的分配规则

一、举证责任分配的含义

举证责任的分配,是指按照一定的标准,将事实真伪不明的败诉风险,在双方当事人之间进行分配,使原告、被告各自负担一些事实真伪不明的风险。简单而言,举证责任在当事人之间实现分配,就是举证责任的分配。

举证责任是一种裁判规范,适用该规范的结果又会直接左右裁判结果,关系到当事人胜诉或败诉。为了保证规范的统一性,为了法律的安定性和裁判结果的可预见性,当出现真伪不明时如何拟制就必须预先确定下来,就需要预先确定真伪不明时哪一方当事人承担由此引起的不利裁判后果,而不能等到出现真伪不明时再交给法官来裁量决定。由此产生了举证责任分配问题。

举证责任分配的核心问题是:应当按照什么样的标准来分配;如何分配才既符合公平、正义的要求,又能使诉讼较为迅速地完成。因为,举证责任一经分配,该当事人就承担不根据其主张而裁判的危险。所以,举证责任的分配显然影响诉讼的结果。

二、举证责任分配的主要学说

举证责任的分配,是民事诉讼证据制度的核心问题,也是民事诉讼理论中最具争议的问题之一。由于大陆法系与英美法系对举证责任概念的界定存在区别,因而两者关于举证责任分配的学说也存在差异。大陆法系关于举证责任分配的学说主要针对客观证明责任而言,解决的是要件事实真伪不明时,应当由何方当事人承担不利后果的问题。英美法系由于将举证责任分为提供证据责任和说服责任,举证责任的分配要同时解决提供证据责任和说服责任的分配问题。

(一)大陆法系关于举证责任分配的主要学说

1. 待证事实分类说

该说是着眼于事实本身的性质而不是事实所引起的实体法效果来分配证明责任的。该说将待证事实区分为积极事实和消极事实、外界事实与内界事实。然后提出凡主张积极事实、外界事实的,应负证明责任;凡主张消极事实、内界事实的,不负证明责任。该学说又分为以下两种。

(1)消极事实说。该说认为,主张积极事实的人,应该举证;主张否定事实的人,即为消极事实陈述人,不负证明责任;双方当事人主张相反的事实,均属于无规定的积极事实,则因主张的事实被认定时,受积极的利益之人有举证责任。[1]消极事实陈述人不负证明责任的理由在于两点。一是消极事实是指未发生的事实,未发生的事实无从举证,所以主张消极事实的人不负证明责任。例如,原告主张他曾与被告订立买卖合同,被告予以否认。原告主张订立合同的事实为积极事实,被告主张未订立合同的事实为消极事实,故应由原告负担证明责任。二是从因果关系的角度做出解释,认为积极的事实可能产生某种结果,消极的事实不会产生结果,不可能成为某种结果的原因。就已发生的民事法律关系而言,除非出现了某种新的积极的事实,否则原法律关系则无变更或消灭之可能,法律关系也将会继续存在下去,也就是说消极事实不可能成为引起民事法律关系变更或消灭的原因。所以,主张消极事实的人完全没有负担证明责任的必要。

(2)外界事实说。该说依事实能否通过人的五官从外部加以观察,将待证事实区分为外界事实和内界事实。前者如被继承人的死亡、婚姻的缔结、合同的订立与履行、肖像权受到侵害等;后者如第三人的善意与恶意、相对人的知情与不知情、侵权行为人的故意与过失等。该学说认为外界事实易于证明,故主张的人应负证明责任;内界事实无法从外部直接感知,极难证明,故主张的人不负证明责任。

待证事实分类说的贡献在于指出了消极事实、内界(内心)事实不易证明,因此,为公平起见,在一定的情形下有必要通过推定等方式免除或减轻主张消极事实、内界事实的当事人的证明责任。但是,完全以此作为分配证明责任的标准则是不妥当的。这是因为:第一,消极事实与积极事实之间的界限不易区分,当事人可以通过变换陈述方式的办法轻而易举地将积极事实变为消极事实,从而规避本来应当由他负担的证明责任。第二,消极事

---

[1] 李学灯.证据法比较研究[M].台北:五南图书出版公司,1982:379.

实、内界事实并非都不能举证证明。"凡明知故为的,即可证明其为恶意;告知、示知,即可证明其知;对自己的行为无合理判断能力,即证明其为心神丧失或精神衰弱。"[1]例如,某当事人主张的 2008 年 7 月 10 日他不在北京这一消极事实,可以用 7 月 10 日这一天他在上海的证据证明。故意、过失、善意、恶意这些内界事实则可以通过当事人的行为来证明。例如,通过证明被告以显然低于市价的价格购买某物品的事实,可以证明被告为恶意取得;通过被告不履行合同的事实,可以证明被告有过失。第三,与实体法的规定相抵触。无论是我国还是国外的民法中,都有一些规定当事人必须就消极事实负证明责任的立法例,如关于建筑物等倒塌、脱落、坠落的民事责任的规定,要求所有人或管理人证明自己无过错(《民法通则》第 126 条)。德国和法国的民法都规定,在不履行契约时,债务人必须证明自己无过错才能免责。[2]

2. 法律要件分类说

法律要件分类说是依据法律规范,在将其中的权利要件事实进行类型化的基础上来设定举证责任分配规则的理论体系的总称。该说的思路与待证事实分类说完全不同,它是从事实所引起的实体法效果,即事实与权利变动的关系来寻找分配证明责任的原则。根据法律要件分类说,诉讼上所要证明的事实为要件事实,根据要件事实发生不同的法律效果而决定由何方当事人负举证责任。一般认为,凡主张法律上的效果的当事人,就该效果发生要件事实中的那些属于原因性、通常性、特有性的事项,负有举证责任。反之,不属于原因性、作为例外的事实,或者作为一般要件欠缺的事实,则由对方负举证责任。

法律要件分类说在德国、日本被视为通说。该学说又包括了多种学说,其中长期居于通说地位的是罗森贝克的法规分类说。罗森贝克将民法规范分为四大类。(1)权利发生规范。指能够引起某一权利发生的规范,这类规范又被称为"请求权规范""基本规范"和"通常规范"。(2)权利妨碍规范。指在权利欲发生之初,便与之对抗,使之不得发生的规范。(3)权利消灭规范。指在权利发生之后与之对抗,将已发生权利消灭的规范,如债务的履行、免除。(4)权利排除规范。指权利发生之后,权利人欲行使权利之际才发生对抗作用将权利排除的规范,如意思表示错误。在对法律规范做上述分类后,罗森贝克提出分配举证责任的原则:主张权利存在的人,应就权

---

[1] 黄栋培.民事诉讼法释论[M].台北:五南图书出版公司,1982:469.
[2] 张进德,潘牧天.新编民事诉讼法学[M].北京:中国民主法制出版社,2013:183-184.

利发生的法律要件事实负举证责任;否认权利存在的人,应对存在权利障碍要件、权利消灭要件或权利排除要件事实负举证责任。至于如何区分上述四种规范,罗森贝克认为,应当根据法条规定的形式进行区分,权利发生的情形一般采用通常规范作出规定,而权利障碍情形以例外规范的形式出现,凡在条文中以但书形式作出规定的均属于例外规范,也就是权利障碍规范。〔1〕

3. 反规范说

该说是在修正或否定法律要件分类说的基础上提出的分配举证责任的新学说。反规范说主要包括以下三种学说。(1) 危险领域说。该说以待证事实属哪一方当事人控制的危险领域为标准,决定举证责任的分担,即当事人应当对其所能控制的危险领域中的事实负举证责任。在具体确定待证事实属哪一方当事人控制的危险领域时,应考量举证的难易、与证据的距离、有利于损害的防范和救济三个因素。受危险领域说影响的举证责任分配,其适用的事项包括特定类型的契约,如保管型的运输契约、雇佣契约、承揽契约等。契约关系之外,特殊侵权行为责任主观要件的归责事由和客观要件的因果关系,都可以以危险领域为其举证责任分配标准。(2) 盖然性说。该说主张以待证事实发生的盖然性的高低作为分配举证责任的主要依据,将待证事实证明的难易作为分配举证责任的辅助性依据。按此学说,如某事实的发生率高,主张的一方不承担举证责任,而要由主张该事实未发生的一方负举证责任。之所以这样分配,是因为在事实不明而当事人又无法举证的情况下,法院认定发生盖然性高的事实远比认定发生盖然性低的事实更能接近事实而避免误判。(3) 损害归属说。该说主张以实体法确定的责任归属或损害归属作为分配举证责任的标准。在实际运用中,该说又具体化为盖然性原则、保护原则、担保原则、信赖原则和惩罚原则,并依据这些原则来确定损害的归属。

反规范说虽然指出了法律要件分类说的缺陷,并启迪了分配举证责任的新思维,但有分配标准多元化的缺陷。多元化意味着缺乏统一的分配标准,要由法官根据具体情形来决定适用何种分配标准,而这样做又难免会使举证责任的分配失去安定性和可预见性。

(二) 英美法系关于举证责任分配的主要学说

英美法系的举证责任包含提供证据责任和说服责任两个层次,其中提

---

〔1〕 莱奥·罗森贝克.证明责任论——以德国民法典和民事诉讼法典为基础撰写[M].庄敬华,译.北京:中国法制出版社,2002:103 - 124.

供证据责任在即决裁判、指示裁决等分流程序中发挥作用,而说服责任属于正式审判程序的范畴,两者之间并不具备更多共性,且两者有不同的证明标准相联结。提供证据责任以"是否一个合理的陪审团可以认定该事实存在或不存在"为证明标准,而说服责任在民事诉讼中的一般证明标准为"证据的优越"。

就提供证据责任而言,原告与被告双方都有可能承担。因为双方当事人都有权申请即决判决,而即决判决的获得总是意味着对方当事人提供证据责任的失败,因而,从结果上看,双方当事人均负有提供证据的责任。但从过程上看,提供证据责任在动议的申请方和反对方之间可以进行转换。当然,这并不意味着双方当事人对同一事实承担提供证据责任,而是原被告之间按照先原告、后被告,依次轮换的顺序,对各自的主张与抗辩承担提供证据的责任。因而,提供证据责任的分配本身更多地具有诉讼程序上的意义。

就说服责任而言,在民事诉讼中,与大陆法系一样,英美法系也存在多种学说。有关说服责任的分配标准在近代美国法中主要有三种学说。一是肯定事实说。该学说认为,在诉讼中主张肯定事实者或对争点持肯定主张者应当承担举证责任。二是诉答责任说。该说认为在诉答中对某一事实承担主张责任的当事人应对该事实承担举证责任。三是必须事实说。该学说主张,某一事实对自己的主张是必须的当事人,应当对该事实承担举证责任。[1]但现代美国关于举证责任的分配标准,通常认为并不存在一般性标准,只能在综合若干分配要素的基础上做个别性决定。这些要素包括政策、公平、证据持有或证据距离、方便、盖然性、经验规则、请求变更现状的当事人承担举证责任等。这种关于举证责任分配的学说被概括为"利益衡量说",即在综合衡量上述要素的基础上实现举证责任的分配。虽然学界对上述要素概念的理解以及各自在举证责任分配中的重要性存在多种解释[2],但对于举证责任分配应当综合政策、公平(包括证据距离)、盖然性(包括经验规则)这三个要素进行衡量达成了共识。[3]

三、影响举证责任分配的因素

在民事诉讼中,举证责任的分配也远比刑事诉讼复杂,各国法律及各家

---

[1] 转引自陈刚.证明责任法研究[M].北京:中国人民大学出版社,2000:213-215.
[2] 转引自陈刚.证明责任法研究[M].北京:中国人民大学出版社,2000:215-218.
[3] 胡巧绒.举证责任分配规则研究[D].复旦大学,2013:40.

学说,可谓众所纷纭。在汉斯·普维庭所著的《现代证明责任问题》一书中,涉及的确定举证责任分配问题的实质性依据就多达数十种,但"从这些众多的实质性依据中,可以进一步认识到,主张按照一个原则分配证明责任是多么不明智。另一方面也可以看出,能够帮助解决证明责任分配问题的实质性依据其实是层出不穷的。最后它也表明,学者们不遗余力探讨按照实质性依据解决证明责任分配的命题,永远不可能完结"。[1]可见,确定民事诉讼举证责任分配的因素是复杂多样的,甚至是不断发展变化的,举证责任的分配也不是由某一个因素所确定的,它往往是众多因素综合的结果。

一般而言,举证责任根据法律或基于政策、经验法则就当事人之间的待证事实,根据双方的请求和主张,基于公平正义,综合其他因素实现分配。但在具体研究举证责任分配时,还需注意下列问题。

(1)举证责任分配属于实体法问题。举证责任分配,实际上是分配当事实真伪不明时的败诉风险,尽管这一问题发生在诉讼过程中,但它本质上仍然是一个实体法问题而非程序法问题。在少数情形下,实体法直接规定举证责任由哪一方当事人负担,而在多数场合,需要研究实体法的立法宗旨、实体法的逻辑结构、实体法条文与条文之间的关系,寻找分配举证责任的答案。

(2)举证责任与当事人所处的诉讼地位无关,是按照主张权利还是否认权利的标准进行分配的。举证责任不是依据当事人处于原告地位还是被告地位分配的,分配的标准是按照当事人是主张权利的一方还是否认权利的一方。确认之诉中的举证责任分配就充分说明了这一问题。在消极的确认之诉中,原告成为主张并要求法院以判决确认权利或法律关系不存在的一方当事人,被告则成为主张其存在的一方,原告、被告主张的置换决定了要由被告对产生权利或法律关系的事实负举证责任。

(3)举证责任是脱离每一具体诉讼而抽象分配的。举证责任分配关心的是抽象的法律要件事实的举证责任如何在当事人之间分配的问题,如侵权诉讼中的过失、因果关系这样的要件事实。抽象的举证责任是确定每一具体诉讼中具体事实分配举证责任的依据。

(4)静态意义上的举证责任分配给一方当事人后,不会随着诉讼程序的进行发生转移,它始终固定于一方当事人。例如,在有关一般侵权责任的诉讼中,过错的举证责任始终由主张侵权成立的原告方承担。这与提供证据的责任不同,后者在诉讼过程中会随着法官心证的变化而转移。即,静态

---

[1] 汉斯·普维庭.现代证明责任问题[M].吴越,译.北京:法律出版社,2006:372-373.

意义上的举证责任分配在诉讼之初就由实体法律、政策或原则预先规定,不因程序的推进而发生变化,也不会在当事人双方之间发生转换。它是举证责任的初始分配状态,是诉讼证明启动的分配形式。而动态的举证责任分配指在诉讼过程中,法官对于案件事实的要件事实已获得一定事实信息并且形成暂时的心证之时,应由何方当事人提供证明。

四、我国民事诉讼举证责任的分配规则

(一) 我国民事诉讼举证责任的分配规则

在我国,举证责任的分配有一般规则与特殊规则之分。

举证责任分配的一般规则是,当事人须对对其有利的法律规范的要件事实承担举证责任。其理由在于:首先,当事人依据该规范来主张权利或提出抗辩,而法院只有在该规范中的构成要件得到确认的情况下才会适用该规范;其次,当与构成要件相对应的事实处于真伪不明状态时,证明责任规范一般会拟制该事实不存在。这就是"谁主张,谁举证"的一般规则。

举证责任分配的特殊规则是,当要件事实真伪不明时,做出异乎寻常的相反拟制,即不是将其拟制为不存在,而是将其拟制为存在。如在"因果关系"这一要件真伪不明时将其拟制为有因果关系,在"过错"这一要件处于真伪不明状态时将其拟制为有过错。不同寻常的拟制直接改变了裁判的结果,所以也改变了举证责任的分配。这种异乎寻常的分配规则,在诉讼理论中被称为"举证责任的倒置"。

(二) 正确认识民事诉讼举证责任分配一般与特殊的双重规则体系

从本质上看,举证责任是当事人可能败诉的危险负担,因此,在民事诉讼活动中必须强调当事人的举证责任。我国《民事诉讼法》第64条规定:"当事人对自己提出的主张,有责任提供证据。当事人及其诉讼代理人因客观原因不能自己收集的证据,或者人民法院认为审理案件需要的证据,人民法院应当调查收集。人民法院应当按照法定程序,全面地、客观地审查核实证据。"可见,尽管在举证责任的分担上实行"谁主张、谁举证"的原则,但我国《民事诉讼法》规定的是以当事人承担举证责任为主、法院调查收集证据为必要补充的证据制度。对于证据的提供,其重心已向当事人方倾斜,加重了当事人的举证责任。这种举证责任,就其实质来说,是当事人对国家审判机关承担的法律义务。虽然还不能完全说当事人拒绝举证或举证不能时就必然败诉,但是其败诉的可能性已大大增加。对于某些特殊侵权纠纷案件,当事人举证责任的加重与原告举证困难之间的反差更为强烈。因此,对此

类案件实行举证责任的特殊规则也就更为必要。此外,在环境污染、产品责任、医疗事故等特殊侵权纠纷案件中适用举证责任特殊规则,也是审判实践的客观要求。因为这类案件的受害人往往无法举证或者举证有困难,这种状况在群体诉讼中表现得尤为突出。因此,如果要求受害人对因果关系的环节逐一加以科学性的说明,则等于完全封闭了以民事审判方式救济受害人的途径。如果由人民法院依法调查取证,同样面临专业技术水平的局限。虽然人民法院必要时可以委托有关机关对专门问题进行鉴定,但这仍然需要被告配合,并不能因此免除被告的举证责任。况且,这样也有违诉讼经济与效率原则,不利于调动当事人积极性,这与民事诉讼举证责任立法宗旨不符。因此,解决这一难题的途径便有两条:一是在某些实体法中对举证责任的分配加以特别规定,如环境保护法、食品卫生法、产品责任法等;二是在实体法中没有加以规定或没有相应的实体法时,在侵权性群体诉讼或其他特殊侵权诉讼中对举证责任分担的原则加以变通。这样,为适应诉讼实践的需要,便要求构建民事诉讼举证责任分配的一般与特殊的双重规则体系。[1]

此外,应当明确,民事诉讼举证责任的特殊规则与"谁主张、谁举证"的一般规则并不矛盾。确立两者的宗旨都是为了让当事人双方公平合理地负担举证责任,保证人民法院充分获取证据、查清案件指涉的民事法律事实。在特殊侵权纠纷案件中,如果仍然一味机械地遵循民事诉讼举证责任的一般规则,势必无法摆脱原告客观上举证困难或举证不能的困境,这既不利于民事权利主体依法获得民事权利救济,也有碍司法公正的充分实现。而且,一方面,举证责任倒置的发生以实体法的无过错原则和过错推定原则为前提,只在产品责任、环境污染等少数几类案件中适用,其适用范围受到较为严格的限制;另一方面,举证责任的特殊规则并不具有对一般规则的绝对排斥性,它在具体适用过程中与举证责任一般规则可以兼容或渗透。所以,民事诉讼举证责任的特殊规则只是对举证责任一般规则的例外规定和必要补充,二者既不冲突,也不对立。它们各自独立,又不失包容,这使二者共同构成我国民事诉讼合理而完整的举证责任体系。[2]

(三)我国民事诉讼中举证责任分配的具体形态

1. 依据实体法分配证明责任

如前所述,举证责任的分配,本质上是实体法所决定的,因此依据实体

---

[1] 潘牧天.民事法律事实与民诉举证规则的配置[J].苏州大学学报,2009(1).
[2] 潘牧天.民事法律事实与民诉举证规则的配置[J].苏州大学学报,2009(1).

法的规定确定举证责任的归属乃理所当然。有时实体法会对举证责任做出相当明确的规定,如《侵权责任法》第6条第2款、第38条、第39条、第66条、第75条、第81条、第85条、第87条、第88条、第90条、第91条,《合同法》第68条、第152条,《专利法》第61条、第62条,《著作权法》第53条,《海商法》第51条、第52条、第59条,《劳动争议调解仲裁法》第6条,等等。但是,实体法明文规定举证责任终究是少数,在多数情况下,需要运用法律要件分类说分析实体法的逻辑结构、实体法条文之间的关系,从而辨别哪些事实属于产生权利的事实,哪些事实属于阻碍权利发生的事实,哪些事实属于变更或消灭权利的事实。例如,《侵权责任法》第6条第1款关于"行为人因过错侵害他人民事权益,应当承担侵权责任"的规定,属损害赔偿请求权发生的要件事实的规定;而第29条、第30条、第31条规定为免责事由的"不可抗力""正当防卫"和"紧急避险",则属于阻碍损害赔偿请求权发生的要件事实,前者应由请求赔偿的受害人负举证责任,后者则由主张不承担责任的加害人负举证责任。再如,《收养法》第30条第2款规定:"生父母要求解除收养关系的,养父母可以要求生父母适当补偿收养期间支出的生活费和教育费,但因养父母虐待、遗弃养子女而解除收养关系的除外。"稍做分析便可得知,该款前半部分是原则规定,是关于补偿请求权发生的要件事实的规定,应由主张补偿的养父母负举证责任;后半部分的但书是例外规定,是关于阻碍补偿请求权发生的要件事实的规定,应由不同意补偿的生父母负举证责任。

2. 依据司法解释分配举证责任

在适用民事法律的过程中,最高人民法院做出了大量的司法解释,其中一些司法解释含有分配举证责任的条款。例如,《最高人民法院关于审理票据纠纷案件若干问题的规定》第9条规定:"票据诉讼的证明责任由提出主张的一方当事人承担……该票据的出票、承兑、交付、背书转让涉嫌欺诈、偷盗、胁迫、恐吓、暴力等违法行为的,持票人对持票的合法性应当负责举证。"《最高人民法院关于适用〈中华人民共和国婚姻法〉若干问题的解释(一)》第18条规定:"婚姻法第十九条所称'第三人知道该约定的',夫妻一方对此负有证明责任。"《最高人民法院关于民事诉讼证据的若干规定》(简称《民事证据规定》)第4条对侵权诉讼中倒置证明责任的情形做出了规定,第5条对合同纠纷的举证责任分配做出了规定,第6条对劳动争议案件中某些争议的举证责任分配做出了规定。最高人民法院的司法解释,是我国民事诉讼法的渊源之一,属于实质意义上的民事诉讼法。当司法解释中对举证责任分配作出规定时,理应根据解释中的规定确定举证责任的承担。

3. 依据法官裁量分配证明责任

民事案件证明问题错综复杂,新型纠纷不断涌现,仅根据实体法的规定和最高人民法院的司法解释,还不能完全解决举证责任的分配问题。但法官不能因此而回避作出裁判,所以有必要用法官依据个案中的具体情形做出的裁量分配作为必要的补充。

关于授权法官裁量分配的情形,在法律中没有具体规定,依《民事证据规定》和其他司法解释无法确定举证责任如何承担时,法院可以根据公平原则和诚实信用原则,综合当事人举证能力等因素确定举证责任的承担(《民事证据规定》第7条)。上述规定既对裁量分配的前提条件作了设定,又对如何裁量分配做出了指导。相对于前两种分配方式而言,裁量分配毕竟处于例外和补充的地位,因此限定其适用范围是必要的,裁量分配又是由法官在个案中决定证明责任的分配,所以设定一些指导原则,以保证裁量权正确运用也是必要的。

4. 通过证据契约分配举证责任

证据契约是指当事人订立的有关诉讼确定事实方法的契约。证据契约有狭义和广义之分,狭义指自认契约、鉴定契约、证据方法契约等,广义还包括分配举证责任的契约。分配举证责任的契约一般与合同有关,考虑到举证的难易、证明的风险,当事人有时会在订立合同之时便对某个要件事实的举证责任由哪一方负担做出约定。只要约定是公平的,不会给承担举证责任的一方造成举证上的不合理负担,法院在诉讼中会乐意按照双方当事人事先的安排分配举证责任。

第三节 民事法律事实与举证责任规则的配置

在民事诉讼举证责任规则的配置过程中,民事法律事实所具有的本质属性为其创造了基础、提供了可能,一定程度上规划并制约着民事诉讼举证责任规则的配置与适用。

一、民事法律事实的固有属性

民事法律事实是认定民事法律关系状态的一个极其重要的判断标准,它直接关系到民事权利的变动与救济,也规划着民事诉讼举证责任规则的配置。而研究民事法律事实问题,对其本质属性加以认证应当是首要的、基本的研究课题。

关于民事法律事实的属性,我国民法学界主要存在以下几种表述。有学者认为"民事法律事实是指能够引起民事法律关系产生、变更和消灭的客观存在,简称法律事实"[1]。也有学者认为"民事法律事实就是在私法上能够引起权利义务发生、变更或者消灭的自然事件或者人的行为。法律事实在私法上具有意义,即能够在主体之间引起具体权利义务。那些在私法上没有意义的事实排除在法律事实之外。法律事实既可以是人的行为,也可以是与人无关的事件"[2]。还有学者认为"民事法律事实是指符合法律规定能够引起民事法律关系发生、变更和消灭的客观现象。其特征在于民事法律事实是一种能引起民事法律后果的、符合民事法律规定的客观现象"[3]。

综合以上表述可以发现,各种对民事法律事实的属性描述,其共同之处在于均通过对民事法律事实概念的界定揭示并强调民事法律事实的属性。

---

[1] 王珊珊,等.中国民法的理论与实践[M].北京:法律出版社,1999:26.
[2] 李永军.民法总论[M].北京:法律出版社,2006:407.
[3] 彭万林.民法学[M].北京:中国政法大学出版社,2002:64.

各种认识和主张并无实质上之差异,只是客观表述不同而已。这是不同学者从不同角度对民事法律事实的本质属性加以认识的结果,一定程度上均反映了民事法律事实的属性,只不过有些特征更能从根本上显著体现民事法律事实的本质,而有些特征只是在一定程度或一定侧面体现这种差异而已。为此,我们主张,认识民事法律事实的固有属性,在科学界定民事法律事实概念的基础上,首先要静态分析民事法律关系构成的要素,即民事主体、客体和内容的基本内涵。其次,要以动态分析的视角,探察引发民事权利发生、变更和消灭的直接动因及其演化轨迹,以适应不断运动和变化着的民事法律关系的客观需求。再次,必须准确把握民事法律行为的内涵,对民事法律行为的行为主体、行为客体以及行为主体的外在意思表示等要素加以有机结合、综合分析、客观认定。只有这样,才能真正探知人民法院在审理解决民事纠纷案件过程中,民事法律事实的固有本质及其功能,进而准确认识民事法律事实对构建民事诉讼举证责任规则所产生的重要影响、所发挥的重要作用。基于此,民事法律事实的概念可以界定为:为民事法律调整的,可以为外界认知并可以用证据证明的,能够引起民事法律关系产生、变更、消灭的客观事实。[1]其最为显著的特性在于:第一,客观性。民事法律事实是客观存在的,不是人们主观想象、臆断或伪造的。第二,合乎民法规定性。作为民事法律事实,它必须符合民事法律的规定,即必须存在于民事法律调整范围之内。因为"并非所有事实皆可引起、变更、终止民事法律关系,只有当这一事实与某一民事法律规范联系,才能产生相应的法律后果。因此,民事法律事实是民事法律关系产生、变更、消灭的原因,但仅有民事法律规范,不足以形成、变更、消灭某一民事法律关系"[2]。从这一意义上说,民事法律事实具有规范性属性,"它在一定程度上体现了法律规范所设计的事实模型"[3]。第三,民事法律事实具有可感知性。它是民事主体已经从事的具体的民事法律行为或已经客观存在的具体事件。这种具体的行为或事件可以是单一的,也可以是复合的。第四,民事法律事实具有产生民事法律关系的可变动性。民事法律事实不同于通常意义上的事实,它是民事法律关系状态演化的一种直接动因。某一事实,只有引发某一民事法律关系从无到有,或从有到变,或从有到无,它才能称为民事法律事实。当然,必须强调的是,这种事实之所以成为民事法律事实,一定程度上是与人民法院的

---

〔1〕 潘牧天.民事法律事实与民诉举证责任规则的配置[J].苏州大学学报,2009(1).

〔2〕 王珊珊,等.中国民法的理论与实践[M].北京:法律出版社,1999:26.

〔3〕 陈金钊.论法律事实[J].法学家,2000(2).

依法认定紧密相关的。也正因为如此,民事法律事实从另一侧面又体现出能用证据证明的特性,从而成为一种具有法律意义的事实。

二、民事法律事实对民事诉讼举证责任一般规则配置的影响

民事诉讼举证责任直接规划民事诉讼模式,是民事诉讼的脊梁。我国民事诉讼举证责任配置规则的理论与实践深受大陆法系传统观念的影响。从罗马法对举证责任分配确立的"原告负举证义务"与"主张之人负举证义务,否认之人不负举证义务"的双重法则,到中世纪教会法发展之后确立的"非遇有法律上的推定和主张消极事实两种情形,原告就其诉讼原因的事实承担举证义务,被告就其抗辩的要件事实承担举证义务"的一般规则,再到当今学者通过专门针对待证事实本身的固有性质内容,如待证事实分类说,以及专门就个别具体的法律构成要件的事实,以及法律要件分类说等众多视角的探知与实践,经过几个世纪的司法锤炼与历史演替,"谁主张、谁举证"的举证责任规则成为现代司法普遍奉行的民事诉讼举证责任分配原则,也成为我国民事诉讼举证责任分担的一般规则。这一规则的建立,与民事法律事实所固有的本质属性紧密相关。

从诉讼的角度看,民事诉讼产生的直接动因源于当事人对司法这种最终救济手段的信赖与追求。民事诉讼中,当事人双方均期望通过司法来维护自己合法的民事权利。而这种民事权利的争议,通常情况下指涉为在民事权利是否变动问题上产生的分歧。众所周知,任何民事权利的变动均不会在毫无缘由的情形下发生,"由民法规范的客观意义上的权利、义务、责任转化为具体的民事主体实际享有或承担的主观意义上的权利、义务、责任,民事法律事实的发生是一个必不可少的中间环节,或者说是实现这一转化的必要条件"[1]。因此,导致民事权利变动的根本原因在于某一民事法律事实的产生,可见,民事法律事实是民事权利变动的根据。"在一定民事法律事实的作用下,民事权利变动的后果具体表现为民事权利的取得、变更和消灭三种形态,也可称为民事权利的得丧变更。"[2]民事诉讼中,无论在确认之诉、给付之诉,还是变更之诉中,均可能分别涉及民事权利产生事宜上的争执(即民事权利是否已归属于某一民事主体),或者民事权利的形态和

---

〔1〕 李开国.民法总则研究[M].北京:法律出版社,2003:206.
〔2〕 高富平.民法学[M].北京:法律出版社,2005:168.

内容变动事宜上的争执（即主体、内容和效力是否变更），抑或是民事权利消灭事宜上的争执（即民事权利是否已脱离一方主体而为另一方获得）。对于这些争执，按照法律要件分类说的基本原理，民法规范本身已经具备了证明责任的分配原则。因为民法规范分为对立的两类：一类为基本的民事法律规范，也就是那些发生一定民事权利的民法上的请求权规范；另一类为对立的民事法律规范，即相对于民事基本法律规范而存在的规范。这些规范包括在民事权利发生之始将权利的效果视为妨害致使权利不得发生的民事权利妨害规范；在民事权利发生之后能使既存的民事权利消灭的民事权利消灭规范以及在民事权利产生之后，能够抑制或消除民事权利人行使民事权利，实现权利效果的民事权利制约规范。正是基于民法规范的这种预先设置，蕴含并产生了民事证明责任的分配原理，即"在法律要件事实存否不明确的情形下，如该法律要件事实属于权利发生法律要件事实，则由主张权利存在的人负证明责任；而当该法律要件事实属于权利妨害、权利消灭或权利受制的法律要件事实时，则由主张权利不存在的人负证明责任"[1]。这种证明责任分配原理，直接导致民事诉讼法设计构建了"谁主张、谁举证"的民事诉讼举证责任的一般规则。另一方面，基于民事法律事实的固有属性，上述所有争执事项，势必可以为外界认知，并可以援用相应证据加以证明。而民事诉讼所涉及的上述争议，发生在平等民事主体之间，无论双方的民事实体权利、义务，还是双方民事诉讼权利、义务，法律均一律平等对待，《民事诉讼法》在构建举证责任规则时，便以此为根本出发点，公平、合理地对待争议双方，构建了通常情况下的"谁主张、谁举证"的民事诉讼举证责任的一般规则。[2]

三、民事法律事实对民事诉讼举证责任特殊规则配置的影响

民事诉讼举证责任的特殊规则，即通常所说的举证责任倒置规则，它是对"谁主张、谁举证"规则的必要补充，二者共同构成了我国民事诉讼举证责任体系。民事法律事实对民事诉讼举证责任特殊规则的影响，概括而言，主要体现为民事法律所规范的民事法律事实对民事诉讼举证责任特殊规则的建构创造的必要基础、提供的立法可能，以及对其在具体适用过程中所施以

---

[1] 陈荣宗.举证责任分配与民事程序法[M].台北：三民书局，1984：19.
[2] 潘牧天.民事法律事实与民诉举证规则的配置[J].苏州大学学报，2009(1).

的必要限制等方面。

从民事法律事实为配置民事诉讼举证责任特殊规则提供的必要基础及立法可能方面看,一定意义上说,民事诉讼举证责任倒置规则的构建是民事实体法规定的无过错责任原则和过错推定原则有机结合的结果。而无过错责任原则和过错推定原则的创立、发展与完善,正是民事法律事实的固有属性的客观要求。19世纪,随着工业革命的发展,德、法、英等许多资本主义国家便已在工业事故中广泛适用无过错责任原则。进入20世纪,伴随科学技术和高度工业化、社会化的商品经济的迅猛发展,在私法上引起民事权利义务发生的自然事件和行为(即民事法律事实)日益多样化、复杂化,特殊侵权行为的范围也更加宽泛。相当数量的以现代侵权行为法的归责原则(即无过错责任原则和过错推定原则)为主要内容的分支法律应运而生。按照无过错责任原则和过错推定原则,只要有损害事实的发生而无其他免责条件或加害人无法证明自己无过错,加害人就应当承担侵权的民事责任。这一原则的适用,大大减轻了受害人举证的负担。我国《民法通则》包括许多侵权特别法,如《海洋环境保护法》《水污染防治法》《大气污染防治法》《卫生法》《药品管理法》等均进一步明确了在几种特殊侵权行为中实行无过错责任原则或过错推定原则。举证责任倒置正是适应这一需要而产生的。在实行过错推定的情况下,"被推定有过错"成为被告承担举证责任以推翻该推定的前提。民事法律上,推定既包括对事实的推定、对权利的推定,也包括对意思的推定以及对因果关系的推定。"实行推定的基础和理由是,已知的事实和未知的事实之间存在着高度的因果关系或逻辑关系,证明未知事实很困难,而证明已知事实较容易,从而根据已知事实推断出未知事实的存在或真伪,这样可以减轻当事人的举证负担和便于法官认定事实。"[1]在无过错责任原则中,因为"不考虑行为人是否有过错,受害人无须证明行为人自己没有过错请求免责,此点应当是无过错责任原则的精华所在"[2]。因此,实体法规定的免责事由就成为被告承担举证责任的基础。被告欲胜诉,就必须证明免责事由的存在。可见,我国民事诉讼特殊侵权纠纷案件实行举证责任倒置是以民事法律事实的本质属性为基础,源于民事实体法的相关规定。[3]

从民事法律事实对民事诉讼举证责任特殊规则的适用施以一定程度的

---

[1] 王利明.侵权行为法研究(上卷)[M].北京:中国人民大学出版社,2004:265.
[2] 蔡颖雯.侵权法原理精要与实务指南[M].北京:人民法院出版社,2008:29.
[3] 潘牧天.民事法律事实与民诉举证规则的配置[J].苏州大学学报,2009(1).

制约方面看,这种制约主要体现为举证责任倒置在适用范围上的限制。在实行无过错责任原则的特殊侵权纠纷案件中,通常由法律事先规定加害人的免责条件。免责事实的举证责任由加害人负担,否则,加害人承担败诉后果。这类民事法律事实主要包括:我国《民法通则》第121条规定的国家机关或国家机关工作人员的职务侵权行为;《民法通则》第122条规定的因产品质量不合格造成他人的财产、人身损害的侵权行为;《民法通则》第123条规定的高度危险作业致人损害的侵权行为;《民法通则》第124条规定的污染环境的侵权行为;《民法通则》第127条规定的饲养动物致人损害的侵权行为。在推定有过错的特殊侵权纠纷案件中,被告只有举证证明自己无过错,才免于承担赔偿责任。这类民事法律事实主要包括:我国《民法通则》第126条规定的建筑物或其他设施以及建筑物上的搁置物、悬挂物发生倒塌、脱落、坠落致人损害的侵权行为;国务院颁布的《医疗事故处理办法》中规定的医疗过失致人损害的侵权行为。此外,在实行过错责任原则的专利侵权诉讼中,依据我国《专利法》第61条的规定,"专利侵权纠纷涉及新产品制造方法的发明专利的,制造同样产品的单位或者个人应当提供其产品制造方法不同于专利方法的证明"。可见,此种民事法律事实应当适用民事诉讼举证责任的特殊规则,由被告承担相应的举证责任。

第四节 举证责任的倒置

一、举证责任倒置概念阐释

举证责任的倒置,是指将依据法律要件分类说应当由主张权利的一方当事人负担的举证责任,改由否认权利的另一方当事人就法律要件事实的不存在负举证责任。举证责任的倒置主要发生在侵权诉讼中。在侵权诉讼中,被告有过失、被告的违法行为与原告所受损害有因果关系是产生损害赔偿请求权的要件事实。按照法律要件分类说,本应当由主张赔偿请求权的原告负举证责任,但实行举证责任倒置后,否认损害赔偿请求权的被告须对自己无过失、对原告所受损害与自己的违法行为不存在因果关系负举证责任。

举证责任的倒置,以法律要件分类说作为分配举证责任的标准为前提,是对该说分配举证责任所获得结果的局部修正。举证责任的倒置意味着特定要件事实的主张负担、提供证据负担、承担败诉风险负担从一方当事人转移至另外一方当事人。

举证责任的倒置与举证责任的转移、免除完全不同。举证责任的转移,是在诉讼中按照法律规定,当事人之间的举证转换的证明对抗以达到澄清事实的效果。举证责任转移是以双方当事人分别充分履行举证责任为前提的,反映了辩论过程中举证责任的运行轨迹。顺序上一般是由原告到被告,再由被告到原告直至辩论结束。在这种情况下,如原告不履行举证责任,其所主张的事实即不被法院认定,更谈不上被告承担倒置的举证责任。举证责任的免除是指当事人提出的主张事实如果是众所周知的事实,自然规律及定理、法律文书预决的事实,已为有效公证文书所证明的事实,法律上和事实上推定的事实或者对方当事人在诉讼中承认的事实,就无须举证证明,即发生举证责任的免除。举证责任免除与举证责任倒置发生根据不同。前者是由于当事人主张事实具有某种程度的确定性,当事人无须举证,该事实即可得到确认。后者则是由于主张某事实存在或某项权利发生的当事人举证存在妨碍。所以,由对方当事人对该事实或权利的不存在负举证责任;并且,举证责任倒置依案件性质不同在诉讼开始以前就已决定,解决的是举证责任分担的问题。而举证责任的免除是在诉讼进行中根据主张事实的具体情况而采用的,是对证明对象的免除。可见,举证责任的转移、免除和倒置是三个完全不同的概念,在民事诉讼过程中各自的作用也不同,把三者混淆起来,甚至以举证责任转移和免除代替举证责任的倒置,都是毫无根据的。

二、我国民事诉讼中建立举证责任倒置的法律和实践基础

世界各国民事诉讼法均规定,当事人在民事诉讼中担负着两种责任,即主张责任和举证责任。然而,在民事诉讼运行过程中,往往因某些特殊情形的产生而使负有举证责任的当事人举证困难,甚至举证不能。在这种情况下,遵循"谁主张、谁举证"的原则已无法完成这种立法上的举证分担。为避免立法与实践的不协调,切实发挥法律的应有效能,必须建立相应的平衡、完善机制,即建立举证责任的倒置。我们认为,我国民事诉讼中建立这一机制有其立法和实践两方面的基础。

(一)民事诉讼中实行举证责任倒置,是与民事实体法规定的无过错责任原则和过错推定原则的有机结合

研究举证责任的分担,主要是以实体法上的法律事实为对象的。20世纪以来,随着科学技术和高度工业化、社会化的商品经济的发展,特殊侵权行为的范围更加宽泛,出现了不少以现代侵权行为法的归责原则(即无过错责任原则和过错推定原则)为主要内容的分支法律,如公害责任法、消费者权益保护法等。按照无过错责任原则和过错推定原则,只要有损害事实的发生而无其他免责条件或加害人无法证明自己"无过错",加害人就应当承担侵权的民事责任。这一原则的适用,大大减轻了受害人举证的负担。我国《民法通则》第106条第3款规定:"没有过错,但法律规定应当承担民事责任的,应当承担民事责任。"同时,从《民法通则》第122条、第123条、第126条等规定来看,我国进一步明确了在几种特殊侵权行为中实行无过错责任原则或过错推定原则。因而,如何在涉及这些领域的侵权纠纷案件中将无过错责任原则和过错推定原则与民事诉讼中的举证责任分担有机地结合起来,就当然成为目前我国民事诉讼法学的一个新课题。举证责任倒置

正是适应这一需要而产生的。在实行过错推定的情况下,被推定有过错成为被告承担举证责任以推翻该推定的前提;在无过错责任原则中,实体法规定的免责事由就成为被告承担举证责任的基础。被告欲胜诉,就必须证明免责事由的存在。由此可见,"实体法上的损害归属的规定与举证责任分配的关系,无异影之相随"[1]。可见,我国民事诉讼特殊侵权纠纷案件实行举证责任倒置是以实体法的有关规定为基础的。

(二)实行举证责任倒置是适应我国民事诉讼实践的需要

根据最高人民法院《民诉解释》及相关法律的规定,适用举证责任倒置的案件主要发生在专利侵权、环境污染、产品责任、医疗事故等特殊侵权纠纷案件中。这些案件之所以适用举证责任倒置,主要考虑到审判实践的需要,因为受害人往往无法举证或者举证有困难。尤其需要指出的是,随着商品经济的高度发展,人们之间的经济联系日益密切,而这种联系又往往同各种矛盾和纷争交织在一起。同一或者同类的违法事实常常引起人数众多的一方民事主体与另一方民事主体之间的民事纠纷。这便在民事诉讼审判实践中出现了一种特殊形式的诉讼——群体诉讼,在群体诉讼中原告一方往往人数众多。如果按照举证责任的一般分配原则,原告举证通常会面临以下诸多困难。(1)现代科技突飞猛进,各种新的机械设备、发明专利、能源材料相继问世,其复杂的专业技术问题远非一般受害者所能了解,发生危害的复杂性和说明危害发生机制的困难性更加使受害者无法举证。如日用电器,在使用者中很少有人懂得它的内部构造,所以,机器发生问题也不知毛病出在何处。很显然,在这种情况下,受害人没有能力提供作为被告的生产厂商或销售商的过错所在的确实证据。(2)即使某些人对一些机器设备、工业产品、能源材料的构造、性质、成分比较熟悉,但是作为一般的受害人,因缺乏收集有关证据的必要技术手段和工具,很难获悉完整、清楚的情况来提供这方面的证据。(3)在某些生产领域,生产手段、经济管理手段具有保密性,不向群众公开,一般受害者无权知道。因此,在上述情况下"要求被害者对因果关系的环节一个一个地加以科学性的说明,岂不等于完全封闭了民事审判方式救济被害者的途径"[2]。因此,解决这一难题的途径便有两条:一是在某些实体法中对举证责任的分配加以特别规定,如环境保护法、食品卫生法、产品责任法等;二是在实体法中没有加以规定或没有相应的实

---

[1] 陈荣宗.举证责任分配与民事程序法[M].台北:三民书局,1984:58.

[2] 野村好弘.日本公害法概论[M].康树华,译.北京:中国环境管理出版社,1982:337-338.

体法时,在侵权类集团诉讼或其他特殊侵权诉讼中对举证责任分担的原则加以变通。这样,为适应诉讼实践的需要,便要求实行举证责任倒置。

除此之外,我国民事诉讼中建立举证责任倒置制度也是符合国际立法趋势的必然要求。随着我国改革开放的进一步深入,我们与其他国家之间的经济交往日益频繁。涉外的侵权案件必然增多。举证责任倒置已逐渐成为国际上处理某些特殊侵权纠纷案件的通行做法,这就势必要求我国有关法律与国际立法协调一致,相互衔接,这对于切实保护我国公民、法人在涉外经济法律关系中的合法权益,拓宽国际贸易交往渠道具有十分重要的意义。

三、举证责任倒置的适用

举证责任倒置的适用,即举证责任倒置的适用范围。这是举证责任倒置的核心。由于举证责任倒置是"谁主张、谁举证"一般原则的必要补充,因此,把举证责任倒置严格、明确地限制在某些特殊侵权纠纷案件中,对于完善立法和指导审判具有重要意义。

我们认为,决定是否实行举证责任倒置,应主要从以下因素来考虑。第一,视争议双方举证难易程度。这主要从双方距离证据的远近,采证手段的方便与否、地位的优劣等方面着手。第二,考虑决定由哪一方当事人对争议事实负举证责任才能有效地保护受害者的权益,才能有利于防止侵权行为的发生。如果遵循举证责任的一般分配原则达不到上述目的,就可以实行举证责任倒置。

最高人民法院《民事证据规定》,在第 4 条中专门对需要实行举证责任倒置的侵权诉讼作了规定,该规定涉及八类案件,其中真正实行证明责任倒置的只有以下五类:

(1)因新产品制造方法发明专利引起的专利侵权诉讼,由制造同样产品的单位或者个人对其产品制造方法不同于专利方法承担举证责任。这类诉讼由被告证明其产品制造方法不同于原告获得专利的方法,在此问题上实行了证明责任倒置。

专利侵权案件实行举证责任倒置是由其特殊性决定的。专利权是一种无形财产权,它不同于一般的财产权。专利权人不能像财产所有人占有有形财产那样占有自己的发明专利。在发生产品制造方法发明专利侵权纠纷的时候,原告客观上无法提供关于被告所使用的生产方法的证据,也就不可能举证证明其制造方法正是自己的发明专利。

（2）因环境污染引起的损害赔偿诉讼，由加害人就法律规定的免责事由及其行为与损害结果之间不存在因果关系承担举证责任。这类诉讼对因果关系的举证责任实行倒置，即在原告证明被告有污染行为和自己受到损害的事实后，由被告对不存在因果关系负证明责任。

（3）建筑物或者其他设施以及建筑物上的搁置物、悬挂物发生倒塌、脱落、坠落致人损害的侵权诉讼，由所有人或者管理人对其无过错承担举证责任。这类诉讼对过错的证明责任实行倒置，让被告对自己无过错负证明责任。但需要注意的是，2010年7月1日开始实施的《侵权责任法》对该项进行了实质修改，《侵权责任法》第85条将建筑物等物件脱落、坠落致人损害责任规定为过错推定责任，第86条将建筑物等物件倒塌致人损害责任规定为一般过错责任。前者仍然属于举证责任倒置，后者按照法律要件分类说则属于举证责任分配的一般规则。

（4）因共同危险行为致人损害的侵权诉讼，由实施危险行为的人就其行为与损害结果之间不存在因果关系承担举证责任。这类诉讼对实际加害人实行证明责任倒置，由作为共同危险人的被告对实际加害人负证明责任，除非他们能够证明谁是实际加害人，否则就要对受害人负连带赔偿责任。

（5）因医疗行为引起的侵权诉讼，由医疗机构就医疗行为与损害结果之间不存在因果关系及不存在医疗过错承担举证责任。这类诉讼对过错和因果关系的证明责任实行倒置，由被告就原告所受的损害并非医疗过失造成和医疗过错与损害结果不存在因果关系负证明责任。同样，在2010年7月1日开始实施的《侵权责任法》也对该项进行了实质修改，《侵权责任法》第54条将医疗损害责任规定为原则上的过错责任，第58条规定了三种例外特定情形下的推论过错推定。因此，医疗损害责任中的过错要件按照法律要件分类说也属于举证责任分配原则的"正常配置"，仅因果关系要件属于证明责任倒置。

在最高人民法院《民事证据规定》第4条罗列的八类案件中其余三类侵权诉讼，即高度危险作业致人损害的侵权诉讼、饲养动物致人损害的侵权诉讼、产品缺陷致人损害的侵权诉讼，实际上并未实行证明责任倒置。这三类侵权责任均属于特殊侵权责任中的无过错责任。在诉讼中，原告欲实现其损害赔偿请求权，须对损害事实、违法行为、因果关系进行证明；而被告欲免责，应对损害是原告故意引起等抗辩事由和免责事由进行证明。而这正是按法律要件分类说分担举证责任的结果，因果关系的举证责任并未由被告负担。

专题六

民事保全制度理论与实务研究

第一节 民事保全制度概述

一、民事保全概念界定与相关概念比较

在大陆法系语境中,民事保全是为避免债务人在债权人取得执行名义并强制执行前,处分或隐匿可供强制执行的财产或变更请求标的物现状,法律特设以国家权力限制债务人处分或变更其财产状况的程序和规范。[1]民事保全是保障诉讼和执行顺利进行的重要手段之一,尽管各国法律在使用名称、保全对象、保全方法、保全条件等方面的规定各有不同,但有一点是相同的,即各国民事诉讼法均设立了民事保全程序。

在德国、日本等大陆法系国家和地区,民事保全措施在法律用语上使用"假扣押、假处分"的称谓。假扣押、假处分的"假"是"暂时、暂且"的意思。"假扣押"是指债权人就金钱债权或可转化为金钱债权的请求,申请由法院暂时限制债务人对责任财产进行的处分。假扣押的对象是被申请人的一切财产。"假处分"是针对非金钱债权的请求,根据申请人申请,命令当事人为一定行为或禁止为一定行为,或者由保管人保管特定争议标的物。[2]可见,假处分以保全非金钱请求为目的。假处分一般又可分为两类:一是以特定物或其他行为为标的的假处分;一是确定临时状态的假处分。[3]在英美法系,与大陆法系民事保全制度类似的制度称为临时性救济措施。[4]美国《联邦民事诉讼规则》第8章规定了扣押和中间禁令两种保全方式,中间禁令包括预备禁止令(preliminary injunction)和临时禁止令(temporary restraining or-

---

[1] 杨与龄.强制执行法论[M].北京:中国政法大学出版社,2002:588.
[2] 黄文艺.比较法视域下我国民事保全制度的修改与完善[J].比较法研究,2012(5).
[3] 李仕春.民事保全程序基本问题研究[J].中外法学,2005(1).
[4] 常怡.比较民事诉讼法[M].北京:中国政法大学出版社,2002:468.

der);英国的民事诉讼法律中,并没有对临时救济措施做明确的划分,而是规定了种类繁多的禁令和命令,如临时性禁令、中期裁判令、扣押令、保管命令、冻结令、搜查令和中间付款的命令等。[1]需要注意的是,同为英美法系国家,但英国法上的禁令并非等同于美国法上的临时性救济措施,区别之一就是禁令可以是临时的,也可能是最终的。而临时性救济措施也不同于民事保全措施,它们的主要区别在于:临时性救济措施包括证据保全,而在传统大陆法意义上,证据保全不包括在民事保全范围内。但需要说明的是,同属于大陆法系国家的法国,由于其诉讼规范并非直接来自罗马法,其中大部分是在教会法的基础上发展并走向近代的,所以法国《民事诉讼法》与德国这样的传统大陆法系国家的规定大相径庭,保全制度也不例外。其保全的规定在适用范围上除了相当于大陆法系国家规定的假扣押、假处分程序的保全以外,还包括证据保全。[2]可见,在主要的传统大陆法系国家及地区,如德国、日本的立法体例上,普遍依据保全对象将民事保全划分为以金钱请求为目的的财产保全和以非金钱请求为目的的行为保全两类。而在英美法系中,临时措施直接针对不同的对象规定应当采用的措施和适用的程序,却没有做类型化的区分。大陆法上的行为保全在内容上与英国法的"中间禁令"、美国法的"预备性禁令"较为相似。

在我国,1982年《民事诉讼法》规定了诉讼中的财产保全,在1991年修改时增加了诉前保全的规定,随之将"诉讼保全"改称为"财产保全"。根据2007年《民事诉讼法》第92条、93条的规定,财产保全分为诉中财产保全和诉前财产保全两种[3],但《民事诉讼法》没有规定类似于大陆法系假处分制度中的行为保全。事实上,早在1999年修改的《海事诉讼特别程序法》中,就专章规定了具有禁令性质的"海事强制令"。[4]在《海事诉讼特别程

---

[1] 苏本,等.民事诉讼法——原理、实务与运作环境[M].傅郁林,等,译.北京:中国政法大学出版社,2004:84.

[2] 张卫平,陈刚.法国民事诉讼法导论[M].北京:中国政法大学出版社,1997:272.

[3] 《民事诉讼法》第92条:人民法院对于可能因当事人一方的行为或者其他原因,使判决不能执行或者难以执行的案件,可以根据对方当事人的申请,作出财产保全的裁定;当事人没有提出申请,人民法院在必要时也可以裁定采取财产保全措施。人民法院采取财产保全措施,可以责令申请人提供担保;申请人不提供担保的,驳回申请。人民法院接受申请后,对情况紧急的,必须在四十八小时内作出裁定;裁定采取财产保全措施的,应当立即开始执行。第93条:利害关系人因情况紧急,不立即申请财产保全将会使其合法权益受到难以弥补的损害的,可以在起诉前向人民法院申请采取财产保全措施。申请人应当提供担保,不提供担保的,驳回申请。人民法院接受申请后,必须在四十八小时内作出裁定;裁定采取财产保全措施的,应当立即开始执行。申请人在人民法院采取保全措施后十五日内不起诉的,人民法院应当解除财产保全。

[4] 《海事诉讼特别程序法》中的"海事强制令"相当于民事诉讼中的"行为保全"。

序法》起草过程中,到底是称为"行为保全"还是"海事强制令",曾经有过争论。有不少学者认为应当称为"海事强制令"。但在该法修改草案的第六稿中把海事诉讼中的民事保全总称为"海事请求保全",具体内容包括财产保全和行为保全。其中财产保全就是现行《海事诉讼特别程序法》第三章"海事请求保全"的内容,而行为保全则确定为第四章"海事强制令"。[1]第51条规定:"海事强制令是指海事法院根据海事请求人的申请,为使其合法权益免受侵害,责令被请求人作为或者不作为的强制措施。"关于行为保全的立法实践,还体现在我国2000年修改《专利法》时,借鉴英美法中的临时禁令制度初次引入的诉前禁令制度,后在2001年修改《商标法》和2010年修改《著作权法》时陆续增加了诉前禁令的立法规定,最高法院也相继颁布了一系列相关的司法解释。[2]随着理论研究和司法实践的深入,行为保全制度在我国渐现雏形。我国学者将其独创性地命名为"行为保全制度"。最终在2012年修改《民事诉讼法》时,决定将原第九章的章名"财产保全"修改为"保全",在新法第100条中增加规定了行为保全的内容,行为保全制度最终以法律形式确立下来。在现行的《民事诉讼法》第100条中规定:人民法院对于可能因当事人一方的行为或者其他原因,使判决难以执行或者造成当事人其他损害的案件,根据对方当事人的申请,可以裁定对其财产进行保全、责令其作出一定行为或者禁止其作出一定行为;当事人没有提出申请的,人民法院在必要时也可以裁定采取保全措施。

传统的民事保全制度,其直接目的是防止"空判",确保将来生效裁判的切实执行。因此,其制度功能定位于为判决的执行提供担保。但现代意义上的民事保全制度,其功效已逐渐突破传统的功能定位,而是朝着预先防止损害的加重、尽早减轻受损害人的困境以及尽早结束诉讼程序的方向发展。保全的方式也已变得多样化。

二、民事保全制度与先予执行制度的关系

先予执行,是指人民法院在受理案件后、终审判决作出前,因为一方当事人生活或者生产或者权利维护的迫切需要,根据一方当事人的申请,裁定

---

[1] 金正佳,翁子明.海事请求保全专论[M].大连:大连海事大学出版社,1996:252.
[2] 主要有最高人民法院2001年颁布实施的《关于对诉前停止侵犯专利权行为适用法律问题的若干规定》、2002年颁布实施的《关于诉前停止侵犯商标专用权行为及保全证据适用法律问题的解释》以及同年颁布实施的《关于审理著作权民事纠纷案件适用法律若干问题的解释》,这三大司法解释确立了该制度的具体操作标准和规范。

对方当事人向其支付一定数量的货币或其他财物,停止或实施某种行为,并立即付诸执行的一种制度。[1]

在我国理论界,一直存在对先予执行性质的两种争论。一种认为先予执行是一种执行措施。[2]因为先予执行具有执行力,并且其采取的具体执行措施与生效判决后的终结执行措施相同,同样产生终局执行的法律效果。另一种观点则认为先予执行是一种保全程序。[3]从功能上讲,一旦法院作出先予执行的裁定,则需要通过一系列的强制措施督促或保障债务人"给付申请人在一定数额的金钱或其他财物,或者实施或停止某种行为",此时先予执行与保全措施同样具有保障功能。从执行对象上看,《民事诉讼法》尽管对先予执行适用的案件类型作出了限制,但这并不能改变法院先予执行裁定的内容可以指向被申请人的行为。换言之,当新《民事诉讼法》在保全程序中加入了法院有权作出"责令其作出一定行为或者禁止其作出一定行为"的裁定后,先予执行案件的范围及适用条件的限制就变得没有意义。故,先予执行是诉讼保全的一部分。[4]

我们认为,虽然先予执行与保全的前提都是假定申请人在能够获得胜诉判决的情况下,对一方当事人给予的临时性救济,但二者仍属不同的保障制度。首先,目的不同。保全措施的主要功能在于确保法院的生效判决能够得以执行,防止"空判",或者避免损害发生及损害扩大;而先予执行则是预先暂时性满足申请人的诉讼请求,主要目的在于解决申请人的生活困难或生产急需。其次,适用的条件不同。在被申请人的行为或其他客观原因有导致将来的生效判决不能执行或者难以执行的危险时,当事人可以申请保全或由法院依职权进行保全;而先予执行的前提不仅要求属于法定的案件范围,而且还要求申请人具体说明存在"迫切需要"的理由。最后,适用的时间不同。保全措施可以在当事人起诉法院受理之后提出,也可以在利害关系人起诉之前提出;而先予执行则只能在法院受理案件之后提出。因此,从立法意图和立法内容上看,保全措施与先予执行应是两个性质完全不同的制度,二者无法互相取代或相互包含。

---

[1] 张卫平.民事诉讼法教学案例[M].北京:法律出版社,2005:133.
[2] 江伟.民事诉讼法原理[M].北京:中国人民大学出版社,1999:554.
[3] 李仕春.民事保全程序研究[M].北京:中国法制出版社,2005:83.
[4] 冀宗儒,徐辉.论民事诉讼保全制度功能的最大化[J].当代法学,2013(1).

三、民事保全的理论基础、属性及制度功能

（一）民事保全的临时救济理论

在英美法上,民事保全属于临时性救济措施,特指终局裁判之前给予原告或申请人的各种紧急保护程序或方法。虽然英美法上的临时性救济包含的内容和救济方式远比大陆法上的民事保全程序广泛,然而它们在功能、性质、效力、适用要件、程序特征上均具有相似乃至相同性。英美法学者认为救济是与不法行为而不是与权利相联系的,由此,他们强调"无救济则无权利"。关于救济的性质,《牛津法律大词典》解释为:是纠正、矫正或改正已造成的伤害、危害、损失或损害的不当行为的一种纠正或减轻性质的第二权利。《布莱克法律词典》将救济表述为:用以实现权利或防止、纠正以及补救权利之侵害的方法。由此看出,救济具有双重含义:一方面,救济是一种权利,是相对于基础权利或原权利的助权,是权利主体在其自身权利受到侵害时,依据法律的规定能够得到自行解决或请求国家司法机关给予解决的权利;另一方面,救济是一种程序,是对被侵害的权利进行补偿或恢复的方式和方法。关于救济方法的分类,英美法上存在着多种划分方法。按照其自身功能的不同进行划分可分为补偿性救济和预防性救济;按照救济自身的形式状态可分为强制性救济和宣告性救济[1];如果按照救济的阶段或时间以及效力划分,可分为临时性救济与终局性救济[2]。

一般来讲,私权的司法救济途径是按照以下程序完成的:当事人起诉→法院对私权进行确认及裁判→判决执行→私权得以实现。但不可否认的是,严格的诉讼程序在给予公正性、终局性、正当性救济的同时,也有其固有的滞后性。随着民事法律关系日趋复杂,终局性救济的滞后性也日益成为影响司法救济公正与效益的重要因素。对于事实审理过程前或进行中出现的紧急情况,即使权利人可能要遭受难以弥补的损害,也不能有所作为。这种情形不仅有失公正,而且在实际结果方面,也会出现这样的情况:即使原告胜诉,要么因债务人转移、隐匿、毁损可供执行的财产或其他行为使得判决无法执行;要么因诉讼中或诉讼前持续扩大的损害使判决所得权利被抵消或稀释。因此,在终局裁判作出之前,有必要设立一种阻却侵害行为发生或者继续发生的机制,以弥补终局性救济的不足。基于此,各国民事诉讼

---

[1] 冀宗儒.民事救济要论[M].北京:人民法院出版社,2005:102-108.
[2] 范毅强.民事保全程序要论[D].西南政法大学,2008:31.

法都不同程度地设立了侵害行为的阻却机制来保障法院作出的判决能够顺利执行以及有效防止损害行为的发生。虽然名称各不相同,但一般均属于临时性救济措施。相比于终局性救济,临时性救济属于过程性的或程序上的中间救济,具有救济的迅速性、临时性、随附性等程序特征。临时性救济是在事实裁判之前作出的,其目的在于"消除因侵害或受有危险而产生的不法或不公平状态"[1],其运行特征是单方面地剥夺被申请人或其他关系人的财产或行为自由,它的实现必然会对其他利害关系人的利益构成限制,造成对潜在无辜者权利的不当干预,必然会对正当程序构成极大挑战。因此,临时性救济权利行使的正当性至关重要。

(二)民事保全的性质

无论是在国内还是国外,学术界对于民事保全的性质都存在不同的争论。

(1)德国、日本的学说。德国、日本的学说观点主要有三种。第一种,非诉事件说。所谓非讼事件,是指一般不存在直接对立的双方当事人,法院最终对保全的裁定只是对权利义务关系的暂时确定,并不对民事实体权利的争议作出解决。非讼事件程序因利害关系人的申请而启动,没有对立的当事人;法院审理的对象是尚无纷争的现实生活关系和法律上的权利,并非业已产生的民事纠纷,以"预防将来可能发生之侵害"为目的。[2]赞成此学说者认为,在民事保全程序中,尤其是在诉前申请扣押保全,具有相对独立性,因为并没有提起诉讼,缺少原告和被告;即使是诉讼中申请保全,也不适用两造对审形式,而且根据民事保全程序的简易性和密行性特征,法院一般采用书面审理主义和不公开主义审理保全申请,其裁判的形式多采用裁定的方式。日本喜头兵一,德国 Cohn、H. Rohmeyer 均持该说。[3]第二种,诉讼事件说。大多学者认为,保全程序性质上为诉讼事件。我国台湾学者陈荣宗、林庆苗采用此说,认为保全程序规定于"民事诉讼法",其主要目的在赋予保全以执行名义,虽审理方法相对于通常诉讼程序的审判模式来说更为简易并以裁定的形式作出裁判,但其事件之本质仍属争讼性之事件,且有当事人(申请人与被申请人)[4]之对立关系,符合诉讼对造原则。因此,应将保全程序视为诉讼程序,适用法律时应适用民事诉讼法之规定,不得依照

---

[1] 龙卫球.民法总论[M].北京:中国法制出版社,2001:150.

[2] 邱联恭.程序保障之机能——基于民事事件类型审理必要论及程序法理交错适用肯定论之观点(17卷)[M].台北:台大法学论丛,1987:196.

[3] 李木贵.民事诉讼法(下)[M].台北:三民书局,2006:10-31.

[4] 笔者注。

非讼事件程序来处理。[1]《德国民事诉讼法》《日本民事保全法》都有民事保全诉讼准用一般民事诉讼法的规定。第三种,双重性说。我国台湾地区的沈冠伶等学者主张,单纯的"非诉讼事件说"和"诉讼事件说"都无法简单地概括出民事保全的程序性质,认为应"兼具诉讼性与非讼性之双重性"。[2]

(2) 英美法系的临时救济说。英美法国家普遍认为以禁令为代表的保全制度是衡平法中的一种临时救济方法,其设立目的是实现民事诉讼立法的根本价值取向,即双方在诉讼中地位和处境的平衡。这类措施具有"临时救济"的性质,其不能起到债务抵消的作用,也不需要事先对是非做出判断,更不是为原告的诉讼请求所设立的担保。归根结底,它只是对被告或被申请人权益的限制,限制其所有权部分权能的行使或其行为的行使,从而对原告或申请人的合法权益进行临时的救济。[3]

(3) 我国学术界的观点。在我国,学术界的观点主要有"执行程序说""特别诉讼程序说"以及"并存说"。赞成"执行程序说"这种观点的人认为,民事保全程序设置的目的就是保全将来判决的执行,即民事保全程序属于执行程序。尽管法院需要对当事人的申请做一定的审查,但是这种审查只是形式审查,并不过多牵涉到本案的实体问题。大陆法系各国都规定保全裁定的执行可沿用或准用其执行程序规则,日本在民事执行法制定之前,把民事保全程序放入《日本民事诉讼法》执行程序中予以规定;《德国民事诉讼法》也是把假扣押与假处分放在执行程序当中。[4]因此,把民事保全程序作为执行程序对待更为合适。我国台湾地区姚瑞光教授认为保全程序属于一种特别诉讼程序。持这种观点的人认为,保全程序与督促程序一样都是略式诉讼程序,虽然当事人的称谓不是原告和被告,但从双方对立的性质看,类似于原告和被告的关系。而且如果是在起诉的同时或者诉讼过程中提起保全申请,双方当事人就是本案的原告和被告。"并存说"认为,民事保全程序同时存在着审理阶段的诉讼程序和执行阶段的执行程序。日本在民事保全法出台之前,关于民事保全程序也是分为审理阶段的民事保全和执行阶段的民事保全分别在民事诉讼法和民事执行法中予以规定。德国民事诉讼法虽然并没有采取日本的做法,但是在学理上也认为保全程序由审理

---

[1] 陈荣宗,林庆苗. 民事诉讼法论(下)[M]. 4版. 台北: 三民书局,2005: 881.
[2] 李木贵. 民事诉讼法(下)[M]. 台北: 三民书局,2006: 10-31.
[3] 沈杨,朱业明. 财产保全的法律性质辨析[J]. 法律适用,2001(4).
[4] 王强义. 民事诉讼行为保全制度研究[M]. 北京: 中国政法大学出版社,1993: 24.

阶段的保全程序和执行阶段的保全程序构成。[1]

（4）立法对民事保全性质的定位。首先,民事保全程序既具保障性,又具预防性。民事保全与临时救济并非同等概念,临时救济"突出了救济的临时性或者紧急性,尽管在实际上与判决的执行经常相关,但在立法宗旨之上,保全裁决的执行并不是临时性救济措施先考虑的出发点"[2]。在立法例上,大陆法系除了德国为了立法方便,将确定临时状态的假处分也放入保全制度中作了规定外,其基本立法宗旨还是保障判决的执行。[3]我国民事保全的立法不仅为了保障判决的顺利执行,还有及时避免当事人遭受其他难以弥补的侵害的考虑。相对于终局救济的滞后性,民事保全具有预防性。它是通过提前采取限制处分或判令某种行为的作为或不作为措施来保障对权益的救济的,与终局救济相比,民事保全的预防性救济不仅针对业已发生的损害,也针对可能发生的但现在还未发生的损害。其次,相对于判决效力的确定性而言,民事保全是暂定性的。暂定性是指行为保全不具有终局的既判力,而是为了保证将来生效的判决能够得到有效执行或者防止损害的发生抑或损失的进一步扩大。申请人申请法院启动民事保全的目的在于希望法院采取紧急的救济措施,避免申请人遭受不必要的损害。而法院采取救济措施,虽然也需要有一定的依据,但并不对案件是非对错进行判定,而是对当前权益状态作出一种临时的裁定,以满足权利救济的紧急性。但这种裁决并不能预示和代表将来的判决,也不会终局性确定实体权利的归属。最后,从时限和稳定性的角度看,民事保全具有临时性和不稳定性。因为民事保全不是为了确定某种争议的法律关系,而是为了及时制止另一方当事人在诉讼期间的某些行为给执行或当事人可能造成的损害,所以,一旦这种损害被制止或者不存在发生的可能了,其目的的达成或被终局救济取代后,民事保全就没有存在的必要性。因此,各国也都相应明确了民事保全的有效期和可撤销性。如在英国,法院作出的未经通知被告的临时禁令,其有效期极短,一般仅为5天至一周。在美国,禁令是可以随着后来情况的变化加以更改的。[4]在我国,虽然法律并没有明确民事保全的期限,但一般也只能持续到生效判决的作出。

---

[1] 李仕春.民事保全程序研究[M].北京:中国法制出版社,2005:46.
[2] 李仕春.民事保全程序研究[M].北京:中国法制出版社,2005:7-11.
[3] 张卫平,陈刚.法国民事诉讼法导论[M].北京:中国政法大学出版社,1997:272.
[4] 孙彩虹.我国诉前禁令制度:问题与展开[J].河北法学,2014(8).

(三)民事保全的制度功能

(1)民事保全制度的司法功能。一般来讲,诉讼法是实现实体公正的保障,但由于受严格、正当的诉讼程序的限制,一起诉讼案件从提起到法院作出裁决需要经历较长的过程。在此过程中很可能发生种种变故,而致使未来的判决无法顺利执行或者导致权利人的利益受到难以弥补的损失,若不采取相应的措施,即使权利人获得胜诉,但实质的实体公正无法从终局结果上得以实现。因此,传统的保全制度,其功能主要定位于为判决的执行提供担保,这也是民事保全制度的一般性功能。俄罗斯民事诉讼法学理通说认为,诉讼保全是民事诉讼法和刑事诉讼法所规定的保护公民和法人权利的重要保障措施之一。这一制度对于保护原告的合法权益免受被告的恶意侵害,或确保法庭所作出的判决在日后能够得到执行等均具有重要的意义。[1]而现代意义上的保全制度,则已逐渐突破保证裁判得以实现的目的,朝着预先防止损害的发生或损害结果的加重的方向发展,从而具有了预先救济的功能。如大陆法上保全制度中的假处分,正是为这一制度功能而设计的。我国新《民事诉讼法》第100条增加规定:对于可能因当事人一方的行为或者其他原因,使判决难以执行或者造成当事人其他损害的,根据对方当事人的申请,人民法院可以"责令其作出一定行为或者禁止其作出一定行为"的规定。这可以理解为是从避免申请人遭受无可弥补的损害的立场出发,通过维护法律关系现状或提供临时救济的手段,填补了我国保全制度中预先救济功能的空白。

(2)民事保全制度的社会功能。与早期司法不同的是,现代社会中的司法,已越来越多地在政治及社会体系中发挥着作为"平衡器"的作用,或者说,司法作为维持政治及社会体系的一个基本支点,发挥着正统性再生产功能。[2]司法已不仅仅停留在维护原、被告合法权益的出发点,而是将解决社会纠纷、维护社会和谐、彰显司法权威、体现公平正义等作为多元目标。从民事保全的目的可以看出,其功能之一就是保障将来判决的执行,以实现法律效果和社会效果的统一。司法需要权威,而公众对司法裁判结果的普遍遵从是司法权威性的基本要义。但在我国长期的民事诉讼实践中,经常发生争议的法律关系所涉及的财产被抽逃、隐匿、转移、变卖、挥霍等现象,导致权利人的胜诉判决成为"空头支票",构成对法院生效判决的严肃性、权威性的巨大挑战。而通过民事保全程序,在满足当事人救济需求的同时,又确

---

[1] 黄道秀.俄罗斯民事诉讼法[M].北京:中国人民公安大学出版社,2003:95-99.
[2] 王亚新.社会变革中的民事诉讼.北京:中国法制出版社,2001:38.

保法院判决确认的权利不至于落空,对强化司法权威起了相当大的推动作用。

四、民事保全的种类

(一)财产保全与行为保全

财产保全是指法院在案件受理前或诉讼过程中,根据利害关系人或当事人的申请,或者法院依职权对当事人的财产或争议标的物作出强制性保护措施,以保证将来作出的裁判能够得到有效执行的制度。[1]财产保全是保全制度的传统形式。行为保全,是指对于作为或不作为请求的案件,为了保证将来判决的执行或者避免损失的扩大,由利害关系人在诉讼前或者诉讼过程中向法院申请责令被申请人为一定行为或不为一定行为的强制性措施。[2]行为保全依据行为请求权的不同类型,相应地表现为申请人要求被申请人为一定的行为或者不为一定的行为。

财产保全和行为保全属于民事保全的两种不同类型,二者具有一定的共通之处。在有些情况下,从目的上看是财产保全,从手段上看却是行为保全,财产保全中包含着大量行为保全的内容。[3]例如,为保全特定物的给付,禁止债务人对该特定物的处分行为。由于二者都有特定的含义,因此它们具有本质上的区别,不可互相替代和混淆。首先,保全的对象不同。财产保全的对象是被申请人可供执行的财产,包括有形财产和无形财产;行为保全针对的则是被申请人的行为,包括作为和不作为。其次,设计的目的不同。财产保全只是为了防止当事人在诉讼前或者诉讼中转移、隐匿、挥霍、毁损争议财产或与本案有关的财产,确保将来判决得以顺利执行;而行为保全的目的更为广泛,除了保障判决执行外,还在于避免不法行为造成当事人合法权益损害的发生或扩大或造成难以弥补的损失。再次,保全措施不同。由于财产保全针对的是财产,财产通常处于静止状态,因此,财产保全的措施主要是采用查封、扣押、冻结等方法;而行为保全针对的是行为,与财产不同,行为是相对动态的,只能通过强制或禁止手段责令停止侵害、排除妨碍、限制活动等约束被申请人为或不为。最后,提供担保的要求不同。由于保全的适用带有很大的风险,容易造成对方当事人的损失,因此,法律一般都

---

[1] 李浩.民事诉讼法学[M].北京:高等教育出版社,2007:362.
[2] 江伟.民事诉讼法专论[M].北京:中国人民大学出版社,2005:205.
[3] 范跃如.试论我国行为保全制度及其构建与完善[J].法学家,2004(5).

规定申请人提出保全申请时应当提供担保。但财产保全主要适用于金钱给付之诉或标的可以折算成金钱的案件,倘若被申请人提供与担保金额相等的反担保,则可以起到与财产保全相似的功能,保障判决的执行。所以,在财产保全中,被申请人提供反担保的,可以解除财产保全。但是,在适用行为保全的诉讼中,即便被申请人提供了反担保,原则上也不可以解除保全措施。因为,损害行为一旦做出就难以恢复原状,况且有些损失是无法用金钱来弥补的。在这种情形下,反担保也就无多大意义。因此,反担保不能解除行为保全。

(二)诉前保全和诉中保全

诉前保全,是指在紧急情况下,法院不立即采取保全措施,利害关系人的合法权利会受到难以弥补的损害,因此法律赋予利害关系人在起诉前有权申请人民法院采取保全措施。诉前保全属于应急性的保全措施,目的是保护利害关系人不致遭受无法弥补的损失。诉中保全,是指法院在受理案件之后、作出判决之前,对当事人的财产或者争执标的物或者行为,采取限制当事人处分、责令或禁止其做出一定行为的保全措施。无论是诉前保全还是诉中保全,它的适用不外乎两种情形:第一,对方的行为使得判决难以执行;第二,对方的行为造成当事人其他损害,或者使损害扩大。

诉前保全与诉中保全具有比较明显的区别。首先,申请的主体不同。诉前保全是在起诉前由利害关系人向法院提出的,且诉前保全只能由利害关系人提出申请,法院不得依职权主动采取;诉中保全是当事人在诉讼进行中提出的保全申请,诉中保全一般由申请人提出申请,但在必要时也可由法院依职权采取保全措施。其次,申请保全的时间和管辖法院不同。诉前保全必须在起诉前向有管辖权的人民法院提出;诉中保全是在案件受理后、判决生效前直接向受诉法院提出。最后,是否提供担保的要求不同。由于诉前保全的风险较大,容易造成对方当事人的损失,因此诉前保全要求必须提供担保;诉中保全则由法院根据案件的具体情况决定是否提供担保,而法院依职权采取的保全措施,利害关系人可以不提供担保。

第二节

民事保全制度的域外法考察

一、大陆法系国家的民事保全制度

以德、日为代表的大陆法系国家,对保全措施的称谓使用或者翻译为"假扣押""假处分"。所谓"假扣押",是指在债权人的请求是金钱或者可以转化为金钱的内容时,为了保证将来的生效裁判得以切实执行,向法院申请对债务人的财产暂时予以扣押,限制债务人对责任财产进行处分的措施。假扣押的对象是被申请人的一切财产。所谓"假处分",是针对非金钱债权的请求,为了保障债权人非金钱债权请求的执行或避免重大损害造成无法挽回危险的发生,命令当事人为一定行为或禁止为一定行为,或者由保管人保管特定争议标的物的措施。这里的非金钱请求是指其请求的标的为给付特定物或其他行为。在假处分中,保全措施的对象主要是针对行为,这里的行为包括作为与不作为两种。很显然,假扣押和假处分的主要区别在于,假扣押调整的是金钱请求或可转换为金钱的请求,而假处分调整的是金钱请求之外的请求,包括权利、行为、特定物以及暂时确定法律关系状态的保全措施。

在德国《民事诉讼法》中,将假扣押、假处分的裁定程序以及执行程序一并规定在《民事诉讼法》第八编"强制执行"中。日本在《民事保全法》制定之前,其《民事诉讼法》第六编只规定假扣押、假处分的命令程序,而假扣押与假处分的执行程序作为《民事执行法》第三章专门设立。1989年日本《民事保全法》将前两部法律中的保全裁定程序和保全执行程序整合规定在该法中。[1]法国《民事诉讼法》与德国、日本有所不同,没有按照金钱请求的

---

[1] 福永有利.民事执行法·民事保全法[M].东京:有斐阁,2007:11、250.

标准区分假扣押、假处分制度,而是按紧急程度的不同将民事保全程序区分为要经过对审辩论的紧急审理程序和仅依一方申请作出裁定的程序。

(一)德国民事保全制度

1. 德国民事保全措施的种类

在德国法上,其民事保全措施有假扣押和假处分两种类型。

(1)假扣押。假扣押还可分为对物的假扣押和对人的假扣押。对物的假扣押是指因债务人的不当行为,如隐藏财产、缔结表面交易转让,或者挥霍、毁损财物,客观上导致生效判决无法执行或者难以执行的,尽管债务人无过错,也可作出假扣押裁判。对人的假扣押是指为了阻止债务人隐藏债权人可供执行的财产标的,除了采取限制人身自由措施外别无他法的,可以拘禁债务人。但只有当对物的假扣押不足以达到保全目的时,才能实施对人的假扣押。即相对于物的假扣押,对人的假扣押是辅助性的,极少运用。[1]

(2)假处分。按其功能性质,假处分又可分为保全性假处分、定暂时状态的假处分和给付的假处分。保全假处分是以确保将来非金钱请求债权的履行为目的(如现状变更),当事人的权利不能实现或难于实现时,准许对争执标的物实施假处分。当然,此处的权利必须是债权人请求的标的,即本案债权人与债务人争议的对象,而不是债务人的一般性财产。当保全客体是债权时,倘若债权人主张的是金钱请求或可转换为金钱的请求,并且该债权不是本案的争议对象,则只能对该债权申请债权假扣押。[2]可见,当请求标的物是特定物或权利时,假扣押与保全性假处分在形式和内容上并没有显著的区别,但是当请求标的是行为(包括作为和不作为)时,两者则有明显区别。德国《民事诉讼法》第940条的规定:"因避免重大损害或防止急迫的强暴行为,或因其他原因,对于有争执的法律关系,特别是继续性的法律关系,有必要规定其暂时状态时,可以实施假处分。"这就是定暂时状态的假处分,它是以"被申请人的不作为"为请求的内容。例如在环境污染损害赔偿案件中,受害人认为某一企业生产作业中存在严重污染环境的行为,为防止损失的进一步扩大,在诉讼过程中即可请求法院裁定侵权人暂停该企业的生产行为。至于给付性假处分,法律并无明文规定,是德国法院及学术界根据《民事诉讼法》第935条、第940条类推出的"清偿债权人的请求权"的假处分。它是为了保护假处分申请人不受特别重大的不利,特别是免受生存

―――――――――

[1] 汉斯·约阿希姆·穆泽拉克.德国民事诉讼法基础教程[M].周攀,译.北京:中国政法大学出版社,2005:428.

[2] 德意志联邦共和国民事诉讼法[M].谢怀栻,译.北京:中国法制出版社,2001:257.

威胁或者重大紧急状态时所给予的、具有迫切必要的一种保全行为。[1]与定暂时状态的假处分不同,给付性假处分是以"被申请人的作为"为请求的内容,例如,请求被申请人支付医疗费、生活费、损害赔偿金等。从目的上看,德国的给付性假处分类似于我国的先予执行制度。

2. 德国民事保全的程序

德国民事保全程序分为申请程序、抗告程序、保全异议程序和保全取消程序。

(1)申请程序。无论是申请假扣押还是申请假处分,其程序要求一样。如果法院不经言辞辩论,只根据书面审理,那么法院以裁定的形式作出。但如果对申请的裁判是经过言辞辩论后作出的,则须以判决的形式作出。对于保全申请的证明标准,只需达到释明即可,释明不足时,可以提供担保代替。[2]

(2)对驳回保全申请裁定的抗告程序。申请人对于法院作出的驳回其保全申请的裁定,一般而言,可以以抗告的方式提起上诉。但如没有新的独立抗告理由,则不能对抗告法院的裁判提起再抗告。抗告的审理程序,与一般的上诉程序没有什么差异。[3]

(3)保全的异议程序。对于假扣押、假处分的裁定,当事人可以提出异议;但法律要求对于保全异议的审理,应以终局判决的形式作出。也就是说,保全异议的审理程序要求按照一审普通程序进行[4],目的是给予当事人更多的程序上的保障。

(4)保全的撤销程序。同保全异议程序一样,法律也要求对审理保全撤销申请的程序以终局判决的形式作出。总的说来,对于保全异议、保全撤销程序的裁判,可以提起控诉,但不得上告。在保全命令发出后,对于对之不服提起的保全异议程序或保全取消程序的程序保障要求也极为严格。

(二)日本民事保全制度

1. 日本民事保全措施的类型

日本的保全类型与德国的规定相类似,称为保全命令,但在立法处理上更加全面和具体,并有专门的《民事保全法》予以调整。日本的保全命令包括假扣押、关于系争物的假处分和确定临时地位的假处分。在日本,根据扣押标的物的不同来区分扣押方法,如对不动产采取限制登记、强制管理的方

---

[1] 汉·约阿希姆·穆泽拉克. 德国民事诉讼法基础教程[M]. 周攀,译. 北京:中国政法大学出版社,2005:432.

[2] 德意志联邦共和国民事诉讼法[M]. 谢怀栻,译. 北京:中国法制出版社,2001:288-289.

[3] 德意志联邦共和国民事诉讼法[M]. 谢怀栻,译. 北京:中国法制出版社,2001:154.

[4] 德意志联邦共和国民事诉讼法[M]. 谢怀栻,译. 北京:中国法制出版社,2001:154.

式,对动产主要采取执行机关占有的方式,对债权主要是限制履行或直接提存的方式。[1]日本的假处分,也有自己的特色。首先,对于足以用金钱支付就可以达到保护权利目的的假处分,法院允许债务人提存一定的金额停止执行假处分或撤销已执行的假处分;其次,由于保全执行而有可能产生无法补偿的损失,对保全提出异议的,在申请期间可以停止执行;最后,对保全申请不服的实行双重救济。即可以提出保全异议或撤销保全的申请,对保全异议或撤销保全申请裁判不服的还可以进一步提出保全抗告。[2]可以看出,日本更注重对被申请人权利的保护。

2. 日本民事保全程序

日本于1989年制定了单行的《民事保全法》,开创了民事保全程序独立于民事诉讼法典的先河。日本《民事保全法》第二章中"关于保全命令的程序"具体规定了申请保全命令、提出保全异议的申请、申请撤销保全命令、保全抗告以及即时抗告的审理程序。

(1)申请保全命令的程序。对于申请假扣押、申请关于系争物的假处分以及确定临时地位的假处分,法律规定了不同的申请审理程序。首先,对假扣押和关于系争物的假处分申请的审理,法院可以只根据书面审理作出决定,在进行审讯时通常只审讯债权人,即不拘形式,以口头进行质问并要求他回答相关的事实问题。但在确定临时地位的假处分申请审理中,原则上必须一次性经过口头辩论或在债务人能够到场接受审讯的期日进行。[3]

(2)异议程序。日本法律对于保全异议的程序要求较为严格,规定了若干特别规则。首先,不经过口头辩论或当事人双方出庭对面的期日,法院不能就保全异议作出任何决定;其次,虽然能在口头辩论或当事人双方出庭的期日立即宣布终结审理,但是非上述情况时必须设定一定的时间以决定终结审理的期日;最后,审理保全异议的法官不能是助理法官。

(3)申请撤销保全命令的程序。日本法上的撤销保全有三种情况:第一,由于没有提起本案诉讼而取消;第二,情况变更而取消;第三,特别情况时的取消。在撤销程序中,与保全异议审理程序同样,要求极为慎重。

(4)保全抗告的程序及对驳回保全命令申请的即时抗告程序。对法院就保全异议或取消保全的申请作出的裁判可以在两星期内提起保全抗告。

---

[1] 福永有利.民事执行法·民事保全法[M].东京:有斐阁,2007:285.
[2] 日本新民事诉讼法[M].白绿铉,编译.北京:中国法制出版社,2000:277.
[3]《日本民事保全法》第23条第4款。鉴于确定临时地位假处分结果的重要性,法律规定了日期,强化了对债务人的程序保障。在一般情况下,债权人尽管可以期待一面性的审理,但是一旦出现口头辩论或审讯的日期,就必须给债务人以准备防御的机会。

这种程序的审理原则上与一审程序没有什么差异。法院对即时抗告的处理有两种：发出保全命令与驳回即时抗告。但无论是哪种处理结果，都必须写明理由，对抗告审理法院发出的保全命令虽然可以提起保全异议等不服申诉，但不能对驳回即时抗告的决定进行再抗告。同样，当抗告法院就当事人提起的保全异议作出裁判后，当事人对此也不能提起保全抗告。

（三）法国民事保全制度

法国虽然属于典型的大陆法系国家，但法国的诉讼规范并非直接来自罗马法，其中大部分是在教会法的基础上发展并走向近代的。[1]所以法国《民事诉讼法》与德国这样的传统大陆法系国家大相径庭，保全程序也不例外。法国民事保全包括证据保全与诉讼保全。其保全程序分为两种：紧急审理裁定和依申请作出裁定。

1. 紧急审理裁定

紧急审理裁定是指，在法律赋予并非受理本案诉讼的法官命令立即采取某种必要措施之权力的情况下，应一方当事人请求，另一方当事人到场或对其传唤后，作出的临时性裁判决定。根据法国《新民事诉讼法典》第484条的规定，可以援用紧急审理裁定程序的情形包括：（1）紧急情况，紧急情况是否存在属于事实问题，应当由法院自由裁量；（2）为防止即将发生的损失，或者为制止明显非法的扰乱；（3）债务人对债务的存在没有严重的争议。其中第(2)和第(3)种情形不要求以紧急情况的存在为其适用的必要前提。依据法国法律的规定，如果法院已经受理关于确定债务存在的诉讼，债权人仍然能申请法院院长作出保全债务人财产的裁定以便当债权人胜诉时能得到清偿，但大审法院院长不得对当事人之间的严重争议作出判决。即在紧急审理裁定程序中，法官原则上不得就权利的存在与否作出裁决，或命令原告向被告支付损害赔偿，而只需考虑是否应对当事人请求的事实给予适当的保全措施。鉴于适用紧急审理程序处理的案件在性质上属于疑难案件，自然需要由具有审判经验和权威的法官担任裁判。因此法国《新民事诉讼法典》规定，除初审法院外，其他各级法院适用紧急审理裁定程序案件裁判权本应属于法院院长。但作为实际操作上的变通，根据该法第820条的规定，大审法院院长有权将自己的职权全部或部分授予该法院的一名或数名法官代为行使。初审法院之所以是个例外，是因为初审法院的法官多是比较年轻的法官，不像大审法院那样必须由有经验和权威的法官担任紧急审理案件的裁判。

---

[1] 张卫平,陈刚.法国民事诉讼法导论[M].北京：中国政法大学出版社,1997：2.

在审理程序方面,紧急审理程序一般采用对席原则进行。申请人在向相对方送达诉状时,必须约定口头辩论的期日。在节日或假日中,如果确有特别紧急的案件,紧急审理的法官也可以准许在指定的时间里传讯当事人出庭,或者传唤至法官可以处理案件的地点,进行紧急审理。此外,为了便于被传讯当事人有时间准备其防御,法国《新民事诉讼法法典》第486还规定,法官应当保证在传讯和开庭之间有足够的时间间隔。不过该条并没有规定具体的间隔时间,通常依实际情况而定。在双方当事人辩论结束后,法官可以当庭宣布紧急审理的裁定,也可在数日或一周后宣布。法官当庭作出紧急审理裁定的,随后应即时制作裁定书正本。

依紧急程序审理作出的裁定,仅对担任紧急审理的法官本人有约束力,而对本案审理法官不具有既判力。即本案法官裁决本案实体内容时不受紧急审理裁定内容的约束。另外,紧急审理裁定可以作为假执行的法律依据,但对没有附假执行效力的紧急审理裁定,当事人不得向法院申请假执行。若紧急审理法官命令当事人对假执行提供担保,那么提供担保则成为实施假执行的必备要件,但要求提供担保的属于一种例外。当事人如果对具有假执行内容的紧急审理裁定不服,可以提出上诉。对证据调查等紧急审理裁定不服的,也可以提出上诉,上诉期限均为15日。这个时间比当事人不服普通判决的上诉期限缩短了一半。但需要注意的是,当事人若对紧急审理法官按缺席判决方式作出的紧急审理裁定不服,只能提起取消缺席判决裁判的异议,异议期限为15天。[1]

2. 依申请作出的裁定

按照法国《新民事诉讼法典》第493条的规定,依申请作出的裁定是指,在申请人有理由不经传唤对方当事人的情况下,不经对席审理作出的临时性裁定。与紧急审理裁定一样,其适用一般情形下需要存在紧急状态,且其裁决不具有既判力。二者的最大差别在于,紧急审理裁定原则上适用对席辩论程序;而依申请作出的裁定原则上不适用对席辩论程序,与德、日等国的假扣押、假处分制度类似,只是在适用范围上不仅包括严格意义上的诉讼保全,也包括证据保全。[2]

按照法国《新民事诉讼法典》的规定,依申请作出裁定的程序一般是在有具体法律规定能援用这种程序时才能适用。这就要求当事人提交申请时,应当在申请中对所援用的各项文书予以准确说明。如果申请是在诉讼

---

〔1〕 张卫平,陈刚.法国民事诉讼法导论[M].北京:中国政法大学出版社,1997:274-275.
〔2〕 张卫平,陈刚.法国民事诉讼法导论[M].北京:中国政法大学出版社,1997:262.

进行之时提出的,还应当指出受诉法院。同样,依申请作出的裁定,法官也应当说明裁定的理由。如果法官认为申请不能成立,申请人可以向上诉法院提出上诉,上诉期限为15天;但如果裁定是上诉法院第一院长作出,则不准上诉。如果法官认为申请成立,任何与此依申请作出的裁定相关的利害关系人均可向作出裁定的法官提出紧急审理的申请。

二、英美法系国家的民事保全制度

在英美法系,与大陆法民事保全制度类似的制度称为临时性救济措施。总体而言,英美法中的临时措施直接对不同的对象规定应当采用的措施和适用的程序,而没有作类型化规定。

（一）美国民事保全制度

美国是英美法系代表国家之一,但与英国也存在明显差异,在建国之初美国就有一定的成文法传统,诉讼程序立法也不例外。1938年《联邦民事诉讼规则》的颁布,使联邦法院有了统一的程序法规范。由于以禁令为主要内容的民事保全程序在联邦司法救济中占有重要的一席之地,所以《联邦民事诉讼规则》在第八章"临时性和终局性财产救济方法"中对其进行了专门规定。美国的保全措施有扣押和中间禁令两种保全方式。通过扣押,原告可以获得对被告财产的担保物权;通过中间禁令,法院命令被告为或不为某事,"以便保存诉讼中事物的现状,并保证今后能够作出永久性禁令救济"[1]。

1. 扣押

扣押是指法院根据原告的要求,指令法院官员（通常是地方法官）扣留或控制被告财产的程序。[2]它是为了防止被告处置本可以用来执行原告胜诉判决的财产或防止被告损害该财产价值的一种措施。根据美国《联邦民事诉讼规则》第64条的规定,在诉讼开始时或在诉讼进行中,为保证该诉讼终局性登记判决执行,根据地区法院所在州的法律规定的条件和方式,对人或财产进行扣押的救济方法,应符合以下条件：(1)联邦现行制定法规定其适用范围;(2)使用上述救济方法的诉讼应依本规则规定开始和进行,或如果是从州法院移送的诉讼,移送后应依本规则进行。用于上述规定的救

---

[1] 海利·爱德华兹,爱伦·芬.美国联邦法院的权利和命令的执行[M]//宋冰.程序、正义与现代化——外国法学家在华演讲录[M].北京:中国政法大学出版社,1998:228.

[2] 海利·爱德华兹,爱伦·芬.美国联邦法院的权利和命令的执行[M]//宋冰.程序、正义与现代化——外国法学家在华演讲录[M].北京:中国政法大学出版社,1998:230.

济方法包括逮捕、扣押财产、扣押债权、收回动产诉讼、临时强制管理以及其他相应或同等的救济方法。这些救济方法不管其名称是什么,也不管是否应根据州的诉讼程序附带于一个诉讼中,都是应以独立诉讼取得的。美国联邦及各州的法律允许在具体的和有限的情况下进行扣押。一般情况下,要求债权人先行起诉,然后以宣誓声明提出申请扣押的理由。[1]此外,多数州还要求寻求扣押令的原告向法院缴纳一定数额的保证金作为担保。

2. 中间禁令

在美国,以是否及时通知对方当事人为根据,中间禁令又可分为预备禁止令(preliminary injunction)和临时禁止令(temporary restraining order)两种。临时禁令可以在不通知对方当事人的前提下作出,而预备禁止令则必须在已经通知对方当事人的情况下作出。法院通过做出临时限制令和预备禁令,命令被告遵守一定的行为标准,命令其为或不为某些行为,以便保存诉讼中事物的现状并保证今后能够做出永久性禁令救济。[2]

(1) 临时禁止令。一般而言,法院在发布临时限制令时,应当以书面或口头的形式向对方当事人发出通知。除非原告能够证明,倘若不在进行听审之前对被告进行限制,就将导致直接的不可挽回的伤害、损失或损害,法院也可以在不发通知的情况下发布临时限制令。由于在此情况下存在对被告不公的严重危险,因此,原告有义务在获得临时限制令后的两天内或法院规定的更短的期间内通知被告。另外,原告还必须向法院提供担保,以保证偿付因临时限制令申请错误而给对方造成的费用或损害。临时禁止令还有一个明显特征在于,它的时效性很强,只能持续10天,在此期间内,被告可以出庭并申请撤销或变更该项命令。一旦被告提出申请,获得临时限制令的当事人,将有义务申请预备禁止令。

(2) 预备禁止令。原告只要能够向法院证明被告在以一种有可能对原告造成无可挽回的伤害的方式行动,或者是将不会形成终局性的实体判决,那么原告就可以得到预备禁令。[3]预备禁令是在诉讼期间经过初步的听证和辩论之后,在案件实体事实裁判之前作出的,因此,预备性禁令不同于临时禁令,它只有在已经通知对方当事人时才可以发布。当然,它也可以由临时限制令转化而来。在对预备禁令的申请开始听审之前或之后,法院可以

---

[1] 沈达明. 比较民事诉讼法初论[M]. 北京:中国法制出版社,2002:338.

[2] 海利·爱德华兹,爱伦·芬. 美国联邦法院的权利和命令的执行[M]//宋冰. 程序正义与现代化——外国法学家在华演讲录[M]. 北京:中国政法大学出版社,1998:228.

[3] 杰克·H. 弗兰德泰尔,等. 民事诉讼法[M]. 3版. 北京:中国政法大学出版社,2003:701.

命令将基于实体的开庭审理提前与该申请的听审合并进行。即使没有这种合并命令,基于实体的开庭审理所许可的预备禁令申请所依据的任何证据,可成为开庭审理记录的一部分,不需要在开庭审理时重复调查,而且在这一情形下,当事人有权要求陪审团审理。[1]除此之外,法院也可自由裁量是否发出预备禁令。其考虑因素主要有:(1)原告在案件实体上是否有胜诉可能;(2)若不发出预备禁令原告是否会受到不可挽回的伤害;(3)预备禁令是否会严重损害其他利害关系人;(4)预备禁令是否会促进公共利益。[2]从立法来看,美国似乎将申请人提供担保作为申请禁令的条件,根据《联邦民事诉讼规则》65(C)的规定,"除非申请人提供担保,否则不得发出临时限制令或预备性禁令"。提供的担保金额应当是法院认为是适当的,用于支付被错误地禁止或限制的当事人可能遭受的损失或损害。与临时禁止令不同的是,预备禁止令的效力一般维持到案件最终裁判生效时止。

(二)英国民事保全制度

英国民事诉讼中的临时性救济措施十分丰富,其对象包含了物、行为、智力成果,甚至涉及证据保全和证据获得方面的救济,为原告提供了广泛的救济方式。[3]其中具有民事保全性质的主要有中间禁令、玛利华禁令、搜查令和临时付款命令等。

1. 中间禁令

在英国,中间禁令是衡平法院发展起来用以补充普通法法院法律救济不足的一种基于法院自由裁量权所给予的救济。中间禁令与终局禁令共同构成英国的禁令制度,终局禁令是审理后给予的,而中间禁令往往在诉讼前或诉讼开始至审理时之间的一段时间内作出。英国的中间禁令包括禁止性禁令(prohibitory injunction)和强制性禁令(mandatory injunction)。禁止性禁令是指禁止被申请人做某些事情或采取某些行动。强制禁令是要求被申请人做某些事情或采取某些行为。[4]

在英国,法律不仅赋予法官作出中间禁令广泛的自由裁量权,而且还要求法官考虑被告处境。要衡量若被告胜诉,赔偿损失是否足以补偿其因中间禁令而受到的损失;若不能补偿,法院应当进行利益权衡。即如果发布中间禁令

---

[1] 美国联邦民事诉讼规则[M].白绿铉,卞建林,译.北京:中国政法大学出版社,2000:102-103.

[2] 海利·爱德华兹,爱伦·芬.美国联邦法院的权利和命令的执行[M]//宋冰.程序正义与现代化——外国法学家在华演讲录[M].北京:中国政法大学出版社,1998:231.

[3] 范毅强.民事保全程序要论[D].西南政法大学,2008:82.

[4] 沈达明,冀宗儒.1999年英国《民事诉讼规则》诠释[M].北京:中国法制出版社,2004:95.

给被申请人带来的损害小于不发布禁令给申请人带来损害,则可以发布中间禁令,否则不得发布中间禁令,如果损害相等也不发布中间禁令。[1]

为了及时保护当事人的利益,英国法院在发布中间禁令时通常不考虑原告或申请人胜诉的可能性。关于这点,也有学者认为,倘若不把胜诉可能性作为适用中间禁令的条件,会造成更多的案件流向审判程序,法院的工作量明显加大。最后,英国在实践中又产生了折中而灵活的适用条件——限制条件:第一,原告如果一开始即明显没有胜诉可能的不得给予中间禁令;第二,适用中间禁令会违反公共利益的不得给予中间禁令;第三,在原告申请试用限制性贸易条件的情况下,凡是与争点有关,事实未有争议,而且法律也明确的,则要考虑胜诉可能性。[2]

在具体的审理程序上,英国的王座法院与衡平法法院存在一定的差异。在王座法院,原告以宣誓书的方式申请中间禁令,宣誓书上应当载明原告的主张和理由以及证据的来源。然后将宣誓书和传票一起送达被告。如果送达延迟,被告可以申请延迟审理。如果被告拒绝出庭或无故不出庭,只要原告证明确已送达,法庭就可以在缺少被告的前提下继续听审。而在衡平法法院,原告以宣誓书向法院申请中间禁令后,还应在一定期限内通过自己的律师将已向法院申请禁令一事通知被告。如果听审需要耗费较长时间,比如双方对申请有争议,或者证据过于复杂,法院可以在被告承诺直到权利审理前维持现状的条件下,允许听审延期举行,如果被告不作出上述承诺,原告可以申请法院按一造辩论来决定在听审前是否给予或者继续给予中间禁令。与王座庭不同的是,衡平法法院的听审不是办公室听审,而是公开听审。

2. 玛利华禁令

玛利华禁令的目的在于阻止被告把他的财产转离法院的管辖区,并阻止被告处分在该管辖区内的其他财产。玛利华禁令并非扣押财产的裁定,它给予债权人的保障限于禁令对被告以及第三人所产生的效力。禁令的受益人并不成为有担保权益的债权人,不像美国的财产扣押令那样产生优先受偿权。玛利华禁令制度是根据1975年英国的两个判决形成的。禁令名称来自 Mareva ComPania Naviera S. A. v. International bulkcarriess S. A. 案判决。1981年《最高法院规则》第37条(3)承认了该项判例法,规定玛利华禁令在紧急情况下可以在签发起诉令状之前申请,凭一方当事人的申请提

---

[1] 沈达明,冀宗儒.1999年英国《民事诉讼规则》诠释[M].北京:中国法制出版社,2004:557.
[2] 沈达明.比较民事诉讼法初论[M].北京:中国法制出版社,2002:560.

出。作出玛利华禁令的裁定属于法院的自由裁量权,上诉法院不得单以因其自身的自由裁量所得出不同的结论为理由干预原法院。按照规定,申请玛利华禁令的原告应作出允诺,如果禁令影响第三人,原告应允诺承担禁令引起的损失;如果允诺承担的金额不足以补偿第三人,法院很可能拒绝发出禁令。

3. 其他命令

在英国,搜查令(anton piller)是指法院可做出准许一方当事人为证据保全或财产保全等目的,而进入他方当事人住所之命令。搜查令是一种重要的审前救济,它所针对的对象包括:应当保留到审判时的诉讼证据、相关材料、其他资料以及需要保全的财产。中间付款(interim payments)命令,就是指按照一定要件和考虑事项作出的,要求被告支付在法院看来有责任支付的损害赔偿金、债务或其他金额的款项(包括诉讼费用)之命令。中间付款命令主要适用于事实较为清楚、被告承担赔偿或付款责任较为明确的人身损害赔偿诉讼和恢复土地占有诉讼。即使诉讼尚未审结,法院若认为原告将至少取得被告其中一项的实质性赔偿判决,则可作出该临时付款命令。

(四)评析与借鉴

从两大法系的立法范式以及程序规则上不难发现,大陆法系采取的是演绎式法律逻辑思维,针对不同的对象规定应当采取的措施和适用的程序;而英美法系采取实用主义的思维和风格,针对具体案件事实或不同的对象采用合适、合理的救济措施,却没有作类型化规定,反映的是对实体权利及时、有效和充分的救济,体现"有损害即有救济"诉讼理念。但是这种立法模式并不符合中国人的思维习惯和传统,我们赞同国内学者的观点,基于理解和适用一致性的考虑,我国《民事诉讼法》有必要借鉴传统大陆法系国家的立法模式,针对保全的对象和目的进行类型化划分,并作相对统一的规定,以应对实践中千变万化的案件。但英美法中的各种临时救济措施对我国充实具体保全方法,丰富救济途径具有一定的借鉴价值。

然而,无论大陆法系还是英美法系,在立法上都没有对诉讼范围作以限制,尤其在假处分的情况下,给付、确认、形成之诉都适用诉讼保全程序。[1]原则上只要符合民事保全条件的案件,都可以适用保全措施。在我国,民事保全的适用范围一直存在争议。《民事诉讼法》对此未予明确,理论界一般认为保全应适用于给付之诉[2],这主要是因为我国长期以来一直没有规定

---

[1] 福永有利.民事执行法·民事保全法[M].东京:有斐阁,2007:266.
[2] 常怡.比较民事诉讼法[M].北京:中国政法大学出版社,2002:468.

大陆法系假处分制度中的行为保全制度,从我国立法内容看,确实仅适用于给付之诉。有观点认为,我国应当学习国外对保全制度适用范围的宽泛理解,即凡是出现有损判决执行或出现权利人正在遭受难以弥补的损失的危险时,而不论是给付之诉还是确认之诉抑或是变更之诉,都属于保全的适用范围。我们认为,鉴于我国现阶段的行为保全制度刚刚实施,诸多理论与实践问题尚需要深入探讨,放开适用,将会影响到整个保全制度的实施效果。况且,从目前的立法上,尚未清晰行为保全请求与本案请求的界限。因此,我们需要在理论研究和实务经验相对丰富和坚实时逐步予以完善。

第三节 我国民事保全制度的立法与实践

一、我国民事保全制度的立法规定及评析

（一）我国《民事诉讼法》及相关法律对民事保全的立法规定

我国民事保全制度的发展经历了从"诉讼保全"到"财产保全"再到"民事保全"的轨道，民事保全制度的立法也经历了从与其他制度"混同"到"分离"，从"零碎"立法到"统一"立法的过程，可谓一波三折。直至2012年8月31日第十一届全国人民代表大会常务委员会第二十八次会议通过的《关于修改〈中华人民共和国民事诉讼法〉的决定》，将行为保全明确规定在民事保全制度中，至此，我国完全确立了大陆法系意义上的民事保全制度体系。2012年《民事诉讼法》第100条的规定："人民法院对于可能因当事人一方的行为或者其他原因，使判决难以执行或者造成当事人其他损害的案件，根据对方当事人的申请，可以裁定对其财产进行保全、责令其作出一定行为或者禁止其作出一定行为；当事人没有提出申请的，人民法院在必要时也可以裁定采取保全措施。"第101条规定："利害关系人因情况紧急，不立即申请保全将会使其合法权益受到难以弥补的损害的，可以在提起诉讼或者申请仲裁前向被保全财产所在地、被申请人住所地或者对案件有管辖权的人民法院申请采取保全措施。申请人应当提供担保，不提供担保的，裁定驳回申请。"民诉法第100条规定了民事保全的适用情形、启动主体以及保全措施。第101条专门规定了诉前保全措施的适用条件。

在我国，规定民事保全程序的立法，不仅出现在《民事诉讼法》中，还散见于其他法律。我国《海事诉讼特别程序》第四章规定的"海事强制令"即属于具有保全性质的保全措施。该法第51条规定："海事强制令是指海事法院根据海事请求人的申请，为使其合法权益免受侵害，责令被请求人作为或者不作为的强制措施。"从内容上看，海事强制令属于民事行为保全的范

畴。此外,类似的保全措施还出现在知识产权领域的法律规定中。2008年修改、2009年实施的《中华人民共和国专利法》第66条规定:"专利权人或者利害关系人有证据证明他人正在实施或者即将实施侵犯专利权的行为,如不及时制止将会使其合法权益受到难以弥补的损害的,可以在起诉前向法院申请采取责令停止有关行为的措施。"此项规定属于诉前行为保全的内容。2013年新修订的《中华人民共和国商标法》第65条规定:"商标注册人或者利害关系人有证据证明他人正在实施或者即将实施侵犯其注册商标专用权的行为,如不及时制止将会使其合法权益受到难以弥补的损害的,可以依法在起诉前向人民法院申请采取责令停止有关行为和财产保全的措施。"2010年4月实行的新修订的《中华人民共和国著作权法》第50条也规定:"著作权人或者与著作权有关的权利人有证据证明他人正在实施或者即将实施侵犯其权利的行为,如不及时制止将会使其合法权益受到难以弥补的损害的,可以在起诉前向人民法院申请采取责令停止有关行为和财产保全的措施。"这同样是对民事保全中行为保全内容的规定。随后最高人民法院陆续出台了《诉前停止侵犯专利权若干规定》以及《关于诉前停止侵犯商标专用权行为和保全证据适用法律问题的解释》等司法解释,对其适用条件、适用程序等具体问题予以明确和细化。

(二)立法评析

1. 我国现行《民事诉讼法》对民事保全制度的完善

第一,立法体例得以统一,立法技术更显科学。在《民事诉讼法》修订之前的很长一段时间内,我国民事诉讼中一直未设普遍适用于一般民事案件的行为保全机制,而仅在知识产权纠纷案件的审判范围内确立了诉前禁令[1]以及《海事诉讼特别程序法》的"海事强制令",且称谓不一。这么多的称谓,不仅会带来使用上的不便,也极易造成歧义,《民事诉讼法》修订之后,"行为保全""诉前禁令""海事强制令"从适用目的上完成了在我国立法上的制度汇合。另外,从法条内容来看,除新置了行为保全这一最大亮点以外,还在立法用语的表述上有所调整和改进:删除了原来"使判决不能执行"的规定,保留了"使判决难以执行"的既有用语,从而消除了适用前提下的交叉重叠表述,同时增加了"或者造成当事人其他损害"的适用选项;明确规定人民法院对于驳回保全申请事项应用"裁定"形式,消除了原有条文中的模糊性。[2]

---

[1] 我国《专利法》(2008年第二次修正)第66条、《著作权法》(2010年第二次修正)第50条、《商标法》(2001年第二次修正)第57条以及相关司法解释。

[2] 赵刚.回避制度之改良与保全机制之完善[J].法律科学,2012(6).

第二,增设"行为保全",健全民事保全机制。原《民事诉讼法》中仅规定了"财产保全",而没有将"行为保全"包括在内,很显然其涵盖范围过于狭窄,不能满足民事保全司法实践的客观需要。2012年《民事诉讼法》再修改时,第100条增加了关于行为保全的规定,明确"根据对方当事人的申请,可以责令其作出一定行为或者禁止其作出一定行为",这是立法回应理论和实践需求作出的必要选择,随之将《民事诉讼法》第九章章名从原来的"财产保全与先予执行"更名为"保全与先予执行"。修订后的民事保全从内容上包括"财产保全"与"行为保全",从时间上又可区分为诉前和诉讼中两种,逻辑清晰,体系完备。就此而言,我国现行《民事诉讼法》上的保全机制应该说取得了较大的完善。

第三,完善诉前保全机制。现行《民事诉讼法》第101条规定:利害关系人因情况紧急,不立即申请保全将会使其合法权益受到难以弥补的损害的,可以在提起诉讼或者申请仲裁前向被保全财产所在地、被申请人住所地或者对案件有管辖权的人民法院申请采取保全措施。申请人应当提供担保,不提供担保的,裁定驳回申请。人民法院接受申请后,必须在四十八小时内作出裁定;裁定采取保全措施的,应当立即开始执行。申请人在人民法院采取保全措施后三十日内不依法提起诉讼或者申请仲裁的,人民法院应当解除保全。修订后的《民事诉讼法》对诉前保全的规定较之于原规定,有三个方面的完善:首先,将原来"起诉前"的单一表述扩充为"提起诉讼或者申请仲裁前",从而为当事人提交仲裁前申请法院保全提供了法律依据;其次,明确了诉前保全的管辖法院,规定申请人可以向"被保全财产所在地、被申请人住所地或者对案件有管辖权的人民法院"提出申请;最后,将诉前保全后申请人依法提起诉讼(或者申请仲裁)的时间由15日限定期延长为30日,更加有效地保障了保全申请人有充裕的准备时间。

第四,规范反担保的适用范围。现行《民事诉讼法》第104条规定:财产纠纷案件,被申请人提供担保的,人民法院应当裁定解除保全。可见,法律将反担保适用的案件范围仅限定于财产纠纷的案件。此范围的限定,也就意味着不属于财产纠纷的案件,即使被申请人提供了担保,也不能裁定解除保全。因为在这种情形下,被申请人的后续行为仍然有可能造成判决难以执行或者给对方当事人造成其他难以弥补的损害的可能性。

第五,明确了保全措施的执行机关。《民诉解释》对保全的执行机关作出了较为细致的规划,第160条规定:当事人向采取诉前保全措施以外的其他有管辖权的人民法院起诉的,采取诉前保全措施的人民法院应当将保全手续移送受理案件的人民法院。诉前保全的裁定视为受移送人民法院作出的裁定。第161条规定：对当事人不服一审判决提起上诉的案件，在第二审人民法院接到报送的案件之前，当事人有转移、隐匿、出卖或者毁损财产等行为，必须采取保全措施的，由第一审人民法院依当事人申请或者依职权采取。第一审人民法院的保全裁定，应当及时报送第二审人民法院。第162条规定：二审人民法院裁定对第一审人民法院采取的保全措施予以续保或者采取新的保全措施的，可以自行实施，也可以委托第一审人民法院实施。再审人民法院裁定对原保全措施予以续保或者采取新的保全措施的，可以自行实施，也可以委托原审人民法院或者执行法院实施。

2. 我国民事保全制度立法中的不足与缺憾

第一，启动主体不科学。根据我国《民事诉讼法》的规定，民事保全程序的启动有两个途径：一个是法院依一方当事人或利害关系人的申请而启动；另一个是法院依职权而启动。相较于原法对财产保全的启动程序，新《民事诉讼法》作了较大改进，但仍原样保留了"人民法院在必要时也可以裁定采取保全措施"的规定，不能不说是一大遗憾。其实，多年的司法实践已经表明，法院依职权采取保全措施，一是降低了法院的工作效率；二是增加了因法院不当或错误启动保全而承担国家赔偿责任的风险；三是容易使法官丧失中立地位。因此，在实践中很少有法院依职权主动启动财产保全措施，使得该条规定形同虚设。大陆法系国家的立法例上，一般均规定保全只能由法官依当事人的申请而作出。如德国《民事诉讼法》第920条规定，申请假扣押应由当事人指出请求权并说明其金额和扣押理由；日本《民事保全法》第13条规定，由当事人向法院提交保全命令申请为启动条件。

第二，行为保全立法称谓不一，与财产保全的界限不清。如上所述，在我国行为保全制度入法之前，各种禁令、强制令已经出现在知识产权法和海事程序法中，但这么多的称谓，不仅会带来使用上的不便，也极易造成歧义，人们还是难以将"禁令""海事强制令"与"行为保全"统一起来。另外，就我国新《民事诉讼法》来看，把原来第九章章名从"财产保全和先予执行"改为"保全和先予执行"，这意味着保全内容包含了行为保全和财产保全，行为保全不是财产保全内的一种特殊制度，而是与财产保全并行的制度，它与财产保全共同构成完整的保全制度。但是，在立法内容上，法律条文并没有关于行为保全的特别规定，而是将行为保全的内容简单添加到财产保全的法条之中。当然，这样规定并不是没有根据的，因为行为保全与财产保全确有许多共同点，例如启动的主体、裁定作出的时限、诉前申请保全等。但是，行为保全也存在不同于财产保全的特殊之处，如诉前管辖、适用条件、担保问题、执行措施等方面。因此，在立法上仅体现了行为保全与财产保全的共同之处，而避开了行为保全与财产保全的差异,说明我们的立法技术还不够细腻。

第三,民事保全的条件立法规定不严谨。根据《民事诉讼法》第100条、第101条的规定,采取保全的实质条件有以下要求:一是必要条件,即对方当事人存在某种行为或者其他原因,导致判决难以执行或者造成当事人其他损害;二是前提条件,即人民法院采取保全措施,"可以责令申请人提供担保,申请人不提供担保的,裁定驳回申请",对于诉前保全的,"申请人应当提供担保,不提供担保的,裁定驳回申请"。在司法实践中,针对以上的立法规定,还显粗略,不够严谨。"保全命令,实质上是法庭在对申请人、被申请人和公共利益等各方利益进行权衡之后作出的价值判断。"[1]而在司法实践中,立法的"可以"这一任意性规定被法院普遍理解或适用为要求申请人提供足额担保的强制性规定,提供担保实际上成为我国民事保全的条件,以致实践中经济实力较强的债权人对保全程序极易滥用,而经济实力较弱的债权人因无法提供担保而不能获得保全,徒受日后执行不能的风险。[2]

第四,保全对象范围规定不完整。《民事诉讼法》第102条规定,财产保全限于请求的范围,或者与本案有关的财物。这是对保全积极范围的规定,明确我国对保全的范围仅限于物。但何为"与本案有关的财物",实践中容易误解,因为只有在诉讼标的为特定物的情形下,保全标的才可认定为与本案有关。为此,最高人民法院《民诉解释》对于保全对象的积极范围作出了扩大解释,第158条规定:人民法院对债务人到期应得的收益,可以采取财产保全措施,限制其支取,通知有关单位协助执行。第159条规定:债务人的财产不能满足保全请求,但对他人有到期债权的,人民法院可以依债权人的申请裁定该他人不得对本案债务人清偿。该他人要求偿付的,由人民法院提存财物或者价款。可见,我国民事保全对象既可以是债务人到期应得的收益,也可以直接为被告的财产。应该说,民诉法以及民诉解释对保全对象的积极范围规定还比较清晰。但我国法律却未列出禁止保全物的种类,即保全的消极范围未做界定。一般在大陆法系国家都明文禁止对影响基本生活或害及个人荣誉的物品进行保全。当然,近年相关司法解释也就此问题作出了补救性且颇为具体的规定[3],但遗憾的是并未将此内容纳入新《民诉解释》中,导致立法内容的碎片化。

第五,民事保全措施未作细化。我国《民事诉讼法》第103条规定:财

---

[1] 郭小东.论财产保全中的利益平衡问题[J].西南政法大学学报,2009(6).
[2] 丁小巍,汪毅.我国民事诉讼保全制度的现状及发展[J].政法学刊,2006(1).
[3] 《最高人民法院关于人民法院民事执行中查封、扣押、冻结财产的规定》第5条、第6条。

产保全措施"采取查封、扣押、冻结或者法律规定的其他方法",但法律并没对"其他方法"作出授权,导致法院保全措施过少,不能满足司法实践的需要,进而限制了保全功能的发挥。另外,《民诉解释》第 156 条规定:人民法院采取财产保全的方法和措施,依照执行程序相关规定办理。但是搜查、调查等民事执行中常用的措施能否在保全中运用,也引发很多争议。因为在取得胜诉判决前,采用搜查、调查等执行措施已超出了控制性措施的范围,是否妥当还需要研究。在日本,《民事保全法》详细规定了假扣押、假处分的执行方法,一般针对不同的保全对象指向适用《民事执行法》中规定的相应民事执行的方法,如该法第 46 条规定:假扣押的执行,参照民事执行中金钱执行程序的方法。

第六,民事保全救济程序不到位。《民事诉讼法》第 108 条规定:当事人对保全裁定不服的,可以申请复议一次,复议期间不停止裁定的执行。《民诉解释》第 171 条进一步明确:当事人对保全裁定不服的,可以自收到裁定书之日起五日内向作出裁定的人民法院申请复议。人民法院应当在收到复议申请后十日内审查。裁定正确的,驳回当事人的申请;裁定不当的,变更或者撤销原裁定。由此可见,法律仅赋予当事人一次复议机会,由原裁定法院对复议申请进行书面审查,且在复议程序中又没有赋予当事人充分的辩论权,这样的救济程序将导致救济力度不足。基于此,实务界和理论界存在不同的观点,一种认为对保全异议实际上是一种实体争议,应比照《民事诉讼法》第 227 条"案外人异议之诉"制度,通过诉讼程序解决。另一种认为当事人对保全裁定不服的,可以向上一级人民法院上诉。而大陆法系国家一般的做法是,根据保全决定程序和保全执行程序的特点,分别确立相应的救济手段。如日本《民事保全法》第 26 条规定了保全异议程序,作为不服保全命令(假扣押命令、假处分命令)的救济方法,由作出该命令的裁判所对保全命令进行再次审理。对保全执行程序,则援引《民事执行法》相关条款赋予当事人提出异议或者抗告的权利。

二、我国民事保全制度的司法实践

民事保全制度在诉讼中意义重大,它不仅能够保障法院裁判的有效执行,还可以弥补事后救济的滞后性,阻止给当事人权益带来不可弥补的损害,维护司法权威。正因如此,世界各国都非常重视对该制度的研究与发展。修改《民事诉讼法》,增加了行为保全制度,是我国民事立法对民事诉讼实践迫切需要的积极回应,也使我国民事保全制度走向体系化和合理化。

不仅解决了虽在《海事诉讼特别程序法》《专利法》《商标法》《著作权法》中规定"海事强制令制度"和"诉前禁令制度",却在《民事诉讼法》中无法找到相应法律支持的悖论,使行为保全成为一种普适性的制度,同时也解决了保全体系仅有财产保全而没有行为保全的缺陷。

当然,我们在积极肯定新《民事诉讼法》引入行为保全制度的同时,也须意识到该制度尚有诸多不足,难以全面有效地为司法实践提供依据,也缺乏可操作性。针对行为保全制度,我们从一起具体案件出发,以新《民事诉讼法》为核心,对我国行为保全进行分析研究,借此为我国民事保全制度提出建议,期望对立法与实践有所裨益。

2013年3月22日,江西省都昌县人民法院网事审判庭发出"(2013)都网初字第2号"民事裁定书(该案以下称为"都昌案"),裁定禁止网名为"要网名干嘛"的被告在都昌在线网继续刊登题名为《这样贪污成风作风败坏的领导,上级难道不知道?》的文章。[1]这是我国首例人民法院针对网络侵权发出的诉前行为保全,也是新《民事诉讼法》实施后人民法院对行为保全制度的初次试水。

(一)网络化、商业化社会背景下,名誉侵权案件中适用行为保全措施的必要性

随着互联网技术的快速发展,网络为人类生活提供了新的空间,通过网络这一虚拟空间,人与人之间的关系变得复杂而"亲密",传统的人格权在网络环境下有了新的模式和特点,个人用户可以通过电子邮件、博客和BBS发表言论,但在互联网语境下,我们常说"没有人知道坐在电脑前面的是人还是一条狗",网民在情绪激动的情况下,往往会采取过激的谴责手段,而某些过激言论借助网络的开放性、共享性,就会侵害到他人的名誉权。某些个人信息,在传统的社会交往中也许不属于隐私,但通过网络媒体予以披露,借助于网络的离散型传播,马上会呈现几何状的扩大效应,只需鼠标轻轻点击,个人信息即可瞬间传到世界每一个角落。那么在网络这个陌生环境下,个人信息的泄露和传播也会成为一种非常严重的侵权行为。同时,伴随着我国市场经济的不断发展,人格权商品化潜在的市场需求和利益驱动,使公民的姓名、肖像、恋爱婚姻状况、财产状况,甚至个人隐私等一些对公众有吸引力的人格要素不断地被附加上各种利益价值进行拍卖和兜售,在这个过程中,名誉侵权事件就不可避免。另外,网络技术的发展也使传播主体陷入

---

[1] 都昌县法院为民网,http://dcxfy.chinacourt.org/public/detail.php?id=1567,2013年3月26日访问。

了传播困境,尤其表现在网络把关难度的加大,这也使得网络名誉侵权案件频发。

网络名誉侵权一旦发生,其传播速度之快,危害之广泛,使各种负面影响很难在短时间内予以挽回和补救。名誉权作为人格权的一种,具有不可恢复性或难以弥补性。在以往的名誉侵权司法实践中,受害人只能选择等待,而从诉讼开始到争议的最终解决,一般需要相当长的时间,在这段时间内,没有任何措施来阻止侵权行为的继续或防止侵害结果的进一步扩大,对于已经失去名誉和人格尊严的权利人,即使胜诉,任何赔偿方案都无法弥补已经造成的损失和不利影响。此时,信息自由与人格尊严的冲突其实可以还原为效率与公平之间的矛盾。[1] 而传统的救济方式带有明显的滞后性,不能完全胜任保护与救济名誉权完整性的功能。尽可能地将损害降到最低点,这是事前防范比事后救济优越性的最好体现。适用于民事纠纷领域的行为保全,作为一项临时救济措施,是针对民事纠纷的紧急状态而言的[2],其目的不外乎两个:一是保全将来判决的有效执行;二是避免造成损失的进一步扩大或者避免造成不可挽回的损害。在追求公正与效率并存的诉讼价值下,第二个目的尤为重要。因此,在名誉侵权案件中,尤其是网络侵权,行为保全措施应该成为一项有效的侵害阻却制度,以避免权利人遭受难以弥补的损失,满足人们合理的权利保护需求。可以这样说,就目前名誉侵权案件的救济机制而言,行为保全制度对于建立和完善名誉权预防性法律保护体系发挥着无可替代的作用。[3]

然而,行为保全毕竟是在未经当事人双方充分辩论、法院按照正当程序审理之前做出的,它是为平衡受害人利益与侵权人利益以及社会公众利益而在正当诉讼程序上的一种突破。但是如何进行平衡,这是一个法律问题,同时也是一个思维问题。尤其是在当前提倡网络反腐的社会背景下,网络俨然已成为反腐败的天然盟友。在一项名为"你最愿意用什么渠道参与反腐"的网络调查中,74.6%的参与者选择了"网络曝光",网络反腐也被誉为"秒杀贪官"。从2008年湖南"网络反腐第一案"到"天价烟"事件、"不雅视频门"事件,再到"房姐""房妹"事件,等等,贪官纷纷落马,网络反腐迎来了属于自己的繁荣时代。但不可否认的是,由于我国目

---

[1] 李仪. 个人信息保护的价值困境与应对——以调和人格尊严与信息自由冲突为视角[J]. 河北法学,2013(2).

[2] 李仕春. 民事保全程序基本问题研究[J]. 中外法学,2005(1).

[3] 孙彩虹. 我国诉前禁令制度:问题与展开[J]. 河北法学,2014(8).

前网络反腐机制还有很多没有破解的难题,加之网络自身的开放性和低门槛,网民素质也参差不齐,难免有清白的政府官员遭到恶意攻击和网络舆论的诬陷、诽谤,以及通过"人肉搜索"来损害他人隐私等现象。作为网络反腐的对弈双方,社会公众有知情权、参与权、批评权和监督权,政府官员也有保护自己和家人不受侵害的合法诉求。在网络反腐与网络名誉侵权两种行为相互交织的情形下,人民法院如何保证行为保全制度最大限度地实现公正与效率并存,不仅是考验智慧和能力的问题,还需要一套完善的制度设计。

(二)网络侵权行为保全司法适用问题探讨

1. 网络侵权行为保全正当性问题

行为保全作为一项民事救济权,其目的在于"消除因侵害或受有危险而产生的不法或不公平状态"[1],它的实现必然会对其他利害关系人的利益构成限制,因此,该权利行使的正当性至关重要。结合"都昌案",申请人申请诉前行为保全的前提是他应有充足的理由认定其名誉权"可能被侵犯"或"已经遭到侵犯",理由的"充足性"应结合申请人实际掌握的证据情况以及一个正常、理性人的判断能力来综合考量。名誉权客体的无形性,导致被侵害人举证上存在困难,这就要求法官就网络侵权的"可能性"进行主观判断。而在因网络发帖侵犯名誉权的纠纷中,如何判断网络发帖是蓄意诽谤还是举报不实呢?这二者虽然客观表现是一样的,但是其主观意念是截然不同的。由于诉前行为保全的司法程序是不经过双方充分质证,司法提前介入的一种表现,法官自由裁量权的适用空间相对比较大,等同于未经庭审即偏向一方的主张,如果司法判断的尺度过大,标准过于宽泛,可能会影响到公民的言论自由以及公众的知情权。[2]

新闻媒体基于其公民和社团的身份,享有公民的政治权利与自由,包括言论自由、结社自由、出版自由、知情权、信息传播权,特别是对政府的监督权,等等。这些都属于权利范畴,是新闻媒体赖以生存的凭借和存在的价值

---

[1] 龙卫球.民法总论[M].北京:中国法制出版社,2001:150.

[2] 在自媒体时代,言论自由突破了传统言论自由的媒介限制,依赖程度大大降低,使网络言论自由获得了极大的活动空间。但鉴于我国相关立法的模糊缺失和对隐私权认识存在分歧的境域,隐私权保护、名誉权保护与言论自由的冲突问题在中国司法实践中愈加凸显。隐私权、名誉权是公民的重要权利,理应得到法律的严格保护,但它们不是一种绝对权利。除了隐私权、名誉权外,公民同样还享有基于信息共享的网络自由权。网络自由不意味着信息的完全自由公开,更不意味着个人网络隐私完全不受保护,同样,也不能只强调保护隐私权、名誉权而放弃必要的信息交流和信息共享。参见刘培合,田一宁.人肉搜索司法第一案之分析[J].当代法学,2009(3).

所在。[1]而在网络名誉侵权案件中,如果法官只考虑不采取行为保全措施会对申请人造成影响,而不考虑采取行为保全措施对被申请人以及社会公众的影响,就难以实现法律功能的最大化。行为保全很多时候在阻断侵害的同时,也使实体权利得以提前实现,因此,在作出临时禁令的案件中,大约99%的案件,其诉讼程序都不会再继续进行。由此可见,行为保全导致的"请求本案化"和"功能本案化"现象很是普遍。[2]为了使这种本案化的结果更加具有正当性,在审理过程中就不能一味地只追求对申请人利益的保护,还要适当考虑被申请人的利益。不过,两利相权取其重,笔者仍然赞同赋予在民事诉讼中因名誉权受到侵害的受害人向法院提出诉前行为保全申请的权利,但是法律需要考虑的是法官自由裁量权的行使与平衡对立利益与平等机会方面的问题。

2. 网络侵权行为保全申请的司法审查问题

根据《民事诉讼法》第101条第2款的规定,法院接受诉前行为保全申请后需要在48小时内作出裁定。法院在作出裁定前需要对其适用条件进行程序审查,至于是形式审查还是实质审查,根据最高人民法院《关于对诉前停止侵犯专利权行为适用法律问题的若干规定》(以下简称《诉前停止侵犯专利权的若干规定》)第3条、第4条规定的提出申请的形式要件,以及申请人提出申请时应当提交的证据,可见,法院对侵犯专利权的诉前禁令[3]申请的审查既包括了形式审查又包括了实质审查。但问题在于,在专利侵权诉前禁令审查中出现的弊端,即"法院对被申请人正在实施或即将实施的行为是否构成侵犯专利权加以审查,而不对专利的有效性进行审查"[4],是否会同样出现在对网络名誉侵权诉前行为保全申请的审查中。也就是说,人民法院审查某一网贴是否侵犯了申请人的名誉权从形式上很容易判断,但是,网贴所发布事实是否构成了贪污、受贿、滥用职权等违法行为很难从当事人提交的证据材料中予以判断。诉前禁令作为一种紧急救济措施,只有在会给申请人带来难以弥补的损害等万不得已的情况下

---

[1] 郭道晖.新闻媒体的公权利与社会权力[J].河北法学,2012(1).

[2] "本案化"问题是德国、日本民事诉讼理论界在研究保全制度时提出的概念。保全措施的采取,使得原告的诉讼请求提前实现,此即"请求的本案化";此外,权利人提前实现了权利,致使当事人在保全程序之后,通常不再提起或继续本案诉讼,使得保全程序取代了本案诉讼程序而成为解决纠纷的通常救济手段,这就是功能的本案化。

[3] 在我国,立法中并没有直接而明确的"诉前禁令"的称谓,在《专利法》中称之为"诉前停止侵犯专利权",而在新《民事诉讼法》规定诉前行为保全之前,学者们习惯用"诉前禁令"来概括这一制度。

[4] 和育东.试析专利侵权诉前禁令制度存在的问题[J].法学杂志,2009(3).

才能启动,因此,它需要法官对情况是否紧急或是否会发生更加严重的侵害后果做出判断。这类措施一旦采取,一般很难恢复到采取措施之前的状态。但事实上,从知识产权侵权的司法实践看,我国法院在知识产权侵权案件中发出诉前禁令的比例还是偏高的。〔1〕针对"都昌案",江西省高级人民法院网事审判工作负责人王慧军法官表示:"网络侵权案的特殊性要求第一时间禁止行为达到禁止侵害的目的,所以,诉前禁令在今后的网络侵权案件审理中会常常用到。"〔2〕倘若诉前行为保全如此频繁地使用,是因为我国诉前行为保全的准入门槛偏低呢,还是对诉前行为保全适用条件的把握过宽呢?既然有这样的疑虑,那么网络侵权诉前行为保全的司法审查就有被滥用的危险。

3. 网络侵权行为保全申请的担保方式问题

众所周知,保全措施尤其是诉前行为保全的适用带有很大的风险,因此,法院在核发诉前行为保全时除了采取谨慎的态度外,还需考虑对被申请人相应的权利给予必要的保障和救济。据此,法律规定了申请人在申请诉前行为保全时应当提供担保,利用提供担保的制度,一方面制约申请人滥用保全申请的可能,一方面也可较为妥善地解决适用条件识别是否准确的问题。〔3〕从各国法律规定来看,诉前行为保全申请担保多以提交金钱作为担保的方式。在英美衡平法上有一种"禁令保证金规则"(in junction bond rule)。很显然,比较多地采用保证金作为担保形式的主要考虑在于,如果错发诉前禁令也能够有效地给予被申请人经济上的补偿。

在"都昌案"中,法院要求刘某申请诉前行为保全的同时也对该保全行为提供了担保,一旦保全错误造成损失,申请人便要承担相应的责任。此处"相应的责任"可不可以理解为"赔偿责任"?假如可以这样理解的话,我们就要问,法院签发该诉前行为保全是不是只考虑如不及时禁止涉诉行为,就

---

〔1〕 曹建明.全国法院依法适用诉前禁令制止侵权 支持率达88%[EB/OL]. http://www.chinaiprlaw.cn/show_News.asp? id=8977&key=.诉前禁令,"据透露,自三部主要知识产权法律修订以来,全国地方法院共受理诉前禁令案件300多件,在申请人坚持申请的案件中,实际裁定支持率达到88%"。

〔2〕 都昌县法院为民网,http://dcxfy.chinacourt.org/public/detail.php? id=1568,2013年3月26日访问。

〔3〕《德国民事诉讼法》第921第2款规定:在申请人提供担保的情况下,即使就请求权或假扣押理由未能释明,法院也可以命令假扣押。冀宗儒,徐辉.论民事诉讼保全制度功能的最大化[J].当代法学,2013(1)。

会造成申请人难以用金钱弥补的损失?[1]那有没有考虑如果草率核发该诉前行为保全是否会给被申请人带来难以用金钱弥补的损失？如果诉前行为保全的适用只考虑申请人损失能否用金钱予以弥补而不考虑被申请人的损失能否用金钱来弥补，那么，会不会间接鼓励申请人依仗财大气粗滥用诉前行为保全申请权，从而达到利用合法程序来阻止对自己不利的舆论影响的目的？反正即便是申请错误，最后也是一赔了事。无论是知识产权纠纷还是一般的民事纠纷，诉前行为保全滥用的可能性都是存在的。虽然法律也从被申请人的立场考虑，要求申请人提交金钱作为担保，这样可以相应地减少被申请人因错误诉前行为保全而遭受的损失，但这样设置的前提是被申请人的损失可以用金钱赔偿这种方式予以补偿。事实上，许多因为错误地作出民事保全裁定而遭受的损失有可能是无法弥补的，是金钱赔偿难以替代的，那么申请人提供再多的担保也不足以救济。[2]

4. 网络侵权行为保全的效力范围问题

行为保全作为民事保全措施，应该具有一定的效力范围。学界一般认为，诉前行为保全的效力范围应受到以下限制：(1)应受当事人在本案可要求的范围限制；(2)应受暂时性限制；(3)应受申请人申请的内容限制。而作为新兴媒体的互联网，具有互动性、即时性、海量性、开放性、共享性、匿名性等特点，公众在互联网上可以跟帖，还可以聊天，这种特有的社会认知方式，使其空间范围与影响范围呈几何级数增长。网络新媒体的这种特殊性，随之带来诉前行为保全执行过程中操作层面上的问题。即通过互联网媒体发布不实信息或故意诽谤、侮辱他人而导致名誉侵权的案件,"当事人可要求的范围"如何执行？在"都昌案"中，都昌县法院受理申请人的诉前保全申请后，经过审查符合诉前行为保全的申请条件，在刘某提供担保后，法院当日对该网络侵权行为作出诉前行为保全，并向都昌在线网送达了该保全裁定以及协助执行通知书。都昌在线网签收法院送达的上述诉讼文书后，立即对该涉讼网帖所有内容进行了屏蔽。我们的问题在于，都昌县人民法院发出的该诉前行为保全的效力范围是仅仅及于已发的涉诉网贴，还是"要网名干嘛"的网民在该网站上的所有发帖行为均被阻止？是仅禁止"要网名干嘛"的发帖行为还是包括所有与涉诉网贴有关的跟帖行为？该诉前行为保全对被申请行为的效力是从收到诉前行为保全时开始还是从他发帖

---

[1] 判断"难以弥补的损失"多以申请人"所遭受的损害不能通过赔偿金的方式获得充分救济"来衡量。这也是英美法系授予禁令的传统规则。

[2] 唐德华.民事诉讼法立法与适用[M].北京：中国法制出版社,2002：175.

时开始？是到申请人提起诉讼时为止还是一直持续到整个诉讼终结时为止？另外，倘若都昌县法院发出诉前行为保全后，被申请人不配合执行，而是转换阵地继而向其他网站继续发布涉诉网帖，那么申请人是否还需要向法院重新提出诉前行为保全申请？都昌县人民法院是否可以在申请人没有提出申请的前提下有权直接向其他网站发出协助执行令，"封杀"他所有的相关发帖行为？如若不可，那么核发该诉前行为保全的意义又有多大呢？诸如此类的问题都需要予以审慎的考虑。

第四节 我国民事保全制度的完善

通过上述对我国民事保全立法和实践的考察分析,对域外国家民事保全制度的介绍与比较,我们认为,可以从如下几个方面改进我国的民事保全制度。

一、完善民事保全的启动程序

(一)尊重当事人的程序选择权,增加法官的释明义务

在我国,民事保全的启动主体为二元主体,即当事人或利害关系人和法院。对于依当事人或利害关系人的申请而启动保全措施,我国学界并无争议。但是对于由法院依职权而启动保全程序,我国学界存在较大争议。有学者提出,应该取消法院依职权启动保全的规定,而增加在立案阶段法官向当事人释明民事保全权利的义务,进而由当事人自主决定是否申请民事保全。[1]我们赞同这一观点。首先,处分原则要求民事诉讼程序的启动应由当事人自行决定,正当程序要求法院保持中立、给双方当事人均等的诉讼机会以及同样的信息沟通与传达渠道[2],而不能站在一方立场上纯粹为其利益考虑,这些要求也是民事诉讼平等原则的体现。其次,从功能看,保全是实现债权人私权利的保障措施,而不是强制措施,应由当事人在对案件事实权衡利弊的基础上自由选择:是否提出申请,是否提供担保与反担保。最后,从大陆法系立法例看,一般均规定保全只能由法官依当事人的申请而作出。当然作为一般性原则,我们认为应该取消法院依职权采取保全措施的

---

[1] 黄文艺.比较法视域下我国民事保全制度的修改与完善[J].比较法研究,2012(5);郑本香.民事诉讼行为保全制度的细节化探究——以新民事诉讼法实施为契机[J].法制博览,2013(5).

[2] 谷口安平.程序的正义和诉讼[M].增补本.王亚新,刘荣军,译.北京:中国政法大学出版社,2002:335-339.

规定。但也可以规定某些特殊情形下的例外，如在公益诉讼案件中，由于涉及社会公共利益，法律可以规定，为了避免重大的社会公共利益受到损害或遭受损害之虞，不管当事人是否提出申请，法院均可依职权及时采取保全措施。

（二）统一规范保全制度的申请条件，完善诉前禁令审查程序

民事保全毕竟关涉公民的财产权益与行为的自由处分，是公权力对私权利的主动干涉，因此从当事人角度而言，法律必须限定申请的条件，以防止滥用；从法院裁定适用的角度而言，应当设置谨慎而严格的条件，以防导致不公。

根据我国《民事诉讼法》第100条、第101条的规定，申请诉讼中民事保全的条件为"可能因当事人一方的行为或者其他原因，使判决难以执行或者造成当事人其他损害"；申请诉前民事保全的条件为"情况紧急，不立即申请保全将会使其合法权益受到难以弥补的损害"。根据我国《专利法》第66条的规定，权利人申请专利侵权诉前行为保全的，应该具备以下条件：（1）有请求权；（2）侵权行为正在发生或即将发生；（3）造成难以弥补的损失。同时最高人民法院《诉前停止侵犯专利权若干规定》第4条也对申请人应提交的证据做了明确要求。[1]《海事诉讼特别程序法》第56条亦规定，做出海事强制令，应当具备下列条件：（1）请求人有具体的海事请求；（2）需要纠正被请求人违反法律规定或者合同约定的行为；（3）情况紧急，不立即作出海事强制令将造成损害或者使损害扩大。其第54条还规定，申请海事强制令，应提交书面申请，并附有关证据。通过对三部法律规定进行比较即可发现，同样是行为保全，在不同性质的侵权案件中，法律对申请条件的要求是不一样的。其主要区别表现在：第一，关于损害程度的要求不同。专利侵权诉前保全和民事诉讼诉前保全要求的是"造成难以弥补的损失"；而海事强制令的要求则宽泛许多，既可以是"造成损害"，亦可以是"使损害扩大"。第二，关于证据运用和证明程度的要求不同。提出专利侵权保全申请

---

[1]《最高人民法院关于对诉前停止侵犯专利权行为适用法律问题的若干规定》第4条规定：申请人提出申请时，应当提交下列证据：（1）专利权人应当提交证明其专利权真实有效的文件，包括专利证书、权利要求书、说明书、专利年费交纳凭证。提出的申请涉及实用新型专利的，申请人应当提交国务院专利行政部门出具的检索报告。（2）利害关系人应当提供有关专利实施许可合同及其在国务院专利行政部门备案的证明材料，未经备案的应当提交专利权人的证明，或者证明其享有权利的其他证据。排他实施许可合同的被许可人单独提出申请的，应当提交专利权人放弃申请的证明材料。专利财产权利的继承人应当提交已经继承或者正在继承的证据材料。（3）提交证明被申请人正在实施或者即将实施侵犯其专利权的行为的证据，包括被控侵权产品以及专利技术与被控侵权产品技术特征对比材料等。

需要提交"专利权有效的证据"以及"证明他人正在实施或者即将实施侵犯专利权行为的证据";海事强制令只是笼统规定申请人"附有关证据";而《民事诉讼法》则没做任何要求。可见,我国现有法律对保全申请条件规定极不统一。考察国外的法律规定,无论是英美法系的禁令制度还是大陆法系的假处分制度,作为及时、有效地给予权利人的一种权利救济措施,都强调该制度的程序性,其制度内容统一由各国的民事诉讼法律规范进行调整,进而保障了禁令规则在法律适用上的统一性。比如《德国民事诉讼法》第940条对"暂时状态假处分"的适用条件规定为:(1)因避免重大损害;(2)防止急迫的强暴行为;(3)因其他理由,对于有争议的法律关系,特别是继续的法律关系,有必要规定其暂时状态时。[1]在我国的法律框架下,虽然《民事诉讼法》属于上位法,其适用范围较为广泛,但基于容量有限,难免会造成立法技术上的粗放、简单、不够细致和深入。即便在司法实践中出现几个成功案例,但我国诉讼制度的唯一目标是解决个案纠纷,而缺乏统一解释和创制规则的功能,也不能为同类纠纷和潜在纠纷提供举一反三的参照。[2]鉴于此,我们认为,有必要针对保全制度(包含知识产权法的诉前禁令和海事强制令)制定专门的司法解释,通过司法解释进行制度整合,结束各自为政的局面,统一法律的实施。

鉴于民事保全制度的双刃性,各国法律均对其适用规定了严格的审查标准。一方面是为了程序的公正性,另一方面是为了保全当事人的利益。因为,在制度设置时,法律不应只考虑将这一风险附加给当事人(大陆法系的一般原则,即提供担保是保全的前提条件);在司法实践中,也不应以担保取代必要的审查和申请人的释明责任。目前,从我国各地法院的实务操作看,采用民事保全的一般步骤是:申请—提供担保—发出保全裁定。也就是说,从"申请"到"发出裁定"中间只有一个"提供担保"的环节。[3]通常原告方提供担保之后,法官就会发出禁止或强制相对人实施行为的裁定,而法院无须对申请进行进一步的审查,这种裁定甚至在卷宗中可以不做体现。[4]这与英美法系法官在审查禁令申请时的审慎态度形成鲜明对比。尽管德、日等国的法官在审理对行为的假处分时,不如英美法系般严格,但也要传唤被

---

[1] 德意志联邦共和国民事诉讼法[M].谢怀栻,译.北京:法律出版社,1984:315-316.
[2] 傅郁林.迈向现代化的中国民事诉讼法[J].当代法学,2011(1).
[3] 孙彩虹.我国诉前禁令制度:问题与展开[J].河北法学,2014(8).
[4] 郭小冬.民事诉讼侵害阻断制度释义及其必要性分析[J].法律科学(西北政法大学学报),2009(3).

申请人陈述意见,甚至还可以展开辩论。[1]我们认为,法律有必要通过以下方面来完善司法审查程序,从严把握、审慎适用民事保全措施。

第一,增加辩论环节。除非情况紧急,必须经过辩论程序,方可作出裁决,以最大限度地给予相对方陈述意见的机会。但这并不是说必须要做到在双方当事人之间展开正式的言辞辩论或者双方当事人同时到法庭陈述意见[2],"实际上正当法律程序没有必要一定采取正规的和对立的形式"[3]。虽然最高人民法院《诉前停止侵犯专利权的若干规定》第9条规定了询问程序[4],但是"询问"和"辩论"显然具有不一样的含义。另外,该条规则也仅是针对诉前停止侵犯专利权行为的,在民事诉讼法律规范中并没有规定类似的程序。在德国,尽管法律规定假处分在紧急情况下允许不经言词辩论即做出裁判,但法院往往在命令实施假处分的同时,命令申请人在一定时间内向案件管辖法院申请传唤对方当事人,就应否实施假处分进行言词辩论。英国法也有类似的规定。可见,通过增加辩论程序,一方面可以体现程序法意义上的机会均等与防御平等,另一方面可以严格民事保全的审查程序,确保裁决的正当性。[5]

第二,完善适用条件。考察国外的相关规定,申请禁令一般都将造成难以弥补的损害即不能以金钱补偿或不能以金钱标准衡量的损失作为适用条件之一。我国法律也有类似的规定,但这一条件比较抽象,因此,法官的自由裁量余地较大。当然,我们并不反对法官的自由裁量权,否则,民事审判权的运行必然会因丧失社会性而走向司法僵化的深渊。[6]但是法官在行使裁量权时更应该有一个参考,应当在遵守法律的基础上坚持能动、理性的判断与自由裁量。比如在美国,法院在做出禁令前是需要考虑错误成本的,即如果法院错误地拒绝初步禁令会给原告带来的成本,和如果错误地发出初步禁令会给被告带来的成本。这个错误成本甚至细化成一个著名的"汉德

---

[1] 竹下守夫,藤田耕三.注解民事保全法[M].东京:青林书院新社,1996:246.
[2] 郭小冬.论保全诉讼中被申请人利益的保障[J].法学家,2010(2).
[3] 卡尔威因·帕尔德森.美国宪法释义[M].徐卫东,吴新平,译.北京:华夏出版社,1989:235.
[4] 《最高人民法院关于对诉前停止侵犯专利权行为适用法律问题的若干规定》第9条规定:人民法院接受专利权人或者利害关系人提出责令停止侵犯专利权行为的申请后,经审查符合本规定第四条的,应当在四十八小时内作出书面裁定;裁定责令被申请人停止侵犯专利权行为的,应当立即开始执行。人民法院在前述期限内,需要对有关事实进行核对的,可以传唤单方或双方当事人进行询问,然后及时作出裁定。
[5] 孙彩虹.我国诉前禁令制度:问题与展开[J].河北法学,2014(8).
[6] 宋汉林.谦抑与能动:民事审判权运行之相对限度[J].河北法学,2013(2).

法官过错公式"[1]。在英国,如果法官认为普通法上的损害赔偿救济是充分的,那就没有发出禁令的必要。我们认为,在我国,法官在决定是否作出民事保全裁定时,也应对所涉及的利益及作出保全裁定可能引发的后果进行权衡。首先要权衡"裁定保全给被申请人带来的影响与裁定不保全给权利人带来的影响孰大孰小",只有当裁定不保全给权利人造成的损失明显大于裁定保全给被申请人带来的损失,法院才能作出民事保全裁定,而不应仅仅要求申请人提供担保就一了百了。其次,还要衡量个体利益与公共利益之间的得失。若作出民事保全裁定将会影响公共利益,法院就不应支持申请人的请求。再次,法官在做出裁定时,还应衡量损害赔偿的充分程度,即申请人所遭受的损害是用金钱赔偿无法弥补的,法院才有做出保全裁定的必要。为了防止法官裁断的不确定性和不透明性,法律应当通过封闭式的列举方式,界定出哪些侵权类型容易导致当事人造成"无法用金钱弥补的损失"。比如可以在人格权诉讼、家事诉讼、知识产权诉讼、环境公害诉讼等案件中规定,如果侵权事实仍在继续或未来可能发生,即可认定为"不可弥补的损失"。最后,鉴于行为保全裁定的可执行性较差,所以法官还应考虑其请求的可执行性之后才可以作出。

二、优化民事保全的担保制度

从大陆法系国家的立法例上看,一般均规定在被认为适当的时间内,以设立担保作为条件发出保全命令的具体情形。因保全措施是对被申请人财产或行为的限制措施,保全时债权债务关系的存在与否及数额都不确定,为避免对被申请人造成损失且无法弥补,申请人提供担保是题中之意。我国《民事诉讼法》第100条第2款规定,人民法院采取保全措施,可以责令申请人提供担保,申请人不提供担保的,裁定驳回申请。《民诉解释》第152条规定,人民法院在采取诉前保全、诉讼保全措施时,责令利害关系人或者当事人提供担保的,应当书面通知。利害关系人申请诉前保全的,应当提供担保。申请诉前财产保全的,应当提供相当于请求保全数额的担保;情况特殊的,人民法院可以酌情处理。申请诉前行为保全的,担保的数额由人民法院根据案件的具体情况决定。在诉讼中,人民法院依申请或者依职权采取保全措施的,应当根据案件的具体情况,决定当事人是否应当提供担保以及担

---

[1] 该公式是勒尼德·汉德法官在 United States v. Carroll Towing Co. 一案中提出的过失认定公式。

保的数额。按照我国法律规定,权利人申请保全"应当提供相当于请求保全数额的担保",而实践中担保方式多以"财物"为主,提供担保的数额应相当于请求保全的数额。但上述担保规定存在如下问题。第一,如果权利人申请行为保全,既然行为保全是针对"无法用金钱弥补的损失",那么申请人提供担保的数额又该如何确定? 第二,如果申请人无力提供或提供不了等值的财产担保,那么其保全申请就会被驳回。这对于那些需要"及时制止侵权行为的发生或继续,以避免造成难以弥补的损失"的权利人来说无疑是雪上加霜。第三,采用提供"财产"这种单一的担保方式,会有"金钱万能"之嫌,且会间接鼓励申请人依仗财力滥用权利。现在抱有"花钱消灾"想法的人不在少数,尤其是对于一些网络反腐涉及的当事人,财产担保的形式难免会陷入相互威胁、相互利用的怪圈。鉴于此,我们认为目前我国民事保全担保制度需从以下方面予以完善。

(一) 完善担保方式

完善担保方式,采用以财产担保为主、保证人担保为辅的形式。申请人提出保全申请时,法院可以根据案件的性质以决定适用不同的担保形式,一般可以考虑采用财产担保,在确定担保数额时,可以灵活掌握,对于一些特殊案件(对于哪些属于特殊的、可以减少担保数额的案件,法律可以进行明确规定),法院可酌情决定当事人提供少于请求保全数额的担保。另外,可以借鉴《刑事诉讼法》取保候审制度中保证人担保形式,规定下列情形可以采用保证人担保:(1) 申请人无力提供财产担保的;(2) 申请人是未成年人的;(3) 其他不宜采取财产担保形式的。对于其他不宜采用财产担保的案件诸如名誉侵权(包括网络名誉侵权)等案件就可规定不宜采用财产担保。至于保证人的范围,可以借鉴公安部《关于治安管理处罚中担保人和保证金的暂行规定》,下列有固定住址的人可以担任担保人:(1) 申请人的近亲属;(2) 申请人所在单位负责人;(3) 长期居住地街道居民委员会或者村民委员会;(4) 经法院许可的其他公民。[1]

(二) 丰富担保责任的承担方式

从立法惯例上看,之所以立法者比较倾向于采用财产担保,尤其是保证金担保,主要是金钱来得牢靠,因为受"禁令保证金"规则的约束,如果被申请人由于法院错误发出保全命令而遭受损害,则被请求人有权获得该保证金作为损害赔偿。但如果采用保证人担保的形式,其担保责任的承担就需要立法智慧了。我们建议,不妨规定,如果被申请人由于法院错误发出保全

---

[1] 孙彩虹.我国诉前禁令制度:问题与展开[J].河北法学,2014(8).

命令而遭受损害,可以由申请人与保证人一起承担连带赔偿责任;同时还可以将该责任载入其本人的不诚信记录中,以此强化公民的诚信意识。

(三)增加追加担保的规定

日本《民事保全法》有追加担保制度的规定,如申请人增加保全请求或情势发生变化,可能造成被申请人更大损失时,法院可责令申请人追加担保;申请人不追加担保,人民法院可驳回增加保全请求的申请乃至解除保全措施。

(四)反担保的问题

《民事诉讼法》第104条规定,财产纠纷案件,被申请人提供担保的,人民法院应当裁定解除保全。但作为行为保全对象的行为,在很多情况下具有不可替代性,也不能用金钱来替代。因此,法律不允许被申请人提供担保来解除行为保全措施。但是,如果是申请人同意呢?在这种情况下,法律似乎应该规定一种例外情形,即如果被申请人提供担保,申请人同意解除行为保全措施的,人民法院可以裁定解除行为保全。

三、理顺民事保全的执行程序

尽管立法或司法体例上有不同理解,但保全执行与终局判决的执行程序性质一样,皆为审判的有效保障程序。保全措施的具体实施无论是立法上还是实务中一般都援用具体的强制执行措施进行,当被申请人拒绝履行裁定内容时,当事人可以向法院申请强制执行,以保障自己的权利。

(一)执行范围

《民事诉讼法》第102条规定:保全限于请求的范围,或者与本案有关的财物。可见,《民事诉讼法》对行为保全和财产保全的范围作了捆绑式规定,对于这样的规定,很容易在实践中造成误解,认为我国对保全的范围仅限于物,而不及于行为。因为相对于行为而言,物的范围更易确定。同时,这样的规定也易造成操作上的不便。比如,"请求的范围"是指申请人请求采取禁止的方法范围,还是指请求禁止的行为内容?仍依前述"都昌案"为据,"都昌案"中申请人的请求范围是禁止被申请人停止一切涉及侵害申请人名誉权的发帖行为,还是指申请人请求法院采取对被申请人的发帖行为采取删帖、关键词屏蔽、禁止跟帖等方法范围?还有,在环境公害案件中,如果申请人只提出请求被申请人停止污染行为,而未明确需采取的具体禁止方法,那么在实践中法官会不会认为申请人的申请不够明确而予以驳回?我们认为,行为保全的执行范围应该遵循两个原则。一是目的性原则。不管申请人请求的范围是禁止的方法范围还是禁止的行为内容,只要申请人是为了维护自己的合法利益遭受正在进行的且无法用金钱弥补的损失,法院就应裁定准许。二是相关性原则。即行为保全的执行范围应仅限于与争执法律关系密切相关的行为,而不是其所有的相关行为。[1]另外,关于财产保全的执行范围,建议立法应该明确规定保全对象的消极范围。虽然目前司法解释已经明确禁止对影响基本生活或害及个人荣誉的物品进行保全,但是人能否作为保全的对象,仍有深入研讨的余地。

(二) 执行措施

我国《民事诉讼法》第 103 条规定,财产保全采取查封、扣押、冻结或者法律规定的其他方法。人民法院保全财产后,应当立即通知被保全财产的人。财产已被查封、冻结的,不得重复查封、冻结。可见,财产保全的强制执行措施可以直接作用于财产本身,例如,对银行账户可以冻结,对涉及动产或不动产的,可以查封、扣押等。但目前我国《民事诉讼法》尚无系统规定行为保全的配套制度,涉及行为保全的执行,一来缺乏相应的执行措施,二来缺乏应有的保障,倘若被申请人不执行保全裁定,立法上缺少相应的制裁。行为保全所针对的对象是行为,而行为仅是一个抽象的概念,既不能为债务人所有或者支配,也不能作为债务人履行义务所依据的资料,执行法院也不能对之采取执行措施,[2]只能通过对被申请人的人身限制和不履行裁定的严厉惩戒等间接强制执行措施来保障行为保全裁定的执行。从域外的立法惯例看,当事人不履行法院命令时,均可以间接强制方法为之。在英美法系国家,"衡平法院法官有权判令被告为一定行为,或不为一定行为以使判决生效。被告抗拒命令时,得以藐视法庭罪予以惩处,至其服从命令时止"。[3]英国的藐视法庭法令第 14 条第(1)(2)分别规定:故意违反禁令者将受到罚金、监禁等处罚。[4]大陆法系国家多采用处以罚款或者拘留的处罚措施。在我国,最高人民法院在《诉前停止侵犯专利权的若干规定》中对违反诉前责令停止有关行为的生效裁定的行为,规定了相应的法律责任[5],但

---

〔1〕 孙彩虹. 我国诉前禁令制度:问题与展开[J]. 河北法学,2014(8).

〔2〕 孙加瑞. 强制执行实务研究[M]. 北京:法律出版社,1994:85-86.

〔3〕 何孝元. 诚实信用原则与衡平法[M]. 台北:三民书局,1992:158.

〔4〕 (1) In any case where a court has power to commit a person to prison for contempt of court;
(2) In any case where an inferior court has power to fine a person for contempt of court.

〔5〕 最高人民法院《关于对诉前停止侵犯专利权行为适用法律问题的若干规定》第 15 条规定:被申请人违反人民法院责令停止有关行为裁定的,依照民事诉讼法第 102 条(现第 111 条)规定处理。即对其予采取罚款、拘留等强制措施;构成犯罪的,依法追究刑事责任。

该条规定能否适用在其他案件的行为保全执行中,新《民诉解释》对此未予明确,这一问题还有待于最高人民法院未来通过司法解释予以解决,如规定当事人不执行或违反生效的行为保全裁定的,当处以相应的法律制裁。申请人也可以向法院申请采取以下措施:民事拘留、罚款、限制出境等。

（三）时间效力

《民诉解释》第166条规定,裁定采取保全措施后,有下列情形之一的,人民法院应当作出解除保全裁定:(1)保全错误的;(2)申请人撤回保全申请的;(3)申请人的起诉或者诉讼请求被生效裁判驳回的;(4)人民法院认为应当解除保全的其他情形。与《民诉意见》相比,新《民诉解释》废除了保全期限[1],但按照《民事诉讼法》第101条的规定,申请人申请诉前保全,在人民法院采取保全措施后30日内不依法提起诉讼或者申请仲裁的,人民法院应当解除保全。也就是说,申请人申请诉前保全的,该裁定从法院作出之日起30日内有效。但是法律并没有规定,如果申请人在法定的时间内提起了诉讼或仲裁,诉前保全能否直接转化为诉讼中保全。按照最高人民法院《诉前停止侵犯专利权的若干规定》第14条的规定,停止侵犯专利权行为裁定的效力,一般应维持到终审法律文书生效时止。人民法院也可以根据案情,确定具体期限;期限届满时,根据当事人的请求仍可作出继续停止有关行为的裁定。针对我国诉前保全在司法实践中的运用,我国法律有必要就以下问题作出回应:第一,诉前保全与诉讼保全的转化问题;第二,诉前保全的有效期问题。我们认为,毕竟诉前保全和诉讼中保全的申请时间、申请条件与审查程序都是不同的,法律不可模糊二者的区别而在司法实践中自动予以转化。关于我国诉前保全的稳定性,之前也有学者予以了关注。[2]从法理上看,对于一些特殊纠纷,需要法院依实际情况在裁判之前做出临时性、创设性、展望性处理。而另一方面,诉讼进程和案件事实总是不断发生变化的,为了适应发展变化,在做出裁决之后,必要时也可以对裁决进行变更甚至撤销。[3]由于诉前保全是单方申请又未经庭审而迅速做出的保全措施,难免发生错误,因此,应当明确其有效期和可撤销性。如在英国,法院作出的未经通知被告的临时禁令,其有效期极短,一般仅为5天至1周。[4]在美国,禁令是可以随着后来情况的变化加以更改的。如果只是针对申请人

---

[1]《民诉意见》第109条规定:诉讼中财产保全效力一般应维持到生效法律文书执行时止。

[2] 刘晴辉.正当程序视野下的诉前禁令制度[J].清华法学,2008:(4).

[3] 杨荣馨.民事诉讼原理[M].北京:法律出版社,2003:642.

[4] 沈达明.比较民事诉讼法初论(下册)[M].北京:中信出版社,1991:227.

单方证据进行审查而做出的临时性禁令,那么其有效期仅能持续 10 天,直到举行双方能够对抗的预备性禁令听证会为止。[1]另据美国《联邦民事诉讼规则》第 65 条第 2 款的规定,当申请(临时禁令的申请)被审理时获得临时禁令的当事人应继续申请预备性禁令,如果该当事人不申请,法院应撤销临时禁令。[2]所以,要解决我国诉前保全稳定性强的问题,法律需要赋予被申请人在一定时间内提出撤销该保全裁定的权利。

四、强化民事保全的救济程序

民事保全的救济程序主要体现在当事人提出异议的权利以及因错误保全所受损害获得赔偿的权利。《民事诉讼法》第 108 条规定:当事人对保全或者先予执行的裁定不服的,可以申请复议一次。复议期间不停止裁定的执行。《民诉解释》第 171 条进一步明确规定:当事人对保全或者先予执行裁定不服的,可以自收到裁定书之日起五日内向做出裁定的人民法院申请复议。人民法院应当在收到复议申请后十日内审查。裁定正确的,驳回当事人的申请;裁定不当的,变更或者撤销原裁定。立法虽然赋予了当事人不服保全裁定的复议权利,但复议法院仍然是做出裁定的法院,若仍采取单方书面审查就难以突破原来的思维模式,往往也难以发现原裁定的错误。虽然我们并不同意对民事保全裁定提出上诉的程序设置,但至少应该在复议程序中引入言辞辩论的对审原则,双方当事人可以就民事保全适用的合法性、实际状况等方面进行辩论。这不仅在救济制度上给予双方当事人平等的辩论机会,而且也通过双方的辩论给法院提供新的判断,重新审定保全裁定的正确性,及时纠正错误,避免给当事人带来更大的损失。

此外,对于因错误保全从而导致被申请人所受损失如何赔偿的问题,应分为两种情形予以考虑,一种是《民事诉讼法》第 105 条规定的,申请有错误的,申请人应当赔偿被申请人因保全所遭受的损失;另一种是因保全措施不当引致的国家赔偿。根据《国家赔偿法》第 38 条的规定,人民法院在民事诉讼、行政诉讼过程中,违法采取对妨害诉讼的强制措施、保全措施或者对判决、裁定及其他生效法律文书执行错误,造成损害的,赔偿请求人要求赔偿

---

[1] 杰弗里·C.哈泽德,米歇尔·塔鲁伊.美国民事诉讼法导论[M].张茂,译.北京:中国政法大学出版社,1998:165.

[2] 美国联邦民事诉讼规则、证据规则[M].白绿铉,卞建林,译.北京:中国法制出版社,2000:103.

的程序,适用本法刑事赔偿程序的规定。因申请错误引起的赔偿责任,在实践中并不限于申请人和被申请人之间,还可能发生在申请人和案外人之间,案外人因申请人的申请错误所受的损失,同样是一种损害赔偿法律关系。对此,法律没有规定,案外人理论上应当按照一般的侵权损害赔偿提起诉讼,但脱离了本案民事保全法律关系,不方便当事人诉讼和法官审理,法律应将其作为民事保全程序产生的案件,与德、日等大陆法系国家立法例一致,明确由保全法院管辖、审理。[1]

---

[1] 黄文艺.比较法视域下我国民事保全制度的修改与完善[J].比较法研究,2012(5).

专题七

民事审级制度研究

第一节

民事审级制度概述

一、审级制度的概念及其原理

（一）审级制度的概念

审级制度是司法制度的重要内容，不论在刑事诉讼、行政诉讼还是民事诉讼中，审级制度体现着程序制度的基本理念，实现着对程序公正性的保障。审级制度的概念，从不同的角度可以对它进行不同的界定。有学者认为，民事诉讼中的审级制度是指按照法律的规定，一个民事案件需要经过几个不同级别的法院审理，裁判才产生既判力的制度。[1]有学者定义，所谓审级制度，是指法律规定的审判机关在组织体系上的层级划分以及诉讼案件须经几级法院审理才告终结的制度。[2]也有学者从我国现行"审级制度"即"两审终审制"直接做出定义或解释，认为我国的审级制度——两审终审制是指"案件经过两级法院审理就告终结的制度"。然而，考察立法者的初衷，对我国审级制度的完整表述应为"以两审终审为原则，以审判监督程序为补充（或特别救济）"。因而，我们更同意另一版本的解释："当事人对第一审地方各级人民法院作出的裁判不服的，可以在法律规定的有效期间内，向上一级人民法院提起上诉，经过上一级人民法院审理裁判后，对该案件的审理宣告终结，裁判发生法律效力，当事人不服的也不能再提起上诉。已经生效的判决确有错误的，可通过审判监督程序加以纠正。"[3]

（二）审级制度的原理

审级制度是一国司法制度的重要组成部分，它的设立主要根源于审判

---

[1] 杨荣新,乔欣.重构我国民事诉讼审级制度的探讨[J].中国法学,2001(5).
[2] 章武生.我国民事审级制度之重塑[J].中国法学,2002(6).
[3] 张卫平.民事诉讼法教程[M].北京：法律出版社,1997：90.

制度本身是一种所谓"不完善的程序正义"。美国著名哲学家、伦理学家罗尔斯在《正义论》中写道:"即便法律被仔细地遵循,过程被公正、恰当地引导,还是有可能达到错误的结果……在这类案件中,我们看到了这样一种误判:不正义并非来自人的过错,而是因为某些情况的偶然结合挫败了法律规范的目的。不完善的程序正义的基本标志是:当有一种判断正确结果的独立标准时,却没有可以保证达到它的程序。"[1]此处存在的"判断正确结果的独立标准",即罪犯被判定有罪,无辜者不致被误判。"偶然结合"大概包含了对审判程序和人的认识能力本身的无法避免的先天局限性在具体的审判过程中不定时的实际的暴露。[2]在解决社会纠纷的诸种途径中,司法权处于终局性地位,即司法权能够对司法外的纠纷解决方式进行监督和制约,而司法外的纠纷解决方式不能对司法权进行监督和制约。如果当事人在通过司法外的途径(如调解或仲裁)解决纠纷时,认为自己的权利受到了侵害,那么,当事人还有通过司法权获得司法救济的可能性和机会。但如果在通过司法途径解决纠纷的过程中,法官滥用职权、徇私枉法从而对当事人的权利构成危害,此时当事人如若不能在司法权力体系内获得救济,也就失去了获得最终救济的机会和可能性。可见,审判制度作为一种"不完善的程序正义"为审级制度的设立提供了无可置疑的必要性,既然一审的错误是不可避免的,那么,再设计一审之上的复审程序以逐渐压缩误判的可能性。这意味着,在制度安排上,一个审级不能保证实现诉讼实体正义,设置多个审级,可以使法院裁决在多个层次的司法理性判断中更趋于合理,从而有效地减少下级法院不当或违法裁决。

审级制度的产生与设定也与民事诉讼的基本理念特别是公正与效率的两大价值目标密切相连。司法公正与司法效率两种价值可以和谐共存,但又经常处于深沉的张力之中。一方面,司法公正优于司法效率。"公正(正义)是社会制度的首要价值,正像真理是思想体系的首要价值一样……某些法律和制度,不管它们如何有效率和有条理,只要它们不正义,就必须加以改造或废除。"[3]在司法权运行过程中,其他价值如效率、安全、秩序等都要服从于公正价值。另一方面,司法公正以司法效率为补充。如果司法是一种没有效率的公正,那么,对于当事人来讲,就意味着法律关系在长期不确定状态下,诉讼成本的无限增加。所以才有"迟来的正义是非正义的"这句

---

[1] 约翰·罗尔斯.正义论[M].何怀宏,等,译.北京:中国社会科学出版社,1988:81.
[2] 章武生.我国民事审级制度之重塑[J].中国法学,2002(6).
[3] 约翰·罗尔斯.正义论[M].何怀宏,等,译.北京:中国社会科学出版社,1988:1.

法律名言。就法院审级制度而言,在制度安排上,法院审级越多,当事人获得司法救济的机会就越多,实现司法公正的可能性就越大,但容易导致司法效率低下;当然,法院审级越少,司法效率相应提高,但容易使当事人获得司法救济的渠道过窄,不利于实现司法公正。因此,法院审级制度并不是以司法公正或司法效率作为单一的价值追求,而是在两者之间求得平衡,从而使法院审级制度在制度层面上体现公平、正义。由于对诉讼公正与诉讼效率存在不同理解,因此对于诉讼公正与诉讼效率平衡点的设定也不尽相同,这也正是不同国家规定了不同的审级制度的重要原因。那么,到底设置多少审级才是恰当的? 国外有学者言:一个公平的法律程序组织可以最大限度地增加作出公正的决定的可能性。程序正义的原则以及关于公平的法律程序的信念和这个组织在任何实际的决定中实现实质性正义的可能性上所起的作用,应当由经验加以证实。[1]

二、审级制度的功能

"功能概念是指属于总体活动一部分的某种活动对总体活动所作的贡献。一种活动之所以持续下来,是因为它对整体生存是必要的。"[2]

(一) 民事审级制度的制约功能

在民事审级制度中,审判资源的有限性决定了审判程序的启动不是任意的,而是需要符合法定的条件,这样才符合公正与效率的要求。民事审级制度的制约功能主要表现在以下方面。

第一,对上诉审启动条件的限制。为了保证初审裁判的应有权威,同时防止当事人对上诉权的滥用,各国均对上诉审程序的启动设置了一定的准入门槛,即上诉的条件。上诉的条件又包括两种:第二审上诉的条件和第三审上诉的条件。在第二审上诉条件上,由于第二审属第一次上诉,为了充分保障当事人上诉权的实现,法律对第二审上诉条件的限制相应较小。但在实行三审终审制的国家,由于第三审属第二次上诉且属法律审,因此普遍对第三审上诉条件的要求较为严格。

第二,对审判模式的制约。在实行三审终审制的国家,三个审级法院的职权分工和功能各不相同。第一审法院的主要功能职责是行使案件的初审

---

[1] 麦考密克,砚田贝尔.制度法论[M].周叶谦,译.北京:中国政法大学出版社,1994:262.

[2] 威尔逊.功能分析介绍[J].国外社会科学,1986(10).

审判权,第一审是事实审的起点和重点。第三审基本是纯粹的法律审。相比之下,第二审的模式特点颇为模糊,既非典型的事实审,也非典型的法律审。由于初审案件有小额事件、简易事件和普通事件之分,为实现案件的繁简分流,体现费用相当性原则,方便群众诉讼,初审法院又有不同的设计。在采用四级三审制的国家,初审法院通常包括两个审级:基层法院和上一级法院。基层法院定位为简易法院,审理简易、小额案件。其上一级法院设计为普通案件的一审法院,同时享有简易案件(即基层法院审理案件)的上诉管辖权。从目前世界各主要国家的立法例来看,在确定民事诉讼第一审与上诉审的关系上,主要有三种不同的模式,即复审主义模式、事后审主义模式和续审主义模式,三种不同的上诉审模式体现着不同的审级制约关系。一般而言,中级上诉法院与最高法院均为上诉法院,行使复审管辖权。复审程序的功能不仅体现在纠正错误的个案裁判上,而且体现在给下级法院解释和适用法律做了示范,这就在较大范围内起到了统一法律适用的作用。日本学者三月章教授认为,允许上诉的各种事件,顺次接受呈金字塔状的各级法院的审判(这称为审级制度),而最终则以接受唯一的最高法院的审判为原则,以此来避免不同的法院对法令做出不同的解释或适用的问题。因此,上诉制度还具有统一法令的解释、谋求安定的法律生活的使命。在并称为第二个事实审的第二审中,上诉的第一目的(即纠正错误裁判)比较突出;而到了所谓法律审的第三审,则第二目的(统一法令的解释)明显优先。[1]

　　第三,对裁判范围的制约。在审级制度中,上下级法院之间的关系架构是通过法律明确各自的职能配置确定的,通过职能配置以实现不同审级的职能分层,由此划定上下级法院之间的权力界限。无论是下级法院还是上级法院,均应在各自职能范围内行使权力。在英美法系国家,法律一般均规定,当事人提出上诉只能针对在原审中已经提出过异议的事项,故上诉审法院对于上诉案件的处理便被限定在异议的范围之内。而大陆法系国家,上诉审基本上界定为续审制模式,这就决定了其审理对象为法律审兼事实审,也就是说上诉审不仅解决法律问题,同时还肩负着纠正初审认定事实错误的任务。而对于第三审,由于案件的事实问题已经第一审及第二审的反复调查和复审,已足以保障当事人的正当权益,故第三审一般不再考虑。

　　第四,对裁判方式的制约。在审级制度中,上诉审法院经过审理,会作出维持原判、发回重审或者改判等不同的裁判方式。而在上诉审的裁判方式上,发回重审最能直接反映上诉审对初审裁判的制约功能。正因如此,基

---

〔1〕 三月章.日本民事诉讼法[M].汪一凡,译.台北:五南图书出版公司,1997:515.

于诉讼公正和效率的价值追求,各国法律规定,上诉审法院发回重审的案件一般应满足以下要件:(1)原审法院在审理程序或者事实认定方面存在重大的瑕疵;(2)该重大的瑕疵无法由第二审法院直接予以弥补或矫正;(3)通过发回重审可达到维护当事人利益和司法统一的目的。

(二)民事审级制度的保障功能

首先,按照审判公正原则的要求,诉讼程序的参与者限定为法官和当事人,而诉讼程序也为其运行的每一个环节和相关过程设定了与其角色地位相适应的活动规则,这样就为纠纷的解决营造了相对独立的制度空间,也使纠纷的解决过程具有了一定的封闭性,从而可以排除各种法外因素的影响,只考虑与本案有关的事实和法律。

其次,在法院审级制度运行过程中,对于案件的事实问题和法律问题的认定是通过不同审级法官在各自所处的审级程序中完成的。在事实认定方面,初审法官充分听取当事人双方的辩论意见,并对双方提交的相关证据进行审查认定,根据事实和法律作出裁判。上诉审法官也会基于同样的程序对案件事实问题作出判断。这就使一个案件的事实经过了两个审级的认定,至少从司法经验层面来理解是可以达到法律真实程度的。在案件的法律问题方面,在法院审级制度中一般要经过两个审级的法官进行判断,具有重要法律意义的法律问题则要经过三个审级的法官进行判断。因此,无论是在纵向结构上(即上下审级法官之间),还是在横向结构上(即法官与当事人之间),审级制度都为法官对案件事实问题和法律问题的正确判断和当事人对这一判断的认可与接受提供了条件,从而为实现法官形成客观性的司法判断以及当事人获得认可服从司法判断的心理提供了制度性的保障。

再次,根据司法独立原则对审级独立的要求,法院作为司法机关,在自己的审级中应当独立审理和裁判案件,法院对自己审理的案件有独立判断并作出认定的权力,上级法院不能对下级法院的审理发布命令或指示。下级法院也没有义务将自己案件的审理情况报告给上级法院,或者谋求从上级法院得到如何审理某一个案件的具体指示,然后按照上级的指示去处理案件。对下级法院裁判的案件,上诉审法院只能在当事人提出上诉请求后,才能受理并开始上诉审的审判活动。因此,上下级法院之间各自的决策过程是完全分离和独立的,以此来保障审级制度的实效性。只有上级法院对下级法院的初审案件没有任何偏见,也不存在先入为主的意念,才能确保一个案件经上下不同审级法院先后数次审判后被作出公正的裁判。因此,上诉审程序不是初审程序的逻辑延伸,而应是一个超然于初审且对初审审判活动具有监督属性的审判机制。

(三) 审级制度的社会控制功能

社会控制(social control)作为社会学的一个重要概念,最初是由美国学者罗斯提出来的,他指出:"社会控制在其真实意义上说,它是历史传统和社会团体的保障;它不仅是现在的人所从事的工作的保护者,而且是过去的人为后代所从事的工作的保护者,它不仅是无数的人最珍贵财产的保护者,而且是人类精神财富的保护者——即是人类自己自由从事和享受的各种发明和创造、艺术和科学、令人愉快的工作和探索医疗疾病的奥妙等等的保护者。"[1]布莱克认为:"社会控制是社会生活的规范方面。社会控制规定了不轨行为并对这种行为做出反应,它规定了什么是应当的,什么是对或错,什么是违反、责任、反常或扰乱。"[2]

法院审级制度通过纵向的制度安排,使上诉法院或终审法院具有了终局性的法律权威,尤其是通过终局性的司法裁决向社会成员宣示了当事人之间的权利与义务分配方案以及这一方案所隐含的法律价值,使当事人和社会成员获得了认同和服从的心理基础。美国联邦最高法院一位大法官对这种心理基础做出了形象化的解释:"我们不是因为正确而权威,而是因为权威而正确。"[3]在法院审级制度中,各级法院之间尽管存在着职能分工,尽管纠正不当裁决的职责在上诉法院或终审法院,但正义仍然是司法的终极目标。审级制度通过上下级法院之间的监督机制,促使各级法院依法公正审理;通过上诉审的纠错机制,及时纠正错误裁判;通过上诉法院或终审法院的终审裁决统一法令的解释,来体现整个司法体系和整个社会的集体信仰——维护社会正义,从而使司法权威与司法角色行为结合起来,实现司法对社会的有效控制。

三、审级制度的类型

民事审级制度是民事诉讼的基本程序制度,因此,各国均通过立法的形式确立了各自的审级制度以及具体内容和基本功能,并由此产生了不同的审级制度。纵观当今世界各国的审级制度,主要有一审终审制、两审终审制、三审终审制以及混合的审级制度。其中四级三审制或三级三审制为主要的两种类型。尽管基于不同的历史传统,各国的具体审级结构和复审模

---

[1] 罗斯.社会控制[M].秦志勇,译.北京:华夏出版社,1989:335.
[2] 布莱克.法律的运作行为[M].唐越,等,译.北京:中国政法大学出版社,1994:123.
[3] 佩里.择案而审[M].傅郁林,译.北京:中国政法大学出版社,2010:译者序.

式有较大差异,但现代审级制度在实质上又体现着相同的原理,或相似的功能配置方式。即均为三审终审的金字塔型(或称圆锥形)审判系统,且三审法院分别由初审法院、上诉法院(又叫第一级复审法院、中级上诉法院)、最高法院(又叫第二级复审法院、终审法院)构成。在法院系统中,数量众多的初审法院居于金字塔的底层,数量较少的上诉法院居中,唯最高法院居于金字塔的顶端。目前,世界上实行两审终审制的国家已为少数和例外。[1]

在西方国家,三审终审制为主要类型。以美、英为代表的英美法系国家一般实行的是三审终审制。例如在美国,联邦法院系统由地区法院、上诉法院和最高法院组成,当事人不服地区法院判决的,可以向上诉法院上诉,对上诉法院的判决再不服,经上诉法院或最高法院同意,还可以上诉到联邦最高法院。英国的民事法院系统由郡法院、高等法院、民事上诉法院和上议院组成,当事人不服郡法院和高等法院的判决,可以向上诉法院上诉,对上诉法院的判决再不服,还可以向上议院上诉,上议院是终审法院。然而,大陆法系国家对民事诉讼审级制度的规定并不统一。如在法国,原则上实行的是三审终审制,即对基层法院的判决不服可以逐级上诉到最高法院,但同时对有些民事案件实行一审终审制,对有些民事案件实行两审终审制。德国的做法与法国基本相同。日本实行三审终审制,但其区分不同的情况,分为控诉、上告和抗告。

在社会主义国家,民事诉讼的审级制度一般都规定了两审终审制,即对第一审法院的裁判不服的,当事人可以向该法院的上一级法院上诉,如苏联、罗马尼亚等,我国的《民事诉讼法》也规定了两审终审制。[2]我国实行"两审终审制",这是1954年确立的现行审级制度。对此,理论界一般认为,确立两审终审制的理由有:"第一,可以减少当事人的讼累,方便当事人进行诉讼……审级过多,会使民事关系长期处于不稳定状态……第二,可以使高级法院和最高法院摆脱审理具体案件的工作负担,集中精力搞好审判业务的指导监督;第三,我国的审判监督程序可弥补审级少的不足……第四,第三审仅作书面审和法律审,对案件事实部分不予过问,因而作用极为有限。"[3]况且,我国地域广阔,很多地方交通并不十分发达,多审级会给当事人双方造成大量人力、物力和财力上的巨大浪费,实行两审终审,绝大部分

---

[1] 章武生.我国民事审级制度之重塑[J].中国法学,2002(6).

[2] 《中华人民共和国民事诉讼法》第10条规定:人民法院审理民事案件,依照法律规定实行合议、回避、公开审判和两审终审制度。

[3] 常怡.民事诉讼法学[M]//江伟.民事诉讼法学原理.北京:中国人民大学出版社,1999:333.

民事案件可在当事人所在辖区解决,可以方便诉讼,减少讼累。由此可见,我国的两审终审制更多的是考虑了诉讼效率和诉讼经济的原则。

总之,不同国家的立法者根据本国的实际情况,对审级制度设立的目的各有倾向,但无外乎出于以下的考虑,即以通过审级制度纠正法院的错误裁判来达到公正的诉讼理念,以通过尽量少的审级审结民事案件而达到高效与经济的诉讼目标,同时通过较高审级的法院对法律的权威解释而达到法律适用的统一。[1]

---

[1] 杨荣新,乔欣. 重构我国民事诉讼审级制度的探讨[J]. 中国法学,2001(5).

第二节 比较法视野下的民事审级制度

一、法院体系

根据国家结构关系的类型,可以将国家划分为单一制国家和联邦制国家。单一制国家是指一个国家,其主要政府机构,立法、行政和司法,对本国领土上所有地区和所有人在所有方面均拥有权力,地方政府的权力不是由宪法分配的而是由中央政府委托的,在法律意义上仍属于中央政府;联邦制国家是指一个国家的政府制度中同时存在一个联邦或中央政府和一些州或省立法与行政机关,联邦和州政府的权力都来自联邦宪法,在特定范围内都是最高的,都直接对人民起作用。[1]

(一)单一制国家的法院体系及其职能划分

以法、意、日等国为代表的单一制国家,司法权隶属于中央,实行统一的法院体系,地方政府无权设立地方法院。

在法国,法院体系由基层法院、上诉法院、最高法院构成。基层法院包括大审法院、小审法院、商事法院、劳动法院、社会保障法院、农事借贷租赁法院等专门法院以及轻罪法院、重罪法院和违警法院等。除专门法院管辖的案件外,第一审民事案件主要在大审法院与小审法院之间分配,不服其裁决可以上诉至第二级法院——上诉法院。法国的上诉法院与其他国家的上级法院不同,它并不受理和审理一审案件,只审理上诉案件并对上诉案件具有排他性审级管辖权。最高法院是法国最高的审判机关,但对于上诉案件,最高法院不对案件进行实体上的审理,主要是审查案件适用法律是否正确,不对事实做出判决。通俗地说,最高法院只审法律,不审事实。其所做出的

---

[1] 沈宗灵.比较宪法——对八国宪法的比较研究[M].北京:北京大学出版社,2002:124.

判决只是撤销,而非修正。另外,最高法院不仅仅是一个第三审法院,它还有一项基本任务,就是通过审理案件保证法律的统一适用。

　　日本的法院组织系统分为最高法院和下级法院两大类。下级法院又分为高等法院、地方法院、家庭法院和简易法院四种。日本最高法院是最高的审判机关,不但是民事、刑事以及行政案件的终审法院,具有对一切法律诉讼上告审的审判权,而且,在解释和运用法律方面,具有掌握、判例、统一的职能。它还拥有对违宪行为的审查权。除了行使最高审判权,最高法院还具有统辖司法组织、管理司法制度等司法行政权限。还可以制定有关诉讼程序、律师、法院内部纪律以及司法事务处理等事项的规则。这些规则对检察官、律师、法院以及诉讼当事人都有约束力。最高法院还掌握着下级法院的人事任免权。高等法院除行使部分案件的一审管辖权外,在民事方面还负责受理对地方法院第二审判决以及简易法院判决的上告。日本初审法院包括简易法院和地方法院两级。日本地方法院作为主要的基层法院,是普通民事、刑事案件的初审法院。但是,它作为简易法院的上级法院,在一定范围内对某些上诉案件享有管辖权。简易法院行使简易案件的初审管辖权和小额案件的管辖权。

　　意大利的法院组织系统设宪法法院、行政法院和普通法院。普通法院系统分为民事和刑事两类,由治安法官、地方法官、地区法院、上诉法院和最高法院构成。治安法官仅享有一定的民事管辖权,其他各级法院分级受理案情轻重不同的民事、刑事案件。上一级法院是下级法院的上诉法院,最高法院拥有最终审判权。

(二) 联邦制国家的法院体系及其职能划分

　　在联邦制国家,司法权分属于中央和地方,从而形成了联邦和各州两套法院体系。

　　在这方面,以美国最为典型。在美国,联邦法院系统包括联邦最高法院、联邦上诉法院、联邦地区法院以及联邦特别法院;州法院系统包括州最高法院、上诉法院、初审法院。其中,对于州最高法院审理的终审案件,如果涉及联邦制重大问题,可以上诉至美国联邦最高法院。美国由立法院对本国划分94个联邦地区法院,并将这些地区法院又划分成11个巡回审判区以及哥伦比亚特区巡回审判区和联邦巡回审判区,并在这13个区中分别设置一个联邦上诉法院,共同组成联邦上诉法院。联邦地区法院作为最基层法院,也是各案件的一审法院,主要负责事实审,对地区法院作出的判决不服有权向上诉法院提起上诉。上诉法院对于受理的上诉案件仅展开法律审,原审法院已判定的案件事实部分不在上诉审的审查范围内。当事人如果对联邦上诉法院所做的判决仍不认同,可上诉到联邦最高法院行使三审程序的上诉权。但最高法院并非对所有提起二次上诉的案件皆予审理,要对案件本身所涉及的法律问题的重要性以及所涉及的公共利益情况判断分析后,最终决定是否接受上诉请求。通常情况下只有少数案件到三级法院审理后方才产生生效判决。美国的地区法院是设置于各州中的初审法院,一共设置了94个联邦地区法院。州最高法院即该州内的终审法院,全国各州共有53个。美国各州对地区法院审理的一审裁判上诉案件会由上诉法院负责审理,对大多数案件的终审判决是由上诉法院做出的。美国的初审法院依其司法权限不同,划分为一般管辖权以及专门管辖权。

德国虽为联邦制国家,但其法院体系更具有单一制国家法院体系的特征。在德国,设立了互不隶属的普通法院、行政法院、劳动法院、社会法院、财税法院五个法院系统。每个系统分别设立了各自的联邦最高法院、州高等法院、州法院、区法院。级别从高至低依次是联邦法院、州高等法院、州法院和区法院。联邦法院是普通法院系统中的最高法院,主要承担着监督下级法院统一适用法律的责任。联邦法院不仅是复审法院,还对一些案件享有管辖权。州高等法院主要受理不服州法院判决的民事和刑事上诉案件。一般情况下,州高等法院的判决是终审判决,特别少数的重大案件才能上诉至联邦最高法院。州法院对民事案件享有一审和二审管辖权,而对商事案件享有第一审管辖权,对不服区法院一审判决的案件享有上诉管辖权。区法院在审理民事案件时由法官独任审判。从程序上看,一审程序侧重于解决个案纠纷;二审程序主要用于纠正一审错误的同时,实行全面审查。

英国的法院组织体系,从层级关系上大致可以划分为中央法院与地方法院。上议院、枢密院司法委员会以及最高法院组成英国的中央法院;皇家刑事法院、上诉法院以及高等法院组成英国的地方法院。若从对事管辖权的角度划分,可以划为刑事法院与民事法院两大系统。不论是民事案件还是刑事案件,它们的最高上诉法院是英国上议院,该法院做出的裁判结果为终审生效裁判,行使着英国最高的司法审判权,是英国法院体系中最高级别的审判机关。对于民事纠纷,英国划分了四级法院组织,从上到下包括上议院、民事上诉法院、高等法院、郡法院。郡法院有权对一般的民事纠纷适用一审程序行使民事审判权。上议院和上诉法院都有权审理当事人提起的上诉案件(上诉法院与上议院都是英国的上诉法院,一般情况下仅审理上诉案件)。就重大、复杂的民事纠纷,英国的高等法院有权适用一审程序予以审判,对于郡法院的初审判决也有权依上诉审程序进行审理。英国的《民事诉讼法》规定:"当事人对郡法院的一审判决有异议的,有权上诉至高等法院;

不服高等法院的一审判决有权向上诉法院提起上诉;如果当事人不服上诉法院作出的二审判决,可以向上议院再次提起上诉。"[1]

无论是哪一种法院组织体系,都呈现出两方面的制度性特征。一方面,最高法院居于法院体系的顶端,享有终审权,这样有利于维护国家法制的统一;另一方面,法院成为中央与地方权力结构关系的"调控器"。[2]在司法领域,应最大限度地保证中央立法机关制定的法律在全国范围内得到一体化遵行,即使是在联邦制国家如美国也是如此,并在制度安排上确立了联邦司法至上原则,即"联邦最高法院可以审理由当事人不服各州最高法院判决而上诉的案件。这样就沟通了联邦制的双重主权和重叠统治系统,并使得美国模式的联邦制多套司法体系得到了联结。如果联邦最高法院不能确立全国的最高司法权威,那么就根本不可能确立和维护整个联邦政府在这个国家结构中的最高地位"[3]。

二、审级制度

域外国家特别是西方发达国家在审级制度的设置上,多为四级三审制或三级三审制。即便在立法技术上,各国也存在着一定的差异,但立法者做出这种选择的原因,多是寻求维护法院组织体系下层级制度的平衡。其制度特征体现为以下方面。

(一)以三审终审制为主的多元化审级制度

设置审级制度一般需要考虑两方面内容:一个是要实现纠正错误裁判,实现实体公正的审级制度功能;一个是要以较少的审级制度审结案件实现诉讼高效与诉讼经济,最终以高级别法院形成的终审判决来实现法律的统一适用。虽然西方发达国家普遍采用三审终审制,但在这种审级制度下并不意味着所有的民事纠纷均需经过三级法院的审理后方可产生生效的裁判,而是在坚持三审终审制原则的同时,还有两个重要的选择:一是对简易和小额纠纷案件实行一审终审制,一经一审法院做出裁判后即产生既判力,以提高诉讼效率。如在法国,对诉讼标的额在13000法郎以下的案件,判决后不得上诉。依据德国《民事诉讼法》的规定,案件争议的标的额低过1500

---

[1] 侨欣,郭纪元.外国民事诉讼法[M].北京:中国政法大学出版社,2002:9.

[2] 尹彦久.法院审级制度研究[D].吉林大学,2011:44.

[3] 郭殊.中央与地方关系的司法调控研究[M].北京:北京师范大学出版社,2010:222-223.

马克的,当事人就不被给予上诉权。另一个选择是,只有对法律发展具有重要意义的案件才实行三审终审制,大多数民事纠纷适用两审终审制。即除小额财产纠纷适用一审终审制以外,多数案件实行二审终审制,以此对当事人实行司法救济,纠正下级法院错误判决,促进纠纷依法妥当处理。如在美国,同样针对小额的民事纠纷设置了小额诉讼程序。各州在程序立法上,对于小额诉讼程序或采用一审终审制,或实行二审终审制,在程序效果上让这类民事纠纷的审级设置成了三审终审制度下的特殊情况,同时也体现出审级制度设计上的灵活性和多样性。灵活的审级制度可以在寻求司法公正与效率的同时,针对不同的案件类型,对公正与效率的价值选择方面进行适当调整。

(二)第三审为法律审

虽然西方国家普遍选择三审终审制作为本国的民事审级制度,但都明确划分各级法院对于案件的审查范围,规定了法律审与事实审的权限范围。一般的审级设置中,一、二审为事实审和法律审,而第三审则通常是纯粹的法律审。"各国最高法院都只限于审查法律事项,排除对事实问题的考虑。其理由,一是通过减少最高法院的审查范围而控制最高法院的规模;二是防止刺激当事人寻求更高一级救济从而架空下级法院调查事实的功能;三是因为事实问题不像法律问题那样具有普适性和实现统一的可能性,对于无法确定的事实问题做出前后反复、相互冲突的评价,其结果只不过是将不同法官对同一事实的不同评价公之于众而已,反而有损于司法统一和权威。"[1]相对于事实审查形式,法律审是规定上诉法院在审查原审案件时,仅对原审程序中法律适用的正当性进行核查,并不涉及案件事实部分的调查。在大陆法系的国家中,大多会规定二审法院就上诉审查范围限定在案件的事实认定之外的法律适用审查问题。对二审审理结果有争议的,只能以二审法院对法律的适用不适当为二次上诉的事由向第三审法院上诉。如法国《民事诉讼法》就规定,当事人向最高法院提出二次上诉,要求启动第三审程序审理案件的,最高法院仅就案件的法律适用的正当情况进行审理。英国的《民事诉讼法》也规定,英国上诉法院的上诉审查范围仅限于法律适用的正当性。可见,在第三审的审级制度设置上,各国都以实现法律适用的统一为最终的司法目标。

(三)严格限制二次上诉,兼顾公正与效率之间的平衡

虽然采用三审终审制,但大多数国家都对案件进入第三审程序做了严

---

[1] 傅郁林.民事司法制度的结构与功能[M].北京:北京大学出版社,2006:10.

格的限制。在审级制度运行过程中,上级法院尤其是终审法院担负着纠正下级法院法律适用不当的监督功能,从这个角度看,进入第三审的案件数量越多,获得纠正的机会就越多。但是受司法资源稀缺的限制,不可能所有的案件都能进入第三审。如德国的《民事诉讼法》中就规定,对于涉及非财产性诉讼的案件,仅限州高等法院在宣告判决时才享有上诉权。关于财产权诉讼案件,标的额大于6万马克,但案件不具备原则性重大意义的,第三审法院可以不受理上诉。在美国,联邦最高法院在第三审中不仅只是针对案件进行法律审,而且有相当多的案件未能进入第三审,从而丧失了司法救济的机会。那么,在这种情况下,就需要平衡普遍公正与个案公正之间的关系。在美国,法官也"承认忽略掉了许多他们认为并没有被做出正确决定的案件,因为他们最主要的职能不是确保个体正义的实施,而是澄清法律,使法制统一,从而整个司法系统得以确保正义的实现"[1]。可见,把第三审的功能定位在维护普遍公正与法律适用的统一上,这种制度安排既考虑到维护司法公正,又兼顾司法效率;既注重纠纷的解决,又兼顾法律的发展和公民权利体系的拓展,从而在司法公正与司法效率、解决纠纷与法律发展之间实现了平衡。[2]

---

[1] 佩里.择案而审[M].傅郁林,等,译.北京:中国政法大学出版社,2010:215.
[2] 尹彦久.法院审级制度研究[D].吉林大学,2011:44.

第三节
我国审级制度的历史沿革及其基本内容

一、我国审级制度的历史沿革

（一）新中国成立之前的审级制度

自清朝晚期，为了适应世界司法文明发展的潮流，中国开始引进域外国家的审级制度。1906年清政府进行官制改革，在国家机构体系内首次设置了独立的不再依附于行政机构的审判机构，初步确立了四级三审制。在中央，将刑部改为法部，既具有司法行政职能，如管理监狱、执行刑罚、监督各级审判机关，同时还具有审判职能，如对大理院和高等审判厅判决的死刑案件进行复核，将大理寺更名为大理院，成为国家最高审判机关。在地方，分别设立高等审判厅、地方审判厅和初级审判厅。由于实行三级终审制，因此，高等审判厅不审理初审案件，专司上诉案件，审判庭实行合议制；地方审判厅专司初审案件和上诉案件，审判庭根据案件审级分别实行合议制与独任制；初级审判厅专司初审案件，审判庭实行独任制。截止到清朝灭亡，全国共设立高等审判厅、地方审判厅和初级审判厅345所，每个审判厅都配有独立的检察厅。尽管晚清时期所探索的现代法院组织体系以及审级制度改革随着清王朝的灭亡而夭折，但这种按照西方尤其是日本模式所建立的新法院系统以及进行的大规模变法为民国时期的司法改革奠定了基础。

民国初期的法院体系设置，沿袭清末旧制，分设初级审判厅、地方审判厅、高等审判厅及大理院，实行四级三审制。但当时由于受各方面因素的影响，初级审判厅在各地始终未能普遍设立，因此，民国初期的审级制度名义上是四级三审制，实则为三级三审制。同时也有学者提出，鉴于四级三审制在实践中弊端较多，不如废除四级三审而以三级三审制代之。"则凡有诉讼，均以地方法院为第一审，高等法院为第二审，最高法院为终审，就不会出现管辖错误,岂不简便易行。"[1]为此,1932年10月28日公布的《法院组织法》改法院为三级,审级制度以三审为原则。据此,在地方设立地方法院和高等法院,地方法院设在县或市,管辖区域较小者,数县市合设地方法院,区域较大者可以设立地方法院分院;高等法院设于首都、省会等中心城市,管辖区域较大者可以设立高等法院分院。在法院审级方面实行三级三审制,以三审为原则,以二审为例外,第三审只能进行法律审。不适用三审制的案件包括:对于第一审判决或其一部分不服,未经向第二审法院上诉或附带上诉,而直接向第三审法院提起上诉的;第二审判决维持第一审判决的;对于财产权上诉讼之第二审判决,如因上诉所得受之利益不逾500元的;对于第二审判决,上诉非以其违背法令为理由的;抗诉无理由被驳回的。此外,简易案件以二审为终审。[2]

在中央苏区时期,《中华苏维埃共和国中央苏维埃组织法》第34条规定:为保障中华苏维埃共和国革命法律的效力,在中央执行委员会之下,设立最高法院。最高法院审判不服省裁判部或高级军事裁判所的判决而提起上诉的案件,或检查员不同意省裁判部或高级军事裁判所的判决而提起抗议的案件。[3]根据《裁判部组织及裁判条例》的规定,裁判部为法院设立前的临时司法机关,暂时执行司法机关一切职权,审理刑事民事案件诉讼事宜。城市、区、县、省各级政府内部须设立裁判部和裁判科,唯乡苏维埃则不设立。下级裁判部直接隶属上级裁判部,上级裁判部有委任和撤销下级裁判部长及工作人员之权,同时裁判部受同级政府主席团的指导;裁判部在审判方面受临时最高法庭的节制,在司法行政上则受中央司法人民委员部的指导,司法人民委员部有委任撤销裁判部长及工作人员之权。区裁判部审理一般不重要的案件,其判决处罚强迫劳动或监禁的期限不得超过半年;县裁判部是区裁判部所判决案件的终审机关,同时又是审判有全县意义的案件的初审机关;省裁判部为县裁判部所判决的案件之终审机关,同时又是审判有全省意义的案件之初审机关。[4]

抗战时期,以陕甘宁边区为代表的各抗日民主政权的法制建设在工农民主政权的基础上有很大的发展,司法的制度性建构以及因此而积累的经

---

[1] 谢冬慧.民事审判制度现代化研究[M].北京:法律出版社,2011:167.

[2] 谢冬慧.民事审判制度现代化研究[M].北京:法律出版社,2011:171.

[3] 中国社会科学院法学所.民事诉讼法参考资料(第一辑)[M].北京:法律出版社,1981:92.

[4] 中国社会科学院法学所.民事诉讼法参考资料(第一辑)[M].北京:法律出版社,1981:156-159.

验都是相当令人瞩目的,不仅为巩固和促进抗日民族团结从而最终取得抗战胜利起到积极作用,也为新中国的法制和司法工作奠定了坚实的基础。[1]1939年颁布的《陕甘宁边区高等法院组织条例》规定,边区高等法院受中央最高法院(指南京国民政府中央最高法院——引者注)之管辖,边区参议会之监督,边区政府之领导;边区高等法院独立行使其司法职权。[2]1943年公布的《陕甘宁边区高等法院分庭组织条例》规定:为便利诉讼人民上诉起见,得于边区政府所辖各分区内之专员公署所在地,设置高等法院分庭,代表高等法院受理不服各该分区所辖地方法院或县司法处第一审判决上诉之民刑案件,为第二审判,但延安地区得不设高等分庭。高等分庭拟判三年以上徒刑案件,应将所拟词连同原卷呈送高等法院复核,由高等法院就案件事实和法律问题做出更行调查、纠正或如拟宣判等指示。高等法院发现分庭判决之民、刑事案件有重大错误时,得为纠正之指示,或令该分庭复审。不服高等分庭判决之案依法得上诉者,由分庭将案卷及判决书呈送高等法院加以复核。如原卷有错误,应由高等法院予以纠正;如无错误,应由该院对当事人予以解释。经纠正或解释后,如当事人仍不服,即呈送审判委员会核办。[3]但需要注意的是,高等法院分庭是作为边区高等法院的派出机关,代表高等法院受理上诉案件的,分庭本身并不是独立的审级法院,如果当事人不服分庭的判决而上告到高等法院,后者对分庭的判决只是复核、复查,所做决定或指示属第二审内部的程序,也并不是第三审。[4]1943年3月,陕甘宁边区政府公布的《陕甘宁边区县司法处组织条例》规定:陕甘宁边区所辖各县,除设地方法院者外,概由各县司法处受理辖内第一审民刑诉讼案件。县司法处处长由县长兼任,审判员协助处长办理审判事务。如诉讼简单之县份得由处长兼任审判员。不服县司法处第一审判决上诉之案件,以高等法院为第二审,各分区设有高等法院分庭者,以该管分庭为第二审。[5]1942年3月,陕甘宁边区政府为了更适当地审理民刑案件,设立了审判委员会,受理三审案件,为三级三审制。至1944年2月,因高等法院院

---

[1] 沈德咏.中国特色社会主义司法制度论纲[M].北京:人民法院出版社,2009:63.
[2] 中国社会科学院法学所.民事诉讼法参考资料(第一辑)[M].北京:法律出版社,1981:111-112.
[3] 中国社会科学院法学所.民事诉讼法参考资料(第一辑)[M].北京:法律出版社,1981:116-117.
[4] 沈德咏.中国特色社会主义司法制度论纲[M].北京:人民法院出版社,2009:65.
[5] 中国社会科学院法学所.民事诉讼法参考资料(第一辑)[M].北京:法律出版社,1981:118-119.

长本为人民所选举,对边区参议会负责,在边区政府领导下进行工作,如有群众不服判决而上诉至边区政府时,认为理由充足者,可责成高等法院再审,故将审委会撤销,仍为二级二审制。[1] 1954年,马锡五在回顾新民主主义革命时期陕甘宁边区的人民司法工作时指出:"审判程序中的审级设置,也是从便利群众诉讼出发,采取实事求是、为人民服务的两级两审制,即县司法处进行初审,高等法院及其分庭履行终审。这种两级两审的好处,不仅保障了当事人能行使其上诉权,而且,使法院能及时惩治汉奸、反革命分子及其他破坏分子,同时,又可避免少数当事人,因缠讼不休,以致造成当事人及社会人力、财力与生产上的损失。"[2]

解放战争时期,各解放区多实行三级三审制。如1946年8月,太行区发布《重新规定审级审核制度的通令》,明确规定:为着适应目前斗争形势的要求,并为未来的和平民主新时期来临做准备,特将本区审级审核制度加以变更,即民刑事案件均为三级三审制,市地方法院县政府或县司法处为第一审机关;专署为第二审机关;行署为第三审机关,为本区域内民刑事案件终审机关。[3] 1949年8月,山东省人民政府发布了《为统一确定刑事复核与上诉制度的通令》,对民刑事案件审级制度做出统一规定,实行三级三审制,即各行署区仍以县司法科为民刑第一审机关,专署司法科为民刑第二审机关,行署司法处为民刑终审机关。[4] 还有华北人民政府于1948年10月发布的《华北人民政府为统一各行署司法机关名称,恢复各县原有司法组织及审级的规定通令》规定,县司法机关为第一审机关,行署区人民法院为第二审机关,华北人民法院为终审机关。一般案件即以二审为止。如果不服要求第三审,由华北人民政府主定人员组成特别法庭;或发还华北人民法院复审为终审审理之。对于第三审的审级职能,1949年《华北人民法院工作报告》指出:本院虽为终审,但并非专为法律审,对案件事实法律均行审理,有嘱托原审调查及发回者,亦径由本院直接审理者。第三审不限为法律审,将来似仍可仿行。[5]

(二) 新中国成立初期的审级制度

新中国成立后的第一部具有法院组织法性质的文件应该是1949年12

---

[1] 中国社会科学院法学所.民事诉讼法参考资料(第一辑)[M].北京:法律出版社,1981:61-62.

[2] 中国社会科学院法学所.民事诉讼法参考资料(第一辑)[M].北京:法律出版社,1981:82-83.

[3] 中国社会科学院法学所.民事诉讼法参考资料(第一辑)[M].北京:法律出版社,1981:426.

[4] 中国社会科学院法学所.民事诉讼法参考资料(第一辑)[M].北京:法律出版社,1981:431.

[5] 中国社会科学院法学所.民事诉讼法参考资料(第一辑)[M].北京:法律出版社,1981:380.

月中央人民政府的《最高人民法院试行组织条例》,其第 2 条规定中央人民政府最高人民法院为全国最高审判机关,负责领导及监督全国各级审判机关之审判工作。然而,这一条例除了具体规定了该院的内部组织结构,并授权其必要时得设分院之外,并未涉及审级制度的内容。1951 年 9 月制定的《人民法院暂行组织条例》,是新中国第一部综合性法院组织法。该条例第 2 条规定:中华人民共和国设立下列各级人民法院:(1) 县级人民法院;(2) 省级人民法院;(3) 最高人民法院。第 5 条规定:"人民法院基本上实行三级两审制,以县级人民法院为基本的第一审法院,省级人民法院为基本的第二审法院;一般的以二审为终审,但在特殊情况下,得以三审或一审为终审。诉讼人如因原辖人民法院不能公平审判而越级起诉或越级上诉时,上级人民法院应依法予以必要的处理。"从而确立了以两审终审制为原则,三审终审或一审终审为例外的审级制度。所谓"基本上实行三级两审制,就是说不完全等于三级两审制,还有例外的三审终审和一审终审。我们认为这样的规定,是既能保障人民的诉讼权利,又能及时有效地制裁反革命活动,而又防止了某些狡猾分子,故意拖延时间,无理取闹,造成当事人以及社会人力财力的损失。同时,这样的规定,又照顾了中国的实际情况:中国地域辽阔,交通不便,情况复杂,案件又多,三级三审,是使人民为诉讼长期拖累,耽误生产,所以我们采取了基本上的三级两审制,这是一种实事求是,为人民服务的审级制。另一方面,诉讼人如因原辖人民法院不能公平审判而越级起诉或越级上诉时,上级人民法院仍依法予以必要的处理。这对于一般人民是便利的"[1]。

(三) 我国现行四级两审制度的确立

《人民法院暂行组织条例》实施三年之后,第一部《人民法院组织法》于 1954 年颁布(以下简称 1954 年《法院组织法》)。该法第 1 条规定:中华人民共和国的审判权由下列人民法院行使:(1) 地方各级人民法院;(2) 专门人民法院;(3) 最高人民法院。地方各级人民法院分为:基层人民法院、中级人民法院、高级人民法院。第 11 条规定:人民法院审判案件,实行两审终审制。自此我国法院四级组织体系和统一的两审终审制正式确立。1954 年《法院组织法》关于审判制度的规定与 1951 年《人民法院暂行组织条例》相比,最大的差别,一是将法院组织体系统一确定为四级,将过去临时设立的人民法庭作为基层法院的组成部分,高级人民法院分院作为一级中级人民法院加以固定,取消了最高人民法院设置分院的做法;二是将审级统一为

---

[1] 中国人民大学刑法民法教研室.中华人民共和国法院组织诉讼程序参考资料(第一辑)[M].北京:中国人民大学出版社,1953:37-38.

两审终审制,取消了一审终审制和三审终审制。[1]关于建立四级人民法院,给出的理由是,中国疆域辽阔,省的面积也较大,所以我们必须减少最高人民法院和省级人民法院的第二审案件,加强最高人民法院全国性的监督工作,并加强省级人民法院对下级法院的监督。因此我们必须在省级人民法院下设立中级人民法院,从而建立四级法院的体系。取消作为例外的一审终审制的理由尚未见到相关解释。取消作为例外的三审终审制的理由是,我国地域辽阔、交通不便,如果审级过多,当事人势必要到较远的地方去上诉,审级越多,诉讼越拖延,经年累月,不能定案。这样,当事人既浪费时间、耽误生产,又花费路费,同时,也会牵制人民法院的力量,对人民、对国家都很不利。同时认为,实行两审终审制是可以保证案件正确处理的,对于已经发生法律效力的判决和裁定,如果发现确有错误,本院院长、上级人民法院或上级人民检察院还可以通过审判监督程序来纠正。[2]

此后,《人民法院组织法》先后经过 1979 年、1983 年、1986 年以及 2006 年的修改,沿用了上述规定。并且 1982 年颁布实施的《中华人民共和国民事诉讼法(试行)》和 1991 年公布实施的《中华人民共和国民事诉讼法》都将两审终审作为一项基本制度予以规定,并根据《人民法院组织法》对案件的管辖、上诉、再审等程序做了具体的规定,形成了沿用至今的法院审级制度。

从立法思路上看,加强中级人民法院和基层人民法院这一思路至今看仍然正确,但由于当时地方法院力量十分薄弱,因此特别强调最高人民法院和各高级人民法院加强对中级人民法院的审判监督。由于取消了三审上诉程序,所以对下级法院两审之后的判决不服的案件只能通过申诉和信访途径解决。这也是我国信访制度出现功能失衡与制度异化的症结所在。[3]

二、我国审级制度的基本内容

(一) 四级体制

人民法院是我国的国家审判机关,我国人民法院实行四级制,从高至低依次为最高人民法院、高级人民法院、中级人民法院和基层人民法院。在人

---

〔1〕 中国人民大学刑法民法教研室.中华人民共和国法院组织诉讼程序参考资料(第四辑)[M].北京:中国人民大学出版社,1955:124.

〔2〕 中国人民大学刑法民法教研室.中华人民共和国法院组织诉讼程序参考资料(第四辑)[M].北京:中国人民大学出版社,1955:160.

〔3〕 孙彩虹.信访制度:意义、困境与前景——以涉法、涉诉信访为考察维度[J].中国浦东干部学院学报,2012(2).

民法院的组织系统中还包括军事、海事等专门人民法院。

最高人民法院为国家最高审判机关。高级人民法院、中级人民法院和基层人民法院是地方各级人民法院。高级人民法院设在省、自治区、直辖市一级,包括省高级人民法院、自治区高级人民法院和直辖市高级人民法院;中级人民法院包括 在省、自治区内按地区设立的中级人民法院,在直辖市内设立的中级人民法院,省、自治区辖市的中级人民法院和自治州中级人民法院;基层人民法院包括县(自治县)人民法院、不设区的市人民法院和市辖区人民法院。基层人民法院根据地区、人口和案件情况可以设立若干人民法庭。人民法庭是基层人民法院的组成部分,其判决和裁定即为基层人民法院的判决和裁定。专门人民法院是在特定部门或地区设立的审理特定案件的法院,不按行政区划设立,除军事法院必须设立外,其他专门法院的设置可以根据实际需要设立。

(二) 两审终审制

我国实行的审级制度是两审终审制,下级人民法院的审判工作受上级人民法院监督。最高人民法院作为国家最高审判机关,它审判的第一审案件的判决和裁定为终审的判决和裁定,它监督地方各级人民法院和专门人民法院的审判工作;高级人民法院位于地方各级人民法院的最高层次,负责审理法律规定由它管辖的第一审案件、下级人民法院移送审判的第一审案件、对下级人民法院判决和裁定的上诉案件和抗诉案件、人民检察院按照审判监督程序提出的抗诉案件;中级人民法院负责审理法律规定由它管辖的第一审案件、基层人民法院移送审判的第一审案件、对基层人民法院判决和裁定的上诉案件和抗诉案件、人民检察院按照审判监督程序提出的抗诉案件;基层人民法院负责审理第一审民事、刑事和行政案件,但是法律另有规定的案件除外;各级专门人民法院按照本系统管理结构设立和划分管辖范围。不服下级专门人民法院的第一审判决和裁定,依专门人民法院的系统上诉。军事法院分为三级:中国人民解放军军事法院,各大军区、军兵种级单位的军事法院,兵团和军级单位的军事法院。不服中国人民解放军军事法院一审判决的案件,可以上诉至最高人民法院。海事法院相当于地方法院的中级人民法院建制,管辖第一审海、商事案件。不服其裁判的上诉案件由所在地高级人民法院受理。

我国人民法院审理民事案件实行两审终审制,但也存在例外:(1)依照特别程序、督促程序、公示催告程序和企业法人破产还债程序审理的案件实行一审终审制;(2)由最高人民法院作为第一审法院审理的案件实行一审终审制;(3)基层人民法院和它派出的法庭适用简易程序审理的简单的民事案件,标的额为各省、自治区、直辖市上年度就业人员年平均工资百分之三十以下的,实行一审终审;(4)人民法院根据当事人自愿原则,在事实清楚的基础上,分清是非,进行调解。调解达成协议,人民法院应当制作调解书。调解书经双方当事人签收后,即具有法律效力。即一调终局,双方当事人签收后不得上诉。

两审终审制度的内容包括以下三个方面。

(1)两个审级不同的程序。两个审级的程序,是指我国民事诉讼的两个审级分别遵照第一审程序和第二审程序进行,两个审级的程序在性质、任务和具体操作等方面都有很大的区别。但是,两者又有较大的联系,第一审程序也是对第二审程序的重要补充。《民事诉讼法》第174条规定:"第二审人民法院审理上诉案件,除依照本章规定外,适用第一审普通程序。"

(2)两个审级不同的裁判。两个审级的裁判,既包括不同审级可以做出不同性质的裁判,又包括不同审级裁判的效力也有所不同。例如,第一审可以做出第一审判决,可以做出不予受理、驳回起诉的裁定;而第二审可以做出将案件发回重审的裁定和驳回上诉的判决或裁定。在法律效力上,第一审裁判并不会立即发生法律效力,存在一个上诉期限(不可上诉的裁定除外);而第二审裁判一经做出,立即发生法律效力。

(3)两个审级之间的衔接。两个审级的衔接,主要表现在三个方面:一是裁判的上诉期限和提出上诉的方式;二是一、二审法院之间诉讼文书和诉讼案卷等的移交和送达;三是二审法院对一审法院审判上的监督。这三个方面专门解决两个审级之间的协调和衔接问题。

(三)审判组织

1. 合议制

《民事诉讼法》第10条规定:人民法院审理民事案件,依照法律规定实行合议制度。合议制,是指由三名以上的审判人员组成审判集体,代表人民法院行使审判权,对案件进行审理并做出裁判的制度。合议制度的组织形式为合议庭。审判第一审案件,由审判员组成合议庭或者由审判员和人民陪审员组成合议庭进行;人民法院审判上诉和抗诉的案件,由审判员组成合议庭进行。合议庭设审判长一名,主持合议庭的日常审判工作。在案件审理过程中合议庭所有成员的权利是同等的,对于案件的评议,所有合议庭成员应当充分发扬民主,遵循民主集中制原则。当意见不一致时,应当少数服从多数,以多数人的意见作为最终裁判结果,但是少数人的意见应当记入评议笔录,笔录由合议庭的组成人员共同签名。至于少数人的意见能不能在判决书或裁定书中予以体现的问题,我国法律没有明确的规定,通常的操作是不予体现,但这一问题在世界不同国家往往会有不同的做法。近年来,我国的司法实践在民事诉讼中偶尔也有在判决书中记载少数人意见的尝试性做法。

2. 独任制

《民事诉讼法》第160条规定:简单的民事案件由审判员一人独任审理。独任制,是指在审判案件时,由审判员一人审判的一种制度。根据《民事诉讼法》第157条的规定,独任制仅适用于基层人民法院和它派出的法庭审理事实清楚、权利义务关系明确、争议不大的简单民事案件以及当事人双方约定适用简易程序审理的案件。独任制的价值在于,可以提高诉讼效率,节省司法资源,便于法院集中力量处理比较重大、复杂的案件。

3. 审判委员会

各级人民法院设立审判委员会,实行民主集中制。审判委员会的任务是总结审判经验,讨论重大的或者疑难的案件和其他有关审判工作的问题。根据最高人民法院《关于改革和完善人民法院审判委员会制度的实施意见》第3条的规定,审判委员会是人民法院的最高审判组织。对此,也有学者认为,审判委员会并不属于典型的审判组织。因为审判委员会的主要职能并不是进行案件的审判工作——即使个别情况下它可以决定案件的结果——但讨论决定的过程并不是正当的审判方式,没有遵循科学理性的审判程序。鉴于审判委员会对重大或者疑难案件的处理拥有最后决定权,因此学界也有将审判委员会归为我国审判组织的看法。[1]

审判委员会制度是我国的一项特色制度,也是我国的独创。实际上,近年来我国学术界一直存在着关于审判委员会存废问题的重大争议。一方面,审判委员会所发挥的积极作用在一定程度上得到认可,一些学者主张保留这项特色制度。这些积极作用主要包括:(1)审判委员会在总结审判经验方面功不可没,为指导具体审判工作发挥了重要的作用;(2)审判委员会发挥领导监督的作用,敦促法官依照法律程序审判案件,提升案件的审判质量;(3)在某些情况下,有效化解审判法官所面临的外部压力。法官在具体的个案审判中,基于一些复杂的社会关系,有时难免面临来自方方面面的干扰和压力,审判委员会可以在很大程度上为其分担甚至化解压力。但是,另一方面,更多的学者是对审判委员会制度大加批判,甚至有人主张彻底废除这一制度。认为审判委员会存在以下弊端:(1)组织形式行政化,审判委

---

〔1〕 陈光中.刑事诉讼法[M].4版.北京:北京大学出版社,2012:59;张柏峰.中国当代司法制度[M].4版.北京:法律出版社,2006:13.

员会的组成人员往往是以法院院长为首的一些承担行政职务的人员,而不是以专业能力的高低标准对组成人员进行遴选;(2)架空了合议庭的审判权力,使得法庭审理过程变得形式化,导致"审者不判",重大疑难案件的审判结果由审判委员会做出,合议庭应当服从,其庭审过程有失去意义的嫌疑;(3)审判委员会并未对重大疑难案件进行开庭审理,却可以决定案件的命运,讨论决定案件的方式违反了基本的审判原理,导致"判者不审",审判委员会通过阅读案卷资料和听取合议庭汇报甚至仅通过后者秘密讨论决定案件判决的做法,违背了审判公开和直接言辞等多项审判原则,回避等诸多诉讼制度难以得到贯彻实施,表决案件结果的过程基本没有正当审判程序可言;(4)审判委员会虽然决定案件的结果,但以此决定为根据的判决书仍然由原合议庭成员签名公布并负责,审判委员会成员的信息一般并未得以公开。而实务界对待审判委员会制度的态度比较温和,主张在保留的前提下对其进行一定的改革。改革的主要方向包括组织形式的司法化、工作程序的诉讼化和裁判结果的公开化等。可以认为,这样的改革趋势会在一定程度上促使我国审判委员会制度从形式向实质的合议制方向转变。

第四节

我国审级制度存在的弊端

一、四级法院之间未实行职能分层

法院代表国家履行审判权,主要职能在于救济权利、制约公权和终结纠纷。具体到不同层级的法院,则各有侧重。如前文所述,现代司法等级制度皆呈现金字塔的结构,分别由初审法院、上诉法院和终审法院构成,不同审级法院在司法等级制度中根据不同的设置目的,分别行使不同的职能。其中,初审法院负责事实审与法律审;上诉法院负责法律审,或只在极为特殊的情况下,进行有限的事实审;而最高法院仅负责法律审,上诉采取许可制,即对审理什么样的案件,最高法院有自主选择权。[1] 这样设计审级制度的理由是,当事人不服其判决可以上诉到上诉法院,如果是常规性案件,上诉法院基本上可以保证其质量和法律适用的统一,若是有原则意义的案件,还可以上诉到最高法院,以保证法律适用的统一。[2] 从现代司法审级构造的一般原理来看,在不同审级的法院之间实行职能分层是实现司法"审级"价值的重要技术安排,这种"审级"价值正是司法在实现其职能和功能目标方面不同于行政等科层制系统的根本区别。可以说,上下级法院之间的职能分层彰显的是程序在司法中的价值和意义,它不仅可以避免上下级法院对同一案件实行单纯重复的审理,还可以实现上下级法院之间的非行政化管理。

但现代意义上的法院审级构造的职能分层在我国法院系统并不存在,四级人民法院都在履行着初审法院的职能。按照我国《民事诉讼法》对级别管辖的规定,四级法院都有可能成为民事案件的第一审法院,虽然到目前为

---

[1] 傅郁林.民事司法制度的功能与结构[M].北京:北京大学出版社,2006:3.
[2] 章武生.我国民事审级制度之重塑[J].中国法学,2002(6).

止,最高法院尚未行使过上述权力,但根据我国《民事诉讼法》的规定,最高人民法院管辖有两类第一审的民事案件。[1]这样的制度设计导致的结果便是,除基层法院外,任何法院都可能是终审法院;而除了最高法院外,任何法院又都可能不是终审法院。那么,无论是居于金字塔塔基的基层法院还是居于塔尖的最高法院,四级法院在审级职能的划分与行使上有何区别呢?至多是在审理模式上开庭与不开庭的区别,审理程序上普遍与简易的区别。可见,我国并没有严格意义上的上诉法院,只有上级法院与下级法院之分。各级法院的相互关系主要是政治的和管理的,而不是功能的和分工的。[2]有学者坦言:"这种司法等级制没有职能分层,已经失去了程序结构意义上审级价值,多一级法院只是增加了一层行政级别而已。"[3]再加上涉诉信访、"终审不终"等问题,导致各级法院在不同的诉讼环节反复进行事实认定,事实不清者,又发回重审,案件像在一个封闭的圆筒中往返,诉讼体制呈"圆筒状",无法实现案件自下而上的有效分流。[4]因此,在我国当前的审级制度框架下,一审法院没有特殊的不可替代的审级功能,如果二审不是终审,一审与二审则失去了原则性的区别,二审程序完全可以替代一审程序的全部功能。

二、不同审级法院缺乏职能分工

我国《民事诉讼法》第164条规定:当事人不服地方人民法院第一审判决的,有权在判决书送达之日起十五日内向上一级人民法院提起上诉。第168条规定:第二审人民法院应当对上诉请求的有关事实和适用法律进行审查。从我国法律规定看,除基层人民法院外,其他三个级别的法院均可以审理上诉案件。上诉程序不仅要进行法律审,还要进行事实审。也就是说,上诉法院不仅可以对初审法院是否错误地适用法律进行审查并纠正,还对初审确认的事实进行审理并有权重新确认。这样的制度安排与现实需求之间的冲突与矛盾是显而易见的。第一,由于实行两审终审制,意味着只要在二审胜诉,就可以取得案件的最终胜利。于是一些当事人开始不重视一审,

---

[1]《民事诉讼法》第20条规定:最高人民法院管辖下列第一审民事案件:(一)在全国有重大影响的案件;(二)认为应当由本院审理的案件。

[2] 苏力.道路通向城市:转型中国的法治[M].北京:法律出版社,2004:149.

[3] 傅郁林.审级制度的建构原理[J].中国社会科学,2002(4).

[4] 何帆.论上下级法院的职权配置——以四级法院职能定位为视角[J].法律适用,2012(8).

一心争取在二审中胜诉,"不打一审打二审"的现象就出现了,这也直接导致一审的程序功能被虚化。第二,由于二审法院都以全面审理的方式同时关注事实问题和法律问题,即便上诉到最高法院的案件也主要是涉讼金额大、影响广的案件,而非以重大法律问题为主,而对事实问题的关注大大增加了上诉法院的工作负担,且事实问题并不像法律问题那样具有普适性,而是随个案变化存在千差万别,所以上诉法院无法起到统一法律适用的作用。第三,全面审查的上诉模式妨碍了一审法官的审判独立性和对二审法官的制约机制。上诉程序的基本功能在于,在私权保护意义上,以确定当事人诉权与法院审判权之间关系为基础并使这一关系在上诉程序中得以延伸;从公权意义上,以上下级法院之间权限和职能划分为基础,形成相互之间的制约机制。实现这些功能或目标的核心技术保障在于,权利与权力之间、下级与上级之间"界限"明晰,一方对于另一方形成制约或提出挑战的前提是被挑战方未能合法行使其界限内的权力。[1]最后,按照级别管辖的规定,我国绝大多数案件的终审法院即为中级法院,级别不高,加之靠近案件发生地或当事人所在地,因而无法避免当事人遵循"熟人社会"的理念去找人、托关系,出现大量的人情案、关系案,进而影响到法官的权威、司法的尊严。按照现代审级制度的原理,数量众多的初审法院居于金字塔的底层,是为了方便群众诉讼和法院办案。数量较少的上诉法院居中,是为了保证法律适用的统一。而我国现行审级制度的规定,使本应作为普通案件初审法院的中级法院,变成了普通案件的上诉审法院和终审法院,代行了本应由上诉法院和最高法院行使的职权。[2]由于高级法院受理的上诉案件仅是普通案件中的一部分,甚至是一小部分,所以无法保证其上诉区内法律适用的统一,同样的案件在不同的法院甚至同一法院内做出差异很大甚至完全不同的裁判的情况大量存在。

三、再审程序的无限扩张破坏司法终局性

诚然,"即使法律被仔细地遵循,过程被公正恰当地引导,还是有可能达到错误的结果"[3],正因如此,纠正错误裁判结果的特殊机制应运而生。我国审级制度的设计初衷有一个基本思路,就是把两审终审制建立在依赖于

---

[1] 傅郁林.我国民事审级制度的历史考察与反思[J].私法,2014(1).
[2] 章武生.我国民事审级制度之重塑[J].中国法学,2002(6).
[3] 约翰·罗尔斯.正义论[M].何怀宏,等,译.北京:中国社会科学出版社,1998:86.

审判监督程序这一"补救"程序的前提之下，人们普遍相信实行两审终审制是可以保证案件正确处理的。因为如果发现二审判决确有错误，"我们还是有纠正的方法的。一审判决因未经上诉或抗议而发生法律效力的，也是这样。纠正的方法，除有关的人按照一定条件（如发现新事实）可申请再审外，还有按照审判监督程序来进行的方法"〔1〕。

按照我国《民事诉讼法》的有关规定，在第二审法院做出了终审判决后，仍然有很多种再审途径可以推翻之前已经生效的终审判决。第一，"各级人民法院院长对本院已经发生法律效力的判决、裁定、调解书，发现确有错误，认为需要再审的，应当提交审判委员会讨论决定。最高人民法院对地方各级人民法院已经发生法律效力的判决、裁定、调解书，上级人民法院对下级人民法院已经发生法律效力的判决、裁定、调解书，发现确有错误的，有权提审或者指令下级人民法院再审"〔2〕。第二，"最高人民检察院对各级人民法院已经发生法律效力的判决、裁定，上级人民检察院对下级人民法院已经发生法律效力的判决、裁定，发现有本法第二百条规定情形之一的，或者发现调解书损害国家利益、社会公共利益的，应当提出抗诉。地方各级人民检察院对同级人民法院已经发生法律效力的判决、裁定，发现有本法第二百条规定情形之一的，或者发现调解书损害国家利益、社会公共利益的，可以向同级人民法院提出检察建议，并报上级人民检察院备案；也可以提请上级人民检察院向同级人民法院提出抗诉。各级人民检察院对审判监督程序以外的其他审判程序中审判人员的违法行为，有权向同级人民法院提出检察建议"〔3〕。第三，"当事人对已经发生法律效力的判决、裁定，认为有错误的，可以向上一级人民法院申请再审；当事人一方人数众多或者当事人双方为公民的案件，也可以向原审人民法院申请再审"〔4〕。从再审程序的特点来看，首先，其救济对象不同于二审程序这一常规性救济机制，再审以生效的法律文书为对象；其次，其适用范围不同于普通诉讼程序，再审并非民事程序体系中的必经环节，不是所有的民事案件均需通过再审程序获得救济；最后，在民事程序体系中，再审并非独立的审级，亦不同于实行三审终审制国家中的第三审程序，而是在通常的裁判程序已经终结后的一种事后补救程序。由于再审程序对裁判的确定性、程序的安定性、司法的终局性以及程序

---

〔1〕 中国人民大学刑法民法教研室. 中华人民共和国法院组织诉讼程序参考资料（第四辑）[M]. 北京：中国人民大学出版社，1955：125 - 126.
〔2〕《民事诉讼法》第198条。
〔3〕《民事诉讼法》第208条。
〔4〕《民事诉讼法》第199条。

高效性等价值或原则有所损害，因而发挥着作为着"紧急出口"和"消防通道"的作用。

但从司法实践的运作状况上看，这种"寄于事后补救程序的思路，大大拓展了审判监督程序的适用范围，忽略了上诉制度在维护法制统一和逐步完善司法体系方面的功能，所以，当两级审判不能满足创制规则的需求而频频出现错误时，再审程序一方面无法取代三审程序的功能，另一方面它对错误判决的事后补救缓解或掩盖了对三审程序的需求"[1]。此外，还有一点需要特别强调的是，国际上大多数国家对这种纠正机制的制度设立一般都遵循一个共同的原理，即以严格的适用条件和苛刻的举证责任将其适用控制在"极端例外"的范围之内。与西方国家作为"紧急出口"和"消防渠道"不同的是，中国再审制度提起主体之多、提起理由之多样化、利用之频繁，已经在很大程度上破坏了我国"二审终审制"的审级制度。"以两审终审制为原则，以审判监督程序为补充"的审级制度设计，早已在司法实践中被突破。最高人民法院发布的《人民法院工作年度报告（2014）》（白皮书）指出："2014年，各级人民法院共审结刑事和行政申诉、民事申请再审案件125273件，依法保障当事人的权利救济途径，确保程序正义。审结各类再审案件33662件，其中，改判9635件，发回重审4281件……审结各类抗诉再审案件4960件，其中，改判1280件，发回重审446件，依法审理检察机关对生效裁判提出的抗诉案件，共同维护司法公正。"[2]由于我国立法将"实事求是，有错必纠"作为设置审判监督程序的指导思想，因此，对法院而言，意味着无论什么时候发现生效的裁判有错误都应当主动予以纠正；对当事人来说，意味着如果他认为生效的裁判有错误就可以申请再审。再审一旦改判，原审判决就如一纸空文，原来已经调整过的民事法律关系将会面临新的调整，这必然导致事实上的终审判决已丧失其终审的价值。可见，审判监督程序启动的频繁化，严重破坏了司法终局性，消解了立法对审级构造的价值和意义。审判监督程序是对已发生法律效力的判决以存在错误为由通过再审予以改变，本身即意味着对司法审级构造的稳定和司法裁判可预期价值的挑战。我们无意诋毁"有错必纠"这一司法理念，但民事诉讼程序绝不仅仅是为了保障和维护"个案正义"，比起"有错必纠"实现个体正义的价值，司法的权威性和稳定性以及法律适用的统一性等价值更是我们在设置和改革民事审级制度时所必须重点考虑。

---

〔1〕 傅郁林. 我国民事审级制度的历史考察与反思[J]. 私法，2014（1）.
〔2〕 http://www.court.gov.cn/zixun-xiangqing-13842.html，2015年4月20日访问。

四、上下级法院之间的行政化色彩弱化审级职能

现代司法实行不同法院之间的层级设置,并不是要建立一种上级法院控制下级法院的机制,而是为司法在解决社会纠纷上安排一种纠错途径和权利保障程序。为了保障其独立性,上下级法院之间设置为不具有类似于行政系统的服从性和隶属性,而是相互独立的种组织结构,这也是现代司法审级构造的一项基本内容。上下级法院之间的相互独立既是现代司法在解决社会纠纷职能上的原理性要求,也是现代司法的司法独立原则的一个具体体现。司法独立原则的基本含义,一是指国家审判权只能由法院行使,其他任何机关都不能行使,即所谓的"司法权独立";二是指法官独立行使审判权,只服从于宪法和法律,既不受立法、行政机关的干涉,也不受上级法院或本法院其他法官的影响,即所谓的"法官独立"。从这方面讲,"司法独立还包括在法院系统内部上下级法院之间每个法院都享有独立的审判权,上级法院只能依据法定的程序监督下级法院的工作,但不能在法定的程序之外干预下级法院的工作"[1]。所以,现代国家的司法系统都比较注意保持上下级法院在司法活动中的自主地位,维护上下级法院之间的相互独立性。

从法律规范层面上看,我国法院系统在组织结构上的确有不同于行政机关的特性。我国《宪法》第 127 条规定:最高人民法院监督地方各级人民法院和专门人民法院的审判工作,上级人民法院监督下级人民法院的审判工作。《人民法院组织法》第 16 条也规定:下级人民法院的审判工作受上级人民法院监督。然而,"框架结构是一回事,实际运作又是一回事"[2]。在中国司法的实践中,监督与领导之间的边界并不那么容易确定。多年来一直被人们所诟病的一种做法就是下级法院总会就某些具体案件的处理向上级法院请示。这种请示制度逐渐形成了所谓的"非程序性的审判工作监督"的非正式制度;而在请示制度之外,上级法院也可以因为案件具有"重大影响"而主动对下级法院的审判加以"指导"。[3]案件"请示"制度和审判"指导"的做法,明显违反了现代司法在审级构造上对上下级法院之间相互独立的要求,也违背了现代司法在内在构造上的非行政化特性。这种做法不仅会令行政化变本加厉,更是以牺牲上下结构的审级独立,来换取外部结

---

[1] 王利明.司法改革研究[M].北京:法律出版社,2000:127.

[2] 贺卫方.司法的理念与制度[M].北京:中国政法大学出版社,1998:123.

[3] 贺卫方.中国司法管理制度的两个问题[J].中国社会科学,1997(6).

构的审判独立。[1]

当然,司法实践中的这种近似于半行政化的操作模式,也有人认为有利于防止错案的发生,没什么不好。从表面上看似乎有道理,但实质上是变"两审为一审",违背了两审终审的原则。如果初审法院独立进行审判,即使初审判决错误,当事人仍可通过二审程序获得救济。但案件的"请示"与"指导"则变相地剥夺了当事人获得二审救济的权利,使审级制度被架空,审级关系被弱化。

五、二审程序中的发回重审影响诉讼效率

依据我国《民事诉讼法》第170条的规定,第二审人民法院对上诉案件,经过审理,发现"原判决认定基本事实不清的,裁定撤销原判决,发回原审人民法院重审,或者查清事实后改判;原判决遗漏当事人或者违法缺席判决等严重违反法定程序的,裁定撤销原判决,发回原审人民法院重审"。从上文介绍中可知,域外国家或地区对于上诉审基本上都不涉及事实问题,而主要是围绕着结论性的裁判、法律适用、程序合法性等问题进行审理调查。根据我国《民事诉讼法》规定的全面审理原则,二审程序不仅审理适用法律的问题,还要对一审所认定的事实进行重新审查。并且只要发现原判决认定基本事实不清的,即可撤销原判发回重审。那么,什么样的标准是"基本事实不清"呢?其含义难以让每一个法官都能够准确地予以把握,给予了审理案件的法官过大的自由裁量空间。并且,这项制度之中存在着一个悖论:如果第二审上诉法院没有经过对民事案件事实的调查,就去认定第一审法院对案件事实的审理结果是"基本事实不清",那显然是没有依据的;但如果第二审上诉法院经过了对民事案件事实的调查,才认定第一审法院对案件事实的审理结果是"基本事实不清",那么直接做出正确的裁判就好,又何必发回重审,多此一举呢?这显然是对司法资源的一种浪费,不符合民事审级制度所追求的经济效益方面的价值目标。

---

[1] 俞静尧.司法独立结构与司法改革[J].法学研究,2004(3).

第五节 我国民事审级制度的完善

一、小额诉讼程序的一审终审制

(一)小额诉讼程序对我国审级制度的丰富

不断攀升的民事案件数量与有限的司法资源之间的矛盾日益凸显,小额诉讼程序的设置显然已经成为当今世界各国民事诉讼程序立法的一种趋势。但相对于普通诉讼程序而言,小额诉讼程序毕竟是一个不甚完备的程序制度。在这种情况下,就存在对小额诉讼程序审级制度设置的问题。从国际上来看,小额诉讼程序的审级可以归纳为三种类型。(1)一审终审制,以德国、法国、日本为代表。如德国《民事诉讼法》规定,有关财产权的请求的诉讼,申明不服的标的价额不超过 1500 马克者,不得上诉于第二审。法国《民事诉讼法》规定,不超过 25000 法郎的动产债权诉讼案件,初审法院有一审终审管辖权。而日本《民事诉讼法》规定,小额诉讼不能上诉,但允许向做出该判决的法院提出异议申请。(2)有限的两审终审制,以美国大部分州、英国为代表。如美国加州法律规定,小额裁判,仅被告可就判决上诉,原告不能对法官就其起诉所做的判决上诉。上诉法庭开庭时将重新听取该案的所有索赔请求,小额钱债法庭的管辖权限和非正式的开庭程序对上诉审普遍适用。如果被告败诉,上诉法庭将判决被告补偿给原告因上诉而支出的费用(最多不超过 300 美元)。如果上诉法庭发现上诉方上诉动机不纯,不是基于事实,而是为了阻挠或拖延对方,或试图让对方放弃其索赔,法庭将判上诉方补偿对方 1000 美元以上的车旅费。如果被上诉方请律师的话,还要补偿对方 1000 美元以上的律师费。因此,败诉方必须经过周密估算,并且确信上诉不是为了延期支付或伤害对方才可提出上诉。[1]英国仅在存在影响诉讼程序的严重违法情形或法院适用法律错误时,才允许当事人提起上诉。

根据我国《民事诉讼法》的规定,小额诉讼程序实行一审终审,意味着按照该程序审理的案件,法院一旦做出裁判立即生效,不允许当事人双方提起上诉。除此之外,当事人对小额诉讼案件提出管辖异议的,人民法院应当做出裁定。对于人民法院受理的小额诉讼案件,如果发现不符合法定起诉条件,裁定驳回起诉。这些裁定一经做出立即生效,均不得上诉。小额诉讼案件实行一审终审是我国审判制度的改革,也是建构我国多元化审级制度的创新。但为了保障当事人不因程序的简化而丧失救济的机会,在小额诉讼程序救济设置方面,大多数域外国家和地区都并未采用绝对化的一审终审模式,而是提供了异议制度、复审制度、重新审判、裁量性上诉等救济路径,但极少允许再审,即以提供通常性救济机制为常态,以提供特殊性救济机制为例外。在2012年修法过程中,也有多名学者主张采用有限的一审终审制或设置复议等其他救济方式[2],但最终立法未予采纳。

(二)我国小额诉讼程序的法律规定

近年来我国出现了大量涉及消费者权益保护、农民工讨薪、简单的民间借贷、小额金融借款以及交通肇事纠纷等小额财产损害纠纷案件,根据一些地方的试点,并借鉴国外的做法,2012年修改《民事诉讼法》新增设立了小额诉讼制度。《民事诉讼法》第162条规定,基层人民法院和它派出的法庭审理符合本法第157条第1款规定的简单的民事案件,标的额为各省、自治区、直辖市上年度就业人员年平均工资百分之三十以下的,实行一审终审。根据《民事诉讼法》第157条和第162条的有关规定,适用小额诉讼程序审理的案件必须符合两个条件。第一,事实清楚、权利义务关系明确、争议不大的简单的民事案件。小额案件冲突一般并不尖锐,事实通常比较清楚,所涉法律关系相对简单,因此当事人希望低成本迅速化解纠纷。第二,标的额为各省、自治区、直辖市上年度就业人员年平均工资百分之三十以下的。由于我国经济发展不平衡,东、西部地区人均收入相差悬殊,因此法律不宜采

---

[1] 孔海飞,胡雪梅.美国加州小额钱债法庭简介.2001年北京"中国民事诉讼简易程序研讨会"提交论文.

[2] 李浩.论小额诉讼立法应当缓行——兼评《民事诉讼修正案(草案)》第35条[J].清华法学,2012(2);章武生.民事简易程序研究[M].北京:中国人民大学出版社,2002:241;齐树洁.构建小额诉讼程序若干问题之探讨[J].国家检察官学院学报,2012(1);齐树洁.小额诉讼:从理念到规则[N].人民法院报,2012-09-19(7).

用"一刀切"的方式规定标的额。为了统一法律的实施,最高人民法院在新《民诉解释》中对小额诉讼程序审理的案件范围予以了明确规定。第274条规定,下列金钱给付的案件,适用小额诉讼程序审理:(1)买卖合同、借款合同、租赁合同纠纷;(2)身份关系清楚,仅在给付的数额、时间、方式上存在争议的赡养费、抚育费、扶养费纠纷;(3)责任明确,仅在给付的数额、时间、方式上存在争议的交通事故损害赔偿和其他人身损害赔偿纠纷;(4)供用水、电、气、热力合同纠纷;(5)银行卡纠纷;(6)劳动关系清楚,仅在劳动报酬、工伤医疗费、经济补偿金或者赔偿金给付数额、时间、方式上存在争议的劳动合同纠纷;(7)劳务关系清楚,仅在劳务报酬给付数额、时间、方式上存在争议的劳务合同纠纷;(8)物业、电信等服务合同纠纷;(9)其他金钱给付纠纷。第275条规定,下列案件,不适用小额诉讼程序审理:(1)人身关系、财产确权纠纷;(2)涉外民事纠纷;(3)知识产权纠纷;(4)需要评估、鉴定或者对诉前评估、鉴定结果有异议的纠纷;(5)其他不宜适用一审终审的纠纷。

我国小额诉讼程序具有以下特点:第一,小额诉讼程序只适用于基层人民法院和它派出的法庭;第二,小额诉讼程序适用简易程序进行审理,可以独任审判;第三,小额诉讼程序实行一审终审。小额诉讼程序实行一审终审,意味着按照该程序审理的案件,法院一旦做出裁判立即生效,不允许当事人双方提起上诉。

(三)小额诉讼的程序选择权

小额诉讼程序的启动是以牺牲当事人的部分程序利益为前提的,鉴于此,最高法院在小额速裁试点中对程序的启动以当事人的程序选择权为基础,由当事人选择结合人民法院的职权予以启动。但新《民事诉讼法》采用了小额诉讼程序强制性适用的模式,且未设置上诉或其他通常性救济机制,只是在《民诉解释》中规定了当事人对按照小额诉讼案件审理享有异议权。这不仅剥夺了当事人的程序选择权,也不符合程序正义的最基本要求。其实在江伟教授、杨荣馨教授和章程教授分别主持起草的三份关于修订《民事诉讼法》的专家建议稿中,都有赋予当事人程序选择权的建议。且大多数域外国家和地区均承认当事人的选择权及被告的异议权。如日本新《民事诉讼法》规定,小额程序的适用前提是当事人双方的自愿合意,被告享有异议权。[1]毕竟,事先合意和程序选择权的赋予,有利于提升当事人对裁判过程和结果的认同感。"法律不得强制当事人以简换快……选择适用是一种更

---

[1] 陈荣宗.民事诉讼法[M].台北:三民书局,2001:1040.

为人性化的制度设计,它体现了对当事人程序主体地位的尊重。"[1]对于小额诉讼来说,它是一项不可或缺的制度设计。[2]因此,就有学者建议,在赋予当事人程序选择权的同时,应当设立配套的机制激励当事人选择小额诉讼,防止当事人滥用程序选择权以达到拖延诉讼的目的,如一方当事人在符合小额诉讼程序时而拒绝选择,在进入正式程序后由此增加的全部费用(包括律师费用),由拒绝选择小额程序且败诉的一方当事人承担。[3]

(四)小额诉讼程序中法官职权主义的作用

各国的小额法庭审判,不同程度地体现了程序保证不充分的特点,当事人主义弱化,法官职权主义比较明显。这主要是考虑适用小额法庭审理的案件,大多由当事人自己参加庭审,最高人民法院《民诉解释》没有明确禁止律师参与小额案件的庭审,但从节约当事人的诉讼支出和节省诉讼时间考虑,我国实行的小额诉讼程序,可以参照域外的通行做法,即以不提倡律师参与审理为原则。但是,由于当事人的各自情况不同,法律意识不同,为体现庭审的公平,法官在庭审中应发挥主导作用,法官应被赋予较大的自由裁量权,这种自由裁量权,不仅体现为法官可以直接向双方询问、调取证据并且促成双方达成和解,也体现在对当事人某些诉讼权利的限制上,如限制转庭和禁止拆案诉讼等。

(五)小额诉讼程序的调解及履行

据统计,在美国,小额法庭判决的自动履行率在一些法院徘徊在40%~60%之间。引入小额诉讼程序审理小额案件,目的就在于通过某些程序的简化求得对小额权利的迅速救济。如果案件审结后迟迟得不到执行,或者再进入旷日持久的执行程序,无疑会使民众对小额诉讼程序产生不信任,从而抵制适用该诉讼程序。在我国,民事判决执行难的问题是不争的事实,那么如何保证小额案件的迅速处理以及及时履行应是首先考虑的问题。由于小额案件标的额较小,当事人诉争的利益不大,因此相互间更容易协商解决,有鉴于此,调解解决有利于当事人的自觉履行。因此,小额诉讼的案件应当贯彻调解优先原则,尽可能促成当事人达成调解协议,促使当事人自觉履行,以减少案件进入执行程序的比例。[4]

---

[1] 李浩.论小额诉讼立法应当缓行——兼评《民事诉讼修正案(草案)》第35条[J].清华法学,2012(2).

[2] 王亚新.对抗与判定——日本民事诉讼的基本结构[M].北京:清华大学出版社,2010:293.

[3] 李江蓉.论小额诉讼制度的司法困境与制度重构[J].法律适用,2012(8).

[4] 张艳.我国小额诉讼程序构建若干问题探讨[J].法律适用,2012(6).

（六）小额诉讼程序的诉讼费用

适用小额诉讼程序进行审理的案件,毕竟一方面是为了节约司法成本,因此,为了鼓励更多的当事人选择适用小额诉讼程序快速审理案件,小额诉讼案件在收取诉讼费用上应当体现出灵活性和鼓励性。对于适用小额程序审理的案件应当是象征性地收取固定的诉讼费用,对于经济确有困难的当事人,还应积极予以司法救助,减缓、免收诉讼费。

二、解决各审级之间在功能划分上的模糊、混同和重叠问题

从深层视角看,我国法院审级在功能划分、程序配置等方面的问题,与审级制度的模式选择、一审程序与二审程序的职能分层等具有内在的关联性。一审功能不足导致上诉率居高不下;二审与一审在功能划分方面的重叠甚至相互削弱,迫使二审终审的案件被频繁提起再审,进而造成矛盾的不断后移、程序的随意倒流以及审判中心的扭曲式转移,导致"终审不终",最终致使整个审级制度失去意义。因此,为了弥补上述缺陷,不仅需要对各类程序自身进行优化,还需要遵循系统论的基本原理,对程序与程序之间、程序与制度之间、制度与制度之间的衔接和协调问题给予充分的考虑。

（一）夯实一审程序中的事实认定

"按照现代民事法律审级制度的原理,数量众多的初审法院居于金字塔的底层,是为了方便人民群众进行诉讼和方便法院对案件进行审理。数量较少的上诉法院居中,是为了保证法律适用的统一。"[1]初审法院的审理权限确定为依法查明事实、正确适用法律、实现个案正义、保障当事人的合法权益,可使绝大多数的民事案件能够在第一审程序中得到妥善的处理。因此,第一审法院职能权限的侧重点在于查明案件的基本事实,在此基础之上经过法官的调查与审理,对案件的基本事实逐步厘清,形成心证,从而依据事实对案件做出裁判。然而从我国民事诉讼司法实践的情况看,我国民事诉讼第一审程序在诉讼中的应有地位、主要功能以及价值目标,并没有被给予足够的重视。实践中,当事人和律师常常将胜诉的希望放在第二审,或者通过诉之于再审程序来寻求权利救济的途径,第二审程序多成为第一审的重复审理,这不仅否定了第一审程序应有功能的发挥和作用的实现,也严重地浪费了基层司法资源,影响了诉讼程序效率价值的实现。因此,完善我

---

[1] 章武生.我国民事审级制度之重塑[J].中国法学,2002(6).

国民事审级制度应当首先调整审级制度的审理重心,将审级重心设置在塔基部分,保障民事案件在第一审程序中完成对案件事实的认定和法律适用的判定。这样既可以减轻二审法院的负担,提高诉讼效率,同时也有利于实现各级法院的职能分层,使得我国法院系统中各个级别法院的职能设置更为科学。

首先,打造坚实的事实审基础。"一审是基础,二审是关键。"无论是审理简单的、小额的案件还是审理复杂的民事案件,都应着力提升一审质量,为第二审创造良好的基础条件。如在民事一审程序中应当通过强化庭前准备效果,通过组织证据交换、召集庭前会议等方式,做好审理前的准备,发挥好第一审查明事实的作用。其次,进一步完善我国民事证据制度,使查明案件基本情况和事实认定的审判职能在第一审程序中完成,如落实非法证据排除制度、强化证人出庭要求、完善鉴定制度等。再次,法庭审理应当围绕当事人争议的事实、证据和法律适用等焦点问题进行,切实保障当事人的辩论权落到实处,让大多数的民事案件可以在基层人民法院得到顺利的解决。

(二) 强化二审程序功能,区分事实性问题与法律性问题

2012年《民事诉讼法》在维持两审终审制的前提下,对第二审程序进行了部分修正。第169条第1款规定:第二审人民法院对上诉案件,应当组成合议庭,开庭审理。经过阅卷、调查和询问当事人,对没有提出新的事实、证据或者理由,合议庭认为不需要开庭审理的,可以不开庭审理。第170条第2款规定:原审人民法院对发回重审的案件做出判决后,当事人提起上诉的,第二审人民法院不得再次发回重审。可见,新《民事诉讼法》强化了二审"以开庭为原则,以不开庭为例外"的审理模式,同时对法院二审后的处理方式进行了较为合理的改革,并限制了发回重审的次数。上述修正措施在相当程度上有助于消解目前司法实践中所存在的一审与二审之间功能划分不明晰、各审级间独立性缺失、滥用发回重审权而造成司法资源浪费和程序进程迟延等问题,然而在保留原有审级制度且未予以"治本型"改革的情形下,再审程序与二审程序之间功能混淆和角色错位、再审常规化和普适化、特殊救济程序异化为通常救济程序等问题,仍然值得给予关注和深入思考。[1]

相对于初审程序而言,二审程序不仅要对案件做出又一次审理,而且承担了纠正错误裁判的职责。因此,二审人民法院应着重解决民事案件在初审程序中产生的法律适用问题,在一定的范围内保障法律适用的统一性。

---

[1] 韩静茹.错位与回归:民事再审制度之反思——以民事程序体系的新发展为背景[J].现代法学,2013(2).

因此它的职能应当包括：确保裁判的公正，以及在一定区域范围内，保障民事法律适用的统一性。正如有学者概括上诉审应具有的两项核心功能时所言："上诉制度之设，一则在谋裁判本身之正确，一则在谋法律解释之统一。于前者言，乃当事人受其利益，于后者言，乃国家受其利益也。"[1]

另一个需要关注的问题是，在上诉审程序中对事实性问题与法律性问题的区分，是现代司法审级构造的一个内在性要求，这样做的目的主要是实现民事审级功能，保障法律统一适用。对于一个民事案件而言，"事实性问题"主要是指该民事案件所涉及的客观事实和基本证据，对于事实性问题，必须通过相关证据的支持和法官的自由心证，才具有法律上的效力。在我国，对于事实性问题的举证责任主要由当事人来承担。"法律性问题"主要是指对与案件有关的法律关系的判定以及在查明案件事实的基础上对具体法律条文的适用，对于法律性问题的甄别工作，一般由案件的审理法官承担。从各个国家对民事审级制度的设置来看，对事实性问题进行查明的职责由初审法院来承担，而在上诉审程序中主要是对法律性问题进行审查。这样设置的目的在于保障一个国家法律适用的统一性以及民事审级制度整体功能的发挥。这种制度设计是十分值得我国在改革和完善民事审级制度的过程中参考和借鉴的。

（三）设置相应的限制条件，科学构建再审制度

2007年—2012年，《民事诉讼法》经历了两次具有里程碑式意义的修改，在这两次修法历程中，再审制度无疑成为关注的焦点。2007年对民事再审程序及相关制度的改革，以化解"申诉难"为核心动因，体现了较强的功利主义和实用主义倾向；而2012年的进一步修正，则以构建多元化的民事检察监督机制格局为亮点，对前次修订时的部分缺陷和遗留问题进行了矫正或弥补。[2]

通过对我国《民事诉讼法》第200条规定的再审事由和第170条规定的二审裁判方式进行比较，可以发现，其中均将适用法律错误、基本事实缺陷、违法缺席判决等作为救济的对象。另外，我国《民事诉讼法》并未将诉诸二审作为申请再审的前置条件，按照普通救济与特殊救济之应然功能的科学归位，"既要强化'穷尽普通救济'的意识，又要在立法上设置相应的限制条件，对应当先行寻求普通救济而未提出相关主张的，原则上不允许其寻求特

---

[1] 王甲乙,杨建华,郑健才.民事诉讼法新论[M].台北：三民书局,2001：539.

[2] 韩静茹.错位与回归：民事再审制度之反思——以民事程序体系的新发展为背景[J].现代法学,2013(2).

殊救济。"[1]不同于通常的救济程序,再审制度的设立本身就是对司法终局性和程序安定性的直接挑战,这样就使再审程序本身处于既判力维护与纠错需求的两难境遇之中。因此,再审制度的构建,必须以科学权衡和协调司法公正、司法效率、司法终局性与程序安定性等价值间的关系为根本前提。

首先,再审应当遵循有限纠错原则。再审制度的出现是为了在合理限度内调和公正性与终局性之间的紧张关系,"只有当生效的裁判出现严重错误,以致公力救济的功能出现问题时,才会实施再审这种特殊的救济方式。开启再审程序,纠正显著违法或错误的裁判,是既判力的例外"[2]。因此,法律应将再审程序严格限定为判决有特别重大错误并且对当事人也有严重的瑕疵时,才被准许再审。其次,再审应当遵循比例原则和利益权衡原则。再审制度的设计必须符合必要性、适度性、合目的性的要求,不具有纠错的可能性或必要性,或是未达到相当的重要性程度,不应适用再审。因此,在划定适用范围和法定事由时,应当综合权衡纠正生效裁判之缺陷后可获得的救济利益与打破生效裁判之既判力所带来的救济成本之间的比率关系,以确保开启非通常救济渠道后所产生的积极影响远大于其所带来的消极影响。最后,再审程序应当遵循穷尽其他救济原则即再审补充性原则。[3]如德、日等国在确定再审事由时,均遵循了重大性、确定性和补充性原则。[4]为此,应当采用通常性救济优先原则,无须提供通常救济机制时亦不应开启特殊救济路径;自愿放弃普通救济或因懈怠而未诉诸普通救济时,不得寻求特别救济;已有其他更适宜的独立救济方案时,不得叠加适用再审程序。即以条件严苛、界限明确的法律适用规范,将非常救济控制在"极端例外"的范围之内,使之真正成为备而不用的消防设施。[5]

值得强调的是,2012年《民事诉讼法》矫正了2007年《民事诉讼法修正案》中关于再审一律上提一级的绝对化规定,在"当事人一方人数众多或者当事人双方为公民的案件",赋予了当事人选择权。这一修改具有一定的必要性,考虑到再审作为非通常监督救济机制的制度定位、上下级法院之间的

---

[1] 罗森贝克,等.德国民事诉讼法(下)[M].李大雪,译.北京:中国法制出版社,2007:1018.

[2] 兼子一,竹下守夫.民事诉讼法[M].白绿铉,译.北京:法律出版社,1995:249.

[3] 再审补充性原则是指,当事人在判决确定前的程序中,如果完全有条件寻求救济却由于自己的过错而未提出,或者已经提出而被法院驳回,在判决确定后仍然不得请求再审。

[4] 李浩.事实认定再审事由的比较与分析——兼析《民事诉讼法修正案(草案)》的相关规定[J].江海学刊,2007(6);李浩.再审的补充性与再审事由[J].法学家,2007(6).

[5] 江伟,徐继军.论我国民事审判监督制度的改革[J].现代法学,2004(2).

职能分工模式以及再审程序之终局性和有限性保障的重要程度,原则上应当遵循再审上提一级的制度安排,从而间接矫正我国再审门槛过低、对事实纠错过分关注的缺陷。[1]

（四）取消最高人民法院的初审管辖权

废除最高人民法院对于民事案件进行初审管辖的相关法律规定,将最高人民法院主要的职责定位为进行法律解释和监督,保障全国范围内法律适用的统一性。事实上,在世界上多数国家,最高法院都不对事实问题负责,这样既是为了维护最高法院的司法权威,也是为了确保司法效率。例如,在美国,如果两个下级法院(初审法院和复审此案的上诉法院)在事实认定上的结论一致,最高法院一般会推定相关事实成立,不再审查附卷证据是否足以支持上述事实。[2]相比之下,我国最高法院每年审理一万多起案件,但多数案件技术含量并不高。这与最高法院目前审理的多数是审查申诉、民事再审案件有关。而且,案件数量多本身就会影响办案质量,法官们相对一部分精力集中在认定事实上,再加上结案压力,无暇认真"打磨"案件,具有普遍法律适用意义的"精品"案件自然难以产生。[3]因此,如果未来我国民事审级制度的改革增设了第三审程序,那么应当将第三审程序的审理法院,即终审法院,确定为高级人民法院和最高人民法院。而最高法院不能再把纠纷解决,尤其是对事实问题的审查作为自己的主要职能,而是着力于统一法律的适用。

三、重新界定各级法院的审级职能

（一）基层法院：分流案件,化解矛盾

建立具有中国特色的基层司法体制,一方面可以使其更好地发挥职责,避免造成与上级法院行使司法权时出现重叠或者混乱的局面;另一方面,对于当事人来说,明确基层法院的职责范围更有利于解决当事人的纠纷,更便捷地行使基层司法职能。我国设置基层法院的初衷是有利于公民方便、低成本、高效率地参与诉讼,因此,在设置上就不能完全按照高等法院的模式进行,解决纠纷仍是基层法院最主要的任务,基层人民法院对大多数民事案

---

[1] 汤维建,季桥龙.论民事申请再审诉权保障与司法既判力的价值衡平[J].山东警官学院学报,2008(1).

[2] 斯蒂芬·布雷耶.法官能为民主做什么[M].何帆,译.北京:法律出版社,2012:181.

[3] 何帆.论上下级法院的职权配置——以四级法院职能定位为视角[J].法律适用,2012(8).

件有一审管辖权。针对现实生活中(尤其在农村)小额诉讼较多,有学者主张将基层人民法院改造为专门处理简易小额诉讼的初审法院。[1]从实践的角度看,简单民事案件和小额诉讼案件日益增多,设立专门处理简易小额诉讼案件的机构确实有必要,但是如果单设小额法院势必要对现行法院体制做出重大变革,也很难说在实然层面上一定更有益于化解当前中国的司法困境。因此,我们认为,在基层法院内部设立简易法庭专门处理此类简易小额诉讼案件,这样的好处在于:第一,简便易行;第二,可对基层法院法官进行分流以实现法官的分层。目前基层法院有为数不少的非法学专业法官,可将他们统一划归入简易法庭,专门处理小额诉讼案件,一样能达到快速结案的目的。

在职权配置上,在最高人民法院2008年《关于调整高级人民法院和中级人民法院管辖第一审民商事案件标准的通知》的基础上,进一步加大民商事案件"下沉"力度,提升中级法院一审受案标的金额,将绝大多数普通民商事一审案件的管辖权下放到基层法院;将婚姻家庭、人身损害赔偿、交通事故纠纷等审判规则较为成熟、疑难程度不高的常规案件,确定由基层法院管辖。[2]当然,与之俱来的,则是人员编制、经费保障措施的跟进。

(二)中级法院:依法纠错,定纷止争

依照法律规定,中级人民法院审理重大涉外案件、在本辖区有重大影响的案件以及最高人民法院确定由中级人民法院管辖的案件。同时中级人民法院为普通民事案件的上诉法院,除个别重大、疑难民事案件的第二审程序可能由高级人民法院审理外,绝大多数民事案件第二审的职能由中级人民法院承担。可见,中级法院应该在依法办好法律规定由自己审理的一审案件的同时,抓好二审案件的审理工作,强化二审终审功能,发挥对于基层法院第一审裁判的监督纠错功能,对于那些经过审理后发现的一审错误裁判,依法改判,突出实现个案正义,维护当事人合法权益的程序价值。由于二审案件中的事实、法律和程序争议更为集中,中级法院应增强判决书的说理力度,灵活运用调解,推动上诉审定纷止争功能的实现。

另外,在完善和强化二审程序功能的同时,进一步规范发回重审的适用。根据最高人民法院2011年4月27日发布的《关于规范上下级人民法院审判业务关系的若干意见》(以下简称《意见》)第6条的规定,第一审人民法院已经查清事实的案件,第二审人民法院原则上不得以事实不清、证据

---

[1] 章武生.我国民事审级制度之重塑[J].中国法学2002(6).

[2] 潘剑锋.第一审民事案件原则上应由基层法院统一行使管辖权[J].法律适用,2007(6).

不足为由发回重审。第二审人民法院做出发回重审裁定时,应当在裁定书中详细阐明发回重审的理由及法律依据。第7条规定:第二审人民法院因原审判决事实不清、证据不足将案件发回重审的,原则上只能发回重审一次。

(三) 高级法院:再审监督,审判指导

高级人民法院是最高人民法院之下第一层级的下级法院,同时又是地方法院系统中最高一级的法院,具有承上启下的枢纽作用。当事人如果对中级人民法院的初审判决不服,可向高级法院上诉。同时,依据《民事诉讼法》第19条规定,高级人民法院也是第一审法院。虽然最高人民法院通过司法解释已经严格限制了高级人民法院的一审民事案件的管辖权[1],但只要高级人民法院行使一审管辖权,最高人民法院就要行使二审管辖权,这样就没有中间上诉法院对事实问题的过滤,加重了最高人民法院的负担,削减了终审法院实现统一法律适用的能力。随着对基层、中级法院职能定位的完成,高级法院的主要职能应从"再审、二审并重"逐步转化为"再审监督和审判指导"。

由此,高级法院的主要职责在于:第一,负责审理中级法院生效判决的申诉和申请再审的案件;第二,审理少量的民商事二审案件;第三,作为初审法院,主要审理在其辖区内具有普遍法律适用意义的一审案件;第四,通过审理案件、发布参考性案例、召开审判业务会议、组织法官培训等方式,在辖区内开展审判业务指导。高级法院通过移送管辖或提级管辖方式审理的第一审案件,可以优先确定为参考性案例。

(四) 最高法院:制定规则,统一法令实施

最高法院是国家最高审判机关,其功能主要是通过对第二次复审案件的法律审以及制定司法解释,来保证国家法律的统一适用。在西方多数国家,尤其是判例法国家,最高法院裁决本身就是一个形成新政策、制定新规则的过程,几乎每一个判决都至少对应一个法律争议,或具有普遍法律适用意义的问题。这些充满法理智慧的判例陆续公布后,也使最高法院法官赢得司法界乃至社会民众的普遍尊重,认为他们所从事的工作,确实与他们实际享有的崇高地位与优厚待遇相匹配。反观我国最高人民法院,由于受理案件较多,法官疲于应付,外界很少能够读到真正代表最高人民法院水平的判决。长此以往,不利于树立国家最高审判机关的形象。鉴于此,最高人民

---

[1] 最高人民法院《关于调整高级人民法院和中级人民法院管辖第一审民商事案件标准的通知》对高级法院受理的民商事案件加以限制。

法院应科学调整受理案件的范围,尽可能审理一些能够直接起到指导作用的案件。例如,选择那些具有普遍法律适用意义的新类型、疑难案件,或者地方法院存在法律适用不统一的案件进入再审。而且,这类案件的判决文书及裁判要旨应定期汇编、公开,供下级法院或学者参照、研究。需要强调的是,最高人民法院已经建立了指导性案例制度,并已分批发布多个指导性案例。与司法解释相比,指导性案例的指导方式更有针对性,也更加便捷。另外,最高人民法院应加大甄选指导性案例的力度,适时甄选案例,主动了解各级法院迫切需要解决而实践中在法律适用上又存在严重争议的问题,及时指导审判。

最后,为确保法制统一,最高人民法院未来起草司法解释时,建议扩大公众参与程度,充分征求社会各界,尤其是法学界、律师界的意见。此外,对涉及多个部门法领域的司法解释,应吸纳不同业务部门的意见,形成共识,保证法律适用的统一,避免出现司法解释内容相互冲突的情况。

四、改革上下级法院之间的"半行政化"关系

就现代司法的组织构造原理而言,上下级法院相互之间的关系应该是基于审级制度的存在而产生的,因而上下级法院之间关系问题的解决也必须服从于审级制度的需要。[1]现代司法是通过审级构造来确定不同审级的法院在行使职能和运作方式上的不同来规范各自的权限范围。因此,上下级法院之间应保持相互的独立,且应明确不同的职能定位,这样才能真正使发生法律效力的司法判决具有终局性。如何合理厘定和建构上下级法院之间的关系,已成为中国司法在内部组织构造层面通过改革实现司法组织合理设置和有效运作的重要问题。

(一)规范上下级法院的司法行政管理关系

为遏制上下级法院之间在审判业务上的"半行政化"趋势,《意见》提出了初步的解决方案。第1条规定:最高人民法院监督指导地方各级人民法院和专门人民法院的审判业务工作。上级人民法院监督指导下级人民法院的审判业务工作。监督指导的范围、方式和程序应当符合法律规定。第2条规定:各级人民法院在法律规定范围内履行各自职责,依法独立行使审

---

[1] 杨知文.现代司法的审级构造和我国法院层级结构改革[J].华东政法大学学报,2012(5).

判权。《意见》第3、4、5条[1]则明确了特定类型案件的移送管辖机制，实际上是对传统的案件请示做法进行了"诉讼化改造"。但是，由于《意见》并未明确废止案件请示，因此，移送管辖机制到底能否有效运行并切实发挥作用，仍有待实践检验。

为完善上下级人民法院在司法行政管理方面的范围与程序，最高人民法院已起草相关改革文件，明确由最高人民法院管理、监督和指导全国各级法院和专门法院的司法保障管理工作（包括法院财务管理、国有资产管理、业务装备建设、基础设施建设、信息化建设、司法技术辅助等行政保障性事务），上级法院管理、监督和指导下级法院的司法保障管理工作。同时要求上级法院对下级法院的司法保障管理工作进行监督、管理和指导时，不得干预下级法院依法独立行使审判权。

（二）探索司法与行政区划的适当分离，设立跨行政区划人民法院

为保证法律能够正确实施，去除司法地方化，十八届三中全会中提出了司法与行政区划要适当分离。政协十二届全国委员会二次会议中，政协主席俞正声在政协全国委员会常务工作报告里也提出探索建立与行政区划适当分离的司法管辖制度。2014年12月，中央全面深化改革领导小组第七次会议审议通过了《设立跨行政区划人民法院、人民检察院试点方案》，探索设立跨行政区划的人民法院、人民检察院。设立跨行政区划人民法院、人民检察院，是中国共产党的十八届四中全会提出的重要改革举措，它将有利于排除地方对审判工作的干扰、保障法院和检察院依法独立公正行使审判权和检察权，有利于构建普通案件在行政区划法院审理、特殊案件在跨行政区划法院审理的诉讼格局。

长期以来我国地方各级人民法院的工资、经费由同级政府的财政来保障，这难免出现审判权依赖于行政权的问题，地方个别党政领导干部借此插手案件审理，对案件打招呼、批条子，这势必影响了人民法院公正、独立地办案。跨区域设立人民法院，有利于去除司法地方化，确保司法的统一和完整。此外，由于各地发展水平不均，即使是一个地级市，不同的县发展水平也并不一致。根据行政区划设置人民法院，会出现这样的现象：有的法院

---

[1] 第3条：基层人民法院和中级人民法院对于已经受理的下列第一审案件，必要时可以根据相关法律规定，书面报请上一级人民法院审理：(1) 重大、疑难、复杂案件；(2) 新类型案件；(3) 具有普遍法律适用意义的案件；(4) 管辖权的人民法院不宜行使审判权的案件。第4条：上级人民法院对下级人民法院提出的移送审理请求，应当及时决定是否由自己审理，并下达同意移送决定书或者不同意移送决定书。第5条：上级人民法院认为下级人民法院管辖的第一审案件，属于本意见第三条所列类型，有必要由自己审理的，可以决定提级管辖。

一年到头繁忙不堪,法官加班加点苦不堪言;而有的地方法院则案件量不大,人员清闲。此外,由于我国地域辽阔,按照行政区划设立法院,导致当事人要跑几百里路去寻求司法帮助,而距离其很近的邻近法院却不能受理。一旦设立跨行政区划的人民法院,这些问题将随之而破解,司法资源将得以更优化地配制,当事人参与司法活动也将更为便利。关于跨区域的人民法院该如何设置的问题,根据司法实践,省级应该不会变,跨区域法院应该设立在基层法院及中级法院。2014年12月28日,上海市第三中级人民法院正式成立,2015年1月1日起正式受理案件,标志着上海在全国首次探索设立跨行政区划的人民法院,主要审理跨地区行政诉讼案件、重大民商事案件、重大环境资源保护案件、重大食品药品安全案件、跨行政区划检察机关提起公诉的案件。

（三）最高人民法院设立巡回法庭,解决地方行政干预司法

最高人民法院设立巡回法庭类似巡视制度,可以摆脱地方的宗派主义,解决地方行政干预司法的问题,更容易发现问题、解决问题。同时,依法及时公正审理跨行政区域重大行政和民商事等案件,推动审判工作重心下移、就地解决纠纷、方便当事人诉讼。那些必须报到最高人民法院审理的案件,可直接在巡回法庭审理,缩短审判时限。巡回法庭相当于最高人民法院分院,地位高于省级高院,可以在几个地方流动。目前,最高人民法院设立了第一和第二巡回法庭,受理巡回区内相关案件。第一巡回法庭设在广东省深圳市,巡回区为广东、广西、海南三省区。第二巡回法庭设在辽宁省沈阳市,巡回区为辽宁、吉林、黑龙江三省。

为全面推进依法治国的重大决策,最高人民法院设立巡回法庭具有重大的现实意义。一是有利于实现最高人民法院内部职能分流,突出本部和巡回法庭各自任务的侧重点。巡回法庭负责审理跨行政区域重大行政和民商事案件,而最高人民法院本部可集中精力制定司法解释和司法政策,更加充分地履行监督指导全国法院工作的基本职能。二是有利于弥补法定地域管辖的固有缺陷,就地解决纠纷的形式既方便当事人行使诉权,又方便法院行使审判权,在提高诉讼效率、降低诉讼成本的同时,缓解最高人民法院本部的审判接访压力。三是有利于弥补地方法院审判能力和审判经验不足的缺陷,保障对地方重大疑难案件审理的专业性,实现对地方审判的有效指导。相关审判活动可借助巡回法庭实现审判人员的亲力亲为,减少委托送达、代为宣判等人地分离活动的成本耗费,防止其中沟通不当所带来的偏差,促进协调配合,同时尽可能使审判人员与案件事实直接接触,也为错案责任倒查问责制的开展创造条件。

相对于最高人民法院设立的巡回法庭,我们认为,设立跨行政区划的人民法院更适合我国目前的司法现状,也更方便解决跨区法院可能产生的种种问题。由于目前我国上下级法院之间并没有一个合理的职权配置,最高人民法院的巡回法庭与地方法院以及跨区设立的人民法院之间在受理案件范围上难免会出现管辖交叉与冲突的现象,这也正是我国巡回法庭在实践中需要解决的问题之一。

五、三审终审制——对我国未来审级制度发展的展望

民事审级制度的完善一直是民事诉讼法学界的关注焦点,基于我国民事审判中"终审不终""同案不同判"现象频繁发生,理论界主张将两审终审改为三审终审制的呼声从未停息。近年来,随着法律制度的不断发展以及全球法律改革运动的进行,世界上绝大多数国家的民事审级制度均向三审终审制过渡,正处在法治建设阶段的中国,已经是时候思考构建我国三审终审制度的问题了。

虽然三审终审的审级制度在世界上很多国家早已成为审级制度的主流,但对我国而言,该制度在很长一段时间里仍然是一种全新的程序和制度。因此,需要结合我国国情和法律背景,借鉴国外民事审级制度在法律实践中对民事诉讼价值的实现所发挥的积极作用,科学合理地构建我国四级三审终审制度。

(一)有限的三审终审制

有限的三审终审制,意味着对于第三审程序的启动条件,法律需要做出一定的限制。在三审终审的整体民事诉讼审级框架之下,第三审程序的最主要功能已被各国广泛认定为维护一国法律的统一适用和司法权威。因此,对于我国第三审程序的审理范围和主要职能,立法也应给予必要的启动限制,实行有限的民事三审终审制。在这方面,各国的普遍做法是对第三审程序实行上诉许可制度,许可的基本条件大致为:案件涉及法律适用、公共利益或者案情重大、争议金额达到一定标准等,或者案件严重违反法律程序、可能影响判决结果等,除了发生法律许可的情形外,其他任何情形均不能够开启第三审程序。我国在构建有限的三审终审民事审级制度时,也可以在律规定中做出类似的上诉许可限制。

(二)第三审程序定位为"法律审"

对于第三审的上诉案件,原则上确定为书面审,当事人在上诉状中仅可以针对判决书中的法律适用提出异议和理由,终审法院仅对下级法院适用

法律上的适当与否做出评判,不涉及对事实的认定。尽管各国在民事审级结构的基本功能、具体分层和相关技术理论等方面存有一定差异,但无论是在大陆法系国家,还是在英美法系国家,第三审程序一般都规定为仅限于对法律性问题进行审理,而无权在该程序中审查事实性问题。将第三审程序定位为"法律审",可以解决由于第一审或者第二审中不同法官在主观认识上对法律的理解存在分歧而造成适用法律的差异无从统一的问题,从而在更大的范围之内保障法律适用的统一性,更好地实现民事审级制度的基本功能,这种做法已经成为现代法治国家民事审级制度的一个普遍趋势,值得我们在制度的改革过程中加以借鉴。

由于不涉及事实认定的问题,因此,法官也不存在与当事人及其代理人接触的理由,这样既减少了当事人的讼累,也能够加快三审的审结速度,同时,对于一些具有原则性意义的案件,通过最高人民法院的判例,可以保证国家法律适用的统一和新型案件处理的质量,最终实现司法公正。除此之外,还可以借鉴外国法中的允许"当事人订立不上诉协议"和"越级上诉"等规定以适应不同审级不同上诉案件的审理特点,减少诉讼时间和费用。

(三)实行律师强制代理制度

第三审程序通常涉及重大法律问题,法律关系复杂,法律适用有一定的难度,且程序烦琐,因此,想要推动第三审程序产生应有的影响,在第三审过程中有必要推行律师强制代理制度。这不但和律师代理存在紧密联系,同时也与第三审的性质息息相关。如果有律师代理,对一些当事人认为有道理,实则没有法律意义的案件,律师就可以劝其不再上诉,从源头减少第三审案件的数量。更为重要的是,第三审由律师代理,有利于提高诉讼效率,最大限度地吸收当事人的不满,减轻第三审法院审判的压力。

专题八

检察权与民事检察监督制度

第一节 检察权的属性与定位

一、理论界对检察权性质的讨论

(一)关于检察权性质的观点界说

检察权作为国家政权结构中的一项重要权力,如何界定其概念、认识其本质,对构建一国检察权制度体系、规范检察权的运作至关重要。但由于受宪政理论与实践的影响,各国司法架构理论与司法实践存在一定差异,导致对检察权的含义理解存在很大不同。中外学者通常从本国的司法实践出发,结合其本国宪法及其他相关法律规定,提出各自的见解和主张。

1. 西方国家学者对检察权的界定

大陆法系国家学者对检察权的内涵界定相对较为灵活,故其范围宽泛,但通常认为公诉权是检察权的基本内容。例如,日本学者依照《日本检察厅法》,认为检察权分为广义上的检察权和狭义上的检察权,即形式意义上的检察权与实质意义上的检察权。广义上的检察权是指"检察官作为公益代表人所具有的一切权限",狭义上的检察权则指"检察机关对刑事案件进行侦查、公诉、请求法院正当适用法律并监督判决的执行等方面的权力。"[1]在法国,依据《法国刑事诉讼法典》《法国民事诉讼法典》的规定,刑事诉讼中,检察官处于独占公诉权的原告官地位,享有侦查、起诉犯罪、监督并指挥司法警察和预审法官执行、监督裁判执行等职权。此外,对涉及国家利益、社会利益、公民重大权益的民事、经济案件有权作为社会公益代表人对诉讼进行监督。检察官负有维护国家安全及经济利益和公众民事权益与秩序的职责,有权对法官判决不公正的民事案件提起抗诉,等等。因此,法国学者

---

[1] 日本法务省刑事局. 日本检察讲义[M]. 杨磊,等,译. 北京:中国检察出版社,1990:11-13.

对检察权的概念一般界定为:"检察权是指检察机关负责刑事案件的起诉以及在民事诉讼中代表社会利益参加诉讼的权力。"[1]

英美法系国家,学者们对检察权含义的认识与大陆法系国家学者的认识基本相近,主张检察权基本属于公诉权。认为检察权是"检察官代表政府行使的公诉权"。因为检察官是"地方性质的,又是经过选举产生的,并且是官员"[2]。但英美法系学者阐述检察权时所称的公诉权主要是指刑事案件的公诉权。检察机关在代表国家对案件提起公诉以及出席法庭实施公诉过程中体现其职能,"对特别重大的贪污案、行贿案、警察腐败、白领犯罪等案件还享有自行直接侦查权"[3]。当然,检察机关此外还担任政府法律顾问或法律咨询等职责。在民事诉讼中,美国、英国的检察官也享有较广泛的权力,如"美国联邦检察官可以对政府主要合同所产生的民事欺诈行为提出起诉"[4]。

社会主义国家学者对检察权概念的认识是以苏联和我国为代表的。苏联学者主张"既然宪法明文规定人民检察机关是国家的法律监督机关,其行使的权力当然是法律监督权的载现"[5],认为检察权是法律监督权的集中反映。苏联解体后,俄罗斯联邦学者依照《俄罗斯联邦宪法》以及《俄罗斯联邦检察机关法》,认为检察权是俄罗斯联邦检察机关"代表俄罗斯联邦对俄罗斯联邦现行法律的执行情况实施监督的一切权力"。它包括对执行法律情况的监督权,对遵守人和公民权利与自由情况的监督权,对侦查机关、初步调查机关执法情况的监督权,对执行刑罚和其他强制措施的机关执法情况的监督权以及参加法院案件审理、刑事侦查、协调护法机关反犯罪斗争和参加完善法律活动方面的职权。[6]

2. 我国法学理论界对检察权性质的认知

我国学者关于检察权概念的界定在表述上多种多样。代表性的表述有:"检察权就是检察机关依法行使法律监督与检察的权力,是国家权力的重要组成部分。"[7]"检察权是检察机关代表国家利益和社会公共利益,以

---

[1] 中美联合编审委员会.简明不列颠百科全书(第4卷)[M].上海:中国大百科全书出版社,198:331.

[2] 琼·雅各比.美国检察官研究[M].周叶谦,等,译.北京:中国检察出版社,1990:348.

[3] 任允正,刘兆兴.司法制度比较研究[M].北京:中国社会科学出版社,1996:26.

[4] 转引自肖禾,杨志宏.外国检察机关参与民事诉讼的两个特点[J].人民检察,1989(6).

[5] 王洪俊.检察学[M].重庆:重庆大学出版社,1990:88.

[6] 刘向文,宋雅芳.俄罗斯联邦宪政制度[M].北京:法律出版社,1999:269-276.

[7] 张思卿.检察大辞典[M].上海:上海辞书出版社,1996:678.

提起并支持公诉为基本形式,对一切不合法行为进行追究,以维护社会的法律程序的权利。"[1]"检察权是为国家宪法和法律规定,由人民检察院行使的侦查机关、审判机关、执行机关的职能活动是否合法以及国家机关、人民团体、企事业单位、国家工作人员和公民是否遵守法律实行法律监督的权力。"[2]"检察权即国家赋予检察机关职务范围内的权力,其基本内涵是指检察官在刑事诉讼中享有的公诉权。"[3]

当前,在我国法学理论界,关于检察权性质的认识,以下列四种观点最为典型。

第一种观点认为检察权是一种司法权。这种观点在我国处于通说地位,其论证方式大致有两种。从我国现行法规定的方式论证,认为在法律上检察机关依法独立行使检察权,在国家体制上检察机关具有与法院相等的独立地位,因此,检察权不属于行政权;检察机关的公诉活动以正确适用法律为目的,其监督职能和监督活动具有明显的护法性质,检察活动至少在法律形式上具有突出的法律性;检察机关的公诉权,尤其是不起诉决定具有司法权性质。[4]另一种论证方式则主要借鉴德国学者的论述,认为司法权说的基本论据是检察权与审判权的接近度以及检察官与法官的近似性。审判权为司法权,检察权也应为司法权。从检察制度产生的历史背景来看,由于现代检察官制度是资产阶级革命的产物,防止检察官制成为行政的工具,是创制该制度以来的基本要求,故检察权应远行政,而近司法。[5]

第二种观点认为检察权是行政权。该主张认为检察权的权力特征与国家司法权不存在任何内在的、必然的联系,而与国家行政权的基本特征趋于吻合。[6]从来自国家法(宪法)上的权力划分来看,西方政制的基本结构是立法、行政、司法的三权分立与制衡。在这一构造中,检察权不属立法权,也不属于具有依法裁判功能并受宪法独立性保障的司法,检察官是政府在诉讼中的代言人,是代表第二权(行政)对第三权实施监督制衡的机关。[7]

---

[1] 王松苗.厉行法治:法律监督应如何定位[J].人民检察,1998(9).

[2] 梁国庆.中国检察业务教程[M].北京:中国检察出版社,1999:7.

[3] 郝银钟.中国检察权研究[M]//陈兴良.刑事法评论(第5卷).北京:中国政法大学出版社,2000:11.

[4] 谭世贵.中国司法改革研究[M].北京:法律出版社,2000:310.

[5] 龙宗智.论检察权的性质与检察机关的改革[M]//程荣斌.诉讼法学新探.北京:中国法制出版社,2000:178.

[6] 孙谦.检察理论综述(1989—1999)[M].北京:中国检察出版社,2000:19.

[7] 龙宗智.论检察权的性质与检察机关的改革[M]//程荣斌.诉讼法学新探.北京:中国法制出版社,2000:178.

第三种观点认为检察权是监督权。该观点认为我国的检察权,既不属于行政权,也不属于司法权,而是一种独立于行政权和司法权之外的权力,即法律监督权。持这种观点的学者通常认为,从立法史来看,我国检察制度思想上来源于列宁关于社会主义检察制度的法律监督理论,制度上来源于苏联社会主义检察制度建设的经验,而它们都把检察机关定位于法律监督机关;从字义解释规定看,我国宪法明文规定检察机关是独立的法律监督机关,非属行政机关与人民法院,故检察权也不属行政权与司法权。[1]

第四种观点认为检察权具有司法权与行政权的双重属性。该观点认为,司法性主要指两点,一是独立判断和裁决,二是以适用法律为目的;行政性则主要体现于上命下从的纵向关系,以及追求行为本身的目的,只是将法律当作行为的框架。检察机关的上下领导关系,包括检察一体制及相关制度,突出体现了检察权的行政性;检察机关直接组织检察官员实施侦查行为,因其严密的组织结构和监督指挥关系,且突出行为的实效(破案),也具有明显的行政性质。[2]

(二)检察权性质的观点评析

对检察权内涵之所以存在各种不同理解和主张,得出不同结论,其根源在于以下几个方面。

其一,不同国家具有不同的政治、经济、文化的历史发展背景,所形成的法律思想各具特色。以美国为例,美国经济是从自由资本主义发展起来的。其法律思想被深深打上了"完全的自由主义思想"的烙印。尽管经历了近百年的社会发展,随着社会经济条件的变化,这种思想也随之有所改变,但"总的看来,美国法律的历史经历了一个从强调财产权利到强调人权的逐渐转变的过程"[3]。在这一演变过程中,"普通法过于偏重个人主义精神","个人主义精神达到登峰造极的地步"[4]。国家对诉讼的干预程度日渐减弱,当事人的主导作用急剧加强。在诉讼的整个进程中,强化了当事人的处分权利与辩论权利,充分发挥当事人对诉讼进程的推动作用,这与大陆法系国家及我国有一定的不同。从这一点上看,英美法系国家对检察行为的认识便不难理解了。

---

[1] 谭世贵.中国司法改革研究[M].北京:法律出版社,2000:312-316.

[2] 龙宗智.论检察权的性质与检察机关的改革[M]//程荣斌.诉讼法学新探.北京:中国法制出版社,2000:181.

[3] 伯纳德·施瓦茨.美国法律史[M].王军,等,译.北京:中国政法大学出版社,1990:23.

[4] 来自庞德的观点。转引自伯纳德·施瓦茨.美国法律史[M].王军,等,译.北京:中国政法大学出版,1990:208.

其二,从司法体制上看,不同国家的司法架构的差别必然导致对检察行为属性的不同认知。仅从司法机关的范畴认定上看,西方资本主义国家一般以法院为司法机关,司法机关在理论上和法律上都是单一的。而社会主义国家,无论从法律上还是从习惯上,或者实际功能上,司法机关都是多样的。在我国,有学者认为"真正意义上的司法机关是人民检察院和人民法院,公安机关是行政机关,而不是司法机关"[1]。也有学者认为"刑事诉讼中的司法机关包括刑事诉讼中的公安机关、刑事诉讼中的检察院和刑事诉讼中的人民法院"[2]。更有学者认为"在我国,具体的司法部门有:审判机关、检察机关、侦查机关、执行机关(监狱、劳改机关等)、公证机关、仲裁组织等,其中,审判机关是主要的司法机关,是司法的中心"[3]。无论怎样表述,在我国法学理论与实践界普遍认可的是,广义上的司法机关既包括行使审判权的人民法院,也包括行使检察权的人民检察院。这种与资本主义国家有本质不同的司法架构必然会直接影响到对检察属性的理解与表述。

其三,国家体制的不同导致对检察属性的认知差异。孟德斯鸠认为:"由于政体的性质和原则不同,那么与之相适应的各种政体之下的民法、刑法、司法程序、裁判方式、控诉方式等具体的法律制度也相应呈现各自的特点。"[4]确如其然,在实行三权分立的国家,国家的基本法律的内容便是规定权力的某种合理的分配方式。"每一个国家有三种权力:(1)立法权力;(2)有关国际事项的行政权力;(3)有关民政法规事项的行政权力……依据第三种权力,他们惩罚犯罪或裁决私人诉争。我们称后者为司法权力,而第二种权力则简称为国家的行政权力。"[5]在这种将国家权力配置为立法权、行政权与司法权的国家,检察权并无独立地位,通常被纳入行政权范畴,因此,检察权便失去了其独立权能,检察行为也便不具有司法行为的性质了。与此不同,我国的国家权力配置是以全国人民代表大会制度为根本的,在这种一元制体制之下,监督国家法律实施的专门权力不能像实行三权分立制国家那样划入行政权范畴,同时,也不宜由行使国家审判权的人民法院行使。因此,在我国,检察权这种具有完全独立地位的权能被赋予人民检察院专门行使,从而,赋予检察行为相应的司法性。

---

[1] 陈光中,徐静村.刑事诉讼法学[M].北京:中国政法大学出版社,1999:61.

[2] 张仲麟.刑事诉讼新论[M].北京:中国人民大学出版社,1993:112-116.

[3] 朱志华,叶俊南.中国刑事司法辞书[M].北京:中国人民公安大学出版社,1995:190-191.

[4] 转引自徐祥民,等.政体学说史[M].北京:北京大学出版社,2002:195.

[5] 孟德斯鸠.论法的精神(上册)[M].北京:商务印书馆,1961:155.

二、检察权性质的合理定位

关于检察权的性质问题,我们认为,必须从一个国家的宪政理论与实践出发,依据本国立法实际与司法实践科学地加以认识。在我国,检察机关是独立机关,检察权不是简单的法律监督权,也不是实质的司法权,更不是一般的行政权,而是兼有行政权与司法权双重属性的准司法权。[1]

首先,检察权不是简单的法律监督权。在我国,不能否认检察权所具有的法律监督权性质,但它并非属于简单的法律监督权。因为,一方面,简单地将检察权视为法律监督权将难以解释司法实践中与检察权有关的现象,也不足以解决检察权具体运作过程中所遇到的有关现实问题。另一方面,检察权的实践就是法律监督权的实践已经难以适应当代司法的客观需求。之所以这样说,是因为我国检察制度的理论基础是列宁的法律监督思想。但作为社会主义"法律监督思想"发源地的苏联解体后,俄罗斯对列宁的法律监督理论进行了深入研究,重新阐释了法律监督理论,并形成了检察机关行使一般法律监督权的三个重心理论;同时,源于苏联的法律监督权实践在当代俄罗斯也发生了根本性变革。现行俄联邦宪法和联邦检察院组织法将联邦检察机关定位为"护法机关",废除了根据列宁检察监督理论而产生的对法院活动实行检察监督的审判监督权,完善了一般法律监督权,以适应社会发展的客观需求。相比之下,我国当前对法律监督权问题则缺少深入系统的研究,没有形成完善的理论体系,缺乏自身的理论构架与高度。传统的刑事诉讼监督理论在检察理论研究中占了主导地位,没有很大的发展,呈现一定的滞后性,难以解决实践中出现的许多新问题,这与将检察权简单地视为法律监督权的观念有直接关系。此外,这种观念有违检察机关的权力配置规律。因为虽然侦查权具有分割性,但它主要不由检察院履行。检察侦查权在检察机关的权力系统中处于从属性的地位。同时,诉讼中的监督主要是通过审级制度加以实现的,这必然使得诉讼监督权处于次要的地位。因此,世界各国检察制度均将公诉权作为核心权力配置给检察机关,突出其公诉职能。但如果将检察权定位于简单的法律监督权,则无论是诉讼监督还是非诉监督,均无法体现检察机关所具有的公诉职能这一核心权力,违背了检察机关的权力配置规律。

其次,检察权具有司法权的部分属性,但不是实质的司法权。无论英美

---

[1] 潘牧天.论检察权内涵及其制度功能[J].法学杂志,2010(9).

法系还是大陆法系,由于检察权不具有司法权特有的终结性、中立性、消极性、被动性、不可转授性等根本属性,所以不属于实质意义上的司法权。但检察权仍然具有若干与司法权相类似的特性。在我国,检察权的司法性主要体现为检察机关具有与法院相同的独立地位,检察权依法独立行使、保证法律正确实施的公诉权,以及具有裁断性、终局性、法律实用性等司法性质的不起诉决定权。

再次,检察权具有某些行政性但不是典型意义上的行政权。在行政法学界,公认的典型意义上的行政具有四个特征:行政是社会塑造活动,即行政的形成性;行政的出发点是公共利益;行政是积极的、针对将来的塑造活动;行政是处理事件而采取具体措施或者执行特定计划的活动。[1]由此可见,我国检察活动不完全符合行政的典型特征,因而检察权不属典型的行政权。但在我国,一定意义上,检察权体现出若干行政特性,例如,上下级检察机关之间以及检察机关系统内部实行行政式领导体制,检察人员接受的是行政管理方式,检察机关各部门办理案件实行的是首长负责制,案件办理中的各个环节按行政工作方式运作,等等。

由此可见,我国检察权兼有行政权与司法权双重属性。结合我国司法实际,我国检察权更倾向于司法权范畴,但由于这种司法权具有行政权属性,不同于实质意义上的司法权,因此我们赞同将其称为准司法权。这种定位在当前的制度框架下具有较好的容纳性。检察机关既担当宪法赋予的法律监督职能,又可在体制上脱离行政系统而避免行政对司法的干扰与肢解。既有利于保障检察权行使的独立,又有利于协调检察机关作为司法机关所带来的与审判权的冲突以及控辩平等等现实问题。而且,在接受检察权所蕴含的行政属性的前提下,强调检察权的司法性并由此而强化检察机关的独立性,既符合中国的法律传统,易于为社会公众接受,更好地发挥检察权制度的固有功能,也适应当今世界检察权制度发展的必然趋势,从而遵循检察权本身所固有的规律和本性,探求检察制度的合理完善路径,构建科学的、合乎理性的现代中国检察权制度。

---

[1] 翁岳生.行政法[M].北京:中国法制出版社,2002:1-22.

第二节

检察权制度功能及民事检察监督权

一、检察权制度功能

检察权制度是一个国家法律制度的重要组成部分,无论是资本主义国家的检察权制度,还是社会主义国家的检察权制度,无论是"三权分立"体制框架内的检察权制度,还是"议政合一"的政治体制框架内的检察权制度,某种正当性社会需求的满足是体现检察权制度固有功能、推动其产生与发展的原动力。

(一)权力制约功能:权力良性运行需求之满足

孟德斯鸠在论及权力的本质时说:"一切有权力的人都容易滥用权力,这是万古不易的一条经验。有权力的人们使用权力一直到遇有界限的地方才休止……从事物的性质来说,要防止滥用权力,就必须以权力约束权力。"[1]可见,现代各国对完善的权力监督制约机制的追求,很大程度上是为了满足国家权力得以良性运行的客观需求。然而,任何一种权力监督制约机制只有与本国的政权性质相适应,才能得以生存、巩固并发挥其应有效能。从各国权力监督制约机制的构成上看,无论是实行三权分立体制的资本主义国家,还是实行议行合一的社会主义国家,共同的一点是,检察制度在这一体系中从其产生开始,便始终处于举足轻重的地位。资本主义国家的权力运行,除执政党与在野党之间的相互监督牵制外,采取立法权、行政权与司法权相互制衡的结构模式。尽管如此,其检察制度历史之悠久、系统之完备、制度之成熟以及对国家权力运作的干预广度与深度已为中外学者普遍认同。无论西方国家将检察权划归为行政权的范畴,还是将检察权划归为司法权范畴,

---

〔1〕 孟德斯鸠.论法的精神(上册)[M].北京:商务印书馆,1961:154.

抑或准司法权范畴,一定程度上说,检察权在其国家权力结构中对其他国家权力的制衡已成为三权制衡范畴的重要元素之一,对其他国家权力的监督制约功能的满足成为其检察制度功能体系的重要内容。这与资本主义国家性质和多党制是相一致的。

我国现行的检察权制度是在适应我国以全国人民代表大会为根本的"议行合一"的体制下创建并发展起来的。从其产生的历史上看,对国家权力结构中行政权、审判权以及公安机关行使的侦查权的运行加以制约成为其产生的目的要素之一。换一句话说,为保证国家权力结构中行政权、审判权以及公安机关享有的侦查权得以良性运行,对其权力行使加以必要的监督和制约成为一种客观上的必然需求。我国检察制度体系在一定程度上正是为了满足这种需求而确立的。从我国检察制度所具有的权力制约功能而言,首先,体现为对行政权的制约。检察权对行政权的制约可以从一个国家法律对公诉权的归属态度上鲜明地体现出来。从传统意义上说,公诉行为属于行政权的载体呈现,公诉权属于行政权的范畴。世界上大多数资本主义国家因此采取"警检合一"的模式而将对犯罪实行追诉的公诉权赋予行政机关。从我国的检察制度对检察权的配置来看,检察机关自行侦查权、提起公诉权以及法律监督权构成检察权的三大核心权力。而其中提起公诉权则成为检察权的灵魂权力,成为检察机关的"立命之本"。法律在将提起公诉权划归检察机关专门享有的同时,又赋予其一定的自行侦查权,从而将提起公诉权与一部分侦查权这种传统意义上的行政权从行政领域剥离出来,由检察机关依法独立行使,这不能不说是检察权对行政权行使的一种渗透与制约。其次,体现为对审判权的制约。在我国,检察权对审判权的制约,从两个视角加以理解更为恰当。一方面,检察权对审判权的制衡体现在法律在构建检察制度时对批准逮捕决定权的归属态度上。按照绝大多数西方资本主义国家检察制度对批准逮捕决定权的设定,审前刑事侦查控制权通常由法院行使,批准逮捕的决定权归属法院,警察机关负责对批准逮捕的执行。而依我国法律规定,批准逮捕的决定权归属人民检察院。从这个意义上说,与西方大多数资本主义国家相比,我国检察权对审判权具有一定的分权制约功能。另一方面,检察权对审判权的制约体现为检察机关依法享有审判监督权,对人民法院的审判行为施以监督制约,以防止审判行为的专横无忌,从而确保审判权的良性运行。再次,体现为对侦查权的制约。从检察权的权限设定上看,人民检察院依法享有对侦查机关侦查行为的监督权。对侦查机关的侦查活动和采取的强制措施的合法性予以监督,以防止侦查权被滥用。正如有学者所称:"检察官创设目的一方面乃为废除由法官一手包办侦查的纠问制度,制衡法官权力,二方面也为防范法治国论为警察国,控制警察活动。换言之,检察官扮演国家权力双重控制的角色,既要保护被告免于法官之恣意,亦要保护其免于警察之恣意。"〔1〕当然,我国检察权对行政权、审判权、侦查权行使的制约功能还是一种有限的制约。这种制约功能的充分发挥,还有赖于法治的发展和我国检察制度的日臻健全与完善。

(二)公正司法功能:法律的公平正义需求之满足

受各国社会制度及建立检察制度的历史背景等因素的影响,不同政制下的检察制度存在很大差异,也决定了不同国家检察权制度功能的不同。我国现行检察权制度具有公正司法之功能,换言之,我国现行检察权制度所具有的保障司法权依法运行、实现司法的公正性是对法律的公平正义价值需求的一种回应。

法律的公平正义是法所追求的终极目标,也是法本身固有的属性,当然也是司法工作的最高理念。社会主义司法具有资本主义司法不可比拟的先进性。它以保障在全社会实现公平和正义为目标,它渴望并追求司法公正。"司法公正是人类进入文明社会以来,为解决各类社会冲突而追求或持有的一种法律思想和法律评价。"〔2〕不同国家、不同文化会导致对这种思想与评价的不同认识。而这种认知上的差异,将对司法公正的保障体系的建构产生重要影响。我国在建构这一体系的过程中,突显检察权制度的重要性,将其置于该体系的核心地位。

我国现行检察权制度是以宪法和法律赋予它强大的法律监督权为重要支撑来充分发挥并体现其公正司法的功能的。我国宪法明确规定人民检察院是国家的法律监督机关。它承担着保证法律统一实施,维护社会主义政治制度、经济制度和司法制度健康有序运行的重要职责,也是创建法治国家、和谐社会的重要手段。具体来说,在司法运行过程中,人民检察院对司法的公正性所发挥的保障功能主要体现为如下几个环节。其一,立案环节的监督。对公安机关立案活动是否合法给予监督成为立案监督应有的内涵。在这一环节上,"要把立案监督的重点放在有案不立、有罪不究、以罚代刑上,特别是对于重大特大案件和涉嫌徇私舞弊的案件,要加强监督力度"〔3〕。其

---

〔1〕 林钰雄.检察官论[M].台北:学林文化事业有限公司,1999:16-18.
〔2〕 信春鹰,李林.依法治国与司法改革[M].北京:中国法制出版社,1999:271.
〔3〕 张穹.刑事法律监督是中国刑事法制建设的重要保障[M]//孙谦,刘立宪.检察论丛(第1卷).北京:法律出版社,2000:207.

二,侦查环节的监督。对刑事侦查机关的侦查行为实施监督,保证侦查权行使的合法性、准确性,从而防止侦查权滥用对公民的人身权和财产权造成侵害。侦查监督的权能发挥,在我国以检察机关与公安机关的相互制约关系为主要体现。在这一环节上,"监督的重点是强制措施的执行,尤其要注意纠正不依法执行逮捕决定,违法适用取保候审、监视居住,以及超期羁押等问题"[1]。其三,审判环节的监督。对审判机关的审判行为实施监督是人民检察院履行法律监督职责的重要内容之一。它可以保证当事人的合法诉讼权利得以行使,同时,也可以保护当事人依法享有的实体权利不受侵犯。作为衡量法律是否体现公平正义的一种理念,司法公正与否的评价标准具有一定的相对性与多样性。不同评价主体的评价标准因其出发点的不同而有差异。管理者与监督者往往从政治因素出发,更多的是从社会效果、政治影响等角度对司法公正提出要求和进行评判。而案件的当事人和社会公众对司法公正与否的评价往往从一个个具体案件出发,对个案的处理过程与结果是否符合实体法与程序法的要求做出具体评判。因此,审判环节的监督,要求人民检察院必须将监督工作落到实处,严格按照实体法与程序法的规定,对个案的所有运行程序施以监督,发挥对审判行为的监察与制约力度,最大限度地维护审判行为的公正与尊严。当然,不同法系的国家检察机关的这种监督职能的权限也有所不同。一般说来,大陆法系国家比英美法系国家更为广泛。我国检察机关的审判监督有自身特点,依法抗诉成为我国检察机关依法履行这一权能的重要表现形式。其四,执行环节的监督。执行作为审判结果得以最终实现的一个重要保障手段,在诉讼机制中具有不可替代的功效。检察机关依法享有的执行监督能否真正发挥作用,直接关系到法院生效判决能否得以正确执行以及执行活动是否合法,这也直接关系到司法是否公正。我国检察机关不仅对刑事裁判的执行具有监督权,对监所等执行机关的活动的合法性同样施以监督。就这一点上看,"我国检察机关对刑事判决、裁定的执行的法律监督范围和内容是多方面的,比英美法系国家检察机关的同类职权范围要广泛得多"[2]。此外,民事、行政司法监督权,也是我国检察机关法律监督必不可少的内容之一。我国在人民法院司法独立及当事人正当行使诉讼权利的基础上,通过检察机关对民事诉讼、行政诉讼的检察监督保护国家和社会公共利益,进而突显现代法治社会

---

[1] 张穹.刑事法律监督是中国刑事法制建设的重要保障[M]//孙谦,刘立宪.检察论丛(第1卷)[M].北京:法律出版社,2000:207.

[2] 陈业宏,唐鸣.中外司法制度比较[M].北京:商务印书馆,2000:115.

公益诉讼的根本要求。但这一点上，与西方资本主义国家相比，我们还相对较为滞后，也较为薄弱，尚有待进一步健全与完善。

值得注意的是，我国检察机关在保证宪法、法律统一实施的同时，尚具有对法律适用的解释权。这种解释权对刑事诉讼中的侦查行为、诉讼行为以及检察机关在民事、行政诉讼中的行为具有普遍约束力。这使司法解释权成为我国检察权制度中特有的内容。

当然，在我国法学理论界中，也有学者反对人民检察院享有法律监督权，还有学者主张在人民检察院之外设立专门的监督机关，使法律监督权与侦查权、公诉权分离。这里，笔者对此不予过多论述，但需要说明的一点是，一方面，我国检察机关在切实履行宪法和法律赋予的各项职权尤其是法律监督权的过程中，所取得的巨大成就不容否认；另一方面，我国检察机关依法享有的法律监督权仍然是十分有限的，是一种最低限度的监督保障。尽管在法学理论界或司法实践中还存在这样或那样的不尽人意之处，但检察机关依法行使的法律监督权，在我国司法权运行的实际过程中，对保障司法权行使的合法性、公正性，实现法律的公平正义价值所发挥的巨大效能是不可否认的，也是其他国家机关无法替代的。

（三）权利救济功能：人权保障需求之满足

现代社会，人权是法制的重要内容，甚至是核心内容。"历史表明，人权要能在现实中得到实现，就需要用法制来加以确认和保障。"[1]检察权制度作为我国法制体系的重要组成部分，在我国人权保障体系中，它所承担的权利救济功能是举足轻重的。我国宪法赋予检察机关法律监督的职权。检察权制度所具有的权利救济功能正是以此为根本拓展开来的。这在刑事、民事、行政三类诉讼中均有一定程度的体现。相比较而言，在刑事诉讼中，其功能发挥得更为充分。

在刑事诉讼中，检察机关担负代表国家追诉犯罪、惩罚犯罪、维护法治和社会利益的职责，但同样注重对诉讼当事人权利的保护。总体上，人民检察院依法对刑事诉讼实行法律监督。在审前程序中，检察机关以"控审分离"严把审判入口。既严格惩罚犯罪，如加强对公安机关不立案的监督，对报案人、控告人、举报人及其近亲属的人身安全给予保障；又重视对犯罪嫌疑人给予充分的权利保障，如加强对公安机关的侦查行为和检察机关自行侦查行为的监督，对强制措施适用的合法性严加审查。从而加强了审前程序的人权保障功能，可防止刑讯逼供、错误逮捕等违法现象对人权的侵害，

---

[1] 罗玉中,等.人权与法制[M].北京:北京大学出版社,2001:291.

避免了"控审合一"容易导致的法官恣意妄为对当事人权利的侵害。以此拓展并加强了审前程序中的当事人获得的权利救济空间。在审前程序中,检察机关派员以公诉人的身份介入诉讼,既有利于惩罚犯罪,也利于履行对审判行为的法律监督职责,以此制约裁判的专横恣意,为相关当事人提供具有重要意义的权利救济渠道。在执行程序中,人民检察院对执行机关执行刑罚的活动是否合法实行监督,发现违法情况,有权通知执行机关纠正,从而保证服刑人犯的权利不受非法侵犯。

当然,在民事、行政诉讼中,检察权制度体现的权利救济功能不如刑事诉讼中的充分。"现行的民事、行政检察监督存在一个明显的缺陷,就是诉讼法总则规定的监督权力的广泛性和分则规定的具体监督方式和狭窄性。"[1]我国《民事诉讼法》第14条规定:"人民检察院有权对民事诉讼实行法律监督",第208条规定了对已经发生法律效力的判决、裁定、调解书,在符合法律规定的情形下,各级人民检察院有权按照审判监督程序提出抗诉。《行政诉讼法》第11条规定:"人民检察院有权对行政诉讼实行法律监督。"可见,在民事、行政诉讼中,检察权制度对案件当事人给予的权利救济是以民事、行政抗诉制度的方式表现出来的。这是对那些在民事、行政诉讼实践中,当因通过传统的司法途径获得权利救济受到某种原因的限制而无法获得司法救济的当事人的一种救济保障。尽管从实际状况上看,这样的立法还略显粗糙,或者尚不完备,但它对案件当事人所具有的权利救济效能是巨大的。当事人虽然依法享有申请再审的权利,但这种具有"私权"性质的行为是无法替代检察机关以抗诉的方式施以监督而引发的再审。同时,它体现了检察权对审判权的监督制约,从而有效地抑制因法官的恣意审判行为对案件当事人的合法权利造成侵害。

(四)防腐促廉功能:政治文明建设需求之满足

勤政廉政、反腐倡廉是民主法制建设的重点,更是国家政治文明建设的重要内容。然而,当今世界,没有一个国家不受腐败问题困扰,或不面临腐败的威胁。依据当前较具权威性的四个国际组织提供的衡量腐败的五种指标,即清廉指数和行贿指数(透明国际),腐败控制指标(世界银行),非法支付、司法腐败、贿赂和回扣指标(瑞士国际管理发展学院),贿赂和腐败、透明度指标(世界经济论坛),对世界各国的腐败状况展开比较研究,结果认为

---

[1] 杨立新.民商法判解研究——新中国民事行政检察发展前瞻(第8辑)[M].长春:吉林人民出版社,1999:312.

"中国已属于世界上腐败比较严重的国家之一"〔1〕。且不考量这一说法是否危言耸听,但不能否认的是,在各种腐败现象中,代表国家行使权力的国家工作人员的犯罪,即职务犯罪,已成为腐败的极端表现。严厉打击、判裁职务犯罪,防止国家权力异化已刻不容缓。这是依法治国的要求,更是国家政治文明建设的要求。

在我国,依法享有对职务犯罪行使法律监督权的机关是各级人民检察院。检察机关作为国家的法律监督机关,有责任对国家工作人员在职务活动中是否正确行使国家授予的权力予以监督,以促使其严格执法、勤政廉政。对国家工作人员贪污贿赂、滥用职权、徇私枉法、亵渎职守而实施的职务犯罪,检察机关享有立案、侦查、依法追诉的权力。检察机关的这种实施执法监督、维护廉政的专门性法律机关的性质,构筑起我国检察制度所具有的防腐促廉功能。这种功能在我国以诉讼与非诉讼两种方式体现出来。

(1)以诉讼的方式追诉职务犯罪,进而达到惩罚腐败的目的。这主要体现为对职务犯罪案件予以立案、侦查并提起公诉,以法律惩罚职务犯罪分子,从而彻底清除其继续犯罪的条件和可能。我国《刑事诉讼法》第18条第2款是检察机关以诉讼手段惩治腐败的主要法律根据。法律将对职务犯罪的立案权、侦查权赋予检察机关是由检察机关作为国家法律监督机关的性质决定的。它一方面表明职务犯罪不同于一般的刑事犯罪案件,它对国家机制的正常运作产生了巨大的危害,背离了国家对其工作人员授权的初衷;另一方面表明检察机关对职务犯罪案件的立案侦查,具有不同于公安机关对一般刑事案件立案侦查的性质和要求。这是检察机关履行宪法和法律赋予的司法监督权的具体体现,也是我国刑事法律监督制度的一种特色。在打击我国各种腐败行为的专项斗争中,我国检察制度发挥了极为重要的作用。但同时也应当看到,现阶段我国检察机关对职务犯罪享有的立案侦查权在具体行使过程中尚存在一些不足,对职务犯罪立案侦查行为的监督制约机制还有待进一步完善,个别检察机关对立案标准掌握不严,甚至不当撤销案件、滥用立案侦查权等现象时有发生。这种种不良现象固然与个别检察人员自身素质以及工作水平有关,但如何完善检察机关的司法权配置,进一步健全检察机关对职务犯罪立案侦查工作的监督制约机制,最大限度地发挥检察机关在国家政治文明建设中的防腐促廉功能,还亟待做更深入的理论研究与实践探索。

(2)以非诉讼的方式监控职务犯罪,进而达到预防腐败的目的。职务

---

〔1〕 胡鞍钢.影响决策的国情报告[M].北京:清华大学出版社,2002:275、297.

犯罪是一种严重的腐败现象,是腐败的极端表现,是一种社会疾病,预防腐败更胜于惩治腐败,这种主张已为人们广为接受。从理论研究的角度,中外学者对此进行了许多有益研究。有学者从产生腐败的动机和条件入手,探讨对腐败行为的预防,认为"当贿赂之所得减去从事该行为所承受的道德损失和法律风险后仍大于其工资收入和廉洁带来的道德满足之时,官员就会产生从事腐败行为的动机。当官员享有垄断权和自由处理权而又无须对权力的行使承担必要的责任时,他就具备了从事腐败行为的条件"[1]。也有学者从腐败的根源分析入手,探讨对腐败的预防治理,认为"行政力量粗暴地干预和限制了市场力量是产生腐败的深刻根源。要有效地治理国家工作人员贪赃等腐败现象,除完备立法、加强追查、从重惩处、从严监督、重视教育以外,还必须通过制约权力、缩小差价、裁员加薪等深化经济体制和政治体制改革措施来实现"[2]。而从我国检察机关以非诉讼手段预防腐败的实际来看,检察机关充分运用了司法建议这一非诉形式的检察活动。在办理具体的职务犯罪案件的过程中,检察机关结合办案发现的各种情况及问题,及时而有针对性地向有关单位或行业提出相关建议,对职务犯罪行为的发生起到了积极而显著的预防效果,成为检察机关以诉讼方式追诉职务犯罪、打击腐败行为的重要辅助与补充,发挥了我国检察制度具有的防腐促廉功能。一定意义上,满足了我国政治文明建设对检察制度提出的客观需求。

综上可以发现,刑事追诉权和法律监督权构成了我国检察权制度的基本功能体系。就我国检察权制度的实际运行看,在依法治国、构建社会主义和谐社会的系统工程中,检察权制度在维护我国现行的政治体制、经济制度和司法制度,维护我国法制的尊严与统一,制裁犯罪、保护人民,确保实现法律的公平正义等方面发挥了巨大作用。但不能否认,我国现行检察权制度无论在立法上,还是在实际运行效果上仍非十全十美,尚存在进一步完善的客观要求。

二、民事检察监督权

(一) 民事检察监督权的概念

何为民事检察监督权,学界的表述各不相同,概括起来,有以下代表性的观点。观点一认为,检察机关作为专门的法律监督机关,一方面有权对法

---

[1] 罗伯特·克利特加.控制贪污腐化[M].加利福尼亚:加利福尼亚大学出版社,1988:58.
[2] 吴敬琏,等.腐败:权力与金钱的交换[M].北京:中国经济出版社,1993:68.

院的审判活动以及诉讼参与人的民事诉讼活动实施法律监督;另一方面有权对公民、法人或其他组织的民事实体活动进行一般监督,这两方面都是检察机关法律监督权应有的组成部分,只是表现形式不同而已。[1]观点二认为,民事检察监督是指检察院依照法律规定,对民事诉讼违法行为和民事审判活动所进行的法律监督,它是以国家强制力作为后盾,直接作用于民事裁判权的监督,是基于法律监督权而产生的权力,包括起诉权、参诉权、抗诉权、纠正违法权和检察建议权。[2]观点三认为,民事检察监督权指人民检察院对民事审判活动进行的监督。即民事检察监督是指检察机关对法院的民事审判活动进行的监督。[3]

根据2012年修改的《民事诉讼法》第14条的规定,民事检察监督权的立法表述是:"人民检察院有权对民事诉讼实行法律监督。"

(二)民事检察监督权的性质

民事检察监督权作为检察权的一部分,也注定必然具备检察权的属性。民事检察监督权属于检察权中的子权力,要厘清并界定民事检察监督权的性质,就必须首先正确判断检察权的性质,而对检察权性质的定性就不能脱离现行的立法。在我国,检察权作为一种法律监督权,具有作为国家权力的一般特点及法律地位和权威。民事检察监督权作为检察权在民事诉讼领域中的体现,正好也符合我国当前的宪政体制及权力制衡的原理。

在我国,民事诉讼检察监督制度设立的目的,一方面是监督和制约审判权,以保证审判权的公正行使;另一方面是更好地实现民事诉讼所追求的程序"公正性、安定性、效益性"的制度价值。因为,检察机关行使检察权并不意味着可以以公正为借口,无限期地拖延诉讼,浪费国家的司法资源和当事人的时间与财力,也要最大限度地维护生效裁判的稳定性和诉讼的效益性。民事诉讼检察监督制度则是实现这种追求的有效途径之一。因此,在我国现行立法框架、司法体制和审判实务背景下,民事诉讼检察监督制度的存在是不可或缺的。

---

[1] 温军.和谐社会视野中的民事检察监督权[J].人民检察院,2006(9).

[2] 付冬梅,高芙蓉.实践与立法:民事检察监督制度完善研究[M]//陈桂明.中国民事诉讼法学六十年专论.厦门:厦门大学出版社,2009:260.

[3] 刘敏.原理与制度:民事诉讼法修订研究[M].北京:法律出版社,2009:209.

第三节 新形势下我国民事检察监督权的制度创新

一、从社会公益保护的视角看检察权配置的一般规律

一直以来,各国在检察制度建设过程中,虽然提起公诉权始终被视为检察机关的立命之本,但许多资本主义国家配置检察机关的职权同样重视检察机关在保护公共利益领域的应用权力和效能的发挥。许多国家都根据本国国情建立了环境公益诉讼制度,通过检察官提起环境民事诉讼这种民事检察制度为许多国家立法所确认。法国、日本等国都在民事诉讼制度中规定了检察官可以国家利益和社会公共利益的保护者对某些案件提起民事诉讼。当然,许多西方国家在采用环境公益诉讼检察制度的同时,也允许公民提起环境公益诉讼。美国公民诉讼不论是针对排污者的诉讼还是针对行政机关的诉讼,目的都在于维护公共利益。公民诉讼虽然以"公民"为名,但实际上任何个人、团体,包括企业、州政府,都可以提起诉讼。[1] 德国法院对团体诉讼倾向于持保守的态度,在法律规定的几个特定条件下才赋予团体以团体名称起诉的权利。同属于发展中国家的印度,在适格主体和管辖权方面也在逐步降低门槛。从社会公益保护的视角看,检察权配置的一般规律主要体现为以下几个方面。

(一)科学配置检察权的各项职能,凸显社会公益代表人身份

现代国家越来越重视检察机关在行使职权时所体现出的公益代表人的性质。随着全球化的发展,为保证国家在全球竞争中的地位,维护社会整体

---

[1] 李艳芳.美国的公民诉讼制度及其启示——关于建立我国公益诉讼制度的借鉴性思考[J].中国人民大学学报,2003(2).

利益,国家对社会事务予以适当干预有了理论基础与实践必要。在许多国家,为符合这种实践需要,检察机关成了公益代表人的最佳人选,检察官代表公益提起诉讼,将涉及国家利益、社会公益、公民重要权益的民事案件、经济案件提交法院审判,目的是保护上述主体的合法权益不受损害。法国确立了"越权之诉"制度,检察机关介入人事诉讼,无效婚姻、监护、无行为能力、禁治产、法人的破产等均由检察机关介入。在美国,检察官有权对一切"涉及合众国利益"的民事案件予以干涉。权力遍及社会各个领域。在德国,确立了"公益代表人制度";日本则确立了"民众诉讼"制度。尽管这些制度在名称和细节上有所不同,但检察机关均一定程度上较好地介入,起到了规制行政权力、保护公共利益的作用。关于检察机关充当公益代表人的问题,我国在新中国成立之初,就有了法律规定,而且在实际工作中取得了很多成绩。当时采取了三种形式:(1)检察署派员参加法院审理的重大民事案件和行政案件;(2)以检察署的名义提起民事诉讼或行政诉讼;(3)类似今天的抗诉情形。1982年制定《民事诉讼法(试行)》时,沿袭了这种精神,该部分条文由起草小组成员、著名法学家江伟教授制定,条文表述为:"人民检察院有权提起和参与民事诉讼。"立法机关完全接受了这一条款。但在征求最高检意见时,最高检考虑到检察机关办理刑事案件事务繁重,无力顾及民事和行政案件,对这一条文本身不予支持,给出了不同意写上"提起和参与"的意见。几经波折,最终形成了现行《民事诉讼法》第14条规定的"人民检察院有权对民事诉讼实行法律监督",并成为《民事诉讼法》的一项基本原则。但至今,关于检察机关的民事检察监督职能问题一直保持着存废之争。近几年,随着我国法学理论的研究与司法实践的探索,检察机关在公益诉讼中扮演社会公益代表人的角色越来越多地得到了肯定。

(二)除审判监督权外,普遍承认检察机关的一般法律监督权

检察机关是否享有一般法律监督权与检察机关能否直接介入公益保护案件息息相关。目前,检察机关对任何机关、组织、个人遵守法律情况进行监督的一般法律监督权正得到越来越多国家的认可。如,在美国,检察官有权对一切"涉及合众国利益"的民事案件予以干涉。权力遍及社会各个领域。据调查,美国每4个地方检察官中就有3个负有代表县行政委员会或地方管理机构进行民事诉讼的责任。在法国,最高法院中的检察院人员有权代表国家参与最高法院受理的各种诉讼以履行其一般法律监督职责。而且,检察官对司法权力系统中内部司法行政事务有干预权。如,检察官记载一切法官的个人事务并向司法部长呈送对于法官的考核评语、法官职位出现空缺,主管法院院长要会同检察官向司法部长推举该职位的候选人。在

泰国,检察院中民事检察官要比刑事检察官多。在我国澳门地区,所有的行政案件起诉后,全部提交给检察官,检察官来决定参与还是不参与。检察官无论参与或不参与,都要给法官一个意见,法官在判决时,对这个意见采纳或不采纳要表态。民事案件参与的要比行政案件相对少一些,但民事起诉案件也要通知检察官。[1] 检察机关行使一般法律监督权最为典型的是俄罗斯。苏联解体后,俄罗斯进行了一系列包括检察制度在内的社会变革,重新界定了检察机关的性质,重新规范了检察机关的职权。将联邦检察机关定位为"护法机关",废除了检察机关的"立法倡议权""向宪法法院提出请求权"以及根据列宁检察监督理论而产生的对法院活动实行检察监督的审判监督权,但它保留并完善了一般法律监督权,并形成了检察机关行使一般法律监督权的三个重心理论。我国1954年的《检察院组织法》曾规定了检察机关的一般监督职权,1978年修改《检察院组织法》时,取消了这一职权,突出规定了我国检察机关对国家工作人员渎职犯罪实行法律监督的内容,这一精神沿用至今。

二、民事检察监督权制度创新在司法实践中的有益探索

(一) 民事检察监督权制度创新的具体实例

案例一:督促起诉。上海××贸易有限公司是2010年4月在青浦区注册成立的有限公司。2011年4月11日,该公司法定代表人在明知可能对环境产生污染的情况下,将700~800千克不能再使用的废油残渣用水稀释后抽到油罐车内。当晚将油罐车内的废油全部倾倒在位于沪青平公路5758号公司的空地上,并用水冲入下水道,废油通过下水道排入公司旁的淀浦河内。经上海市环境监测中心检测,该公司地面采样水及淀浦河南岸排放口检测出柠檬烯等高毒物质,造成淀浦河水质严重污染。经青浦区物价局鉴定,造成直接经济损失为人民币387100元。案件发生后,行为人被依法羁押,在处理其刑事责任问题的同时,青浦区检察院民事检察部门积极介入,探索了民事检察监督权在公益保护领域的介入途径与方法问题。面对法律空白,经过深入调查研究,并积极与法院联系沟通,确定了以督促起诉的方式介入该环境公益的保护案件,于2011年8月、9月分别向"上海市青浦区

---

[1] 孙谦,等.司法改革报告——检察改革·检察理论与实践专家对话录[M].北京:法律出版社,2002:279.

河道水闸管理所""上海市青浦区朱家角镇环境卫生管理所""上海市堤防（泵闸）设施管理处"制发了督促起诉的检察建议书，建议上述单位向法院提起民事侵权损害赔偿之诉，该案件最后由青浦区法院受理并于2011年9月当庭调解结案。

案例二：制发检察建议书。2004年四川省资阳市雁江区人民检察院针对该市雁江区清水河流域8家石材厂违规排污，造成河道污染和堵塞，严重影响村民的生产、生活事件，雁江区人民检察院正式启动法律程序，分别向8家采石厂发出检察建议书，要求各厂对排污设施进行整改，使所排污水达到环境标准，恢复河道原状，并将整改情况于同年5月15日前报送检察机关。作为国家公诉机关，检察院在检察建议书中告诫8家企业，如果不积极治理污染，继续侵害公共利益，限期内未能积极完成污染治理的，将对其依法提起民事公诉。该检察建议书的提出，解决了当地环保部门多次要求整改也未见成效的难题，取得了积极的社会反响和良好的社会效果，在检察机关介入保护环境公共利益的实践探索领域产生了深远的现实意义。

（二）司法探索对完善民事检察监督权制度的启示

在新形势下，检察机关以何种方式和途径参与公益保护，是民事检察监督权创新的应有内涵。但是，检察监督权制度创新还必须在民行检察工作的专业化、科学化、透明化、法治化的客观要求基础上，协调处理好以下关系。

1. 检察监督权创新与现行立法的关系

创新民行检察工作的方式、方法是社会管理创新的必然要求，也是民行检察工作的必然发展趋势。它涉及一些新思维、新理念、新突破、新做法。所以，它必然涉及检察监督权创新与现行立法关系的认识问题。实现民事检察监督权的目的和效能，既要在现有法律框架内开展，又可在法律未明确禁止（排除）的情况下有所突破。因此，检察监督权创新与现行法律这二者应该遵循"法律规范的严格遵守与有限度的创新尝试"这样一种理念。

2. 协调好检察机关介入公益保护案件过程中的检法关系

检察机关作为我国的法律监督机关，在维护社会公益中理应发挥重要作用。但从我国目前的法律规定看，对于检察机关以何种角色、何种方式和途径介入公益保护诉讼，遵循何种具体程序，如何确定其诉讼地位和诉讼权利、义务等问题，我国现行法律存在缺失，尚待做出更加明确具体的规定。上海市青浦区检察院在探索创新民事检察监督权，致力于介入环境公益诉讼过程中，受制于现行法律，无法以原告的身份直接提起公益诉讼，但通过与法院协调沟通，得以通过督促起诉的方式适当介入该类案件，对创新社会管理的方式、方法做出有益探索与尝试,一定程度上,也有益于改变我国单一的行政监管环境的模式所存在的弊端。

3. 检察监督权创新与经费保障体制的关系

经费保障问题是事关检察监督权创新建设、确保民事检察监督权独立有序运行的一个关键要素。全国相当多地区的检察院经费难以得到保障,不同地区的检察院经费保障程度还存在差别。尽管这个问题已引起国家重视,但经费增加的幅度远远跟不上检察机关不断拓展的工作量和检察事业发展的需要。而且,所增加的财政拨款也仅是增加了人员经费和行政经费。业务经费,包括办案经费、装备经费和基础设施经费增加非常有限。这与经费保障机制有关,一定程度上,会制约检察监督权创新建设。协调好经费保障机制与民事检察监督权运行的关系,是促进民事检察监督权创新建设的力量之一。

4. 局部探索与整体互动的关系

宏观上,检察监督权创新要求整个检察系统的民行检察队伍建设以及民行检察工作的业务建设,通过各级院的协调互动,形成一个有机整体。微观上,还要立足各级院作为各自独立主体的队伍建设和业务分工,鼓励各主体主观能动性、积极性的发挥,在检察机关参与公益保护领域有选择地开展相关业务探索和创新。给予政策支持,可以搞试点,做到以点带面。

5. 实务技能的提高与学术理论研究的关系

对于检察机关的队伍建设而言,实务技能的提高与学术理论研究,二者不可偏废,要做到最低限度的平衡。在检察监督权创新建设过程中,既要注重检察业务能力的提高,也要加强相关理论的学习。

三、新形势下我国民事检察监督权的制度创新
——以检察机关介入公益诉讼为考量

当前,我国民事行政检察监督权在民事行政检察监督实践中尚面临许多困境,如民行检察人员的不足、对妨碍民事行政检察行为缺乏强制措施、民事行政法律监督范围过于狭窄、监督方式过于单一等。这些问题的存在,一定程度上削弱了检察监督权应有效能的发挥。在倡导社会治理创新的形势下,我国民事检察监督权介入公益保护同样需要突破以上现实困境。

(一)淡化检察权运行的行政色彩与功利色彩,保证检察监督权行使的法律性与独立性

行政因素对检察工作的干扰突出表现为以下几方面。其一,按行政区

域设置检察机关,造成司法机关在财政上依赖地方政府和地方经济,在人事上隶属于地方。这种依附关系必然为检察机关的权力行使带来浓厚的行政色彩,使得地方司法机关抗衡地方政府的能力减弱,降低了检察权行使的积极性。其二,检察机关在人事管理上呈现一定的行政化手段,存在业务职称与各种待遇脱节的现象,导致相当数量的检察人员对行政级别的重视强于对检察官职称的评定。解决这一问题的突破口在于:第一,强化上下级检察机关之间、同一检察机关内部各部门之间和同一部门内部不同人员之间的权力义务关系,做到权责相适应,改变权力运行的不规范状况;第二,改变检察机关财政上对地方政府的依赖,实行检察机关经费独立预算制。具体操作上,可以在国家的财政预算中确定适合的比例,纳入预算,经人大审批后,中央财政将该部分款项统一划拨归最高司法机关,由最高司法机关按照一定的比例加以分配。

(二)调整检察机关的职权配置,对检察制度的功能重新定位,赋予检察机关提起民事、行政案件的公诉权,直接介入对公共利益的保护

社会治理创新客观上要求检察监督权制度创新。一方面,从宏观上,检察监督权创新建设要放眼于一个国家的检察权配置制度建设。改革现行立法对检察权的配置对社会治理创新语境下检察机关参与公益保护案件尤为重要。就职权范围看,我国检察机关不享有一般法律监督权。民事行政法律监督范围过于狭窄、监督方式过于单一,削弱了检察监督权的应有效能。依现行民事、行政诉讼法规定,监督范围限定在法院的民事、行政审判活动,针对的是已生效的确有错误的民事判决、裁定。监督的方式限于提起抗诉。实践中,这种监督还是一种事后监督,范围狭窄、手段单一,使得实践中检察监督举步维艰。这显然不适应日益复杂的社会环境和社会本位的权力价值观的客观要求。曾任美国联邦最高法院法官的勃瑞威尔说:"不管何时,只要被指控的行为影响到合众国整个国家利益,涉及宪法要求必须关心的国家事务,涉及国家要保障全体公民的平等权利和义务等,联邦总检察长均有权提起民事诉讼、行政诉讼以致刑事诉讼。"[1]为此,必须拓展检察权的功能范围。首先需要扩大检察机关参与民事和行政诉讼的职权范围,职权范围不应仅局限在诉讼领域,还应包括非诉讼领域。其次必须健全相应的制度保障。解决这一问题的根本在于对立法的完善。实现的途径在于,或者制定一部专门的《法律监督法》,或者完善相关部门法的内容。设定监督的

---

[1] 维瑞·兰格.三大法系检察官在公益方面的作用、司法制度比较研究[M].任允正,刘兆兴,译.北京:中国社会科学出版社,1996:30.

目的、任务、基本原则、监督的管辖、监督的主体、条件、内容、方式、具体程序、权利、义务、诉讼地位以及监督不利的法律后果,等等,以此构建我国完善的法律监督体系。

另一方面,应赋予检察机关于关民事行政案件的公诉权。从理论上说,检察院虽然不是民事主体,不享有实体意义上的诉权,但程序意义上的诉权一定条件下可以与实体意义上的诉权分离,这与诉讼法理论并不矛盾。检察院提起诉讼,是民事行政诉讼原理与规范适应现实要求的发展和延伸,不是对现有诉讼制度的否定。从本质上说,这主要不是理论问题而是实践的要求。检察机关负有保护国家利益、社会公共利益和公民、法人重大权益的职责。如果民事、行政诉讼实践需要强化检察监督,就没理由将检察监督限制在事后监督这一狭小的范围内。因为现实社会中,大量存在利用合同这一合法形式损害国家和社会公共利益的违法活动。这种违法民事活动,即使发生纠纷,当事人也通常不会诉讼到法院。此外,支持起诉制度从实际运行情况看,没收到预期效果。制止审判权被腐蚀单靠审判人员自我约束和法院内部监督已不适应现实要求,必须强化外部制约,这已成为必然选择。当然,这需要严格限制。下列情况可以尝试赋予检察机关民事、行政公诉权:(1)国家利益受损无人提起诉讼时,如国家财产受损害而国有企事业单位放弃诉权;(2)公民、法人合法权益受损并涉及国家、社会公共利益的,公民、法人放弃诉权时;(3)涉及公民、法人合法权益的重大案件,受害方因种种原因不能保护自己民事权利的;(4)涉及众多民事主体利益,即社会公共利益案件,无特定原告时,如环境公益诉讼。实践中,有些检察机关已经进行了成功尝试,出现了几种做法。一是检察机关以直接起诉的方式启动环境公益诉讼。直接起诉获得胜诉的有2003年山东乐陵市检察院起诉金鑫化工厂污染案、2003年四川阆中市检察院起诉群发骨粉厂非法排污案、2008年江西新余市渝水区检察院起诉李某污染江西仙女湖景区饮用水案、2008年贵阳市检察院起诉熊某破坏山林案。二是检察机关以发出检察建议的方式介入环境公益诉讼。例如,2004年四川资阳雁江区检察院向资阳石材厂发出的检察建议产生了积极的社会效果和法律效果。三是检察机关通过参与制定地方规范性法律文件的方式介入环境公益诉讼。如2008年无锡市法院、检察院联合出台《关于办理环境民事公益诉讼案件的试行规定》明确检察机关对此类案件的直接起诉权。在我国,这种先有实践后有法律的修改并加以固定的情况有很多先例,如现行《民事诉讼法》规定的诉讼代表人诉讼制度。所以,以立法的形式赋予检察机关对某些民事、行政案件的公诉权是完全可能的,也是可行的。

（三）审慎对待并适度运用调查取证权

依现行民事诉讼法、行政诉讼法的规定，检察院在民事、行政诉讼中没有调查取证权。但检察院作为法律监督机关，检察院组织法规定了检察机关的具体职权，应该说，这些职权明示了检察院享有调查权。2001年9月30日最高检公布的检察院《民事行政案件办案规则》也体现了这一思想。但由于民事、行政诉讼涉及当事人举证责任的承担问题，隐含着一种对抗及举证不能的败诉风险，所以，必须审慎对待检察院的调查取证权。应以"有限调查权"的原则将调查权应用到民行检察工作的实际。从抗诉的角度看，检察机关首先要看的是卷宗里的证据，看原审举证情况，应该把注意力放在证据效力的比较上来。申诉人认为判决有错误的，须提供证据。最后检察官才可以进行调查。所以，检察院的调查从属于抗诉。调查权的行使与否要明确设定一个范围。[1] 通常需要考虑的情形包括以下几点。（1）检察机关不享有调查权的情形，仅限于法律适用上的抗诉。（2）检察机关享有有限制调查权的情形：一是检察机关的抗诉不仅针对法律适用，还针对案件事实；二是法院审理案件时应当调查收集相关证据而没有调查，需要通过抗诉改正判决。诸如，涉及依照职权追加当事人、终止诉讼、回避等程序事项，法院未依法履行证据收集责任的；当事人及其诉讼代理人客观上无法自行收集的证据材料，申请法院调查收集，法院未依法履行证据收集责任或收集证据不客观不全面的；三是证据相矛盾，法官没有调查取证就认定了其中某一个证据。（3）享有充分调查权的情形，这种情况主要指涉及国家、社会公共利益的案件。当然，即便享有有限调查权，但在具体运用过程中，如遇到调查对象不配合，甚至暴力抗拒的情况，由于法律缺失强制手段的配套保障，导致民行检察工作上的尴尬与无奈，这也是健全民行检察监督机制亟待解决的一个问题。

（四）致力于民行检察工作的专业化建设

民检专业化是实现民事检察工作跨越式发展的一个重要内容，也是民行检察监督权创新以适应社会治理创新要求的一个突破口。这方面建设首先要确立专业化建设的目标或指导思想。要以追求民行检察监督权运行规范、节约司法资源、降低诉讼成本、提高工作效率，队伍过硬、业务精良，体现护法解纷功能，及时化解社会矛盾、促进和谐社会的建设为目标。需要考虑的要素包括：检察权运行规律；司法效率；司法成本；法治理念及相关制度

---

[1] 孙谦,等.司法改革报告——检察改革·检察理论与实践专家对话录[M].北京:法律出版社,2002:282—293.

性要素。其次要明确专业化建设的具体内容,要有一系列不同以往民行检察工作方式、方法的新举措,体现出一种鲜明的外在形式和一套新颖的运行机制或规范,以适应社会治理创新的要求。这至少应该包括以下几方面的建设:一是队伍建设专业化。需要考虑规模、布局、结构、人才培养机制、人才储备机制等要素;二是工作管理专业化。包括管理思维和管理手段;三是业务技能专业化。实际上,业务技能专业化与队伍建设专业化紧密相关。客观上要求专业科(组)人员要达到必要的量的要求,形成梯队,注重主次角色建设,当人员流动出现角色空缺时,可以及时填补。这方面可以适当吸收借鉴主诉检察官制度的合理内核。至少要考虑业务培训机制、业务方面的竞争与激励机制、案件质量的保障与评估体系、学习经历及实践经验等要素;四是实现装备配置专业化。

目前,在社会治理创新形势下,探讨我国民事检察监督权介入公益保护问题,离不开检察监督权的制度创新,也同样离不开检察权平稳有序运行的保障与制约机制建设。因此,我国检察监督权的运行与制度创新,要将人大对检察机关的职权活动进行的监督以及检察机关系统内部自上而下的监督落到实处。以此健全对检察监督权行使的监督制约机制,既保证检察监督权运行的独立性与有序性,也能适应社会治理创新对检察监督权制度创新提出的客观要求。

主要参考文献

著作：

[1] A. 朱克曼. 英国民事诉讼的改革[M]//梁慧星. 民商法论丛. 叶自强, 译. 北京:法律出版社,1997.

[2] 阿德里安·A. S. 朱克曼. 危机中的民事司法：民事诉讼程序的比较视角[M]. 傅郁林,等,译. 北京:中国政法大学出版社,2005.

[3] 埃德加·博登海默. 法理学、法律哲学与法律方法[M]. 邓正来,译. 北京：中国政法大学出版社,2009.

[4] 安东尼·吉登斯. 社会学[M]. 李康,译. 北京：北京大学出版社,2009.

[5] 本杰明·卡多佐. 司法过程的性质[M], 苏力, 译. 北京：商务印书馆,2007.

[6] 毕玉谦,等. 民事诉讼研究及立法论证[M]. 北京:人民法院出版社,2006.

[7] 边沁. 道德与立法原理导论[M]. 时殷弘,译. 北京：商务印书馆,2000.

[8] 伯纳德·施瓦茨. 美国法律史[M]. 王军,等,译. 北京:中国政法大学出版社,1990.

[9] 博登海默. 法理学—法哲学及其方法[M]. 北京：华夏出版社,1987.

[10] 布莱克. 法律的运作行为[M]. 唐越,等,译. 北京：中国政法大学出版社,1994.

[11] 蔡颖雯. 侵权法原理精要与实务指南[M]. 北京：人民法院出版社,2008.

[12] 查士丁尼. 法学阶梯[M]. 张企泰,译. 北京:商务印书馆,1989.

[13] 常怡. 比较民事诉讼法[M]. 北京：中国政法大学出版社,2002.

[14] 常怡. 民事诉讼法学[M]//江伟. 民事诉讼法学原理. 北京：中国

人民大学出版社,1999.

[15] 陈刚.比较民事诉讼法[M].北京:中国人民大学出版社,2001.

[16] 陈光中,徐静村.刑事诉讼法学[M].北京:中国政法大学出版社,1999.

[17] 陈桂明.程序理念与程序规则[M].北京:中国法制出版社,1999.

[18] 陈计男.民事诉讼法论[M].台北:三民书局,1994.

[19] 陈奎,梁平.论理与实证:纠纷、纠纷解决机制及其他[M].保定:河北大学出版社,2011.

[20] 陈荣宗,林庆苗.民事诉讼法[M].台北:三民书局,1996.

[21] 陈荣宗.举证责任分配与民事程序法[M].台北:三民书局,1984.

[22] 陈荣宗.民事诉讼法[M].台北:三民书局,2001.

[23] 陈新民.德国公法学基础理论[M].济南:山东人民出版社,2001.

[24] 陈业宏,唐鸣.中外司法制度比较[M].北京:商务印书馆,2000.

[25] 陈一云.证据学[M].2版.北京:中国人民大学出版社,2000.

[26] 程燎原,王人博.权利及其救济通论[M].济南:山东人民出版社,1998.

[27] 法国新民事诉讼法典[M].罗结珍,译.北京:中国法制出版社,1999.

[28] 范毅强.民事保全程序要论[D].西南政法大学,2008.

[29] 范愉.多元化纠纷解决机制[M].厦门:厦门大学出版社,2005.

[30] 范愉.非诉讼纠纷解决机制研究[M].北京:中国人民大学出版社,2000.

[31] 范愉.纠纷解决的理论与实践[M].北京:清华大学出版社,2007.

[32] 福永有利.民事执行法·民事保全法[M].东京:有斐阁,2007.

[33] 付冬梅,高芙蓉.实践与立法:民事检察监督制度完善研究[M]//陈桂明.中国民事诉讼法学六十年专论.厦门:厦门大学出版社,2009.

[34] 傅郁林.民事司法制度的结构与功能[M].北京:北京大学出版社,2006.

[35] 高富平.民法学[M].北京:法律出版社,2005.

[36] 高桥宏志.民事诉讼法制度与理论的深层分析[M].林剑锋,译.北京:法律出版社,2003.

[37] 戈尔丁.法律哲学[M].齐海滨,译.北京:生活·读书·新知三联书店,1987.

[38] 龚祥瑞.西方国家司法制度[M].北京:北京大学出版社,1993.

[39] 谷口安平.程序的正义和诉讼[M].增补本.王亚新,刘荣军,译.北京：中国政法大学出版社,2002.

[40] 顾尔维奇.诉权[M].康宝田,沈其昌,译.北京：中国人民大学出版社,1958.

[41] 顾培东.社会冲突与诉讼机制[M].北京：法律出版社,2004.

[42] 郭殊.中央与地方关系的司法调控研究[M].北京：北京师范大学出版社,2010.

[43] 哈特.法律的概念[M].许家馨,李冠宜,译.北京：法律出版社,2011.

[44] 海利·爱德华兹,爱伦·芬.美国联邦法院的权利和命令的执行[M]//宋冰.程序正义与现代化——外国法学家演讲录[M].北京：中国政法大学出版社,1998.

[45] 韩德培.国际私法[M].北京：高等教育出版社,2000.

[46] 韩志红,阮大强.新型诉讼——经济公益诉讼的理论与实践[M].北京:法律出版社,1999.

[47] 汉斯·普维庭.现代证明责任问题[M].吴越,译.北京：法律出版社,2006.

[48] 汉斯·约阿希姆·穆泽拉克.德国民事诉讼法基础教程[M].周攀,译.北京：中国政法大学出版社,2005.

[49] 何家弘,刘品新.证据法学[M].北京:法律出版社,2004.

[50] 何勤华.当代日本法学[M].上海:上海社会科学出版社,1991.

[51] 何孝元.诚实信用原则与衡平法[M].台北：三民书局,1992.

[52] 贺卫方.司法的理念与制度[M].北京：中国政法大学出版社,1998.

[53] 胡鞍钢.影响决策的国情报告[M].北京:清华大学出版社,2002.

[54] 黄道秀.俄罗斯民事诉讼法[M].北京：中国人民公安大学出版社,2003.

[55] 黄栋培.民事诉讼法释论[M].台北:五南图书出版公司,1982.

[56] 季卫东.调解制度的法律发城机制——从中国法制化的矛盾困境谈起[M]//强世功.调解、法制与现代性：中国调解制度研究.北京：中国法制出版社,2001.

[57] 冀宗儒.民事救济要论[M].北京：人民法院出版社,2005.

[58] 兼子一,竹下守夫.民事诉讼法[M].白绿铉,译.北京：法律出版社,1995.

[59] 江平. 民事审判方式改革与发展[M]. 北京：中国法制出版社, 1998.

[60] 江伟, 邵明, 陈刚. 民事诉权研究[M]. 北京：法律出版社, 2002.

[61] 杰弗里·C. 哈泽德, 米歇尔·塔鲁伊. 美国民事诉讼法导论[M]. 张茂, 译. 北京：中国政法大学出版社, 1998.

[62] 金正佳, 翁子明. 海事请求保全专论[M]. 大连：大连海事大学出版社, 1996.

[63] 克雷斯蒂安·冯·巴尔. 欧洲比较侵权行为法（上卷）[M]. 张新宝, 焦美华, 译. 北京：法律出版社, 2001.

[64] L. 科塞. 社会冲突的功能[M]. 孙立平, 等, 译. 北京：华夏出版社, 1989.

[65] 莱奥·罗森贝克. 证明责任论——以德国民法典和民事诉讼法典为基础撰写[M]. 庄敬华, 译. 北京：中国法制出版社, 2002.

[66] 黎民, 张小山. 西方社会学理论[M]. 武汉：华中科技大学出版社, 2005.

[67] 李刚. 人民调解概论[M]. 北京：中国检察出版社, 2004.

[68] 李开国. 民法总则研究[M]. 北京：法律出版社, 2003.

[69] 李学灯. 证据法比较研究[M]. 台北：五南图书出版公司, 1982.

[70] 李永军. 民法总论[M]. 北京：法律出版社, 2006.

[71] 梁国庆. 中国检察业务教程[M]. 北京：中国检察出版社, 1999.

[72] 梁堃. 英国1996年仲裁法与中国仲裁法的修改：与仲裁协议有关的问题[M]. 北京：法律出版社, 2006.

[73] 林钰雄. 检察官论[M]. 台北：学林文化事业有限公司, 1999.

[74] 刘敏. 当代中国的民事司法改革[M]. 北京：中国法制出版社, 2001.

[75] 刘敏. 原理与制度：民事诉讼法修订研究[M]. 北京：法律出版社, 2009.

[76] 刘阅春. 和解与调解：制度置换的法学思考[M]//张卫平. 司法改革论评. 北京：中国法制出版社, 2002.

[77] 刘志松. 权威·规则·模式——纠纷与纠纷解决散论[M]. 厦门：厦门大学出版社, 2013.

[78] 龙卫球. 民法总论[M]. 北京：中国法制出版社, 2001.

[79] 龙宗智. 论检察权的性质与检察机关的改革[M]//程荣斌. 诉讼法学新探. 北京：中国法制出版社, 2000.

[80]鲁道夫·冯·耶林.法学的概念天国[M].柯伟才,于庆生,译.北京:中国法制出版社,2009.

[81]罗伯斯比尔.革命法制和审判[M].北京:商务印书馆,1965.

[82]罗伯特·K.默顿.社会理论与社会结构[M].唐少杰,齐心,译.北京:译林出版社,2008.

[83]罗森贝克,等.德国民事诉讼法(下)[M].李大雪,译.北京:中国法制出版社,2007.

[84]罗斯.社会控制[M].秦志勇,译.北京:华夏出版社,1989.

[85]罗玉中,等.人权与法制[M].北京:北京大学出版社,2001.

[86]骆永家.民事举证责任论[M].台北:台湾商务印书馆,1981.

[87]马歇尔·C.霍华德.美国反托拉斯法与贸易法规[M].北京:中国社会科学出版社,1991.

[88]迈克尔·D.贝勒斯.法律的原则——一个规范的分析[M].北京:中国大百科全书出版社,1996.

[89]麦考密克,砚田贝尔.制度法论[M].周叶谦,译.北京:中国政法大学出版社,1994.

[90]美国联邦民事诉讼规则[M].白绿铉,卞建林,译.北京:中国政法大学出版社,2000.

[91]孟德斯鸠.论法的精神(上册)[M].北京:商务印书馆,1961.

[92]摩根.证据法的基本问题[M].台北:台北世界书局,1982.

[93]莫诺1·卡佩莱蒂.福利国家和接近正义[M].刘俊祥,等,译.北京:法律出版社,2000.

[94]潘牧天.滥用民事诉权的侵权责任研究[M].上海:上海社会科学院出版社,2011.

[95]潘申明.比较法视野下的民事公益诉讼[M].北京:法律出版社,2011.

[96]庞德.通过法律的社会控制 法律的任务[M].沈宗灵,董世忠,译.北京:商务印书馆,1984.

[97]佩里.择案而审[M].傅郁林,译.北京:中国政法大学出版社,2010.

[98]彭万林.民法学[M].北京:中国政法大学出版社,2002.

[99]棚濑孝雄.纠纷的解决与审判制度[M].王亚新,译.北京:中国政法大学出版社,2004.

[100]齐树洁.程序正义与司法改革[M].厦门:厦门大学出版

社,2004.

[101] 齐树洁.美国司法制度[M].厦门:厦门大学出版社,2010.

[102] 侨欣,郭纪元.外国民事诉讼法[M].北京:中国政法大学出版社,2002.

[103] 琼·雅各比.美国检察官研究[M].周叶谦,等,译.北京:中国检察出版社,1990.

[104] 任允正,刘兆兴.司法制度比较研究[M].北京:中国社会科学出版社,1996.

[105] 日本法务省刑事局.日本检察讲义[M].杨磊,等,译.北京:中国检察出版社,1990.

[106] 日本新民事诉讼法[M].白绿铰,编译.北京:中国法制出版社,2000.

[107] 三月章.日本民事诉讼法[M].汪一凡,译.台北:五南图书出版公司,1997.

[108] 上田一郎.判决效力的范围[M].东京:有斐阁,1985.

[109] 沈达明,冀宗儒.1999年英国《民事诉讼规则》诠释[M].北京:中国法制出版社,2004.

[110] 沈达明.比较民事诉讼法初论[M].北京:中国法制出版社,2002.

[111] 沈德咏.中国特色社会主义司法制度论纲[M].北京:人民法院出版社,2009.

[112] 沈宗灵.比较宪法——对八国宪法的比较研究[M].北京:北京大学出版社,2002.

[113] 史蒂文·卢克斯.个人主义[M].阎克文,译.南京:江苏人民出版社,2001.

[114] 斯蒂芬·B.戈尔德堡,等.纠纷解决——谈判、调解和其他机制[M].蔡彦敏,等,译.北京:中国政法大学出版社,2005.

[115] 斯蒂芬·布雷耶.法官能为民主做什么[M].何帆,译.北京:法律出版社,2012.

[116] 宋冰.程序、正义与现代化[M].北京:中国政法大学出版社,1998.

[117] 苏本,等.民事诉讼法——原理、实务与运作环境[M].傅郁林,等,译.北京:中国政法大学出版社,2004.

[118] 苏力.道路通向城市:转型中国的法治[M].北京:法律出版

社,2004.

[119] 孙彩虹.证据法学[M].北京:中国政法大学出版社,2008.

[120] 孙加瑞.强制执行实务研究[M].北京:法律出版社,1994.

[121] 孙谦,等.司法改革报告——检察改革·检察理论与实践专家对话录.法律出版社,2002.

[122] 孙谦.检察理论综述(1989—1999)[M].北京:中国检察出版社,2000.

[123] 谭世贵.刑事诉讼原理与改革[M].北京:法律出版社,2002.

[124] 谭世贵.中国司法改革研究[M].北京:法律出版社,2000.

[125] 汤维建,等.民事诉讼法全面修改专题研究[M].北京:北京大学出版社,2008.

[126] 汤维建.恶意诉讼及其防治[M]//陈光中,李浩.诉讼法理论与实践(下).北京:中国政法大学出版社,2003.

[127] 汤维建.美国民事诉讼司法制度与民事诉讼程序[M].北京:中国法制出版社,2001.

[128] 汤维建.民事证据立法的理论立场[M].北京:北京大学出版社,2008.

[129] 汤欣.公共利益与私人诉讼[M].北京:北京大学出版社,2009.

[130] 唐德华.民事诉讼法立法与适用[M].北京:中国法制出版社,2002.

[131] 田中英夫,竹内昭夫.个人在法实现中的作用[M]//梁慧星.为权利而斗争——现代世界法学名著集.北京:中国法制出版社,2000.

[132] 王盯乙.民事诉讼法新论[M].台北:广印书局,1999.

[133] 王洪俊.检察学[M].重庆:重庆大学出版社,1990.

[134] 王甲乙,杨建华,郑健才.民事诉讼法新论[M].台北:三民书局,2001.

[135] 王利明.侵权行为法研究(上卷)[M].北京:中国人民大学出版社,2004.

[136] 王利明.司法改革研究[M].北京:法律出版社,2000.

[137] 王名扬.美国行政法[M].北京:中国法制出版社,1995.

[138] 王强义.民事诉讼行为保全制度研究[M].北京:中国政法大学出版社,1993.

[139] 王人博,程燎原.法治论[M].济南:山东人民出版社,1991.

[140] 王珊珊,等.中国民法的理论与实践[M].北京:法律出版

社,1999.

［141］王天华.日本ADR的新动向［M］∥何兵.和谐社会与纠纷解决机制.北京：北京大学出版社,2007.

［142］王亚新.对抗与判定——日本民事诉讼的基本结构［M］.北京：清华大学出版社,2010.

［143］王亚新.社会变革中的民事诉讼［M］.北京：中国政法大学出版社,2001.

［144］威廉·冯·洪堡.论国家的作用［M］.林荣远,冯兴元,译.北京：中国社会科学出版社,1998.

［145］翁岳生.行政法［M］.北京：中国法制出版社,2002.

［146］吴敬琏,等.腐败：权力与金钱的交换［M］.北京：中国经济出版社,1993.

［147］吴卫军,樊斌.现状与走向：和谐社会视野中的纠纷解决机制［M］.北京：中国检察出版社,2006.

［148］西蒙·罗伯茨,彭文浩.纠纷解决过程——ADR与形成决定的主要形式［M］.刘哲玮,等,译.北京：北京大学出版社,2011.

［149］夏勇.走向权利的时代.北京：中国政法大学出版社,1995.

［150］小岛武司,伊藤真.诉讼外纠纷解决法［M］.丁婕,译.北京：中国政法大学出版社,2005.

［151］肖建华.民事诉讼当事人研究［M］.北京：中国政法大学出版社,2002.

［152］肖翊.我国法院调解制度的问题与改革设想［M］∥判例研究.北京：人民法院出版社,2003.

［153］谢冬慧.民事审判制度现代化研究［M］.北京：法律出版社,2011.

［154］新堂幸司.新民事诉讼法［M］.林剑锋,译.北京：法律出版社,2008.

［155］信春鹰,李林.依法治国与司法改革［M］.北京：中国法制出版社,1999.

［156］徐卉.通向社会正义之路——公益诉讼理论研究［M］.北京：法律出版社,2009.

［157］徐昕.论私力救济［M］.北京：中国政法大学出版社,2005.

［158］徐昕.迈向社会和谐的纠纷解决［M］.北京：中国检察出版社,2008.

[159] 许旭译,强世功. 调解、法制与现代性:中国调解制度研究[M]. 北京:中国法制出版社,2001.

[160] 薛波. 元照英美法词典[M]. 北京:法律出版社,2003.

[161] 雅克·盖斯旦,吉勒·古博. 法国民法总论[M]. 陈鹏,等,译. 北京:法律出版社,2004.

[162] 颜运秋. 公益诉讼法律制度研究[M]. 北京:法律出版社,2008.

[163] 杨立新. 民商法判解研究——新中国民事行政检察发展前瞻(第8辑)[M]. 长春:吉林人民出版社,1999.

[164] 杨立新. 中华人民共和国侵权责任法草案建议稿及说明[M]. 北京:法律出版社,2007.

[165] 杨良宜,杨大明. 禁令[M]. 北京:中国政法大学出版社,2000.

[166] 杨荣新. 民事诉讼法学[M]. 北京:中国政法大学出版社,1990.

[167] 杨荣新. 民事诉讼原理[M]. 北京:法律出版社,2003.

[168] 杨与龄. 强制执行法论[M]. 北京:中国政法大学出版社,2002.

[169] 野村好弘. 日本公害法概论[M]. 康树华,译. 北京:中国环境管理出版社,1982.

[170] 叶必丰. 行政法的人文精神[M]. 武汉:湖北人民出版社,1999.

[171] 叶青. 中国仲裁制度研究[M]. 上海:上海社会科学院出版社,2009.

[172] 于建嵘. 抗争性政治:中国政治社会学基本问题[M]. 北京:人民出版社,2010.

[173] 约翰·罗尔斯. 正义论[M]. 何怀宏,等,译. 北京:中国社会科学出版社,1988.

[174] 张柏峰. 中国当代司法制度[M]. 4版. 北京:法律出版社,2006.

[175] 张海滨. 滥用诉权及其法律规制研究[M]//柳经纬. 厦门大学法律评论. 厦门:厦门大学出版社,2004.

[176] 张进德,潘牧天. 新编民事诉讼法学[M]. 北京:中国民主法制出版社,2013.

[177] 张丽霞. 民事涉诉信访制度研究——政治学与法学交叉的视角[M]. 北京:法律出版社,2010.

[178] 张穹. 刑事法律监督是中国刑事法制建设的重要保障[M]//孙谦,刘立宪. 检察论丛(第1卷). 北京:法律出版社,2000.

[179] 张思卿. 检察大辞典[M]. 上海:上海辞书出版社,1996.

[180] 张卫平,陈刚. 法国民事诉讼法导论[M]. 北京:中国政法大学出

版社,1997.

[181] 张卫平.民事诉讼法教学案例[M].北京:法律出版社,2005.

[182] 张卫平.司法改革:分析与展开[M].北京:法律出版社,2003.

[183] 张卫平.转换的逻辑——民事诉讼体制转型分析[M].北京:法律出版社,2004.

[184] 张文显.法学基本范畴研究[M].北京:中国政法大学出版社,1993.

[185] 张仲麟.刑事诉讼新论[M].北京:中国人民大学出版社,1993.

[186] 章武生,等.司法现代化与民事诉讼制度的建构[M].北京:法律出版社,2003.

[187] 赵旭东.纠纷与纠纷解决原论:从成因到理念的深度分析[M].北京:北京大学出版社,2009.

[188] 中国人民大学刑法民法教研室.中华人民共和国法院组织诉讼程序参考资料(第四辑)[M].北京:中国人民大学出版社,1955.

[189] 中国社会科学院法学所.民事诉讼法参考资料(第一辑)[M].北京:法律出版社,1981.

[190] 朱应平.行政信访若干问题研究[M].上海:上海人民出版社,2007.

[191] 朱志华,叶俊南.中国刑事司法辞书[M].北京:中国人民公安大学出版社,1995.

[192] 竹下守夫,藤田耕三.注解民事保全法[M].东京:青林书院新社,1996.

论文:

[1] 白田伟.美国"法庭之友"制度探析[J].法制与社会,2010(5).

[2] 曹明德,刘明明.论美国告发人制度及其对我国环境治理的启示[J].河北法学,2010(11).

[3] 常怡,黄娟.司法裁判供给中的利益衡量:一种诉之利益观[J].中国法学,2004(4).

[4] 陈桂明,刘萍.民事诉讼中的程序滥用及其法律规制[J].法学,2007(10).

[5] 陈金钊.论法律事实[J].法学家,2000(2).

[6] 丁小巍,汪毅.我国民事诉讼保全制度的现状及发展[J].政法学刊,2006(1).

［7］范愉.当代中国非诉纠纷解决机制的完善与方法［J］.学海,2003(1).

［8］范愉.社会转型中的人民调解制度——以上海市长宁区人民调解组织改革的经验为视点［J］.中国司法,2004(10).

［9］范愉.诉讼社会与无讼社会的辨析和启示［J］.法学家,2013(1).

［10］范跃如.试论我国行为保全制度及其构建与完善［J］.法学家,2004(5).

［11］方福建.论诉讼欺诈行为的法律责任［J］.河北法学,2002(11).

［12］傅郁林.迈向现代化的中国民事诉讼法［J］.当代法学,2011(1).

［13］傅郁林.审级制度的建构原理——从民事程序视角的比较分析［J］.中国社会科学,2002(4).

［14］傅郁林.我国民事审级制度的历史考察与反思［J］.私法,2014(1).

［15］顾培东.试论我国社会中非常规性纠纷的解决机制［J］.中国法学,2007(3).

［16］郭常明,吕东卉.虚假民事诉讼增多现象需警惕［J］.宣传通讯(半月刊),2011(6).

［17］郭道晖.新闻媒体的公权利与社会权力［J］.河北法学,2012(1).

［18］郭卫华.滥用诉权之侵权责任［J］.法学研究,1998(6).

［19］郭翔.论环境民事诉讼的地域管辖［J］.河北法学,2008(2).

［20］郭小东.论财产保全中的利益平衡问题［J］.西南政法大学学报,2009(6).

［21］郭小冬.论保全诉讼中被申请人利益的保障［J］.法学家,2010(2).

［22］郭小冬.民事诉讼侵害阻断制度释义及其必要性分析［J］.法律科学(西北政法大学学报),2009(3).

［23］韩波.公益诉讼制度的力量组合［J］.当代法学,2013(1).

［24］韩静茹.错位与回归:民事再审制度之反思——以民事程序体系的新发展为背景［J］.现代法学,2013(2).

［25］何帆.论上下级法院的职权配置——以四级法院职能定位为视角［J］.法律适用,2012(8).

［26］何文燕.调解和支持起诉两项民诉法基本原则应否定［J］.法学,1997(4).

［27］和育东.试析专利侵权诉前禁令制度存在的问题［J］.法学杂志,

2009(3).

[28] 贺卫方.中国司法管理制度的两个问题[J].中国社会科学,1997(6).

[29] 胡锦光,王锴.论公共利益概念的界定[J].法学论坛,2005(1).

[30] 胡巧绒.举证责任分配规则研究[D].复旦大学,2013.

[31] 胡学军.从抽象证明责任到具体举证责任——德、日民事证据法研究的实践转向及其对我国的启示[J].法学家,2012(2).

[32] 胡宜奎.论公益诉讼原告的扩张[J].学术界,2011(1).

[33] 黄文艺.比较法视域下我国民事保全制度的修改与完善[J].比较法研究,2012(5).

[34] 黄文艺.中国多元化纠纷解决机制:成就与不足[J].学习与探索,2012(11).

[35] 季卫东.法制与调解的悖论[J].法学研究,1989(5).

[36] 冀宗儒,徐辉.论民事诉讼保全制度功能的最大化[J].当代法学,2013(1).

[37] 江伟,廖永安.论我国民事诉讼一审与上诉审关系之协调与整合[J].法律科学,2002(6).

[38] 克里斯蒂娜·沃波鲁格.替代诉讼的纠纷解决方式(ADR)[J].河北法学,1998(1).

[39] 李浩.论小额诉讼立法应当缓行——兼评《民事诉讼修正案(草案)》第35条[J].清华法学,2012(2).

[40] 李江蓉.论小额诉讼制度的司法困境与制度构建[J].法律适用,2012(8).

[41] 李仕春.民事保全程序基本问题研究[J].中外法学,2005(1).

[42] 李相波.新民事诉讼法适用中的相关问题[J].国家检察官学院学报,2014(2).

[43] 李仪.个人信息保护的价值困境与应对——以调和人格尊严与信息自由冲突为视角[J].河北法学,2013(2).

[44] 林屋礼二.西德近年的民事裁判统计[J].民事诉讼,1989(35).

[45] 刘澜平,向亮.环境民事公益诉讼被告反诉问题探讨[J].法律适用,2013(11).

[46] 刘晴辉.正当程序视野下的诉前禁令制度[J].清华法学,2008(4).

[47] 刘正强.信访的"容量"分析——理解中国信访治理及其限度的一

种思路[J].开放时代,2014(1).

[48] 陆益龙.纠纷解决的法社会学研究:问题及范式[J].湖南社会科学,2009(1).

[49] 骆永兴.美国ADR的发展与影响[J].湖北社会科学,2013(2).

[50] 马怀德,解志勇.行政诉讼第三人研究[J].法律科学,2000(3).

[51] 潘牧天.对法院调解的再认识[J].求是学刊,2001(2).

[52] 潘牧天.论检察权内涵及其制度功能[J].法学杂志,2010(9).

[53] 潘牧天.民事法律事实与民诉举证规则的配置[J].苏州大学学报,2009(1).

[54] 潘牧天.普通程序审限制度的缺陷与民事诉权的滥用[J].学术交流,2009(2).

[55] J.弗尔伯格.美国ADR及其对中国调解制度的启示[J].李志,译.山东法学,1994(4).

[56] 齐树洁,苏婷婷.公益诉讼与当事人适格之扩张[J].现代法学,2005(5).

[57] 宋朝武.新《民事诉讼法》视野下的恶意诉讼规制[J].现代法学,2014(6).

[58] 宋汉林.谦抑与能动:民事审判权运行之相对限度[J].河北法学,2013(2).

[59] 孙彩虹.检察机关提起国有资产流失公益诉讼制度研究[J].河南师范大学学报,2009(2).

[60] 孙彩虹.民事附属行政诉讼制度分析[J].法学杂志,2011(8).

[61] 孙彩虹.网络舆情之于司法审判:冲突与优化[J].河南大学学报,2015(5).

[62] 孙彩虹.我国诉前禁令制度:问题与展开[J].河北法学,2014(8).

[63] 孙彩虹.信访制度:意义、困境与前景——以涉法、涉诉信访为考察维度[J].中国浦东干部学院学报,2012(2).

[64] 孙笑侠.论法律与社会利益——对市场经济中公平问题的另一种思考[J].中国法学,1995(4).

[65] 汤维建,沈磊.论诉权滥用及其法律规制[J].山东警察学院学报,2007(3).

[66] 王公义.人民调解制度是解决社会纠纷的重要法律制度[J].中国司法,2005(10).

[67] 王亚新.论民事、经济审判方式的改革[J].中国社会科学,1994(1).

[68] 王亚新.民事审判监督制度整体的程序设计——以《民事诉讼法修正案》为出发点[J].中国法学,2007(5).

[69] 威尔逊.功能分析介绍[J].国外社会科学,1986(10).

[70] 肖建华,柯阳友.论公益诉讼之诉的利益[J].河北学刊,2011(2).

[71] 肖建华.民事公益诉讼的基本模式研究[J].中国法学,2007(5).

[72] 徐爱国.英美法中"滥用法律诉讼"的侵权责任[J].法学家,2000(2).

[73] 许清清,颜运秋,周晓明.好事者除外:公益诉讼原告资格标准[J].湖南科技大学学报(社会科学版),2012(3).

[74] 颜运秋,余彦.公益诉讼司法解释的建议及理由——对我国《民事诉讼法》第55条的理解[J].法学杂志,2013(7).

[75] 颜运秋,余彦.我们究竟需要什么样的环境公益诉讼——最高院环境民事公益诉讼解释《征求意见稿》评析[J].法治研究,2015(1).

[76] 杨荣新,乔欣.重构我国民事诉讼审级制度的探讨[J].中国法学,2001(5).

[77] 杨知文.现代司法的审级构造和我国法院层级结构改革[J].华东政法大学学报,2012(5).

[78] 应星.作为特殊行政救济的信访救济[J].法学研究,2004(3).

[79] 张敏纯,陈国芳.环境公益诉讼的原告类型探究[J].法学杂志,2010(8).

[80] 张卫平.民事公益诉讼原则的制度化及实施研究[J].清华法学,2013(4).

[81] 张卫平.民事公益诉讼原则的制度化及实施研究[J].清华法学,2013(4).

[82] 张艳.我国小额诉讼程序构建若干问题探讨[J].法律适用,2012(6).

[83] 章武生.我国民事审级制度之重塑[J].中国法学,2002(6).

[84] 章志远,朱渝.我国群体性事件法律化解机制之反思[J].苏州大学学报,2013(4).

[85] 赵刚.回避制度之改良与保全机制之完善[J].法律科学,2012(6).

[86] 赵欣.各国民事公益诉讼制度比较法研究[J].前沿,2010(6).

[87] 赵许明. 公益诉讼模式比较与选择[J]. 比较法研究,2003(2).

[88] 中村英郎. 论民事诉讼制度的目的[J]. 外国法学研究,1998(4).

外文文献：

[1] Geoffrey C. Hazard. Abuse of procedural rights: a summary view of the common systems[M]. Hague: Kluwer Law International,1998.

[2] J. Spier. Unification of tort law:causation[M]. Hague: Kluwer Law International,2000.

[3] Jules Coleman. Tort law and tort theory: preliminary reflections on method at Gerald J. Postema, philosophy and the law of torts[M]. London: Cambridge University Press,2001.

[4] Michele Taruffo. Abuse of procedural rights: comparative standards of procedural fairness[M]. Hague: Kluwer Law International,1999.

[5] Walter K. Olson. The litigation explosion: what happened when america unleashed the lawsuit[M]. Dutton: Truman Talley Books,1991.

[6] Walter Van Gerven. Tort law[M]. Oxford: Hart Publishing,2000.

[7] Martin Meyerson, Edward C. Banfield. Politics, planning and the public interest[M]. New York:The Free Press,1955.

[8] Eric J. Limiting the antitrust immunity for concerted attempts to influence courts and adjudicatory agencies:anologies to malicious procecution and abuse of process[J]. Harvard Law Review,1973(86).

[9] Holmes. The path of the law[J]. Harvard Law Review,1897(10).

后 记

《民事诉讼法》是国家的基本法律,对保证法院依法审理民事案件,保护当事人合法权益,维护社会的和谐稳定,发挥了重要作用。随着社会经济的快速发展,民事案件数量不断增多,新型民事纠纷不断出现,为了适应新形势的变化,我国《民事诉讼法》分别经历了2007年的局部修改和2012年的全面修改。总体来说,经过两次变革的我国《民事诉讼法》程序规则更加科学,条文规定更具可行性。但为了深入贯彻落实党的十八大和十八届三中全会关于深化司法体制改革的战略部署,推进法治中国建设,作为司法领域的主体性法律,《民事诉讼法》必须是一部完善的法律。完善《民事诉讼法》,核心在于民事诉讼制度的理性建构;而要进行理性建构,需要大胆的理论畅想、宽阔的研究视野、务实的学术求证以及敏锐的时代触感,这样的研究成果才具有说服力。对于《民事诉讼法》,我们自知不是专家,却是痴心的追梦人,多年来一直致力于民事诉讼理论与实践问题的学术研究,并取得了一些研究成果。本书所涉研究成果原稿,曾以专著、论文等形式公开发表于相关刊物和杂志,在文中以及参考文献中予以列明,在此不再一一说明。随着民事诉讼理论的发展和笔者研究视野的开拓,本着与时俱进的精神,在整理汇总近十年来在民事诉讼领域相关研究成果的基础上,笔者对之前的一些理论设想与制度建构进行了必要的修正,故此,本书也是笔者对近十年来既有研究成果的升华。

全书共选取了八大专题进行研究,涉及民事诉讼的基本理论、基本制度与程序设计,既有对法律条文含义的详细解读,又有对立法背景的介绍,还有针对相关理论观点的争鸣;不仅关注前沿性学术研究,而且关注在审判实务中的具体运用和对一些疑难问题的探讨。当然,笔者也意识到,本书中所涉及的一些构想与建议不一定成熟,却是作为法学理论研究者对完善民事诉讼制度的一些理性体悟,我们希望能够收获真诚的争鸣,以就正于方家。

本书由潘牧天、孙彩虹合作完成,其中潘牧天完成约22.6万字,孙彩虹完成约 26 万字。在编写过程中,得到了许多专家学者的宝贵意见与建议,笔者获益颇多,在此表示感谢。同时,感谢苏州大学出版社的编辑,他们为此书的出版付出了许多时间与精力。最后,本书参考了大量的有关学术文献资料和调研报告,在此谨向这些作者一并表示感谢。

2015 年 9 月 28 日于上海佘山